本著作为国家社会科学基金教育学一般课题"高校跨学科创新团队有效性形成机理及评价模型研究"
（课题批准号：BIA110062）的成果之一
本著作由武汉理工大学研究生教材建设基金资助出版

高校科技创新团队有效性形成机理与评价模型

沈凌 著

图书在版编目（CIP）数据

高校科技创新团队有效性形成机理与评价模型/沈凌著. —北京：知识产权出版社，2016.9

ISBN 978-7-5130-4431-8

Ⅰ.①高… Ⅱ.①沈… Ⅲ.①高等学校—科研管理—研究—中国 Ⅳ.①G644

中国版本图书馆 CIP 数据核字（2016）第 212083 号

内容提要

高校作为国家创新体系中的重要主体，是进行科技创新的中坚力量。为了适应当前科研工作的实际需要，越来越多的高校科研工作者积极组建了科技创新团队，依靠团队的力量进行科学研究。本书深入分析了高校科技创新团队有效性形成的机理，构建了创新团队有效性评价模型，提出了创新团队有效性保障的资源条件，从科学管理和信息平台建设两个维度设计了具体的应对策略，对相关的管理实践具有重要的参考价值。

责任编辑： 韩婷婷　　　　　　**责任校对：** 潘凤越
封面设计： 臧　磊　　　　　　**责任出版：** 卢运霞

高校科技创新团队有效性形成机理与评价模型
沈　凌 著

出版发行：知识产权出版社有限责任公司	网　址：http://www.ipph.cn
社　址：北京市海淀区西外太平庄 55 号	邮　编：100081
责编电话：010-82000860 转 8359	责编邮箱：hantingting@cnipr.com
发行电话：010-82000860 转 8101/8102	发行传真：010-82000893/82005070/82000270
印　刷：北京中献拓方科技发展有限公司	经　销：各大网上书店、新华书店及相关专业书店
开　本：787mm×1092mm　1/16	印　张：20.25
版　次：2016 年 9 月第 1 版	印　次：2016 年 9 月第 1 次印刷
字　数：373 千字	定　价：59.00 元
ISBN 978-7-5130-4431-8	

出版权专有　侵权必究

如有印装质量问题，本社负责调换。

前　言

21世纪，人类已经进入知识经济社会，社会发展的根本动力在于不断创新，在于建立起国家创新体系，创造知识和应用知识的能力与效率成为影响一个国家综合国力和国际竞争力的重要因素。无论从国际范围看，还是从国内科技发展的实际情况看，高校都是国家科学研究和高技术开发的主力军。随着人类对自然现象、社会现象认识的不断深入，科学研究问题越来越复杂；随着大科技时代的到来，科学发展的分支化和综合化趋势都日益加强，不同学科之间的交叉融合与相互渗透已成为当代科学发展的主要趋势。高校作为国家创新体系中的重要主体，是进行学科交叉科技创新的中坚力量。为了适应当前科研工作的实际需要，越来越多的科研工作者积极组建相关科技创新团队，依靠团队的力量进行科学研究。各级科研组织也积极进行管理变革，提供更为良好的外部科研环境，推进各类科技创新团队的建设和管理工作。高校科技创新团队就是为了适应当前科技创新环境而形成的一种新型科研组织模式，对其进行深入研究，对优化高校科研资源配置、进一步提升高校的科研水平及创新能力具有极其重要的意义。

总体而言，当前我国已形成多渠道、多层次的科技创新团队资助体系，各类科技创新团队都面临着较好的外部环境，借助相应的各类支持，高校科技创新团队也得到了快速发展。但为了适应当前科学研究的需要，高校科技创新团队的持续发展及有序运行还面临着多方面的障碍和挑战，特别是团队组建、团队运作、团队创新能力不足及团队有效性等问题需要高度关注。当前高校科技创新团队发展遇到的挑战，诸如科研体制、团队组建体制等方面的限制难以在短期内得到改变，高校科研管理者和高校科研工作者更需要考虑如何在适应当前各类限制的基础上，在逐步推进与完善相关的制度、措施的同时，借助于跨学科组建团队等方式，引进外部知识资源，丰富团队成员知识结构和研究范式，从而提升高校科技创新团队的有效性，促进其积极健康运行，研究出更多具有原创性的科研成果。这是当前提高高校科技创新团队有效性的关键环节。

但是如何评价高校科技创新团队的有效性一直是科研管理的难题,也是高校管理创新面临的重大课题。

因此,作者写这本书的目的,是希望将有效性的形成机理和评价模型这两方面结合起来进行研究。本书通过大量的文案分析,结合调研、访谈及自身的研究实践,试图从高校科技创新团队有效性形成的本源问题进行研究。

全书共七大部分。第一部分对国内外相关的研究文献进行述评,归纳整理了各项理论成果。第二部分分析影响高校科技创新团队有效性的主要理论流派,主要包括本体构建理论、知识管理理论、高校科技创新团队理论、人力资源价值和价值链理论、效率相关理论、产学研合作创新理论等。第三部分重点研究我国高校科技创新团队的管理现状,深入分析了高校科技创新团队管理中存在的五大问题,分析了高校科技创新团队培训的相关问题,探讨了高校科研管理发展的路径。第四部分重点研究高校科技创新团队有效性的形成机理。从智力资源管理、知识管理和价值管理三个层面分析了高校科技创新团队有效性形成的内在机理,并结合动力、阻力和支撑力三个维度进行高校科技创新团队有效性形成的力场分析,进一步明确高校科技创新团队有效性形成的具体过程。第五部分重点研究高校科技创新团队有效性的评价模型,运用DEA(数据包络分析)的评价方法,利用具体案例数据检验了形成过程中各要素间的相互作用机制及影响力的大小,为具体管理措施和制度制定指明了方向。第六部分就高校科技创新团队有效性的管理体系设计提出具体的设计方案,可以为高校科技创新团队有效性管理实践提供依据和参考。第七部分介绍高校科研管理信息支撑平台建设的有关构建理论和方案。

本书认为,在资源占用约束条件一定的情况下,高校科技创新团队的智力资本形成和发展是影响团队有效性的关键。本书从一个新的视角诠释了高校科技创新团队形成的关键路径,从形成机理角度剖析了高校科技创新团队有效性的四大影响因素(即知识管理能力、价值管理能力、信息管理能力和文化环境管理),并结合具体实践从这四个维度构建了高校科技创新团队有效性的评价模型,同时就相关的资源支撑体系进行深入分析,为高校科技创新团队管理提供了有效的工具,并运用于有效性评价工作实践中,对促进高校科技创新团队可持续发展、提升团队有效性具有重要的实践价值。

书稿草成,感慨颇多。回首自己的成长经历,有求学的艰辛和快乐,也有科研和教学工作的劳累和收获,但更多的是领导、老师、同学和亲朋好友带给我的温暖和感动,给予我的关心和帮助,这是我不断前进的动力源泉。

感谢武汉理工大学教育科学研究院的所有老师！衷心感谢张安富教授、李志峰教授、马廷奇教授、贾勇宏副教授、张凌云副教授、周群英副教授等在课题研究和书稿撰写过程中提出的宝贵意见和建议！感谢课题组团队成员的通力合作！

感谢参考文献的各位作者，正是你们卓有成效的研究成果奠定了本书课题研究的基础！

再次感谢所有关心我、帮助我、支持我的老师、亲人和朋友。祝愿你们永远平安健康！

鉴于时间和阅历等原因，著作中还存在着不少的问题，恳切希望各领域的专家学者多提宝贵意见，以便于再版时及时修订、完善。作者联系方式是：shenling@whut.edu.cn。

沈　凌
于武汉理工大学　马房山
2016 年 2 月 6 日

目 录

第1章 绪 论 ·········· 1
1.1 研究目的和意义 ·········· 1
1.2 国内外相关研究综述 ·········· 6
1.3 研究内容与研究方法 ·········· 29
1.4 相关研究对象界定 ·········· 30

第2章 理论基础 ·········· 43
2.1 本体理论 ·········· 43
2.2 知识管理理论 ·········· 48
2.3 高校科技创新团队理论 ·········· 73
2.4 人力资源价值与价值链理论 ·········· 76
2.5 效率理论 ·········· 82
2.6 产学研合作创新理论 ·········· 88

第3章 高校科研管理现状分析 ·········· 102
3.1 高校科研管理的三维度概述 ·········· 102
3.2 高校科研管理存在的五大问题 ·········· 106
3.3 我国科研资源配置实践 ·········· 120
3.4 高校科研管理发展路径优化 ·········· 130

第4章 高校科技创新团队有效性形成机理 ·········· 138
4.1 高校科技创新团队的组建 ·········· 139
4.2 高校科技创新团队成长的内在机理 ·········· 142
4.3 高校科技创新团队有效性的力场分析 ·········· 156

第 5 章　高校科研创新团队有效性评价模型 …………………… 164
5.1　高校科技创新团队有效性评价的现状述评 ……………… 164
5.2　高校科技创新团队有效性评价原则 ………………………… 168
5.3　高校科技创新团队有效性评价方法选择 …………………… 171
5.4　高校科技创新团队有效性评价指标选取 …………………… 176
5.5　基于 DEA 的评价模型 ……………………………………… 186

第 6 章　高校科技创新团队管理体系设计 …………………… 198
6.1　强化高校人力资源管理创新 ………………………………… 198
6.2　跨学科高校科技创新团队建设路径优化 …………………… 204
6.3　基于知识管理的高校科研工作管理提升 …………………… 221
6.4　科研经费管理制度设计 ……………………………………… 227
6.5　科技成果转化的路径设计 …………………………………… 232
6.6　科技创新团队有效性培育与提升对策 ……………………… 238

第 7 章　高校科研管理信息支撑平台建设 …………………… 244
7.1　基于知识管理的团队领域本体构建 ………………………… 244
7.2　基于大数据的高校科技创新团队管理模式 ………………… 258
7.3　基于云计算的高校科技创新团队管理平台 ………………… 279
7.4　基于云计算的高校跨学科科研平台的构建 ………………… 285

参考文献 ……………………………………………………………… 291

第1章 绪 论

1.1 研究目的和意义

1.1.1 研究背景

当今世界处于知识经济时代，而创新是知识时代的灵魂。高科技和创新水平日益代表了国际竞争的程度，建设和完善国家的创新体系是增强国际竞争力的有效途径。为此，我国研究与试验发展（R&D）经费投入总量连续增长，已经跻身世界第三。近10年来，中国基础研究投入比重基本维持在5%左右，将在"十三五"末期达到占R&D经费的比例为10%。[1] 国家加大了科技基金的投入和创新人才的培育，取得了一批创新成果。从2005年至2015年我国发表国际论文158.11万篇，居世界第二位，其中标注自然科学基金资助的论文比重达62.1%，为提升我国原始创新能力发挥了重要作用。而高校作为肩负着培养高素质人才、推动高新技术产业化重要使命的组织，是建设和完善国家创新体系的重要组成部分。

高校是知识库、人才库和信息库，特别是以研究为主要特征的高水平大学，在人才培养、技术创新等方面起着非常重要的作用，是国家技术创新和知识创新的重要基地，是知识经济形成与开发的基础和动力。我国《国民经济和社会发展第十一个五年规划纲要》指出："加快科学技术创新和跨越，大力推进自主创新，加强基础研究，加强科技与经济、教育的紧密结合，全面提高科技整体实力和产业技术水平。"随着国家"211工程"和"985工程"及教育发展计划的实施，我国在高校科研上所投入的经费大幅上升，高校的创新技术快速发展，科技成果不断涌现。据相关数据统计，目前高校承担的国家科技

---

[1] 国家自然科学基金委规划"十三五"战略目标［N］. 人民日报，2014-03-26（12）.

项目占全国总数的1/4，国家"863计划"项目占全国总数的1/3以上，国家"973计划"研究重点项目占全国总数的1/3，成功申请国家自然科学基金占全国的7%以上，全国高校每年发表的论文数目占全国论文收录数的6%以上，被SCI收录的论文数占全国SCI收录总数的7%。这些数字表明，高校已然成为原始创新的主力军，成为科研开发的主力军。

高校不仅具有学科方面的领先优势，还具有学科方面的综合优势，不仅是培养人才的基地，还是科学研究的中心，尤其是在基础研究方面更占有举足轻重的地位。由于大科学时代科学研究所需知识日益复杂，且科学研究规模逐渐扩大，科学研究活动已经不再是单一的、分散的个人行为，知识和技术创新的形式产生了根本变化，为了获取知识创新所需要的知识，需要建立和发展知识主体之间的最佳联系，科研活动逐渐演变成为以团队的方式进行知识创新活动。

高校科技创新团队大多数是以重点实验室或者项目中心作为依托，以重大的基础性研究为主要研究方向，以知识创新作为目的而组建的项目团队，进行与科技发展有关的知识创造活动，比一般知识密集型项目组更要求知识的创新。经过十多年的发展，高校科技创新团队已经在国家科学研究领域中起到了中流砥柱的作用。自2000年国家科技奖励制度改革以来，全国共产生国家技术发明一等奖13项，高校占12项（其中通用项目7项，专用项目5项）。

高校在"十一五"期间共获得8项国家技术发明一等奖，占国家科技奖励制度改革以来获奖总数的近2/3，其中通用项目和专用项目各4项。[1] 国家最高科技奖是中国科学技术研究领域的最高荣誉，每年最多授予数量不超过2项，自2008年以来，均有来自高校的科学家摘取桂冠，特别是2011年仅有的2项国家技术发明一等奖全部由高校获得。根据2011年度我国科学技术奖励大会的统计数据，2011年度分别评出国家自然科学奖36项、国家科技进步奖209项、国家技术发明奖41项，其中高校作为第一完成单位获得上述奖项分别为23项、97项和27项。从近5年的数据统计来看，获奖项目中以高校最多，占34.73%，其次是国有组织，占21.90%，研究单位占16.76%。这些数据表明高校科技创新团队的科学研究能力和知识创新能力的不断提升，说明高校科技创新团队在我国科技创新工作中发挥了相当重要和不可替代的作用。

---

[1] 沈凌. 基于本体的知识团队有效性形成机理及评价研究 [D]. 武汉：武汉理工大学，2009.

从国际著名的科技评奖现象——诺贝尔获奖现象也可以看出，大部分获奖者均来自高校科技创新团队或知名实验室，并出现科技创新团队成员相继获奖的现象，这除了成员个体持续性的努力外，更重要的原因是处于一个良好的学术环境中，整个团队在知识创新中能够协作与互助，使成员个体不断吸收新的知识、新的思想，不断提出新的问题与解决问题，团队内部的知识资源达到良好的整合状态。❶

虽然我国高校科技创新团队在应用研究和基础性研究等方面已经取得了令人惊叹的成绩，但与国外科技创新团队比较而言依然存在相当大的差距。根据姜颖南（2010）等人的研究，与国外相比，我国很多高校科技创新团队是为科研立项而临时组建的，团队成员之间的知识交流较少，难以建立有效的知识协作关系，无法实现团队内部知识的有机整合，团队内部的知识资源还处于一种低水平的整合状态，这都在某种程度上影响了我国高校科技创新团队取得高水平的知识创新成果。❷ 要想在未来实现科学研究的高水平产出，现在就必须保证团队成员之间可以建立起有效的知识整合关系，从而改善团队内部资源整合的态势。所以，怎样提升高校科技创新团队的有效性，提高高校对社会经济各方面发展的贡献，推进国家创新体系的构建和区域创新系统建设，是21世纪的高校需要重点研究的课题。

1.1.2 研究目的和意义

1. 研究目的

目前，我国高校科技创新团队的管理和创新仍处于摸索期，还未形成一整套规范的、完善的体制，因此高校科技创新团队在建设过程中仍然面临着不少阻碍。如果缺少团队整体的长期目标，就不能确保科研任务的顺利完成；因为信息不对称而导致的人员调度问题，就会导致资源保障方面不够到位；松散结构使团队分工不够明确，团队成员的流动性大，不能形成有效的团队规模与结构；缺乏相应的奖惩措施，就不能有效激励团队成员的积极性；在团队管理过程中，冲突明显存在于学术权力与行政权力之间；科技创新团队缺乏积极的团队文化，不能形成良好的外部环境等。这多方面因素都成为限制团队发展的因素。

---

❶ 赵丽梅. 面向知识创新的高校科研团队内部知识整合研究［D］. 哈尔滨：哈尔滨工业大学，2013.

❷ 张海燕. 高校科技创新团队成长性评价研究［D］. 天津：天津大学，2006.

我们拟系统地论述我国高校科技创新团队有效性的内涵及影响因素，对高校科技创新团队建设现状进行分析，指出高校科技创新团队目前在管理机制、有效性评价等方面存在的问题。进而，在高校科技创新团队有效性的形成机理、有效性评价模型以及有效性支撑体系的分析基础上，建立一套适用于现代高校科技创新团队的知识管理体系和价值管理体系，为提高科研创新团队的有效性提供依据和参考。

2. 研究意义

高等学校既有学科优势又有人才优势，在学科高度交叉、渗透和综合的情况下，科研人员不但需要独立思考和调研，而且需要团队攻关。构建高校科技创新团队，已经成为高校人力资源管理和资源优化配置的重要内容。

到当前为止，科技创新团队理论还不是一种成熟的理论。第一，科技创新团队理论目前还处于初创时期，很多基本的概念还未取得公认的界定。第二，科技创新团队的理论没有系统化，还缺少理论的代表人物以及核心观点。从多种视角来看团队理论的研究，包括社会学、哲学以及管理学等，每一个研究视角都还有许多等待研究的问题。第三，一道道鸿沟还存在于科技创新团队理论与我国大多数高校科研的组织形态之间。我国高校目前都比较重视团队建设问题，然而更侧重于形式上的组建，并没有深入去研究科技创新团队的组建原则、方法、途径以及科学的管理运作等深层次的问题，组建的团队大多也没有实际运作起来。我们关于高校科技创新团队形成的内在机理、管理模式、评价模型以及支撑体系等各方面的研究将使现有的科技创新团队理论更加丰富。

目前，在我国高校现行的管理体制下，高校科技创新团队因为缺乏有效的调控手段和运行机制，其创新能力整体表现出规模比较小、力量较分散、队伍整合还仍然比较困难、不易形成合力等特点。并且，高校与高校之间、高校内部院系之间、实验室与实验室之间以及研究人员之间，科技资源相互之间还处于封闭状态，开展多学科交叉研究面临很多方面的难处，对高校优秀创新团队的集成创新不利。由此可见，高校在团队科技创新方面的潜力和作用目前还未获得充分发挥，高校科技管理体制迫切需要进行改革，通过构建有效的高效团队成功取得并顺利完成重大科研课题的任务，并带动高校科研群体的快速发展。由此可见，开展高校科技创新团队有效性的相关研究，完成有效性评价及支撑体系建设，对于发现高校科技创新团队有效性的一般性规律、提高高校科技创新团队有效性和针对性具有重大的意义。

深入探讨科技创新团队的有效性及其影响因素，其意义是多方面的。总体来讲，主要有三个方面。

第一，有利于快速提升高校的社会影响和学术地位，有利于创建世界一流水平的大学。承担着重大科技项目的研发任务，是高校的学术地位的显著标志和影响，也体现了大学的学术地位的核心价值。而研究科技创新团队的有效性，有利于创建和管理科技创新团队，有利于科技创新团队顺利、持续有效地运行，也有利于全面完成科技创新团队所承担的重大科研项目。而全面完成重大科研项目，又会进一步提高高校的学术地位以及社会影响，也有利于加快创建世界一流水平大学的进程。

第二，有利于构建高校内部与其相关的研发机构的学术团队。从后面的阐述可以知道，重大科研项目团队的构建与运行，不仅包含引领研发的研究型大学自身的科技创新团队，而且往往包括跨学科、跨地域的其他紧密相连的、承担联合研发任务的优质团队。整体团队的任务，既包括总目标的设置，又包括具体详细目标的实现方案；既要依靠理论研究学科的理论，又要依靠应用实践的研究与制造；既包括专业学科的专家，又必须有支持保障学科的专业人才；既要有协调管理的人才，又要有"综合科研创新成果，保护自主知识产权"的人才。总而言之，重大科研项目团队承载着高端的、多层次的、多方面的、跨学科的艰巨而又具有重大意义的光荣任务，体现了高校在国家科技发展战略目标实践过程中所具有的核心竞争力。因此，研究科技创新团队的有效性，对大学内部及其外部关联的研究机构的学术团队，具有重大的实践意义。

第三，有利于为高校科技创新团队的创建与运行，提供指导和评估的规范性体系，从而对整体实现重大科研项目的这一目标达到更加全面有力的保障。无论哪一项研究课题，它总要依赖更多的人和实践及更多的研究视角，从而逐步达到"充分而完备"的境界。就如国家20世纪90年代全面采用国际标准ISO 9000《质量管理体系》一样，也是一个从最初没有标准到各个组织有了自制的标准，最后有了比较规范的行业标准，逐步到全面采用国际标准并推荐实施完成的过程。同理，团队有效性的理论随着不断深入的研究，在达到成熟的"充分而完备"的层次之后，将可能被大多数的高校认同和重视。最后形成一部有利于高校科技创新团队的创建与运行的、可以提供指导和评估的规范性体系文本，从而对实现重大科研项目的目的起到更加有力的促进作用。从这个层面讲，我们的研究具有重大的意义。

1.2 国内外相关研究综述

1.2.1 团队及团队有效性的定义

1. 团队的定义

团队的概念是从20世纪90年代开始在国内引起相关专家关注的，目前已成为管理领域相当流行的概念。随着经济社会的快速发展和进步，有不少公司、科研机构都在工作的进行中以团队为工作单元，发挥团队"1+1>2"甚至"1+1>3"的作用，使组织的工作绩效和员工满意程度达到了更高的层次。因此，国内学者在国外研究思潮的带动及本土实践需要的情况下，也陆续投身于对团队以及团队运行、团队绩效和团队有效性等方面的研究。国内对于团队的研究，始于20世纪末，到目前为止，产生了很多有价值的成果。

浙江大学管理学院许小东（2001）根据R&D团队的基本特点和团队建设与管理的要旨，提出了R&D团队建设与管理的四个重要方面——团队组建、团队协合、团队学习与团队激励。他认为团队中的最重要的关键角色有创导者、技术师、经济师和组织者四种类型，关键角色的担任者具有多种形式，可以由多人担任同一角色，也可以由一人担当多种角色，依据R&D活动的内容、规模而定。❶

张体勤、丁容贵（2001）从分析建立动态知识团队的必要性和知识员工的特点入手，对如何管理好动态知识团队提出了新的观点：需要改变传统的绩效考核与激励办法，强调对知识员工进行兑现承诺的激励和对其价值观进行报偿，认为只有那些能够与员工达成心理契约的管理者才能成为真正的团队领袖。❷

西安交通大学管理学院的魏斌、汪应洛（2002）研究了知识创新团队的激励机制，描述了团队创新中"搭便车"现象和由Holmstrom设计的激励机制模型，在此基础上提出了改进的解决免费搭车问题的激励模型，最后结合算例与原模型进行了比较和分析，证明了该模型可通过纳什均衡实现帕累托最优。❸

---

❶ 许小东. 关于R&D团队建设与管理的思考［J］. 科学学研究, 2001（2）：76-81.
❷ 张体勤, 丁容贵. 动态知识团队心理契约的建立［J］. 德州学院学报, 2001（3）：15-19.
❸ 魏斌, 汪应洛. 知识创新团队激励机制设计研究［J］. 管理工程学报, 2002（3）：113-115.

李明斐、杨卫泽（2002）界定了项目团队的概念及特点。他们认为项目团队与其他团队相比有着自己的特点，首先，项目团队的目标和任务非常明确，项目须在规定的时间内达到规定的标准，项目的时间和资源约束条件在项目开始时都有了比较清楚的界定。其次，由于项目具有一次性和独特性的特点，所以项目团队成员的流动性比较强，随着老项目的结束和新项目的开始，项目团队的成员又得重新进行组合。另外，项目团队倾向于由高技能的专业人士组成，是一个不分年龄的专家混合体，团队的每一个成员可能都是某一个方面问题的专家，而对其他方面知道的可能就比较少。他们从项目管理的层面界定了影响项目团队有效性的五个因素，即团队价值观、人际互动关系、角色分配、团队领导的能力与团队智慧，并且，项目团队的学习是提高项目团队有效性的重要途径。❶

戚振江、王端旭（2003）在总结研发团队及有效性相关研究的基础上，依据启发式模型，分析了影响团队有效性的关键要素，提出提高研发团队效能的新途径。❷

2. 团队有效性的定义

团队有效性是衡量团队运作得好坏的一个重要概念，反映的是团队工作的努力程度和可持续性，是使团队绩效长期、可持续提高的重要预测因素。Hackman（1987）认为，团队有效性是指团队实现预定目标的实际结果，主要包括三个方面：①团队产出的产品达到的绩效标准，比如个人绩效、团队绩效；②团队发展的一种提高团队成员共同工作能力的过程，比如承诺、内聚力等；③团队成员在团队中的经历是否令人满意，比如成员满意感。Katzenbach 和 Smith（1993）对团队的有效性特征进行了研究，他们认为，团队成员联合地产生一个"联合的工作产品"，所有成员都为他们的联合产品负责，团队成员的绩效是他们共同工作得怎么样的一个函数，并定义了团队有效性的 4 个特征：规模小、能力互补、共同的愿景和目标、共同承担的责任。❸

1.2.2 团队有效性的研究模型

在团队有效性的模型方面，研究的学者主要有 Hackman（1987），Cohen &

---

❶ 李明斐，杨卫泽. 项目团队有效性的影响因素界定与实现 [J]. 管理工程学报，2002（B10）：90-93.
❷ 戚振江，王端旭. 研发团队效能管理 [J]. 科研管理，2003（2）：127-132.
❸ Katzenbach, Jon R. Smith, Douglas K. The Wisdom of Teams [R]. Small Business Reports; Jul 1993.

Bailey（1997）、McGrath（2000）、Marks（2001）、Ilgen & Hollenbeck（2005）等人。我们按照团队有效性研究模型提出的先后顺序，将研究模型分为以下几类简单介绍。

1964年，McGrath提出了IPO（Input－Process－Output）模型，即团队效能的"输入－过程－产出"模型。McGrath认为，团队效能包括绩效产出和其他产出，团队互动过程在"输入－产出"间扮演重要的中介角色。❶ 此后，在McGrath模型的基础上，Jewell和Reitz，Hackman，Gladstein以及Salas等人对IPO模型进行了发展。

1. Jewell和Reitz的团队效能模型

Jewell和Reitz的团队效能模型将团队效能分为内在与外在两个方面，❷ 如图1－1所示。

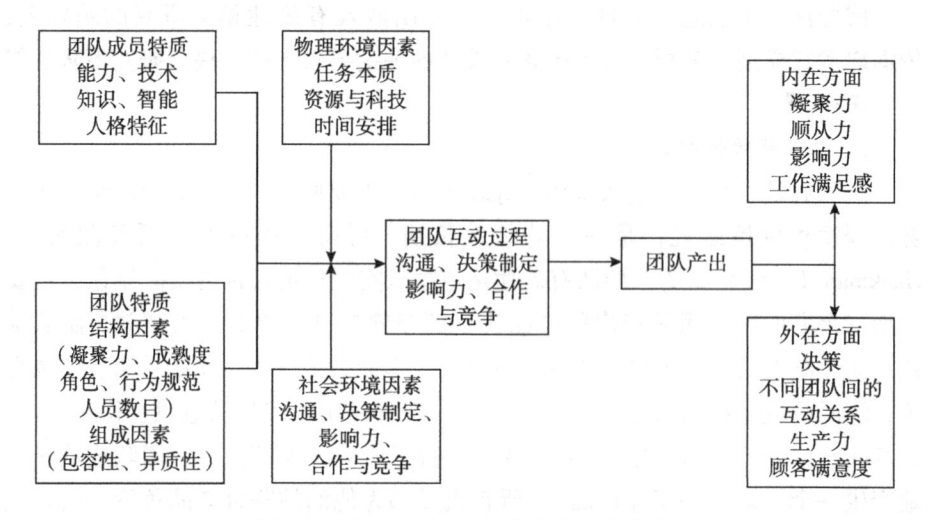

图1－1 Jewell和Reitz的团队效能模型

Jewell和Reitz的团队效能模型延续了McGrath模型的特色，不同的是环境因素由输入变量变为干扰变量；同时，Jewell和Reitz将团队成员特质、团队特质、环境因素与团队互动过程归纳为影响项目团队效能的四大因素，对其后的团队效能模型及其团队效能影响因素的研究产生了深远的影响。

---

❶ McGrath J B. Social Psychology: A Brief Introduction [M]. New York: Holt, Rinehart & Winston, 1964.

❷ Jewell L N, Reitz H J. Group Effectiveness in Organizations [M]. Illinois: Foresman and Company, 1981.

2. Hackman 的团队效能模型

Hackman 的团队效能模型基本上延续了 McGrath 的 IPO 的框架，特别强调组织系统及环境资源对团队效能的影响，采用了满足顾客需求的程度、团队成员个别成长和整体团队的成长三个指标衡量团队效能，如图 1-2 所示。

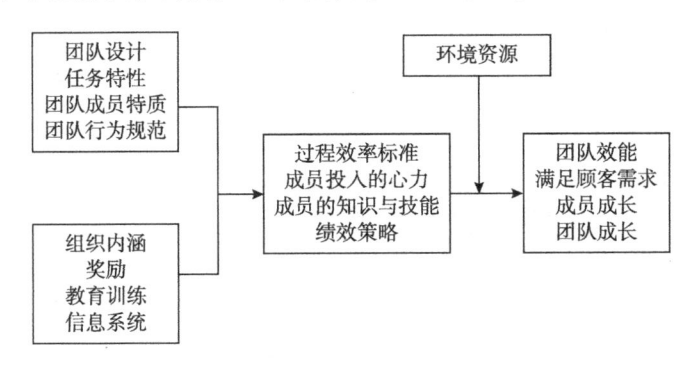

图 1-2　Hackman 的团队效能模型

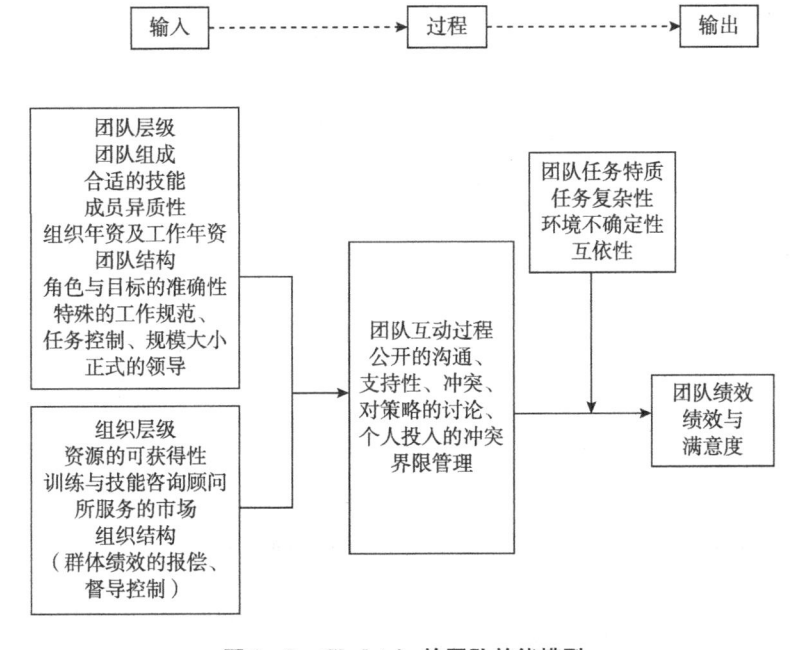

3. Gladstein 的团队效能模型

1984 年，Gladstein 提出的团队效能模型是一个分为三大部分（输入、过程、产出）的实证性模型，如图 1-3 所示。

图 1-3　Gladstein 的团队效能模型

Gladstein 的团队效能实证模型，提出了影响团队效能的输入变量对团队效能的影响，验证了团队任务特征在输入变量透过团队互动过程影响团队效能过程中扮演了调节变量的角色，其突出特点是它除了对模型加以实证研究外，还特别强调了团队任务特征对团队互动过程及团队效能的影响。[1]

4. Salas 等人的整合性模型

Salas, Dickinson, Converse 和 Tannenbaum 提供了一个整合性模型，[2] 如图 1－4 所示。

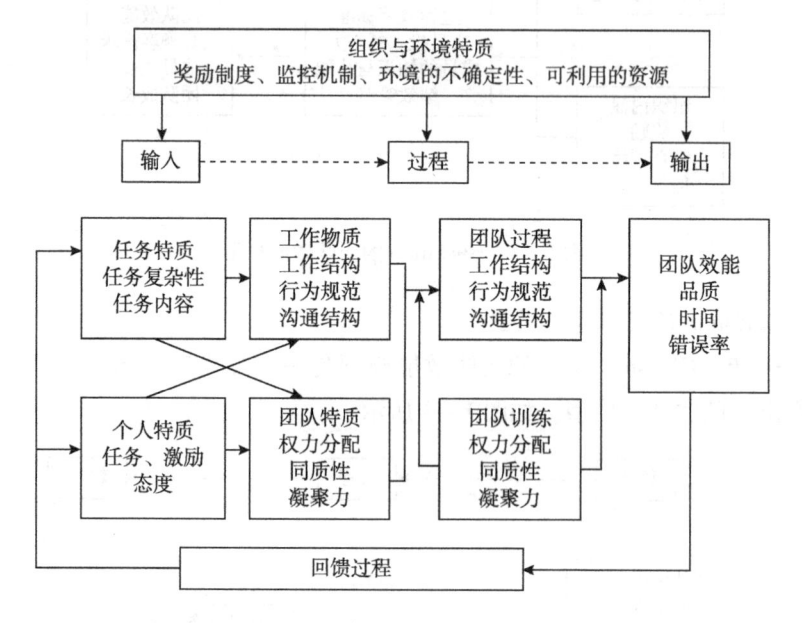

图 1－4 Salas 等人的整合性团队效能模型

Salas 等人认为团队互动过程对团队效能有着重大的影响，团队互动过程中的关键因素是沟通、协调及团队合作。模型的突出特点是它不仅关注了团队训练在团队互动过程与团队效能中的调节性作用，而且还认为团队效能的各影响因素之间存在交叉作用。

---

[1] Gladstein D L. Group in Context: A Model of Task Group Effectiveness [J]. Administrative Science Quarterly, 1984 (29): 499－577.

[2] Salas E, Dickinson T L, Converse S A, et al. Toward an Understanding of Team Performance and Training. In Swezey R W, Salas E (Eds.). Teams: Their training and performance [M]. Norwood, NJ: ABLEX, 1992. 3－29.

5. 张仓荣等人的项目团队效能模型

张仓荣、胡国强和侯君溥等人发现项目团队的效能与六个要素有关：①团队组成；②任务设计；③组织脉络；④内部运作流程；⑤外部运作流程；⑥团队社会心理特质。[1] 他们将这六个要素构成了项目团队效能模型，如图1-5所示。项目团队效能模型与其他团队效能模型有较大的不同，主要是因为项目团队与一般的团队在结构和功能上有所不同，因而其运行过程及其效能的影响因素就会出现很大差异。

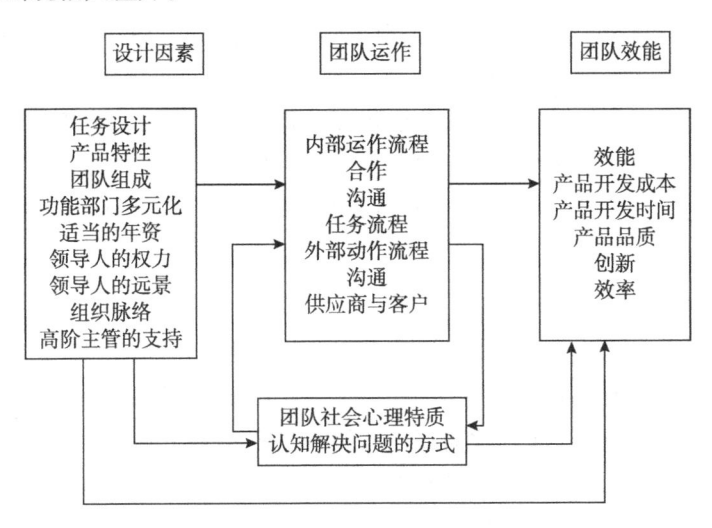

图1-5 张仓荣等人的项目团队效能模型

综合分析以上关于团队效能模型的研究文献，尽管不同的研究者所构建的团队效能模型不尽相同，但这些研究都遵循IPO的系统性框架来研究团队效能的影响因素，以及它们之间的关系。研究表明团队互动过程在团队效能的形成过程中有着极其重要的作用。

1.2.3 团队有效性的影响因素

研究表明，团队有效性主要受到环境因素、设计因素、团队心理特征等方面因素的影响。其中，研究比较多的是相互依赖性、冲突、团队效能感与群体潜能感、自主性、共享心智模型等。

---

[1] 张仓荣，等. 组织内项目团队效能模式之研究［J］. 中华管理评论，1998（1）：39-46.

1. 相互依赖性

已有的研究表明，团队成员间的相互依赖性与绩效相关，即依赖性与团队绩效呈曲线关系（Stewart & Barrick，2000）。[1] 但以实验为主的研究需要增加对具体组织情境因素的考虑。

团队中相互依赖性的研究主要关注相互依赖性与团队有效性相互影响的机制（Vegt & Emans et al. 2000，2001），其中，多数研究集中于对各类相互依赖性的交互效应对有效性的影响。任务相互依赖性与目标相互依赖性的适当匹配将对团队有效性产生积极影响（Wageman & Baker，1997；Van der Vegt & Emans et al. 2000，2001）。[2]

通过对相互依赖性的交互效应的探究，我们可以更深入地了解团队的有效运作，同时对组织的团队管理实践产生了有价值的帮助。因为相互依赖性方面的研究多为实验研究，对真实的组织情境下的研究还不多，所以需要用实证研究加以验证。

2. 冲突

有研究者发现并非所有的冲突都会对团队绩效产生负面影响，有些建设性的冲突可能是对团队有益的，比如任务冲突。Jehn（1995）建议将冲突分为关系冲突和任务冲突，任务冲突对于任务绩效是有利的。由此引起许多学者对关系冲突和任务冲突的关注，并得到了广泛认同（Simons & Peterson，2000；De-Dreu & Weingart，2003）。[3][4] 但是，也有一些研究发现二者之间呈负相关性（Lovelace，Shapiro & Weingart，2001）[5] 或没有显著相关（Pelled，Eisenhardt & Xin，1999），[6] 从而显示出理论与实证研究出现了某种程度的割裂。

---

[1] Jehn K. A Multimethod Examination of the Benefits and Detriments of Intragroup Conflict [J]. Administrative Science Quarterly, 1995, 40 (2): 245–282.

[2] Wageman R, Baker G. Incentives and Cooperation: The Joint Effects of Task and Reward Interdependence on Group Performance [J]. Journal of Organizational Behavior, 1997 (18): 139–158.

[3] Simons T, Peterson R. Task Conflict and Relationship Conflict in Top Management Teams: The Pivotal Role of Intragroup Trust [J]. Journal of Applied Psychology, 2000 (85): 102–111.

[4] DeDreu C K W, Weingart L R. Task Versus Relationship Conflict, Team Performance, and Team Member Satisfaction: A Meta-analysis [J]. Journal of Applied Psychology, 2003. 88 (4): 741–749.

[5] Lovelace K, Shapiro D L, Weingart L R. Maximizing Cross-Functional New Product Teams' Innovativeness and Constraint Adherence: A Confliet Communications Perspective [J]. Academy of Management Journal, 2001, 44 (4): 779–793.

[6] Pelled L H, Eisenhardt K M, Xin K R. Exploring the Black Box: Analyses of Work Group Diversity, Conflict, and Performanee [J]. Administrative Seience Quarterly, 1999, 44 (1): 1–28.

上述研究均是静态地探讨团队冲突，并没有动态地考虑涉及时间维度的冲突。Jehn 等人（2001）通过引入时间因素，动态地分析冲突出现的时间段以及在此时间段内的冲突类型，提出了一个动态的冲突分析模型。[1]

团队效能感和群体潜能感都是关于成员对团队能力的信念。群体潜能感是对团队跨越任务和情境的能力的概括性信念，而团队效能感则是针对一个团队对能成功完成一项具体任务的信念，群体潜能感比团队效能感的含义更为宽泛。

Gully 等人（2002）经过研究认为，团队效能感与群体潜能感对团队有效性的影响存在区别，当任务相互依赖性高时，团队效能感与绩效之间的关系较强。[2]

3. 自主性

理论上，自主性不仅增加内在激励，而且改善绩效，对团队有效性产生积极的影响。但是实证研究显示，自主性对团队绩效产生的效应不同。一些学者研究发现，在制造业（Seers, Petty & Cashman, 1995）[3] 和服务业（Cohen, et al. 1996）[4] 中的许多管理团队的自主性提高了员工的态度、行为和团队绩效。而项目团队的自主性和团队有效性之间并不总是显示正相关。Kim 和 Lee（1995）对 80 个研发团队的研究得出团队自主性与绩效负相关；仅当组织的创新和工作压力的气氛浓厚时，自主性才与团队绩效正相关。[5] 还有一些研究认为，高度自主性对团队并不总是有益的，当团队成员不能清晰理解和乐观接受任务时自主性可能是不利的（Manz & Stewart, 1997）；[6] Stewart（2006）认为，

---

[1] Jehn K A, Mannix E A. The Dynamic Nature of Conflict: A Longitudinal Study of Intragroup Conflict and Group Performance [J]. Academy of Management Journal, 2001. 44 (2): 238 – 251.

[2] Gully S M, Incalcaterra K A, Joshi A, et al. A Meta – Analysis of Team – Efficacy, Potency, and Performance: Interdependence and Level of Analysis as Moderators of Observed Relationships [J]. Journal of Applied Psychology, 2002 (87): 819 – 832.

[3] Seers A, Petty M, Cashman J F. Team – Member Exchange Under Team and Traditional Management: A Naturally Occurring – Experiment [J]. Group & Organization Management, 1995, 20 (1): 18 – 38.

[4] Cohen S G, Ledford G E, Spreitzer G M. A Predictive Model of Self – Managing Work Team Effectiveness [J]. Human Relations, 1996, 49 (5): 643 – 676.

[5] Kim Y, Lee B. R&D Project Team Climate and Team Performance in Korea: A Multidimensional Approach [J]. R&D Management, 1995, 25 (2): 179 – 196.

[6] Manz C C, Stewart G L. Attaining Flexible Stability by Integrating Total Quality Management and Sociotechnical Systems Gheory [J]. Organization Science, 1997 (8): 59 – 70.

自主性与团队绩效中度相关。❶ Langfred（2005）对个体和团队两个层次的自主性的相互作用对绩效的影响作了研究。❷ 研究表明，团队绩效取决于个体和团队两个层次的自主性，其作用效果取决于任务相互依赖性。

综上所述，增加自主性未必一定能提高团队有效性，因此，需要进一步地研究影响自主性提高绩效的条件及情境因素。

4. 共享心智模型

共享心智模型是由 Cannon，Bowers 和 Salas 等人首先提出的，指的是为团队成员共享的知识结构，它让团队成员可以对团队任务形成正确的解释和期望，从而能够协调自己的行为来适应团队任务以及其他团队成员的需求。

共享心智模型的形成依赖于团队成员互相之间的团队过程行为，包括团队沟通、绩效控制和反馈、团队管理、协调等，而共享心智模型又可以促进团队成员之间互相的内隐沟通和交互，从而可以促进团队绩效。已有研究证明，共享心智模型能够通过团队过程影响团队绩效。Mathieu 等人（2000）研究得出，通过沟通、协调等团队过程完全调节了共享心智模型和绩效之间的关系。❸ 因为研究方法和测量工具的局限性，虽然已有学者对共享心智模型与团队有效性的联系进行了研究，但是这些研究尚不能很好地理解并探索其结构与团队绩效的关系。

1.2.4 团队有效性特征

Katzenbach 和 Smith 对团队的有效性特征进行了研究，他们定义了团队有效性的 4 个特征：规模小、能力互补、共同的愿景和目标、共同承担的责任。

斯蒂芬·罗宾斯认为一支高效的团队应具有 8 个方面的基本特征：①明确的目标；②相关的技能；③相互间信任；④共同的诺言；⑤良好的沟通；⑥协调的技能；⑦合适的领导；⑧内部与外部的支持。❹ Sundstrom 和 McIntyre 对团队有效性的影响因素（绩效、成员满意度、团队学习和外人满意度）进行了

---

❶ Stewart G L. A Meta–Analytic Review of Relationships Between Team Design Features and Team Performance [J]. Journal of Management, 2006, 32 (1): 29–55.

❷ Langfred C W. Autonomy and Performance in Teams: The Multilevel Moderating Effect of Task Interdependence [J]. Journal of Management, 2005, 31 (4): 513–529.

❸ Mathieu J E, Heffner T S, Goodwin G F, et al. The Influence of Shared Mental Models on Team Process and Performance [J]. Journal of Applied Psychology, 2000 (85): 273–283.

❹ [美] 斯蒂芬·P. 罗宾斯. 组织行为学（第10版）[M]. 孙健敏，李原，译. 北京：中国人民大学出版社，2005.

研究，并认为团队运作和团队的有效性是相互作用的，在此基础上建立了团队有效性模型。❶

李明斐、杨卫泽界定了影响项目团队有效性的5个因素，即：①团队价值观；②人际互动关系；③角色分配；④团队领导的能力；⑤团队智慧。他认为项目团队学习是提高项目团队有效性的重要途径，在综合研究的基础上，建立了项目团队的有效性生成关系模型。❷

综上所述，研究团队有效性特点的范围以及扩大到项目团队运作的全过程，可是，项目团队的目标必须在项目运行过程中进行不断地调整，已有的有效性研究观点不足以满足团队效能管理的需求需要，缺少对团队效能形成过程以及各种影响因素之间的相互作用的深入研究，很难系统地、有效地提高团队的效能。所以，需要加强团队有效性特征研究的动态性。

1.2.5 团队成员人格特征与团队角色

团队效能成熟度研究包含着项目团队发展和建设的很多方面，影响任务成败的关键因素是团队成员自身的行为以及团队角色的组织行为，所以，团队成员的行为特点以及团队角色是团队研究的一个重要内容。

1. 团队成员的人格特征

研究人格问题的学者在20世纪90年代初提出了"五大人格"，包括：①外向性；②调整性；③愉悦性；④责任心；⑤好问。实证研究证明，这些测试方法的效度和适用性较低。

迈耶—布里格斯心理类型指标（Myers – Briggs Type Indicator，MBTI）提出了一种测定团队成员人格特征的相对可信、有效的方法。MBTI的基础是四种心理类型，分为四个维度，每个维度有两个方向，共有八种人格特点。

20世纪20年代，心理学家卡尔·荣格（Carl Jung）提出四种心理类型中的前三种心理类型。伊莎贝尔·迈耶（Isabel Myers）和凯瑟琳·布里格斯（Kathleen Briggs）提出了心理类型指标，创造了认为必须增加的第四个心理类型，人们的爱好可以组成16种人格类型，反映了人们在一系列心理反应和行为方式上的特点。

---

❶ Sundstrom E, McIntyre M. Measuring Work – Group Effectiveness: Practices, Issues, and Prospects, Working Paper, Knoxville [M]. TN: University of Tennessee, Department of Psychology, 1994.

❷ 李明斐，杨卫泽. 项目团队有效性的影响因素界定与实现 [J]. 管理工程学报，2002（3）：123 – 125.

2. 团队角色

团队角色指的是团队的成员为了促进团队的发展，在与其他成员交往时所表现出来的行为方式。梅瑞狄斯·R. 贝尔宾（Meredith R. Belbin）在《管理团队：成功或失败的原因》（1981）、《团队工作职责》（1993）和《改变我们的工作方法》（1997）三部著作中认为成功的团队都必须拥有 9 种角色：创新者、资源调查者、协调者、塑造者、监控评估者、协作者、执行者、完成者和专家。

Chaeles Margerrison 和 Dick McCann 在《团队管理：新的实践方法》中归纳出有些团队失败的原因是由于团队没有处于均衡状态，并定义了 9 种关键工作职能，描述了每个团队所必须支持的工作，并进一步从工作的 9 种角色方面描述了工作职能。[1] 与 Chaeles Margerrison 和 Dick McCann 的团队角色模型高度相似的模型，是 Meredith R. Belbin 的团队角色模型，尽管他们是各自独立开发的。通过两个模型之间的相似性，可以得出这两种模型的有效性，这对项目团队的角色研究，特别是团队成员在项目团队中的角色分配与平衡，提供了比较可靠的依据。

综上所述可以发现，团队中没有最好的角色，当然也没有最差的角色，成功的团队需要各种不一样的角色，它的意义在于通过角色之间的互补来协同工作，促进团队发展。团队领导必须正确对待每个团队成员的优势和劣势，只依靠团队成员的人格特征以及团队角色的整合，还不能形成团队完成任务所需的团队效能。

1.2.6 团队有效性研究的局限性及未来研究方向

已有的团队有效性研究还亟待进一步深入、系统地探讨，仍然存在一些局限性，主要表现为下面几个方面。

第一，团队有效性的影响因素（如团队潜能感、团队效能感，凝聚力以及团队工作偏好等）在概念上存在着某些交叉与重叠，并且缺乏系统性阐述。因为对有些团队有效性因素研究存在非系统性，导致出现了一定程度的重叠与交叉从而极易造成混淆。今后必须对这些概念解释进行梳理和系统化，并且借助信息技术，实现概念界定的统一。

---

[1] Chaeles Margerrison, Diek McCann. Team Management: Practice New Approaches [M]. Management Books 2000 Ltd, 1990.

第二，缺少对组织外部环境因素的考虑。过去的研究对客户需求、市场环境、行业特征等的组织外部环境原因缺乏考虑，有些学者提出的团队有效性模型中的环境因素也缺少实证检验。所以，希望可以在这些方面的研究有所发展，并伴随着新的理论和观点提出。

第三，对知识团队的有效性的研究重视不足。知识经济时代充满竞争，知识工作者相对于体力工作者对团队更为依赖。另外，知识团队与一般性团队相比，还有着很多不同的特性。而当前已有的知识团队有效性探究，并没有充分地从知识团队所特有的特点去研究其有效性。所以，对知识团队的研究必须引起当前学术界的足够重视，同时，知识管理、组织学习、信息技术这些不同研究领域和知识团队管理有融合倾向，也许会为知识团队的研究提供进一步发展的空间。

第四，缺少探究团队有效性与影响因素之间的变动反馈作用。特别是团队心理因素和团队有效性之间也许存在着互动性或反馈性。例如，最初的 IPO 研究模型，应该加入动态的反馈环节，才能进一步充实和完善对团队有效性的研究。

第五，在实证研究中取样方面尚存局限性。实证研究的理论和方法之间缺少一致性。Ilgen & Hollenbeck 等人（2005）认为问题的紧迫性常常带来了研究中非系统化的取样。还有，一些研究的样本对团队的取样来自少数的几家组织，由于样本的局限性，让研究的信度和效度上存在问题。[1] 所以，需要关注取样的科学性与系统性，还应该对已有的实证研究进行验证，最后真正为组织的团队管理提供参考和借鉴。

总而言之，团队有效性的研究还需进一步加深，还需要专家从各个方面加以完善。同时，也希望之前的研究成果能对我国的科研管理有所启发。

1.2.7 关于知识共享的相关研究

1. 知识共享内涵的研究

彼德·德鲁克作为最早提出知识社会和知识管理概念的学者，1988 年在《哈佛商业评论》上发表了一篇名为《新型组织的出现》的论文，指出在经历了管理权和所有权分离，命令—支配型组织后，由于信息技术的发展，组织将进入新的形态：由专家小组构成的知识型组织，知识成为关键性的经济资源和

---

[1] 何晶晶. 高校科技创新团队的建构与管理［D］. 南京：南京航空航天大学，2009.

支配因素，也许是唯一的比较优势的来源。这表明现代管理学的发展已经进入知识管理的新时代。❶ 保罗·S. 迈耶斯（1997）详细介绍了适合于知识共享的组织系统的设计方案。以此开始，专家学者们开始从不同角度对知识共享展开研究，研究领域从组织不断扩大到政府、教育等社会组织。有关知识共享的研究逐渐成为知识管理的重点。Nonaka 和 Takeuchi（1995）对从知识转化的角度对知识的内涵进行研究，认为知识共享是个体与组织之间、隐性知识和显性知识之间的互动过程，通过外化、内化、综合化和社会化实现知识在组织内的交换和普及。❷ Senge（1997）认为知识共享是组织成员之间、组织之间的知识交流和学习过程，通过这个过程，使个体知识转化为组织知识。❸

Wijnhoven（1998）认为知识共享是知识转移的过程。实际上就是知识持有者与知识需求者之间相互分享所拥有的知识，这种分享以信息为媒介。❹ Prusak 和 Davenport（1998）认为，组织内部存在知识市场，知识市场是知识转移的主要途径，因此知识共享就是组织内部的知识参与市场的过程，与一般的商品类似，在知识市场中，同样存在买卖主体，买卖双方在知识转移中满足各自所需。❺ Hendrik（1999）从沟通的角度对知识共享进行分析。认为知识是特殊资源，由于其内隐性而不能自由分享，知识的接受者需要具备一定的相关知识，才能正确理解和吸收提供者的知识。知识共享的两大主体相互沟通，完成知识提供者的知识外化和知识接收者的知识内化。❻

国内对知识共享的研究目前处在探索阶段，尚未形成系统化的理论。应力、钱省三（2001）认为无论是对组织还是对个人，完善而有效率的知识市场都将给其带来直接的利益。组织内部的各种知识交流和转移从根本上均是知识交易行为，当知识能在组织中自由地流动时，它潜在的价值就会体现出来。他们把组织内部的知识交易划分为管理不参与交易、管理直接交易和管理参与交易三种方式，并对三种交易方式进行了分析，认为应通过解决知识地图、组

---

❶ [美] 彼得·德鲁克. 大变革时代的管理 [M]. 赵干城，译. 上海：上海译文出版社，1995.

❷ Nonaka, Takeuchi H. The Knowledge – Creating Company [M]. New York：Oxford University Press, 1995：273.

❸ Senge P M. Sharing Knowledge [J]. Executive Excellence, 1997, 14 (11)：17 – 20.

❹ Wijnhoven F. Knowledge Logistics in Business Contexts：Analyzing and Diagnosing Knowledge Sharing by Logistics Concepts [J]. Knowledge and Process Management, 1998, 5 (3)：143 – 157.

❺ Davenport T H, Prusak L. Working Knowledge：How Organizations Manage What They Know [M]. Boston：Harvard Business School Press, 1998.

❻ Hendriks P. Why Share Knowledge The Influence of ICT on the Motivation for Knowledge Sharing [J]. Knowledge and Process Management 1999, 6 (2)：91 – 100.

织文化和激励机制等问题以促进交易并最终形成知识共享，进而推动组织内部的知识交易顺利地进行。❶

闫芬、陈国权（2002）认为知识共享是未来组织为了适应高速变化的经济环境而必须采取的战略措施。组织知识以三种类型存在，分别为个人知识、工作流程和数据库。这三种类型知识的可共享程度依次递增。为了提高知识的共享程度，组织可以采取不同的方式：编码化方式和个人化方式。❷

王颖和秦江萍（2002）指出，知识具有不同层次，如个体知识和组织知识。个体知识为组织知识提供丰富的来源，组织知识由个体知识转化而来，组织知识要想发挥作用必须经过个人的消化和吸收。❸

杨溢（2003）指出，知识共享泛指知识所有者与他人分享自己的知识从而使知识从个体拥有转变为群体拥有。❹

单雪韩（2003）认为，知识共享过程就是知识拥有者的知识外化行为和知识获取者的知识内化行为。❺

赵静（2003）认为，共享知识是知识共享的前提，知识共享是进行知识管理必须达到的一个状态。❻

鉴于越来越多的组织开始采用以团队为基础的组织结构，蒋跃进等（2004）提出团队的核心能力在于能够实现知识共享，认为以团队为基础的组织与官僚层级制组织相比更有利于知识共享。他们从心理学和经济学的角度分析了团队知识共享的理论基础，指出了团队知识管理的三个误区，并提出了团队知识形成的三种机制和途径：事前学习、事中学习和外部学习。❼

魏江、王艳（2004）认为知识共享是个体知识和组织知识不断相互转化的过程，在这一过程中，个体知识转化为组织知识，组织知识转化为个体知识。同时，个体隐性知识不断转化为显性知识的知识外溢和扩散过程。由此可以看出，知识共享的内涵就是员工个人的知识（包括显性知识和隐性知识）

---

❶ 应力，钱省三. 企业内部知识市场的知识交易方式与机制研究 [J]. 上海理工大学学报，2001（2）：167-170.
❷ 闫芬，陈国权. 实施大规模定制中组织知识共享研究 [J]. 管理工程学报，2002（3）：39-44.
❸ 王颖，秦江萍. 决策权的下沉与知共识享 [J]. 经济论坛，2002（15）：32-34.
❹ 杨溢. 企业内知识共享与知识创新的实现 [J]. 情报科学，2003（10）：1107-1109.
❺ 单雪韩. 改善知识共享的组织因素分析 [J]. 组织经济，2003（1）：45-46.
❻ 赵静. 共享知识与知识共享 [J]. 图书与情报，2003（5）：18-20.
❼ 蒋跃进，梁樑，余雁. 基于团队的知识共享和知识形成机理研究 [J]. 运筹与管理，2004（5）：151-154.

通过各种沟通交流形式为组织中其他成员所共同分享,从而转变为组织的知识财富的过程。❶

林东清(2005)从知识共享的经济意义视角出发,认为知识共享是指组织的员工或内外部团队在组织内部或跨组织之间,彼此通过各种渠道进行知识交换和讨论,其目的在于通过知识的交流,扩大知识的利用价值并产生知识效应。知识共享是员工个人的知识财富通过各种交流方式如电话、口头交谈和网络,为组织中其他成员所共享,从而转变为组织知识财富。❷

原长弘、姚缘谊(2010)采用跨层次分析理论方法,整合了团队层面和个人层面因素,探讨了科技创新团队内部知识共享氛围对成员个体知识创造的影响机理,建立了科技创新团队内部知识共享的理论模型,认为除了直接促进作用外,科技创新团队内部知识共享氛围不仅直接促进成员知识创造,还通过个体的知识增长对其产生间接作用,并正向调节创造性人格与成员知识创造间的关系。❸

2. 知识共享动因的研究

国外学者由于研究的地域、文化等背景因素不同,对知识共享起因的结论不一样。Hansen(1990)指出,知识共享问题可以从意愿和能力两个主要方面来进行理解。❹ Grant(1996)认为,独享是知识独有的一种性质,要想实现知识共享,必须使知识拥有者愿意分享自身知识并且有能力分享。不论是组织整体还是社会成员,只有主观上的知识转移想法并不能达到知识共享的目的,必须具备知识传授能力,如教师,才可能以恰当的形式和方式将被转移知识传递给知识接收者,从而提高知识共享的效率。鉴于知识本身的内隐性、系统性,知识的传递和转移更加复杂而不能轻易完成。Simonin(1999)、Reed 和 DeFillippi(1990)认为知识的内隐性、复杂性两个特性将产生知识产生因果模糊性,这些特性会在组织行动与结果间造成因果模糊性,妨碍知识共享和沟通的进行。一旦知识提供者有能力进行专业技术知识的表达、呈现、沟通,可以对模糊性的专业技术知识作出恰当的表达和传递,并针对被转移技术知识的具体某些特性采用相应的转移方式,即可以大大提高知识共享水平。

---

❶ 魏江,王艳. 组织内部知识共享模式研究[J]. 技术经济与管理研究,2004(1):68-69.
❷ 林东清. 知识管理理论与实务[M]. 北京:电子工业出版社,2005.
❸ 原长弘,姚缘谊. 科研团队内部知识共享氛围对成员知识创造影响的跨层次分析[J]. 科学学与科学技术管理,2010(7):192-199.
❹ 王方华,王虹,柳军,等. 知识经理即将登场[J]. 上海经济,1999(1):33-34.

Stott, Walker 和 Stott 通过分析认为,拥有知识、从事知识工作的个人一般很少为了某种经济利益或保持良好的关系将自己所拥有的知识拿出来与他人分享。从这个角度说,经济刺激并不能确保知识共享动机发生,知识拥有者也许会有自我成就感、自尊等更高层次需求。Connolly, Thorn 和 Chennamaneni (1992) 从互利双赢的角度分析了知识共享动机。他认为互利双赢是激发知识共享动机的显著因素。作为认识社会性动物,社会成员希望自己与他人交流并通过交流提升了解和友情,也渴望获得他人的信任、认可和组织归属感。由此激发共享动机。

Zander (1992) 对知识特征进行了研究,认为知识具有可编码性、可表达性和复杂性。其中,可编码性和可表达性对知识共享影响显著。Hippel (1994) 研究认为知识具有黏滞性,这种黏滞性会影响知识共享效果。Simmoni (1999) 认为由于知识的缄默性、复杂性和专有性等使得知识模糊,影响知识共享。Matzlen Renzl 和 Mulleretal (2007) 研究认为,个体的性格对知识共享产生显著影响。Riege 认为,个体的自然状况的差异会导致知识共享是否顺利进行。

3. 知识作用及实现方式的研究

Arthur E. Gross 研究认为,有效的知识共享可以让组织和个人得到知识和经验等的整体提升,通过知识共享,能够改进工作方法和工作流程,提高工作质量和效果。Koh 和 Kim 通过实证的方法对虚拟社团作了研究,研究表明成员对社区的参与程度深度影响成员自身和社区的品牌。Nonaka (1995) 对知识型组织作了研究提出了著名的知识螺旋模式。组织内部的知识共享推进组织知识创新、提高组织创新能力的四种基本模式级社会化、内化、组合化和内-外化。四种模式共存,并发生着动态的相互之间的作用,知识创造通过隐性知识和显性知识的不断转换而实现,在个体、组织知识创新的过程中,实现产品和工艺的创新,进而加强和提高组织创新能力。

Eriksson 和 Dickson (2000) 提出基础设施、知识共享过程、参与者、理念四个方面的因素影响知识创造,进一步提出了知识共享创造模式。[1] Baalen 等人 (2005) 提出知识共享是知识提供者和知识接收者之间不定地进行着试错、反馈和纠偏的过程。

---

[1] Eriksson I V, Dickson G W. Knowledge Sharing in High Technology Companies [C]. Proceedings of Americans Conference on Information Systems (AMCIS), 2000: 1330-1335.

VernaAHee认为知识具有"二相性",知识是过程与实体的统一矛盾体。作为过程的知识共享强调知识交流,以促进知识创新;而作为实体的知识共享则要求建立知识产权制度,保护知识权利人的利益,强调知识共享者和知识权利人的利益平衡。

Williamson(1985)认为,在交易成本理论中,对经济行动者的一项基本人性假定就是机会主义,即个人有狡猾地追求自利倾向。Hippel(1994)认为,社会成员间紧密联系的目的是各取所需,实现资源交换,这种交换合作必须建立在相互信任的基础上,所以知识共享需要参与者建立互信平台[1]。

Cummings(2001)将知识共享双方在知识共享过程中的关系进一步细化,提出四类距离,即物理距离、知识距离、社会距离和文化距离。在团队内部,物理距离可以忽略,长期合作于同一团队中,拥有共同认知的团队文化,所以文化距离也非常有限,对组织外部成员来说存在文化障碍,产生文化距离[2]。

1.2.8 关于知识整合的相关研究

1. 知识整合概念与内涵

从已有的研究来看,国内外学者对知识整合概念的界定与内涵分析存在分歧,通过梳理国内外有代表性的知识整合定义,可以发现目前学者们对知识整合概念的研究主要分为"过程观"(认为知识整合是一个变动过程)和"能力观"(认为知识整合是利用知识与创造知识的能力的过程),在知识整合的最终目的方面强调了"新的知识体系形成"和"新的知识能力形成"这两个维度。

(1)强调知识整合对新的核心知识体系形成的作用。任皓、邓三鸿(2002)认为知识整合就是根据一定的目的或动因,将不同知识要素按照科学合理的程序,对组织内部知识元素以及知识元素之间的联系和动态关系进行挖掘和分析,依据一定的配置方案,对各种知识单元实施再建构,最终形成新的知识体系的动态过程[3]。陈力、鲁若愚(2003)等认为,知识整合是指组织为

---

[1] Hippel E. Sticky Information and the Locus of Problem Solving: Implications for Innovation [J]. Management Science. 1994 (4): 429-439.

[2] Cummings J L. Knowledge Transfer across R&D Units: an Empirical Investigation of the Factors Affecting Successful Knowledge Transfer across Infra and Interorganizational Units [D]. Doctoral Dissertation. George Washington University, 2001.

[3] 任皓,邓三鸿. 知识管理的重要步骤——知识整合 [J]. 情报科学, 2002 (6): 650-653.

了其战略目标的实现，对其内部知识进行条理化，使之序化以利于知识融合，在条理化的过程中，对组织战略目标无用的知识已经被摒弃，使组织内部的知识具有更强的可适应性和整体性，在上述过程中，发现原有的知识体系已经不符合组织战略发展的需要时，要对原有的知识体系予以重构，并以此形成新的核心知识体系❶。Kogut 和 Zander（1992）认为，组织知识整合是"对组织现有知识的深刻理解，并对现有的知识及知识能力进行重组，才能令组织学习到新的知识与技术"，这需要充分挖掘组织内部成员之间现有的社会关系，并提出组织现有的知识整合做法能够预测到未来的知识整合行动，为了达到上述目的，组织知识的积累将对组织拓展未来的新的市场提供更多的选择❷。Inkpen（1996）把知识整合定义为"知识的联结"（knowledge connection），即个人与组织利用彼此之间的各种关系经过正式或非正式的交互过程来促进彼此之间的沟通，实现知识的共享，最终使个体知识转化为组织知识，并将部分组织知识转化为个体知识❸。胡婉丽（2008）认为知识整合是以建立新的知识体系为目标的一个动态过程，在这一过程中，组织按照一定的整合框架，对组织需要吸收和利用的知识予以判断，摒弃无用知识实现原有知识体系的重新整理和改造，并将组织内外部知识以及个体知识和组织知识进行有机融合，形成以任务为引导的新的完整的知识体系❹。

（2）强调知识的有效利用与组织能力的关系。Clark 和 Iansiti（1994）认为组织的知识整合包括客户知识整合和技术知识整合，前者是由于市场条件的不确定性引起的，后者是由于技术条件的不确定性引起的，并认为组织能力的形成是通过外部知识整合和内部知识整合的过程来实现的，通过对整合问题进行实证研究，使得知识整合的概念得到拓展和完善，确定了知识整合的概念框架❺。Teece 等人（1997）从组织战略层面论述了知识整合对于组织的作用，认为组织的基本职能和组织能力的本质就是对现有的知识进行整合❻。沈群红

---

❶ 陈力，鲁若愚. 组织知识整合研究 [J]. 科研管理，2003，24（3）：31-38.

❷ Kogut B, Zander U. Knowledge of the Firm, Combinative Capabilities, and the Replication of Technology [J]. Organization Science, 1992, 3 (3): 383-397.

❸ Inkpen C. Creating Knowledge Through Collaboration [J]. California Management Review, 1996, 39 (1): 123-140.

❹ 胡婉丽. 知识整合的流程与机制 [J]. 价值工程，2008（5）：41-44.

❺ Iansiti M, Clark K B. Integration and Dynamic Capability: Evidence from Product Development in Automobiles and Mainframe Computers [J]. Industrial and Corporate Change, 1994, 3 (3): 557-605.

❻ Teece D J, Pisano G, Shuen A. Dynamic Capabilities and Strategic Management [J]. Strategic Management Journal, 1997, 18 (7): 209-533.

等人早在2002年就以组织能力提升的视角进行知识整合研究,他们以中国电力自动化行业技术集成为基本案例分析,将知识整合定义为对组织内部和外部的知识进行有效的识别、利用,从而提升组织对所能掌握的知识的利用效率,促进不同主体维度上知识的彼此互动并产生新知识的能力[1]。高巍等人(2004)从知识整合的概念出发,论述了知识整合与组织知识与能力之间的关系,认为知识整合概念应包含以下几个方面的含义:①知识整合的对象主要是组织内外部的既有知识;②知识整合是组织知识的重新组合或需要在知识之间建立相应的联结;③组织成员之间充分的知识交流与深入的知识沟通是实现知识整合的基础;④对组织知识进行整合的能力是组织的基本职能和组织能力的本质[2]。

2. 知识整合的过程与具体阶段

王彦博、和金生(2010)以知识增长观点为相应的理论基础,对知识有机整合的过程进行深入探讨,认为知识整合的过程分为受激、认知、融知、重构和扩散等五个阶段,并通过丰田汽车公司开发混合动力车普锐斯的案例研究,验证了这一过程模型在组织知识整合实践中的可操作性,为组织的知识整合实践提供了基础框架[3]。魏江等人(2008)的论述最具有代表性。魏江等人认为,知识整合是基于特定的外部市场环境,为实现组织技术、产品和服务创新,对不同来源、不同形态的知识进行甄选、转移、重构的一个动态循环的过程[4]。Doris Fay 等人(2006)采用实证研究的分析方法在科研创新团队成员的知识、技能的多学科整合性对团队创新绩效的影响的研究中,发现只有高质量的团队流程才能使多学科的知识整合对科研创新团队的创新结果产生积极的作用。胡婉丽(2008)认为知识整合流程是由知识搜索、知识过滤、知识诊断、知识编码并最终建立新的知识体系的一系列过程组成[5]。

3. 知识整合机制、实现途径与机理

Yuh – Jen Chen(2010)采用系统的分析方法对合作式(Collaboration)模

---

[1] 林向义,张庆普,罗洪云. 集成创新中的知识整合机理研究 [J]. 哈尔滨工业大学学报(社会科学版),2009,11(6):121-126.

[2] 高巍,田也壮,姜振寰. 组织知识整合研究现状与分析 [J]. 研究与发展管理,2004(5):33-39.

[3] 王彦博,和金生. 知识有机整合的过程模型及案例分析——以世界第一款混合动力车普锐斯的开发为例 [J]. 中国地质大学学报(社会科学版),2010,10(1):115-119.

[4] 魏江,王铜安. 知识整合的分析框架:评价、途径与要素 [J]. 西安电子科技大学学报(社会科学版),2008,18(2):8-14.

[5] 胡婉丽. 知识整合的流程与机制 [J]. 价值工程,2008(5):41-44.

具设计和生产过程中的知识整合和共享机制进行了研究，研究结果表明，知识整合理论的应用满足了生产参与者的知识需求，提升了模具产品的研发能力，减少了研发周期，降低了研发成本，提升了产品的市场竞争力[1]。Hung Tai Tsou 等人（2010）以资源依赖和权变理论的相关概念为理论基础，研究了知识整合机制和技术整合机制对组织之间合作研发竞争力和电子服务创新的中介效应，而且研究了两种机制对于合作伙伴匹配的调节作用。以财务服务和信息服务公司的 IT 部门作为实证研究案例，发现这些行业的公司都强调电子服务创新中合作研发竞争力的提升却采用不同类型的电子服务创新提升机制，展现了组织之间在合作研发竞争力提升方面的合作伙伴匹配实践方式。得出的研究结论是 IT 管理者应该将组织之间合作研发竞争力与知识整合机制和技术整合机制紧密结合起来以达到电子服务创新的目的，而且选择兼容式的合作伙伴是推进电子服务创新的关键所在[2]。

Xu J 等人（2011）研究了如何采用知识整合方法来帮助设计者有效地实现创新目标，并在这种整合方法的基础上，研究了分布式创新知识管理系统的原型，并将其应用于一个创新项目中，其应用的最初结果表明这种整合方法和系统原型具有实践应用的功能，验证了该方法的有效性[3]。

张庆普、单伟（2004）研究了组织知识转化过程中知识整合的概念，认为知识整合是在组织知识转化过程中的一种客观存在的核心机制，在各种相关条件的激发和组织所处环境的各种有利因素支撑下，知识要素经过复杂的相互作用，从而实现组织知识的有序化、系统化、转化、集成、融合等[4]。

魏江、王铜安、喻子达（2008）以知识形态、知识主体及知识平台为基本维度，论述了组织知识整合基于上述三个维度的实现途径，以海尔公司的知识整合实践对这三种知识整合途径进行了深入探讨[5]。

单伟、张庆普（2008）从适应进化、协同旋进、择优弃冗、互补相容等

---

[1] Chen Y J. Knowledge Integration and Sharing for Collaborative Molding Product Design and Process Development [J]. Computers in Industry, 2010, 61 (7)：659 – 675.

[2] 储节旺，闫士涛，谈甄. 知识管理学产生、存在与发展的关键因素研究 [J]. 情报杂志，2012, 31 (2)：108 – 113.

[3] Xu J, Houssin R, Caillaud E, et al. Fostering Continuous Innovation in Design with an Integrated Knowledge Management Approach [J]. Computers in Industry, 2011, 62 (4)：423 – 436.

[4] 张庆普，单伟. 组织知识转化过程中的知识整合 [J]. 经济理论与经济管理，2004 (6)：47 – 51.

[5] 魏江，王铜安，喻子达. 知识整合的实现途径研究——以海尔为例 [J]. 西安电子科技大学学报（社会科学版），2008, 29 (3)：22 – 27, 42.

维度对组织自主创新过程中的知识整合机理进行综合剖析,进而提出了组织自主创新能力形成与提升过程中不同阶段、多维度、多层面知识整合演化模式,并对其协调机制进行了深入剖析[1]。

4. 知识整合网络

Saad Aqeel Alzarooni 等人(2011)基于角色扮演的方式通过合作创新网络让受试者获得相应的业务经验和学习方法,并与自身原有的知识进行整合,提出了跨学科合作创新的基本实施方案[2]。Catherine Beaudry 等人(2011)对加拿大纳米技术发明者的合作网络特征对专利发明质量的影响进行了研究,主要研究了网络中是否存在高度中心化发明者(highly central inventors)和明星发明者(star inventors)、重复的合作关系(repeated collaboration)以及国际合作关系(international collaboration)等变量对专利发明的质量影响。研究结果表明,创新团队网络中如果存在高度中心化发明者和明星发明者对专利质量具有正向的影响,重复的合作关系对专利质量具有负向的影响,具有国际合作关系的且专利权属于国外组织的专利质量较好,而加拿大本国公司是否是专利代理人对专利质量的影响并不显著[3]。詹勇飞等人(2009)论述了知识整合与知识网络之间的辩证关系,认为知识网络是知识整合活动实施的基础和前提,知识整合是知识网络的最终归宿,知识整合能够进一步提高知识网络节点之间的连通能力,是组织动态能力的核心和实现途径,知识整合和知识网络共同构成了组织动态能力[4]。

5. 知识整合与组织绩效之间的关系

Krista 等人(2011)通过实地观察一个高科技的纺织生产虚拟创新项目的实际运作情况对虚拟创新项目中的团队合作模式进行了研究,观察和分析了此项目的不同参与人之间预期的合作状况。研究表明合作创新是不同组织部门之间进行功能整合和协调努力的重要形式,通过合作,即使创新活动本身存在着

---

[1] 单伟,张庆普. 组织自主创新中知识整合机理与模式研究 [J]. 预测,2008,27(1):23-28.

[2] Alzarooni S A, Campbell R W, Wang Y, et al. Exploring the Strategic Value of Interdisciplinary Collaboration: COINs in the Creation of Business [C]. Procedia - Social and Behavioral Sciences,2011(26):130-135.

[3] Beaudry C, Schiffauerova A. Impacts of Collaboration and Network Indicators on Patent Quality: The Case of Canadian Nanotechnology Innovation [J]. European Management Journal,2011,29(5):362-376.

[4] 詹勇飞,和金生. 基于知识整合的知识网络研究 [J]. 研究与发展管理,2009,21(3):28-32.

某些问题，团队成员之间也能够以高度一致和协调的方式了解和掌握本团队的任务所在，整合知识资源，正是因为创新过程本身的复杂性，团队成员之间高度依赖彼此的资源，从而产生显著的创新绩效。❶

谢洪明等人（2007）以华南地区的144家组织为基本分析样本，采用结构方程模型（Structural Equation Model）的分析方法研究了组织学习、知识整合对组织核心能力和组织绩效的影响，得出组织知识整合能力对组织绩效具有正向影响进而对组织核心能力具有正向影响的研究结论❷。

6. 交互性技术对于组织知识整合的影响

国外关于知识整合的技术研究中，侧重强调本体技术、语义网技术能够有效地解决对知识内容的统一性描述以及知识系统之间的相互操作性，给予组织实现知识整合的目标提供了技术上的可操作性。随着组织知识密集型的趋势越来越明显，将多样化的知识整合起来已然成为一种挑战，很多组织早就意识到本体技术会成为组织开展知识整合活动的一种重要方法。本体技术的核心功能是可以对某一领域内的概念体系以及概念之间的关系作详细的说明，是一种重要的知识描述与知识表达方式，为知识交流的每一方或知识整合活动的参与人提供了一个统一的认识，在这种技术的支持下，组织或行业内部的知识搜索、知识积累、知识共享及知识整合的效率将大幅度提高。Huang等人（2008）从本体构建、动态工作流程和知识表示的规则与限制条件三个方面论述了本体技术在组织知识整合中的应用研究❸。

语义网的本质是将网络信息进行结构化处理，为信息或知识体系之间的相互操作提供了快速的手段，提高了信息的可读性，进而可以为人们关联更多信息提供简单而有效的方法。语义网技术的应用重点是将信息概念与他们之间的关系以显性的方式表示出来，不但能够应用在 Web 这种开放的信息环境中，也可以应用在组织系统这种封闭的环境中。这项技术大量应用在组织网络服务、知识管理、电子商务等领域，为组织信息集成、知识共享、数据整合（知识整合）等提供了技术上的可行性。John G. Breslin 等人（2010）通过回

---

❶ Krista, Chester, Theresa L K Chan, et al. Analytic Collaboration in Virtual Innovation Projects [J]. Journal of Business Research, 2011, 64 (12): 1327–1334.

❷ 谢洪明，吴隆增，王成. 组织学习、知识整合与核心能力的关系研究 [J]. 科学学研究，2007, 25 (2): 312–318.

❸ Huang N, Diao S. Ontology – Based Enterprise Knowledge Integration [J]. Robotics and Computer – Integrated Manufacturing, 2008, 24 (4): 562–571.

顾语义网如何从一个纯学术研究的对象转变为被广泛应用的行业技术（诸如语言网所要求的不同的语种、逻辑和表示机制都需要经过 W3C 协议的标准化处理），论述了语义网技术应用所面临的种种挑战❶。

Aristeidis Matsokis 等人（2010）以闭环产品生命周期管理（Closed – Loop ProductLife cycle Management，PLM）为基本应用背景，利用本体技术的优势和特点，采用 OWL – DL（Web Ontology Language – Description Logic）语言设计了用于 PLM 中进行产品数据和产品知识管理的语义对象的本体模型，新模型不仅发挥了该语言原有的功能特点，而且提升了 OWL – DL 语言的多种功能，并将之应用到汽车行业中，有效地解决了产品生命周期管理中的数据整合（Data integration）和互操作（inter operability）问题，并展现了强大而数量可观的推理能力❷。

Elpiniki I. Papageorgiou 等人（2012）采用模糊认知图（Fuzzy Cognitive Maps，FCMs）和语义网方法对医药知识的规范化处理进行研究。他们将研究方案应用于成人尿路感染问题研究的知识管理实践，发现采用模糊认知图方法和语义网技术对临床治疗方案知识进行建模与整合是可靠而有效的❸。

Adrien Coulet 等人（2010）从 MEDLINE 数据库中选取 1 700 万个文献摘要，在对摘要中的 8 700 万语句进行语法解析和对关键药物基因组实体词汇进行描述的基础上，描述了药物基因组学关系本体，最终的分析结果是对 200 多个具有明确语义关系的实体类型建立了具有 40 000 个关系的实体网络，此网络可以用于对药物基金组学知识进行有效管理，并为知识发现、信息抽取提供可计算的资源❹。

国内以技术视角来研究知识整合相关问题主要体现在本体、语义网、数字图书馆等方面，其中数字图书馆领域的知识整合研究是国内在此方面研究的主要特色，主要原因是国内知识管理研究领域的部分主体力量是具有图书馆领域工作背景的专家学者，这在以往的研究中已经得到验证。

---

❶ Breslin J G, O'Sullivan D, Passant A, et al. Semantic Web Computing in Industry [J]. Computers in Industry, 2010, 61 (8)：729 – 741.

❷ Matsokis A, Kiritsis D. An Ontology – Based Approach for Product Lifecycle Management [J]. Computers in Industry, 2010, 61 (8)：787 – 797.

❸ Papageorgiou E I, Roo J D, Huszka C, et al. Formalization of Treatment Guidelines Using Fuzzy Cognitive Maps and Semantic Web Tools [J]. Journal of Biomedical Informatics, 2012, 45 (1)：45 – 60.

❹ Coulet A. Using Text to Build Semantic Networks for Pharmacogenomics [J]. Journal of Biomedical Informatics, 2010, 43 (6)：1009 – 1019.

1.3 研究内容与研究方法

1.3.1 研究内容

本书的主要研究内容如下。

第1章，解释选题的理由，研究的目的、意义、思路、方法及依据，对选题中涉及的核心概念如团队、团队有效性以及知识共享和知识整合进行界定。对国内外有关团队、科技创新团队尤其是高校科技创新团队的已有研究成果进行综述与评价。

第2章，主要是对后续应用到的理论基础进行介绍，包括对本体构建理论、知识管理理论、高校科技创新团队理论、人力资源价值与价值链理论、产学研合作创新基本理论等。

第3章，主要是对高校科技创新团队建设存在的问题和对策进行阐述。通过提出目前高校科技创新团队所存在问题的根源以及影响因素，找出应对问题的对策及发展路径。

第4章，对高校科技创新团队成长模式与机理进行分析。重点研究高校科技创新团队有效性形成的内在机理及有效性形成的力场分析。

第5章，构建高校团队有效性和成长性评价模型。通过讨论高校团队有效性存在的问题、高校团队有效性的衡量标准以及高校团队有效性的尺度和原则，提出高校团队有效性的评价方式和方法。

第6章，设计科研项目团队有效性的管理体系。通过分析变量对团队有效性的影响关系，重点研究跨学科高校科技创新团队建设路径优化、基于知识管理的高校科技创新团队管理提升、科研经费管理制度设计、科技成果转化的路径设计及科技创新团队有效性培育与提升对策。

第7章，提出信息化支撑平台。内容包括基础知识管理的团队领域本体构建、基于大数据的高校科技管理模式以及基于云计算的高校跨学科科研管理平台构建。

1.3.2 研究方法

本书所采用的主要研究方法如下。

（1）横断面的问卷调查法。以团队为分析单位，探讨团队有效性影响的决定因素。编制测量问卷，对影响高校科技创新团队有效性的多维因素进行深入分析。

（2）个案调查与深度访谈。运用此方法的主要目的是进行案例分析，探讨某个团队及其成员个体的创新历程。通过个人深度访谈和该团队的成果文献评价该团队的静态绩效及成长过程中的动态绩效。

（3）采用文本数据挖掘（TDM）技术分析团队科研成果与国内国际前沿的接近程度，综合运用 Ucinet、SPSS 等软件工具找出代表国内国际前沿的高频词，树立评价"标杆"。

（4）运用数据包络分析（DEA）方法分析团队自身相对进步效率及团队之间的投入产出相对效率。

1.4 相关研究对象界定

1.4.1 团队

1. 团队的形成

团队运作模式的理论是从 20 世纪 70 年代的"质量管理小组"管理流行之后才慢慢建立起来的。20 世纪 80 年代，工作场所中对团队运用的逐渐增加导致了相关研究的进一步发展，以及团队相关领域的研究越来越受到关注。到了 20 世纪 90 年代，因为组织外部环境的不断变化和组织内部条件的复杂，加上信息和知识在组织中所起的作用越来越受到理论界的重视，"团队"慢慢变成管理学和组织行为学的研究关注点。进入 21 世纪以来，团队理论得到了深入发展，步入稳定繁荣、发展创新的阶段。对团队的研究主要集中在团队的特征、类型以及团队的有效性等几个方面。

2. 团队的特征

国内外关于团队特征的研究主要是从团队和群体的区别这个角度进行的。国内研究基本是在国外研究的基础上进行的。

乔恩·R. 卡曾巴赫和道格拉斯·K. 史密斯认为团队有 5 个方面的特征。①人数不多。这一特征对团队来说不是绝对必需的，只是一个比较实用的方面。因为数量较多的人群，尽管有规模上的好处，但很难相互配合并采取有益的行动。同时，也很难快速地达成共识。②技能互补。团队都必须培养起正确的技能组合，这些团队技能要求可分为三类：技术或职能性的专家意见，解决问题技能和决策技能以及人际关系技能。③为了共同的目的和业绩目标。一个共同的、有意义的目标能确定基调和志向,具体的业绩目标是这个目的整体的一个部分,两者的结合对业绩是重要的。④使用共同的方法。团队的方法必须包括经济方法、管理方法和社会方法等各个方面。⑤相互承担责任。团队承担责任乃是我们对自己和他人作出的严肃承诺,是从责任和信心两个方面支持团队的保证。❶ 斯蒂芬·P. 罗宾斯从团队与群体的区别角度提出了团队不同于群体的 5 个特征❷。①以整体绩效为目标。团队追求的是整体绩效,而群体追求的仅仅是信息共享。②积极的协同效应。团队中能够产生积极的协同作用,使整体绩效大于个体绩效之和,而群体中的协同效应是中性或消极的,它的整体绩效等于或小于个体绩效之和。③共同的责任。团队中的成员既有个体责任又有共同责任,两者相辅相成,而群体中的成员只承担个体的责任。④互补的技能。团队中成员的技能是相互补充的,而群体中成员的技能是随机和不同的。❸

姚裕群从组织结构的角度探讨了团队的 6 个特征❹。①"机构"有不确定性。团队的组建、改进和撤销需要根据组织的实际情况来定。②职责确定。团队对每个成员的工作职责范围区分很明确,有固定的工作流程。③没有等级区别。团队没有等级制,团队协调人既可以由组织任命,也可以由团队成员选举产生。④成员都具有决策权。团队中的成员都拥有一定的决策权,可以直接向组织的决策层反映意见。⑤信息沟通充分。团队中信息沟通的方向是平行的。⑥有利于取得利益。团队的扁平化结构减少了内耗,有利于取得利益。

国内外对团队特征的研究总体趋于一致,基本都包括"共同的目标""互补的技能""责任共担"三个特征,只有姚裕群从组织结构的角度研究了团队的决策、沟通等一些团队运行特征。在这个基础上,卡曾巴赫和史密斯还强调了团队的"人数"和"工作方法";罗宾斯还强调了"协同效应";刘惠琴还强调了"共同规则"和"相互依存性"。

3. 团队的类型

有关团队类型的研究主要来自国外文献,国内文献中提到的团队类型也都来源于国外文献。

---

❶ [美] 乔恩·R. 卡曾巴赫, 道格拉斯·K. 史密斯. 团队的智慧 [M]. 侯玲, 译. 北京: 经济科学出版社, 1999.

❷❸ [美] 斯蒂芬·P. 罗宾斯. 组织行为学(第 10 版)[M]. 孙健敏, 李原, 译. 北京: 中国人民大学出版社, 2005.

❹ 姚裕群. 团队建设与管理 [M]. 北京: 首都经济贸易大学出版社, 2009.

桑德斯特洛姆和戴穆斯根据四种变量，即团队成员与组织内其他成员差别化程度的高低、团队成员与其他成员进行工作时一体化程度的高低、团队工作周期的长短以及团队产出成果的类别，对团队进行分类后得到4个结果：建议或参与式团队、生产或服务团队、计划或发展团队、行动或磋商团队[1]。

乔恩·R.卡曾巴赫和道格拉斯·K.史密斯把团队分为3个类型：对事物提出建议的团队（如特别工作组）、生产或做事的团队（如生产工人团队、销售团队）和管理事物的团队（如各个层次的管理团队）。

D.赫尔雷格尔等人把团队分为机能团队、问题解决团队、交叉机能团队和自我管理团队4种类型，而且还提出了虚拟团队的概念[2]。

斯蒂芬·P.罗斯将团队分为4种类型：问题解决团队、自我管理团队、交叉功能团队和虚拟团队。其中，问题解决团队的核心点是提高生产质量、生产效率及改善组织工作环境等。自我管理团队是一种真正独立自主的团队，成员不仅探讨解决问题的方法，并且亲自执行解决问题的方案，并对工作承担全部责任。交叉功能团队由来自同一等级、不同工作领域的员工组成，他们为了完成一项任务而共同工作。虚拟团队是利用计算机技术把实际上分散的成员联系起来，以实现一个共同目标的工作团队。

英国的管理顾问、网络研究专家哈克·威廉姆斯把团队区分为团体和工作队，并提出"团体-工作队连续流"理论。他认为：连续流的一端是一类个人的松散联盟，他们不太需要合作，不用作出太多的集体决定，没有也行，有当然更好。另一端则是紧密结合的工作队，他们的成绩完全取决于相互之间能否有效合作，是否紧密结合。任何工作团队根据其相互依赖程度和共性程度这两个因素的不同，均处在连续流两极之间的某一位置[3]。

Cohen和Bailey在总结前人关于团队类型分类的基础上，将团队分为工作团队、平行团队、项目团队、管理团队4种类型。其中，工作团队是负责生产产品或提供服务的持续工作单位；平行团队用于解决问题和改进绩效；项目团队是为某个项目而成立的，具有时限性；管理团队对组织的整体绩效负责，其

---

[1] Sundstrom E, De Meuse K P, Futrell D. Work Teams: Applications and Effectiveness [J]. American Journal of Psychology, 1990, (45): 120-153.

[2] [美] D.赫尔雷格尔. 组织行为学（第9版）[M]. 俞文钊，等，译. 上海：华东师范大学出版社，2001.

[3] Hank Williams. The Essense of Managing Group and Team [M]. London: Prentice Hall Europe, 1996.

权威性根源于成员在组织中的地位。❶

1.4.2 科技创新团队

科技创新团队是指把团队引入科学研究领域形成的组织。科技创新团队和非团队运作的科研群体的不同之处在于相互依赖的程度以及两者之间有多少共性。相互依赖程度不高,且个人目标与组织目标不统一或者组织目标不能凌驾在个人目标之上的群体不能称之为科技创新团队;只有两者之间有相当的依赖程度,并且群体目标置于个人目标之上,进而达成共识的才可成为科技创新团队。在科研管理过程中,科技创新团队是具体研究的操作者,一般围绕着课题而存在,他们团结紧密、分工明确;但是科研群体是一个比较松散的组织结构,一般因为学科而存在,它的范围比科技创新团队的范围更大,在一个科研群体中也许会存在两个以上的科技创新团队。张晓丰等人认为,科技创新团队指的是面向科研项目或者课题、以科学的研究与技术开发为内容,由一定量的跨学科、技能互补、愿意为共同的科研目的而相互承担责任和义务的科研人员组成的群体。其中,科研项目或课题是团队组成的核心动力,科技创新则是团队发展的必要的基本空间。从这个层次来讲,科技创新团队是针对一组科学问题,由处在一定情境之中的,愿意为了共同的研究目标相互承担责任的,知识互补、技能互补的科技研发人员组合而成的团队。❷ 蒋满秀把科研创新团队的定义总结为"以优秀学术带头人为领导,以重点实验室或者工程中心为依托,以科学技术研究与开发为内容,拥有合理结构的学术梯队,人数不多且技能互补,愿意为共同的科研目的、科研目标和工作方法而互相承担责任"的群体组织。科技创新团队是一个具有创新能力的研究团队,他们的每次突破又属于团队创新。❸

科技创新团队的特点

已有研究对于科技创新团队特征的研究以国内文献为主,大部分是以团队特征的研究成果为基点展开的。

---

❶ Cohen S G, Bailey D E. What Makes Teams Work: Group Effectiveness Research from the Shop Floor to the Executive Suite [J]. Journal of Management, 1997, 23 (3): 239-290.

❷ 张晓丰, 崔伟奇, 吕营, 等. 创建中国高校科技创新体系的对策研究 [J]. 研究与发展管理, 2005 (4): 103-109.

❸ 蒋满秀. 科研创新团队的基本构造要素研究 [J]. 科技信息, 2010 (22): 19-20.

康旭东等人基于当前国内外对科技创新团队本质的研究，从各种科技创新团队的实际运作情况出发，把科技创新团队的本质特征综合归纳为下面几个方面：①科技创新团队必须特定的研究方向和特色鲜明的研究目标；②科技创新团队应该是内部成员优势互补的科研群体；③科技创新团队应该是一个内部成员之间相互尊重、信任，可以充分发扬学术共享的研究群体；④科技创新团队的领导者应该具有长远的战略眼光和足够的协调能力，可以使整个团队井然有序地运作；⑤科技创新团队应该是一个不断产生新成果，特别是重大科技成果的高效研究群体[1]。

刘培莉认为科技创新团队包含着以下四点[2]。①科技创新团队个人目标融于团队目标。个人目标与团队目标一致，经过团队目标的实现一块使个人目标实现。团队成员清楚地了解整个团队的总体目标以及所担任的角色。②科技创新团队有共享、信任的文化气氛。团队"1+1>2"效能的发挥在于在信任基础上成员间建立的知识共享。成员之间有强烈的合作意愿，为着共同的愿景而相互承担责任，相互依赖。③科技创新团队结构扁平化，团队成员之间关系平等。每个人都有充分表达自己学术思想的权利，团队中没有唯一的知识权威，团队的领导者不但要依靠其学术权威更要依靠其人格魅力凝聚团队。④科技创新团队稳定的核心构成。团队大致是以课题和任务为导向，不具备平常科研机构的稳定性，往往存在一个相对稳定的核心小组。科研任务完成，团队生命周期结束后，核心小组依然存在，并有持续申请项目的能力。[2]

管靖等人认为科技创新团队应该具有下面几个特征：①以共同的主题为基础，团队成员之间相互联系、相互协作；②团队成员之间有着共同的行为规范，这些行为规范反映团队成员共同的价值标准；③具有一定的组织性，团队成员在团队中有一定的地位，扮演着不同的又不可替代的角色，而最重要的成员是团队带头人，带领团队实现科研目标。除此之外，这些研究还起到了科技创新团队领导的学术带头人作用。[3]

---

[1] 康旭东. 科研团队建设的若干理论问题 [J]. 科学学研究，2005 (2)：232 – 236.
[2] 刘培莉等. 大学科研创新团队建设的制约因素及对策 [J]. 武汉理工大学学报：(社会科学版)，2006 (6)：910 – 915.
[3] 管靖. 浅议高校科研团队的建设与管理 [J]. 武汉科技大学学报 (社会科学版)，2004 (1)：22 – 24.

1.4.3 高校科技创新团队

1. 高校科技创新团队的内涵

团队是指由少数具有互补技能、愿意为共同的愿景目标、业绩目标和方法而相互承担责任的个体所组成的群体。科技创新团队是以科学技术研究与开发为内容,由为数不多的技能互补、愿意为共同的科研目的、科研目标和工作方法而相互承担责任的科研人员组成的群体(陈春花,杨映珊,2004)❶。陈春花和杨映珊对科技创新团队所作的定义比较有代表性,在高校科技创新团队的相关研究中,许多学者直接引用(王凤辉,等,2005;陆文明,等,2006;沈林,等,2007),部分学者修改使用(魏军,2006;张喜爱,2007)。也有一些学者结合高校情境,对科技创新团队作了更细致的界定。刘小林(2005)认为,高校科技创新团队是为了实现某个特定的科研目标而聚集在一起的特殊工作群体,是从事跨学科的大型科学研究的重要组织形式。高迎斌和罗时贤(2007)认为,高校科技创新团队是指在高校中由技能互补、围绕着共同的科研目标并且具有团队精神的相互协作的科研人员结合而成的从事科学研究的群体,王怡然等人(2007)所作的定义与之类似。赵海信(2007)提出,高校科技创新团队是指高校以科研梯队、学术研究中心、课题组等为代表的教师科研群体组织,它要求其成员具备相辅相成的知识结构、工作技能,每一位成员都以团队为中心,在科研活动中为不断实现团队的目标而齐心协力、锐意进取❷。可见,学者们对高校科技创新团队的界定大多借鉴组织领域团队的定义,强调技能互补、共同的目标及相互承担责任。然而,高校科技创新团队的研究目的、人员构成与组织研发团队不同;并且对单一学科团队而言,成员都具有相似的知识结构,因此不适合从不同于群体的视角对高校科技创新团队作严格的界定。本书认为,在本质上,高校科技创新团队是由拥有共同科研目标的高校教师或高校教师与研究生组成的正式群体,团队的组织依托可以是课题组、研究中心、重点实验室或科技创新平台等。在团队内部,成员间相互协作、共享知识,共同提高团队的创新能力,完成共同的科研目标。

2. 高校科技创新团队的特点

高校科技创新团队是科技创新团队中的比较特殊的一种组织形式,主要是

---

❶ 陈春花,杨映珊. 基于团队运作模式的科研管理研究[J]. 科技进步与对策,2002(4):79-81.

❷ 赵海信. 高校科研团队建设的研究[J]. 科技进步与对策,2007(8):188-189.

以高校教师为主体、以其他专业人员为成员形成的科技创新团队，是高校开展科技调研活动、培养高层次科技人才的最重要的基本单元，其中最基本的组成要素是"课题组"。这种团队的主体是高校教师及流动的研究生群体。高校科技创新教师指的是有比较完善的知识结构，有开拓创新意识和能力，具有奉献精神和良好心理素质，既善于同他人合作，又具有独立个性且擅长培养和激发学生创新能力的教师。科技创新教师应该是高校教师队伍的主干力量。基于团队运作的科技创新教师群体具有一般团队的目标共同性、知识共享性、利益依存性、行为联系性、心理相容性、能力放大性等特征。除此之外，由高校教师为主体组建的高校科技创新团队还具有不同于组织团队的显著特点。

（1）成员普遍具有比较高的个人素质，较强的自主性（追求工作自主性是高校科技创新工作者的核心特征之一）和创新能力，以及强烈的实现自我价值的愿望。他们往往更在意自身价值的实现，并强烈期望得到社会的认可。他们往往更热衷于具有挑战性的工作，渴望展现自我价值。

（2）科技创新教师因为具有某些特殊技能，通常可以对其上级、同事和下属产生影响。科技创新教师的工作特点让他们的劳动过程很难获得监控；劳动成果很难衡量；多数教师并不崇尚权威。

（3）成员间学科结构和技能的类似与优势互补。因为现代意义上的科学研究通常具有多学科多专业交叉的特点，如果研究成员之间在智力和非智力上的特质基本相同，则他们在科研合作中就很难体现整体优势互补原则。所以，我们认为真正高效的科技创新团队要求成员在知识结构、能力、研究经历、性格特征、工作作风等方面具有互补性。而高校科技创新团队也不必苛求必须是同一个专业方向的人组成一个团队，完全可以组建学科交叉的科技创新团队。

（4）具有互动性。高校科技创新团队作为一个整体，他们内部各要素在运作过程中应该构建成为一个良性互动系统。在这样一个系统中，成员之间有明确的分工、协调的合作，调动一切有效资源致力于某个教学或科研目标的实现，充分体现出系统内要素的互动性。虽然，任何一个系统都是处于一定外部环境中并受其影响（这种影响力是相互的）；但是，高校科技创新团队成员的科研主动性强，自由度大导致这种互动更为充分。

（5）高校科技创新团队活动的主体是市场意识淡漠、较为独立的教师。第一，与科研院所的科研人员相比，虽然在不同类型的高校，教学占教师工作量的比重有较大差异，但是，教学仍然是多数教师的根本职责。因此，教师是非全时的科学研究人员。第二，与组织的科研人员相比，教师从事科学研究的直接目的大多是"为科学而科研"或"为职称而科研",较少考虑科研成果的市场应用前景,市场意识淡漠。第三,高校教师与非高校科研人员相比,科研压力相对较小,其所从事的科研活动具有相对独立性,可以比较自由地选择研究课题。教师在完成规定的教学任务的前提下,既可以根据自己的兴趣爱好独立地将教育教学中的成功经验或专业领域中的研究成果撰写成学术论文,著书立说,在学术研究中发表个人观点开展学术争鸣;也可以与其他人开展合作研究,成为团队的一员。这种科研活动的自主性为高校教师的独立思考提供了职业性的有力保障。

(6) 高校科技创新团队所从事的研究主要是基础研究和应用研究。高等学校作为知识创新和传播的重要主体之一,其非功利性学术研究价值取向决定了许多高校教师的工作职责。一方面表现为教书育人的知识传播,另一方面表现为通过基础性的理论研究实现知识创新。为此,以高校教师为主体的科技创新团队的工作重点不是开发新设备、新工艺或新产品的试验发展研究,而是以认知客观世界的本质和规律、发明新的技术原理为目的的基础研究和应用研究。比如,南京大学的新型微结构材料的制备与物理效应团队、兰州大学的化学合成和化学生物学团队等。[1]

既然高校科技创新团队属于学术研究型团队,那么它与组织中的团队就会有很多不同,通过文献分析以及个人深度访谈,可以得出如下结论:团队领导、团队成员、组织内创新环境、团队创新气氛对团队创新绩效及其成长具有重要作用;创新成果与团队创新能力、创新行为紧密相关,较强的创新能力和积极的创新行为能产生良好的创新成果,且团队创新行为的改善利于团队创新能力的提升。由此可以看出,高校科技创新团队往往既是解决问题型团队,又是跨功能型团队,同时还兼有自我管理型团队的特点。

3. 高校科技团队的分类

(1) 按科研活动的纵向流程分类。科研活动是增进已有科学知识并提供实际应用的、系统的、创造性的工作。根据联合国教科文组织的规定,科研活动可分为基础研究、应用研究和试验发展研究三类,这三类研究形成了从科学到技术、设备、工艺、产品的科研活动的纵向流程。现在我国高校科技创新团队大致也是围绕着这三类研究展开的。因此,按科研活动的纵向流程,我们将高校科技创新团队划分为以下三类。

---

[1] 杜洋. 高校科研创新团队建设和管理研究 [D]. 北京:电子科技大学, 2009.

① 基础研究型创新团队。这类团队以认识自然现象、探索自然规律、促进科学知识的增长为主要任务，以旨在提出新概念、新定理、新定律和新理论等的学术论文为成果的主要表现形式。

基础研究科技创新团队注重研究成果的学术价值和研究活动的自由性与非功利性，一般来说，研究周期较长风险较大，研究成果的市场应用前景难以预测，但若取得突破性成果则可对科学技术领域产生广泛而深远的影响，进而加速社会文明的进程，该类团队一般从事的是原始性创新工作。

② 应用研究型创新团队。此类团队是以提高人类改造客观世界的能力，达到具体实际应用的技术发明和创新为主要任务。此类团队承担的课题在科学、技术、生产体系中处于承上启下的地位，一方面将基础研究中的理论成果转化为某一特定领域的技术原理，另一方面将应用研究和发展研究中提出的一些基本理论问题反馈给基础研究。此类团队研究成果的主要表现形式是旨在提出新技术原理的论文和发明专利。应用研究科技创新团队注重研究的实用性、课题的可规划性以及研究周期的适中性，故此类团队取得创新性成果的风险较小，计划管理较严密，方案途径一旦确定，通常不宜做大的变动。

③ 成果开发研究型创新团队。此类团队的主要任务为开辟新的应用途径，生产新的材料、产品和装置，建立新的工艺、系统和服务，并对原来生产的和建立的上述各项进行实质性改进，成果的主要表现形式是与生产实践紧密结合的新产品、新技术、新方法、新流程，或对现有的样品、样机进行本质上、原理上的改进。发展研究科技创新团队所承担的课题通常是面向社会经济或组织生产的，研究的针对性和计划性较强，研究周期较短，相对其他两类科技创新团队来讲获取成果的成功率较高。

在上述三类团队中，高校的科技创新团队主要是前两种。高校作为知识创新的主力军，尤其是"985"高校，发展研究型创新团队不应是其组建和培育的重点。

（2）按研究所涉及的学科分类。按照科技创新团队研究所涉及的学科可分为单学科科技创新团队和跨学科科技创新团队两种。

① 单学科科技创新团队。此类科技创新团队的研究项目仅涉及某一学科的知识，团队成员来自同一学科。团队成员间具有共同的研究范式，在科研活动中基本没有学术上的沟通障碍。一般来说，人文社会科学以及理科的从事基础研究的科技创新团队大多数是单学科的。

② 跨学科科技创新团队。特指科技创新团队的研究项目涉及多学科的知

识，由具有不同学科背景的科研人员为达到共同的科研目标而组建的科技创新团队。此类团队成员的研究范式具有较大差异，在科研活动中存在着语言、研究方式与方法以及价值观念等方面的交流障碍。跨学科科技创新团队的形成主要由研究项目的性质决定，由于课题涉及的问题较为复杂，单一学科难以解决，往往需要来自同一或不同高校的多个学科领域的科研人员组成团队，共同完成课题任务。一般来说，工科的从事应用研究和发展研究的团队大多是跨学科的。

（3）按战略目标分类。

① 战略型高校科技创新团队。特指以具有全局性、长期性、系统性、复杂性、生存决定性和相对稳定性等特征的，对国家的科技、经济和社会发展具有重大而深远影响的问题为研究对象的科技创新团队，此类团队需要具备"坐冷板凳"的精神，善于打"持久战"。

② 战役型高校科技创新团队。战役型高校科技创新团队是以近期科技、经济和社会发展急需解决，但是短期又难以解决的"瓶颈"为研究对象的科技创新团队，此类团队需要具备"钉子"精神，善于集中攻关，打"攻坚战"。

③ 战术型高校科技创新团队。这种团队以当前科技、经济和社会发展需要解决的问题为主要目标，需要具备"自我超越"精神，要勇于创新，善于打"运动战"。

（4）其他标准划分的类型。除了上述划分标准，我们还可运用其他分类标准来划分高校科技创新团队的类型。

① 按照科技创新团队联系的方式和紧密程度，可以将高校科技创新团队分为刚性的实体团队、柔性的虚拟团队、分布式团队。实体团队是由工作在同一个组织内，主要通过面对面的交流进行联系，组织边界较为清晰的科技创新团队；虚拟团队是以现代通信与网络条件为物质基础，打破时间与空间的疆界，人员选拔方式灵活多样，组织边界较为模糊的科技创新团队；分布式团队，是以实体性科技创新团队为核心，以虚拟团队为外围而组建的虚实结合的科技创新团队。

② 按团队的人数规模，高校科技创新团队可分为小型、中型和大型三类。规模为3~5人的团队为小型科技创新团队；规模为5~20人的团队为中型科技创新团队；规模在20人以上的团队为大型科技创新团队，它由若干个中小型团队组成，组建的目的是完成重大项目。

人们之所以选用不同的标准划分高校科技创新团队，都是为了研究的方便；我们也将根据研究的需要，灵活使用上述各种团队的名称，例如，师徒型团队的优点是有利于学术思想的传承，充分体现高校科技创新团队出人才的特点，比较适合于文科和理科团队。事实上，因为存在配对上的困难。建立在"拉郎配"基础上的自主结合性团队能够有效完成重大项目的攻关工作。另外，不能轻视低层次的人才聚集。从量变到质变需要一个过程。正如"罗马不是一日建成的"一样，团队的成长也需要一个从"量变到质变"的过程，只有历经艰辛才能成为真正高效的团队，不经过相对低效的试验期，任何团队都难以"一夜之间"成为真正高绩效的团队。任何高效的、成功的团队领导都是逐渐成长起来的。无序的众多团队经过竞争淘汰和自我淘汰的筛选过程，最终成为国家级认可的高绩效团队。因此，可以说，"团队"这一名词本身就有导向功能。❶

4. 高校科技创新团队的结构

阎靖伟（2006）提出，科技创新团队为外层人员的双层结构，核心小组是相对固定的，即使在科研项目完成后也继续存在，而外层人员具有较大的不确定性。核心小组的成员是团队负责人，外层人员由经验丰富的专家学者组成，教师或研究生也可参与。王磊（2007）认为，大学创新团队由学术带头人和研究队伍组成，带头人是团队的核心与灵魂，除了有高深的专业知识外，还必须具有深邃的战略眼光、强烈的市场意识、高超的分析与解决问题能力、卓越的组织协调能力、突出的学术魅力和人格魅力，以及强烈的创新意识与奉献精神。团队的研究队伍包括团队骨干、一般研究人员、研究生以及辅助支撑队伍，他们是团队的研究中坚和创新基石。在高校学术团队的相关研究中，三层结构的提法较为常见。❷

1.4.4 高校跨学科科技创新团队

1. 高校跨学科科技创新团队的概念

一般来说，跨学科研究不仅要求研究者具有不同的专业背景，而且要求在研究过程中不断地交流思想、互相启发，以达到不同学科知识融合的目的。跨学科科技创新团队是指由不同学科人员组成的从事跨学科领域研究的科技创新

---

❶ 何晶晶. 高校科技创新团队的建构与管理 [D]. 南京：南京航空航天大学，2009.
❷ 王磊. 大学创新学术团队研究 [D]. 上海：华东师范大学，2008.

团队，它通过多学科知识的相互融合，催生新的概念、观点和方法，从而推动科学问题的解决。

2. 高校跨学科科技创新团队的产生

科技是知识经济时代推动一国经济和社会发展的最为重要的推动力量。面对 21 世纪前 20 年我国科技和经济社会发展的重要战略机遇期，党的十六届五中全会提出了"建设创新型国家"的重大战略抉择，并把自主创新提升为实现科学发展和推动民族振兴的战略地位。2006 年 2 月 26 日，国务院全文发布了《实施〈国家中长期科学和技术发展规划纲要（2006—2020 年）〉若干配套政策》，强调"要培养造就一批创新能力强的高学科帅才，形成具有中国特色的优秀创新人才群体和创新团队"。这充分反映了当前科技发展对优秀人才群体和创新团队的迫切需求。

大科技时代，科技活动已成为一种社会建制化的活动，因此提高自主创新能力的关键是拥有一支优秀的科技创新活动人才队伍，其核心是形成一批创新能力强的科技创新团队。20 世纪的学科交叉产生了大批新兴学科，学科交叉已经成为当代科技发展的一个重要特征。顺应科技发展潮流，通过学科交叉，不仅能够拓展人类对外在世界认识的深度和广度，培育新兴学科；而且可以为人类提供改造外部世界的新工具、新原理和新方法，提高人类的实践能力，尤其是现实社会实践中遇到的问题常常是单一学科难以解决的，需要综合应用多学科的知识。

3. 高校跨学科科技创新团队的重要地位

（1）跨学科研究是获得原创性科学成果的有效途径。当今世界科学前沿的重大突破，重大原创性科学成果的产生，大多是多学科交叉汇聚以及融合的结果。从 20 世纪诺贝尔自然科学奖获奖名单上看，基于跨学科研究所取得的成果获奖比例逐年上升，如 1901—1925 年为 36.23%，1926—1950 年为 35.14%，1951—1975 年为 42.71%，1976—2000 年为 47.37%。

（2）跨学科科技创新团队是解决重大科技问题的重要科研组织形式。如今，解决重大科技问题和人类持续发展问题，需要我们整合多种学科资源，传统的单学科小作坊的科研组织形式已经不能满足需要。《国家中长期科学和技术发展规划纲要》确定的 11 个国民经济和社会发展的重点科技领域 68 项科技优先主题 16 个重大科技专项，每一部分都不是单一学科所能承担的任务，都需要组织跨学科和跨区域的科研队伍进行联合攻关。组建多学科背景的科技创新团队来整合科研方向形成科研合力，成为解决重大科技问题的重要手段。

（3）跨学科科技创新团队是促进学科交叉的关键和核心。学科交叉按交叉的程度可分为三种基本形式：一是浅层交叉（知识交叉），即通过不同学科的知识的简单组合从而达到解决问题和形成新知识的目的；二是深层交叉（认知图式交叉），即通过灵活应用不同学科的认知图式，尤其是通过认知图式组合创造新方法，形成新观念，解决新问题，产生新知识；三是完全交叉，即通过不同学科的价值取向、信念和追求等的交叉融合，形成新的价值观，进而影响科学活动主体的行为，实现学科的完全交叉。❶

除了上述三种基本形式以外，还有知识、认知图式、价值观之间的混合交叉形成的学科交叉。不论学科以何种形式交叉起来，知识、认知图式和价值观不会自动交叉到一起，它们必须借助科学活动主体，在科学活动主体的学习、交流和研究活动中实现交叉。因此，科学活动主体是学科交叉的关键。在"小科学"时代，学科交叉大多数通过科学活动个体掌握和拥有多门学科的知识、认知图式和价值观得以实现。在"大科学"时代，因为人类知识的指数增长，一个人很难有太多的时间和精力精通或拥有多门学科的知识、认知图式和价值观，适当的分工是提高科研效率的必然选择，所以，当代的学科交叉在科研群体的互动之中发生。科技创新团队是科研群体最为主要的基层组织形式，因此，促进学科交叉的关键是跨学科科技创新团队建设。

---

❶ 柳洲. 高校跨学科科研组织成长机制研究［D］. 天津：天津大学，2008.

第 2 章　理论基础

2.1　本体理论

2.1.1　本体概述

1. 本体的内涵

本体（Ontology）原是一个哲学名词，是指解释一定世界现象的一个特定的系统，用于描述事物的本质。近年来，本体的应用受到越来越多的重视，在知识工程中本体用于知识表达、知识共享及重用。本书中的本体是用于描述或表达某一领域知识的一组概念或术语。

2. 本体的类型

国外的许多研究组织和机构对本体进行了广泛的研究，建立了各种各具特色的本体。根据本体的应用主题，可将本体划分为五种类型。

（1）领域本体。领域本体提供该领域特定的概念定义和概念之间的关系，提供该领域中发生的活动以及该领域的主要理论和基本原理等。

（2）知识本体。它的研究重点是语言对知识的表达能力。

（3）任务本体。任务本体主要研究可共享的问题求解方法，主要涉及动态知识。

（4）语言学本体。语言学本体是指关于语言、词汇等的本体。

（5）通用或常识本体。通用常识本体包括概念间的关系、对概念的限制等，还包括一个基于本体论的常识推理机。[1]

3. 本体的建模

（1）本体的建模元语（Modeling Primitives）。Perez 等人归纳出五个基本的

---

[1] 杜小勇，李曼，王大治. 语义 Web 与本体研究综述 [J]. 计算机应用，2004，24（10）：14-16，20.

本体建模元语：概念（Concepts）或类（Classes），关系（Relations），函数（Functions），公理（Axioms）和实例（Instances）。

（2）领域本体结构。2002 年，Myo Naing 提出了六元组表示法，此法定义规范，可操作性强。六元组表示法可以用公式表达为：

$$本体 = \{C, AC, R, AR, H, X\}$$

其中：C 表示概念的集合；AC 表示多个属性集合组成的集合；R 是一个关系集合；AR 是由多个属性集合组成的集合；H 表示概念之间的层次结构关系；X 表示公理集合。

2.1.2 本体建立的方法

当前，本体研究中的热点问题是构建本体的方法，其研究对于本体的应用有至关重要的作用。[1] 1995 年，Gruber 提出五条本体构造准则。

一是清晰。本体必须有效地说明所定义术语的意思。

二是一致性。本体的一致性意味着它应该支持与其定义相一致的推理。

三是可扩展性。本体可以支持在已有概念的基础上定义新的术语以满足需求。

四是最小约定原则。本体约定应该在能够满足特定的知识共享需求情况下尽可能地少。

五是编码依赖程度最小。本体构造时可以采用不同的编码，并且保证其中的兼容。

1. 国外主要的本体构建方法

（1）IDEF-5 方法。IDEF（Icam Definition method）是在结构化分析方法的基础上发展起来的，是用于描述和获取组织本体的方法。[2]

（2）TOVE 方法。TOVE（Toronto Virtual Enterprise）包括活动、组织、资源、产品、成本和质量等部分，它们组成了集成的组织模型。其流程如图 2-1 所示。

---

[1] 杨明华，钱乐秋，赵之耘，等. 特定领域本体的构造方法 [J]. 计算机工程，2006，32 (11)：80-82.

[2] Y L Chen. IDEFS Ontology Description Capture Method Overview [M]. Beijing: Tsinghua University Press, 1999.

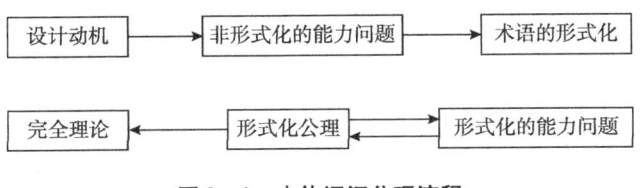

图 2-1 本体词汇公理流程

（3）骨架方法。骨架法本体构建方法是 Uschold 等人从开发组织本体的经验中产生的。[1] Uschold 的骨架法本体的构建图如图 2-2 所示。

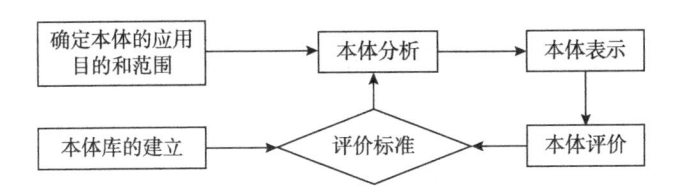

图 2-2 骨架法本体构建图

（4）Methontology 方法。Methontology 本体建模方法是马德里理工大学人工智能实验室提出的。[2] 这个方法将本体开发进程和本体生命周期两个方面区别开来，并使用不同的技术予以支持。

2. 国内主要的本体构建方法

刘凤华、朱欣娟等人提出了基于需求分解的本体模型构建方法，该方法在构筑面向应用的领域本体中，将研究用户的需求放在首要的位置。[3]

陈凯、何克清等人提出了面向对象的本体建模方法，该方法引入面向对象的思想，将 UML 应用于本体建模。[4] 图 2-3 描述了面向对象的本体建模过程。

于长锐、王洪伟等人提出领域本体开发方法，该方法从逆向工程角度出发，分析了如何从遗留系统中识别关系模式的结构信息，利用扩展的关系实体图获取关系模式的语义信息，并建立领域本体模型。[5]

---

[1] Mike Uschold, Martin Stuart. The Enterprise Ontology, Http://www.aiai.ed.ac.uk, 1996.
[2] [美] 亚瑟·W. 小舍曼，乔治·W. 博兰德，斯科特·A. 斯耐尔. 人力资源管理 [M]. 张文贤，译. 大连：东北财经大学出版社，2001.
[3] 刘凤华，朱欣娟. 信息系统领域的本体模型研究 [J]. 西安工程科技学院学报，2003（5）：53-57.
[4] 陈凯，何克清. 面向对象的本体建模研究 [J]. 计算机工程与应用，2005（2）：40-43.
[5] 于长锐，王洪伟. 基于逆向工程的领域本体开发方法 [J]. 计算机应用，2006（11）：22-24.

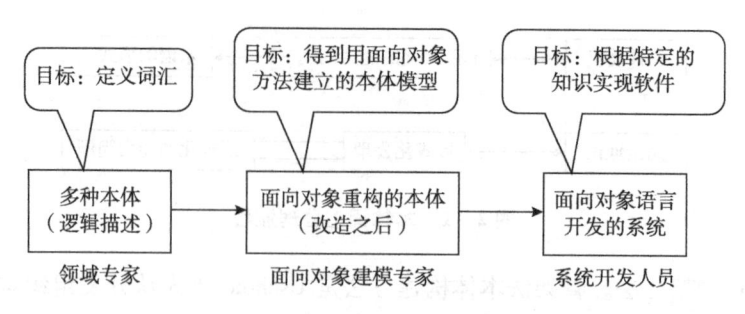

图 2-3　面向对象的本体建模过程

2.1.3　面向关系数据库抽取组织本体

1. 存在的问题

前面的几种创建本体的方法是正向的，正向创建方法能够全面地创建特定领域的本体模型，但它需要领域专家的参与，依靠手工构造仍是一项烦琐复杂的任务，并且极易导致知识获取的瓶颈。

关系数据库承担了绝大多数数据的存储任务，是传统的信息资源建立的基础，并且通过关系模式定义，数据库模式实际上隐含着相应领域的概念模型。因此，研究从关系数据库存储的历史数据中获取知识，并使之具有语义信息，对组织的知识管理具有实践意义。目前有一些学者已经提出了一些关系数据库，但是这些方法存在如下问题。

（1）忽略了获取更多语义的约束；

（2）不能发现继承关系，导致获得的本体的结构很平坦；

（3）不能发现限制性、对称性和传递属性等。

2. 基本思路

从关系数据库到本体的转换方法可以解决上述问题，其基本的思路为：在转换过程中，输入是关系数据库，输出是本体；关系数据库使用 SQL 语言编写，本体使用 OWL 语言编写。依据图 2-4 显示的方式来建立组织本体。

图 2-4　数据库到本体的转换

3. 实现途径

转换模型主要通过以下途径实现。

(1) 关系数据库。

① 关系模型。关系模式是对关系的描述，是对数据以及数据完整性约束的定义，对数据的定义包括对关系、属性、域的定义和说明，如图 2-5 所示。

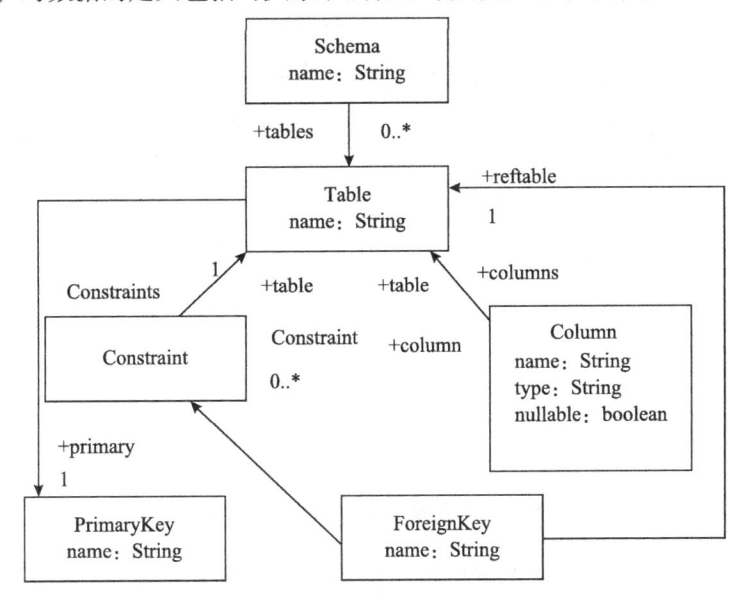

图 2-5　关系模型

② 关系分类。关系数据库中的关系根据是否依赖于关系数据库模式中的其他关系，可以分成三类：基本关系、依赖关系和复合关系。❶

(2) 本体模型与 OWL 语言。

① 本体模型。本体模型的执行结果就是一个本体。本体包含了指定的类、性质、数据类型、继承性、约束和其他语义，如图 2-6 所示。

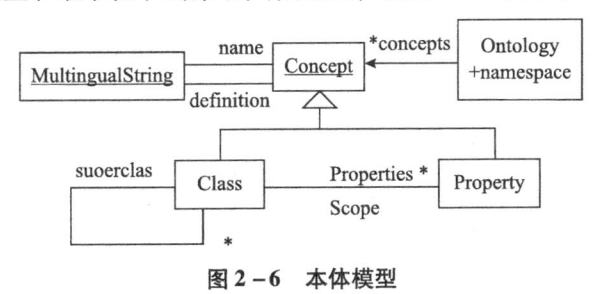

图 2-6　本体模型

---

❶ 刘柏嵩，高济，李飞. 知识管理中基于本体的扩展检索方法 [J]. 计算机辅助设计与图形学学报，2006，18 (4)：556-562.

② OWL 语言。OWL 有一套自己完整的语法，提供了三种表达能力递增的子语言，以分别用于不同分类层次和约束（Cardinality 属性约束）的特定用户团体。❶

关系模型包含的关系、属性的类型、属性的约束、主键和外键等信息，是提取本体的重要因素，据此建立数据库到本体的转换模型。这个转换模型是依据一套映射规则，来详细说明如何实现把关系模型结构映射到本体模型中，❷如图 2-7 所示。

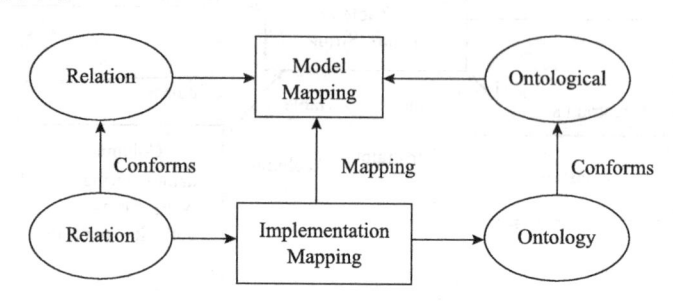

图 2-7　数据库到本体的转换模型

从图 2-7 可以看出，关系数据库到本体的转换过程如下：抽取表定义和表数据—关系识别—映射成本体—数据移植—本体提炼。

2.2　知识管理理论

2.2.1　知识整合

1. 知识整合的特征

（1）任务引导特征。任何知识整合活动都是有一定动因驱动的动态过程，面向知识创新的高校科技创新团队内部知识整合的动因就是实现知识创新。通过对高校科技创新团队内部知识创新目标的系统分析，确立为实现知识创新目标所要完成的任务，然后判断完成相应知识创新任务所需要的知识，搜集并引导相应的知识力量汇聚在任务中，以完成知识创新任务为契机来实现知识的集

---

❶ Steier D，Huffman S，Kadlish D. Beyond Full – text Search：AI – Based Technology to Support the Knowledge Cycle［M］. AAAI spring symp. Knowledge Management，AAAI press，1999：161 – 167.

❷ David G，Dov Te'eni. Tying knowledge to action with kMail［J］. IEEE Intelligent Systems，2000，15（3）：33 – 39.

结。与面向新产品研发或高端技术创新的知识创新任务相比，高校科技创新团队知识创新任务的大致走向是明确的，而最终走向相对没那么明确；在具体任务的实施方面，新产品研发创新或高端技术创新的具体任务分工更明确，不确定程度相对较低；在具体实施方面探索性不是很强。而高校科技创新团队知识创新的具体任务相对没那么清晰，不确定程度相对较高，在具体任务的实施方面具有很大的探索性。

（2）所需知识的离散性特征。知识的离散性特征是指团队内部的知识主体在为知识创新目标的实现而开展知识整合活动的过程中，部分所需知识以各种形式或方式与知识的最终应用处于分离状态。知识的离散特征分为客观离散特征和主观离散特征。客观离散特征是指知识寻求者无法接触到所需知识，主要是由于知识的空间分布性特征和主体分布性特征造成的；主观离散特征是指知识主体由于认知能力原因造成的不能对已经拥有的知识资源进行利用。[1]

（3）所需知识的类型与状态取决于团队成员的知识能力。按照知识存在的形态，可将知识分为显性知识和隐性知识。而在团队内部知识整合活动中，为了实现知识创新目标，需要利用两种知识：一种是已经脱离于知识主体的显性知识或隐性知识；另一种是没有脱离于主体的显性知识或隐性知识。对于团队内部的成员个体而言，知识创新目标所需知识的显性或隐性是相对的：成员个体已经掌握、能够利用或通过再学习的过程并以较低的成本能够利用的知识，就个体而言就是显性知识或者假隐性知识，[2] 而不管其是否脱离于知识主体或团队其他成员是否已经掌握；那些对于成员个体而言，没有掌握的、无法直接利用的或者通过再学习的过程需要以较高的成本才能够利用或者无法利用而令个体成员不愿意花费时间与精力去掌握的知识，就个体而言就是隐性知识或者假显性知识，[3] 同样不管其是否脱离于主体或团队其他成员是否已经掌握。

（4）参与人角色的多重性。根据参与人是否主动提出知识创新目标，为知识创新目标设定详细而明确的规划，并主动寻求为实现知识创新目标而所需的知识资源（主体资源和客体资源），将团队内部知识整合活动的参与人分为

---

[1] 张可军. 基于知识离散性的团队知识整合阶段及其影响因素分析 [J]. 图书情报工作, 2011, 55 (6): 124-128.
[2] 汪应洛, 李勖. 知识的转移特性研究 [J]. 系统工程理论与实践, 2002, 22 (10): 8-11.
[3] 王铜安, 赵嵩正, 罗英. 知识转化灰箱模型与企业知识管理策略的研究 [J]. 科研管理, 2005, 26 (5): 86-89.

两种角色：知识整合活动的主动参与人和知识整合活动的被动参与人。前者是团队内部某些知识创新目标的最初倡导者，并在目标规划中起到绝对的主导作用，能够把握知识创新目标的最终方向，我们称之为知识创新引领人；后者是知识创新引领人为实现知识创新目标，根据任务需要而寻求的具有完成任务所需知识类型的参与人，即为实现团队内部其他成员所提出的知识创新目标而贡献自身知识能量的知识主体，我们称之为知识创新跟随者。这样在面向知识创新的高校科技创新团队内部知识整合活动中，对于每一个知识创新目标的实现，团队内部成员都可能扮演着上述两种角色，即以最微观的知识创新活动为实践平台来分析团队内部知识整合活动参与人的角色。在团队内部知识整合活动中，根据参与人是否发挥其主观能动作用可以为知识创新目标的实现随时调整自身的行为，知识整合活动的参与人又分为现实参与人与虚拟参与人，这种角色划分方式是由参与人所掌握的知识类型状态所决定的。以一个成员独立完成知识创新目标的情况为例，如果知识创新引领人能够依靠个人的知识能力，通过整合团队内外已有的知识，或者通过再学习的过程掌握知识创新任务所需的全部知识，能够胜任知识创新过程的全部工作，那么在团队内部知识整合活动中，真正发挥主观能动性去整合知识创新目标所需知识的实际参与主体只有知识创新引领人一个人，而他所利用的知识创新成果的主体们只是扮演着完全被动的团队内部知识整合参与人的角色，只是确定了被整合的知识的类型、特征与状态，我们称之为团队内部知识整合的虚拟参与人。同样，在多个成员完成知识创新目标的知识整合中，这些实际参与的成员就是团队内部知识整合的现实参与人，而被利用知识的创造主体就是虚拟参与人。因此，从上述分析可以看出，团队成员还可能扮演着现实参与人和虚拟参与人的角色。

（5）团队内部知识整合模式的多样性。基于上述分析，也可以依据团队内部知识整合活动中现实参与人的数量特征，将团队内部知识整合分为独立式知识整合和合作式知识整合。独立式知识整合中现实参与人只有一个，合作式知识整合中现实参与人有多个，现实参与人中存在非团队成员时，可以将之看作潜在的团队成员，为团队吸纳新的知识力量提供人力资源储备。如果从知识是否被直接利用和参与主体是否具有交互行为的角度看，可将团队内部知识整合活动分为基于引用关系的知识整合模式和基于交互行为关系的知识整合模式。知识寻求主体对团队内部其他知识主体已有的知识创新成果中汲取有用的知识，并将所汲取的知识与自身原有的知识体系予以整合以实现知识创新目标，而整个过程中没有与被寻求知识的拥有主体进行深度的知识交流，知识的寻求主体将所寻求知识与实现知识创新目标所需的其他知识予以整合，并在知识整合的过程中发挥了主要作用，被寻求知识的拥有主体是以虚拟参与人的身份参与团队的知识整合活动的。在这种知识整合模式中，知识的寻求主体和被寻求知识的拥有主体之间呈现的是知识的直接利用与直接被利用的关系，诸如科学计量学中知识主体之间的引用关系（排除自引）即为典型的案例。我们借用科学计量学中的引文分析概念，将这种直接利用知识本身进行知识整合实现知识创新目标的模式定义为基于引用关系的知识整合模式。

如果知识的寻求主体无法直接利用团队其他成员所拥有的知识，并将其与自身原有的知识体系予以整合实现知识创新目标，必须经过与他人的深度交流才能将创新目标所需知识予以整合，则知识利用的方式表现为基于其他主体的间接利用方式，参与主体需要经过能动式的交互行为实现知识整合进而实现团队内部的知识创新目标，诸如科学家之间的合作关系即为典型的案例，我们称之为交互式的知识整合模式。交互式的知识整合模式为知识主体提供了相对紧密的物理空间或缩小了成员彼此的心理距离，为团队内部知识的深度交流提供了机遇，相对于基于引用关系的知识整合模式，通过交互式知识整合模式，团队内部的知识主体将会获取更具有隐匿性的知识、方法或技能。按照被整合知识的形态，可将团队内部的知识整合分为显性知识整合和隐性知识整合，这两种知识整合模式不是独立存在的，而是嵌入引用式或交互式的知识整合活动中的。在引用式知识整合模式中，团队成员将自身的显性知识、隐性知识以及他人的显性知识进行整合以实现知识创新的目标；在交互式知识整合模式中，团队成员将自身的显性知识、隐性知识整合与他人的显性知识及隐性知识予以整合以实现知识创新的目标。

2. 知识整合的内涵

从20世纪90年代初 Henderson 和 Clark（1990）对知识整合进行完整表述至今，虽然国内外学者对"知识整合"的内涵研究取得了丰硕的成果，但始终没有达成统一，国内外学者从不同角度、不同层面对知识整合的内涵进行了界定，这为面向知识创新的高校科技创新团队内部知识整合的内涵界定奠定了理论基础。根据对研究综述的梳理，可以发现目前关于知识整合内涵的观点大致分为两类：能力论和过程观。以能力论视角来研究知识整合内涵的以

Teece等（1997）❶、沈群红等（2002）❷的论述最具有代表性。以过程观视角来研究知识整合内涵的以魏江等人（2008）❸的论述最具有代表性。综合上述研究，有关知识整合的内涵大致分为如下维度：①知识整合是有动因驱动的，诸如产生新知识、培养组织的核心能力或实现创新目标；②知识形态、知识来源的多样性；③知识主体之间的知识利用与知识交互活动；④由一系列的知识活动构成，诸如知识识别（甄选）、利用、转移和重构等；⑤多以组织或组织团队为主要的应用背景。❹ 在借鉴已有的知识整合概念表述、提炼已有成果思想观点的基础上，结合高校科技创新团队的内涵和面向知识创新的高校科技创新团队内部知识整合的特征，我们对面向知识创新的高校科技创新团队内部知识整合的内涵进行了如下界定：知识创新引领人根据知识创新目标的需要，对团队内外的知识环境进行感知的过程中，获取与知识创新目标相关的知识资源（知识主体与知识客体）信息，对所获取的知识资源信息进行整理，关注对知识创新目标有益的知识主体，以便充分利用团队内部各个知识主体的知识优势，在其相互学习或交流的过程中通过对创新目标所需的来源于多个知识主体的多种功能的知识资源进行识别、筛选、配置，并经过个体融合、团队知识的有机重构等环节，最终使其适应知识创新目标的需求，同时实现个体知识体系更新与优化和团队内部知识体系优化的动态过程。

我们对高校科技创新团队知识整合内涵的理解包含以下五个方面。

（1）知识创新目标的实现及团队内部知识体系的优化是高校科技创新团队内部知识整合活动的最终体现。知识整合的结果包括知识创新目标的实现、个体知识体系的优化和团队知识体系的优化三方面，其中个体知识体系的优化和团队知识体系的优化是团队知识创新目标实现的副产品，即为了实现知识创新目标，通过知识整合的过程实现了知识体系的优化与更新。

（2）知识整合的过程。知识是高校科技创新团队内部知识整合活动的具体体现，知识整合的过程是指团队成员在知识整合过程中所获得的有关知识资

---

❶ Teece D J, Pisano G, Shuen A. Dynamic Capabilities and Strategic Management [J]. Strategic Management Journal, 1997, 18 (7): 209 -533.

❷ 沈群红，封凯栋. 组织能力、制度环境与知识整合模式的选择——中国电力自动化行业技术集成的案例分析 [J]. 中国软科学, 2002 (12): 81 -87.

❸ 魏江，王铜安. 知识整合的分析框架：评价、途径与要素 [J]. 西安电子科技大学学报（社会科学版），2008, 18 (2): 8 -14.

❹ 姜大鹏，赵江明，顾新. 知识链成员之间的知识整合 [J]. 中国科技论坛, 2010 (8): 121 -125.

源获取、知识资源识别、知识资源筛选、知识资源配置、知识重构等方面的经验以及解决问题的方法与途径。这对于团队来说是一种宝贵的知识财富，能够增强团队成员整合知识资源的能力，增加团队成员的知识存量，如果能将这些过程中所获取的经验和方法在团队内部充分享和扩散，也能体现新知识的产生与增长。❶

（3）知识整合由一系列以实现知识创新为目标导向的知识活动构成。针对我们的研究主题，知识创新是目标，知识整合是实现过程与手段，与知识创新紧密相关的知识整合的前序过程和后续过程都应该理解为保证以知识创新为导向的知识整合活动顺利进行的一系列活动。通过上述定义，可以归纳出面向知识创新的高校科技创新团队内部知识整合的流程包括知识整合目标设定、知识资源获取、知识资源识别、知识资源筛选、知识资源配置、知识重构（个体融知、团队知识的有机整合）等一系列知识活动。

（4）在知识整合的过程中，团队内部的知识主体之间形成了错综复杂的复合式的知识整合网络，根据对团队内部知识整合活动中参与人的角色划分，作为现实参与人和虚拟参与人的团队成员之间可形成基于知识引用行为的知识整合网络，作为知识创新引领人和作为知识创新跟随者的团队成员之间可形成基于知识交互行为的知识整合网络。在知识引用行为中，团队成员在知识引用方面和知识被引用方面可能存在着共性特征：如果在知识引用方面存在共性特征，团队成员之间就存在着知识引用耦合关系；如果在知识被引用方面存在着共性特征，团队成员之间就存在着知识被引用耦合关系。因此根据知识引用和知识被引用方面的共性特征，团队成员之间可形成知识引用耦合关系网络和知识被引用耦合网络，这两种网络是基于知识引用行为的知识整合网络的共生网络，也是团队内部知识整合网络。根据知识整合参与人的角色划分，在基于知识交互行为的知识整合关系中，知识整合参与人之间如果存在着共同的知识资源或共同的知识特征，参与人之间就可能存在着共同的交流主题，参与人之间的知识交互活动可以顺利进行。因此，参与人之间知识特征耦合关系与基于知识交互行为的知识整合关系是共生的，也将其看作团队内部知识整合网络的一种。

（5）团队成员的参与行为和贡献知识的意愿是团队知识整合进行的基础，

---

❶ 王彦博，和金生. 知识有机整合的过程模型及案例分析——以世界第一款混合动力车普锐斯的开发为例 [J]. 中国地质大学学报（社会科学版），2010，10（1）：115-119.

因此团队的激励机制是成员参与知识整合的保障，并能够激发成员贡献知识的意愿。根据知识创新目标确立知识创新任务以及根据任务确定需要整合的知识类型时，也就确定了知识整合活动参与人的类型，即知识整合活动参与人应该具备任务所需的知识类型。如何激励团队成员（包括潜在的团队成员）为知识创新目标的实现贡献其个体知识，激发参与团队知识整合的热情和动力，是面向知识创新的团队内部知识整合活动顺利进行的保障机制。这种激励机制主要体现在个体和整体两个层面：对于参与知识整合的成员个体而言，是激励其参与团队的知识创新活动，为团队内部知识整合的激励机制奠定微观基础；对于参与知识整合的成员集体而言，根据个体成员对知识创新目标实现的知识贡献量大小，设定合理的利益分配机制，从而实现"兼顾内在动机与外在激励、兼顾个体与整体、兼顾内部公平与外部公平"的团队内部知识整合激励机制。

3. 面向高校科技创新团队知识整合研究的相关理论基础

（1）信息融合理论。信息融合（Information Fusion）有多种称谓，诸如传感器融合（Sensor Fusion）、数据融合（Data Fusion）等，这些概念之间虽然有所区别，但大多数研究对这些概念已经不作明确区分，统一称之为"信息融合"，甚至多传感器多源信息融合也简称为信息融合。[1] 信息融合是所有生物系统（包括人类）中普遍存在的一种基本功能。人类本能地通过自身的各种传感器（眼睛、耳朵、鼻子、四肢等）所获取的各种信息（触觉、知觉、味觉）与自身的先验知识进行综合处理，以对不同时间和空间范围内的各种物理现象作出精准的判断。通过这一复杂而又自适应的过程，将各传感器所收集的各种信息转换为对自身所处系统环境的合理而有价值的解释。但由于信息在表现形式上的多样性、在数量上的巨大性以及关系的复杂性以及信息应用的时效性要求，超出了人脑对信息的综合处理能力，人们对信息融合的理论研究和实际应用探讨应运而生。[2] 多传感器多源信息融合是对人脑综合处理复杂信息过程的功能模拟，充分利用系统的多个传感器资源，通过对系统中的多种传感器及其观测信息进行合理支配与使用，将各种传感器获取的关于观测目标对象在时间与空间上的互补与冗余信息依据某种规则进行优化组合，产生对观测目

---

[1] 何友，关欣，王国宏. 多传感器信息融合研究进展与展望［J］. 宇航学报，2005，26（4）：524–530.

[2] 彭冬亮，文成林，薛安克. 多传感器多源信息融合理论及应用［M］. 北京：科学出版社，2010：1–32.

标及其环境的统一性描述及解释。❶ 信息融合作为理论概念最早出现于20世纪60年代,当时将其定义为"数据处理的数学模型"。它最早被应用于实践中却是在20世纪70年代,采用信息融合技术进行了声呐信号理解系统的研究。从此,信息融合技术便迅速应用于军事和民用等多个领域。例如:机器人通过信息融合技术,确定预识别对象的方位;遥感系统采用信息融合技术通过协调所使用的传感器,对地面进行监视,识别地貌、气象模式、矿物资源以及地质勘探或者威胁等。❷ 多传感器多源信息融合对于解决复杂系统的各种问题上,具有如下优势。

① 系统的生存能力得到增强,当若干个传感器无法执行提供信息的任务时,总有一些传感器可以提供信息,使系统不受干扰地持续运行;

② 降低不确定性,多个传感器能从多个维度联合收集观测目标的多种信息,同时确认同一观测目标,对目标的多种观测信息进行有效融合,提高了系统探测的有效性,能够降低目标辨识的不确定性;

③ 增强了可靠性,多个传感器协同工作、相互配合,不仅在功能上存在着内在的冗余度,而且在所收集的信息上也存在着冗余,对于系统本身而言,这也产生了一些不利因素,诸如系统的复杂性和成本都会增加。❸

为了实现知识创新的目标,高校科技创新团队内部知识创新引领人及其知识创新跟随者通过对团队内外知识系统的感知,获取有用的知识资源,将来源于多个知识主体的不同领域的知识进行有机融合,使知识主体及其所拥有的知识构成相互关联统一的知识系统,达到知识创新的目的。在这个过程中,多个知识主体参与可以弥补单一知识主体当前知识创新能力的不足,力图对团队内部的知识创新提供充足而可靠的知识能量。简而言之,这个过程的关键就是设置有效的知识整合规则和机制,使得多个主体多个领域的知识能够互补集成,降低知识创新中的不确定性程度,提升团队内部的知识整合效果以优化知识创新目标的实现。这与多源信息融合理论的思想精髓是一致的,多源信息融合理论研究的重点是提供各种有效的特征识别方法和算法,对多传感器所收集的信

---

❶ 黄晓瑞,崔平远,崔祜涛. 多传感器信息融合技术及其在组合导航系统中的应用 [J]. 高技术通讯, 2002 (2): 107-110.

❷ Esteban J, Starr A, Willetts R, et al. A Review of Data Fusion Models and Architectures: Towards Engineering Guidelines [J]. Neural Computing & Applications, 2005, 14 (4): 273-281.

❸ 何友,王国宏,陆大金,等. 多传感器信息融合及应用(第2版)[M]. 北京:电子工业出版社, 2007.

息进行组合和综合,以期得到比单一信息源更准确、更可靠的估计或推理,改善不确定环境中的决策过程。❶

鉴于面向知识创新的高校科技创新团队内部的知识整合活动具有明显的行动导向(所有活动都是围绕知识创新而展开)以及所需知识的多领域性、多主体性等特点,我们采用基于行动导向的多传感器多源信息融合理论的观点来研究面向知识创新的高校科技创新团队内部知识整合的流程。高校科技创新团队内部的知识整合活动是一个多主体参与的复杂过程,团队内部各个主体的作用如同传感器的作用,具有获取知识创新目标所需知识并与系统内部的已有知识进行综合的能力,并且彼此之间能够协同作用、相互配合参与团队内部的知识整合活动,完成知识创新的目标。因此,多传感器多源信息融合提供了一种阐释知识整合现象的理论方法,有助于认识高校科技创新团队内部知识整合系统的特征,有助于了解高校科技创新团队内部知识整合活动的运作流程。

(2) 社会网络分析理论。社会网络认为每个行动者与其他行动者之间都存在着或多或少的联系,社会网络分析就是运用一定的方法和技术建立社会网络中各个行动者之间的关系模型,对表达这种关系模型的社会网络数据作出恰当的解释,说明社会网络中的各个行动者之间的关系属性与结构。❷ 从研究对象的角度看,社会网络分析的基本分析单位不是网络中的行动者,而且行动者之间的资源流动关系或为彼此依赖关系,这些关系构成了行动者所组成群体或组织的社会结构,并且认为行动者之间的关系可以作为"外在变量"对行动者产生一定的影响。从方法论的角度讲,社会网络分析掀起了一种全新的社会科学研究范式,在经济学研究范式和社会学研究范式之间找到了一个中间地带,认为人既不是像经济学所假设的那样是"低度社会化的",也不像社会学所假设的那样是"过度社会化的",这两者忽略了社会行动者之间时刻可能存在的社会关系,没有考虑到社会行动者的行为是嵌入社会网络中的,这种全新的研究范式主要归功于格兰诺维特对嵌入理论的研究。❸ 高校科技创新团队的

---

❶ 彭冬亮,文成林,薛安克. 多传感器多源信息融合理论及应用 [M]. 北京:科学出版社,2010:1-32.

❷ 郑登攀,党兴华. 基于社会网络分析的技术创新网络中创新主体中心性测量研究——对波纳西茨中心度的改进 [J]. 系统管理学报,2010,19 (4):415-419.

❸ 臧得顺. 格兰诺维特的"嵌入理论"与新经济社会学的最新进展 [J]. 中国社会科学院研究生院学报,2010 (1):108-115.

任何一个成员都不是不受团队的任何影响而独立行动的，同样其行动也不是完全受制于团队的知识创新环境。在其知识创新行为和知识创新成果与团队总的知识创新目标契合度很低的情况下，一方面他无法利用团队内部的知识资源，另一方面也无法为团队的知识创新提供有用的知识能量，这种过分的独树一帜使其已经不适合成为该团队的一员，这种成员资格已经名存实亡；在满足团队知识创新总体目标的前提下，成员的知识创新可以有所突破，呈现出不同于团队以往的研究范式，为团队内部的知识整合提供了新的知识能量，为团队未来的知识创新积聚了知识存量。因此，研究高校科技创新团队内部的知识整合活动，要采用社会网络分析这种全新的研究范式，即社会嵌入的观点，人是适度嵌入在团队内部的社会网络中的，在遵循团队知识创新规范的同时，又保持了其独特的知识创新精神与气质，真正体现出高校科技创新团队内部知识整合中"以人为本"的理念。

（3）社会资本理论。社会资本的概念最早由法国著名社会学者布迪厄（Bourdieu）提出，他从社会系统的总体层面对社会资本的概念进行定义，认为个体或团队通过所拥有的所有社会连带关系的建立与维持而取得相应的社会资本。因此根据布迪厄的观点，社会资本具有两个方面的含义：①社会资本存在于个体或群体社会的连带关系中；②社会资本源于连带关系的建立、维持，并在此基础上，通过资源交换或社会互动等环节获得社会资本。[1] 后来经济学家劳瑞（Loury）在布迪厄关于社会资本先驱性研究的基础上将社会资本与人力资本发展结合起来，认为社会资本是社区或家庭环境内的特殊资源，对年青一代的人力资本发展起到了关键作用。此时的社会资本定义还局限在能带来资源的社会连带关系。[2] 真正对社会资本进行较为系统而深入的研究是从科尔曼（Coleman）开始的。科尔曼认为理性的社会行动者们为了实现自身的某种利益，彼此之间进行着各种交换，这些交换的结果是形成了社会行动者之间持续存在的社会关系。这些社会关系具有双重身份，不仅是整个社会结构的组成部分，而且是行动者们可以利用的一种社会资源。由此引出了社会资本的基本概念，并将这种社会结构和社会资源作为社会行动者所拥有的资本财产，称为社会资本。科尔曼关于社会资本理论研究的核心思想是"目的驱使行动，行动

---

[1] 周红云. 社会资本：布迪厄、科尔曼和帕特南的比较 [J]. 经济社会体制比较，2003（4）：46-53.

[2] 姚福喜，徐尚昆. 国外社会资本理论研究进展 [J]. 理论月刊，2008（5）：143-148.

建立关系，关系创造资源"。❶

通过上述分析，可以看出，布迪厄和科尔曼的研究都是围绕社会行动者之间所建立的各种连带关系及其所带来的资源而展开的。波茨在上述研究的基础上，从网络分析的视角对社会资本进行了更为精致和完整的表述，认为社会资本是社会行动者通过自己的成员资格在社会网络中或更大的社会结构中获取稀缺资源的能力，并且这种获取资源的能力不是个人所固有的，而是个体与其他成员关系中包含的一种资产。波茨关于社会资本的定义可以总结为社会资源与个人能力的集合体，即社会机构中存在着资源，但如果让这些资源真正发挥价值，个体还必须拥有获取这些资源的能力。❷ 相对于波茨的"资源与能力结合"的社会资本观，林南关于社会资本的研究可总结为"资源、目的与能力"的三体论。林南认为社会资本来源于嵌入社会结构网络的资源，根植于社会网络关系中，将社会资本定义为嵌入一种社会结构中的、通过有目的的行动可以获得的或动用的资源，因此林南关于社会资本的研究主要包括三个方面：存在于社会网络结构中的资源，社会行动者的某种行动目的，社会行动者获取资源的能力（能够获取的资源会因人而异）。❸ 我们的研究主要借鉴的是林南关于社会资本研究的观点，对于高校科技创新团队而言，其存在的主要目的是实现知识创新或对预期的知识创新进行知识积累，这种目的的实现主要是团队能够获取和利用的知识资源，而团队成员对知识资源的获取能力是基本保障。因此，采用社会资本理论对高校科技创新团队内部的知识整合活动进行研究具有如下意义：首先，能够厘清团队内部知识整合网络中的各种知识资源；其次，为预期的知识创新目标选择团队内部知识整合网络中可能存在的合适的知识资源；最后，为分析知识资源整合与知识创新能力的关系提供了基本的分析框架。

（4）委托-代理理论。信息经济学中的委托-代理关系是一个信息概念而非契约概念，对于一个事件有较多信息的人即具有信息优势的一方为代理人，对于一个事件的信息掌握较少的人即处于信息劣势的一方为委托人。❹ 委

---

❶ 郑莉. 比较社会交换理论与理性选择理论的异同——以布劳、科尔曼为例[J]. 学术交流, 2004（1）：108 - 113.

❷ 刘敏, 奂平清. 论社会资本理论研究的拓展及问题[J]. 甘肃社会科学, 2003（5）：96 - 100.

❸ Lin N. Building a Network Theory of Social Capital[J]. Connections, 1999, 22（1）：28 - 51.

❹ 张维迎. 博弈论与信息经济学[M]. 上海：上海人民出版社, 1996：398 - 440.

托-代理关系的基本模型研究分为对称信息和不对称信息两种情形。在对称信息情况下，委托人可以观察到代理人的行为，可以根据观察到的代理人行为实行奖惩措施，因此帕累托最优（最优风险分担和最优努力水平）可以实现。在不对称信息情况下，代理人的行为是无法被观察到的，只有与代理人行为相关的一些变量（由代理人的行为和其他外生的随机因素共同决定）可以被观察到。❶ 两种情形下委托代理关系能够产生，参与约束是必备条件，激励相容约束是不起作用的；在非对称信息情况下，委托人无法使用强制性合约来约束代理人选择委托人希望的努力水平，此时委托人的问题是选择一个满足参与约束与激励相容约束的激励合约来实现自身效用的最大化。显然，在委托-代理关系的基本模型的研究中，委托人为了激励代理人选择自己所希望的行为，必须依据可观测的结果来奖惩代理人，因此所有的激励机制都是"显性激励机制"，这种显性的激励机制是有成本的，在多次的动态的委托代理关系模型中代价过于沉重，伦德纳（Radner，1981）❷ 和罗宾斯坦（Rubbinstein，1980）❸ 等研究了在没有显性激励机制的情况下，用"路遥知马力，日久见人心"的时间规则来无经济成本地解决代理问题，这就是长期合约相对于短期合约的优势，因为长期合约可以利用代理人的"声誉效应"来解决问题，但伦德纳和罗宾斯坦并没有明确提出代理人的市场声誉效应，真正明确提出市场声誉问题的是法玛（Fama）。法玛（1980）认为，激励机制在委托代理关系的研究中似乎被夸大了，在现实中，长期的雇佣关系使代理人市场对代理人具有约束作用，"时间"可以"免费"地解决问题，即代理人更看重的是自己的未来收益而非现有收益，代理人努力工作的内在动机在于以往业绩所能带来的预期收益以及自身在人力资本市场上的价值，而短期的显性的激励机制的作用没有那么大。❹ 如果从动态角度来分析代理人的市场声誉模型，可将其分为声誉建立阶段与声誉获利阶段，代理人努力工作不仅可以获取短期的显性的激励收益，而且努力工作所建立起的声誉还可以获取长期的未来收益。在面向知识创新的高

---

❶ Silvers R. The value of information in a principal-agent model with moral hazard: The ex-post contracting case [J]. Games & Economic Behavior, 2012, 74 (1): 352-365.

❷ Radner R. Monitoring Cooperative Agreements in a Repeated Principal-Agent Relationship [J]. Econometrica, 1998, 49 (49): 1127-1148.

❸ Rubinstein A. Strong Perfect Equilibrium in Super Games [J]. International Journal of Game Theory, 1980, 9 (9): 1-12.

❹ Eugene F. Agency Problems and the Theory of the Firm [J]. Journal of Political Economy, 2014, 88 (2): 288-307.

校科技创新团队内部知识整合活动中,各个团队成员彼此之间构成了交互式的委托代理关系。

2.2.2 知识共享

1. 知识共享的内涵

知识共享,是团队知识创新的一种工具和手段,知识共享的目的在于团队知识活动产生"1+1≥2"的效果。对于知识共享这一概念,不同的学者有着不同的界定。Gronhaug 和 Nordhaug(1999)认为,知识共享本质上意味着知识资源的控制权或知识资源本身从一方传递至另一方的物理过程,使某个群体或团队都能分享到所传递的知识。❶ Wiig(1997)认为,知识共享包括知识的获得(obtain)、组织(organize)、重构(restructure)、储存(warehouse)、记忆(memorize)、重新包装(repackage)等活动。只有知识的传递经过上述过程的运作,知识共享才算是完成。❷ O'Dell 和 Grayson(1998)把知识共享视为循环的流程,强调创造(create)、确认(identify)、搜集(collect)和组织(organize)最佳实践与内部知识,然后去分享(share)、修正(adapt)和使用(use)这些最佳实践或知识于新的情境,甚至创造新的知识。即认为知识共享并非是简单地吸收传递方的知识,更为要紧的是在吸收的同时进行知识创新。❸ Davenport 和 Prusak(1998)认为,知识共享包括传递和吸收两个过程,即把知识传递给潜在的接受者,以及接受知识的个人或团队加以吸收和消化。如果知识接收者没有充分地吸收所接收到的知识,并不能确保知识被妥善地利用,这将仅仅被视为知识的传递。因此只有在吸收知识的同时产生新的知识,并再次进行吸收和创新,这样进行一个循环的过程。知识创新是一个不断运动的过程。❹ Bartol 和 Srivastava(2002)认为,知识共享是个体与他人共享组织的相关信息、观点、建议和专长。❺ IPe(2003)将个体间的知识共享定义为

---

❶ Michael Polanyi. The Study of Man [M]. Chicago:The University of Chicago Press,1959.

❷ 耿新. 知识创造的 IDE - SECI 模型——对野中郁次郎"自我超越"模型的一个扩展 [J]. 南开管理评论,2003,6(5):11-15.

❸ O'Dell C,Grayson C J. If Only We Knew What We Know:Identification and Transfer of Internal Best Practices [J]. California Management Review,1998,40(3):27-38.

❹ Davenport T H,Prusak L. Working Knowledge:How Organizations Manage What They Know [M]. Boston:Harvard Business School Press,1998:51-56.

❺ Bartol K M,Srivastava A. Encouraging Knowledge Sharing:The Role of Organizational Reward Systems [J]. Journal of Leadership & Organization Studies,2002,9(1):64-76.

个体知识转化为可以被其他个体理解、吸收和使用的过程。❶ Hooff 和 Ridder（2004）认为，知识共享是个体间相互交换他们的知识并联合创造新知识的过程。❷ 魏江、王艳（2004）指出，知识共享是指员工个人的知识（包括显性知识和隐性知识）通过各种交流方式（如电话、口头交谈和网络等）为组织中其他成员所共同分享，从而转变为组织的知识财富的过程。❸ 闫芬和陈国权（2002）从大规模实施知识共享的角度考虑，认为知识共享是指员工互相交流知识，使知识由个体扩散到组织层面的过程。❹ 王从辉（2005）认为，知识共享不仅是知识的积累，而且是知识的加工甚至是知识的创新。简而言之，知识共享是一个包含多阶段的活动过程，转移过程并不仅仅是知识的简单流动和传递，更为重要的是知识接收者的知识吸收、整合、并重构其自身的知识基。❺ 蔡翔、舒勇等（2010）把知识共享定义为：知识就是团队成员彼此互相交流知识，使知识由个人所拥有向群体所掌握的转变过程。这样就实现了团队内外部的知识整合，由个体分散和知识转化为团队所控制的整体知识。❻ 金潇明、何建雄（2010）从知识共享的特性和知识共享的过程及主体方面理解知识共享，认为知识共享就是通过创造知识共享的条件，知识共享的主体通过一定的手段去捕获和传递共享的对象，从面实现知识共享。❼ 综上所述，我们把知识共享定义为，在某一个群体中不同知识储备的人员之间为获得自己不具备而又所需知识所进行相互交流过程，并在此过程中使知识不断加以吸收、消化、应用与创新，并最终把个体知识转化成团队整体知识，从而使个人、团队的知识得到价值增值。知识共享不只是简单的团队成员之间知识的交流，更为重要的是把在知识共享的基础上团队成员知识互相吸收和利用，甚至创造新的知识，

---

❶ IpeM. Knowledge Sharing in Organizations: A conceptual framework [J]. Human Resource Development Review, 2003, 2 (4): 337 - 359.

❷ Hooff BVD, Ridder JAD. Knowledge sharing in context: the influence of organizational commitment, communication climate and CMC use on knowledge sharing [J]. Journal of Knowledge Management, 2004, 8 (6): 117 - 130.

❸ 魏江, 王艳. 组织内部知识共享模式研究 [J]. 技术经济与管理研究, 2004 (1): 68 - 69.

❹ 闫芬, 陈国权. 实施大规模定制中组织知识共享研究 [J]. 管理工程学报, 2002, 16 (3): 39 - 44.

❺ 王从辉. 知识共享及其环境建设 [J]. 安徽商贸职业技术学院学报（社会科学版）, 2005, 4 (4): 39 - 42.

❻ 蔡翔, 舒勇. 基于团队氛围的知识共享与服务创新互动关系研究 [J]. 技术经济与管理研究, 2010 (2): 56 - 59.

❼ 金潇明, 何建雄. 论螺旋型知识共享创新模式的构建 [J]. 价值工程, 2010, 29 (35): 11 - 13.

即知识创新的过程。同时，也是一个不断共享、不断创新的循环往复的运动过程。

2. 知识共享的方式

Hansen 等人认为，根据个人知识不同的交流方式，组织知识的共享可以分为两种：编码化方法（Codification）和个人化方法（Personalization）。

（1）编码化方法。编码方法是组织将隐性知识明言编码，其优点就是便于静态知识的提取和共享利用。

（2）个人化方法。个人化方法主要是通过人与人的接触与互动来进行分享，容易实现许多无法明言化的默会知识的共享。个人化方法分为两种：P-P（Person-Person）和 P-L-P（Person-Linkage-Person）。

由于我们研究的重点是组织内团队人员之间的知识共享，因此，强调的是通过人与人之间的个人化方法来分享知识。

3. 知识共享的场景

组织内的知识分享除了可分为不同的方法，还可以区分为不同的场景。Sveiby（1997）认为组织人员创造了"内部结构"和"外部结构"来体现自己。[1] 2001 年，他根据 Nonaka 和 Takeuchi 提出的知识转化模型，总结出组织内部可能的 9 种知识共享场景。

从我们的研究对象为组织内团队人员的知识共享行为出发，选取 9 种中的知识在组织内部成员之间交流和转移、知识从组织内部成员转移到组织内部结构、知识从组织内部结构转移到组织内部成员 3 种场景作为研究重点。

在这 3 种场景中，交流既可以是面对面的，也可以是借助各种媒介的。一般来说，IT 等硬件设施的使用对知识共享行为本身并没有影响，但是通过对 IT 的使用可以提升知识共享的能力，减少共享的障碍和成本。[2] 因此，IT 等硬件设施为知识共享仅仅提供了一个基本的技术平台，没有它，知识共享可能会减少，但知识共享不会仅仅因为 IT 的使用而增加。考虑到有的组织有较为完善的信息系统，有的组织却比较缺乏，因此，本研究没有将信息系统的使用作为研究的重点，而是将知识员工的激励作为重点。

---

[1] Sveiby K E. The New Organizational Wealth: Managing and Measuring Knowledge - Based Assets [M]. Berrett - Koehler, San Francisco, CA, 1997.

[2] Sveiby K E. A Knowledge - based Theory of the Firm to Guide Strategy Formulation [J]. Journal of Intellectual Capital, 2001.2 (4): 344 - 358.

4. 知识共享的特征

对于知识共享特征的具体研究，目前国内外学者研究成果较少，且没有对知识共享特征进行系统定义和阐述，国内大多专家和学者一般把知识共享基于某一针对性的研究对象，在具体研究对象基础上，结合知识特性来表述基于某一研究事物的知识共享的特征。我们综合高校科技创新团队的概念、特征和知识共享的概念，以及知识本身的特点，提出高校科技创新团队知识共享的特征。

（1）知识共享的系统性和复杂性。团队中的成员既可以是知识共享的提供方，将独有知识贡献出来与团队其他成员共享；也可以是知识共享的接收方，消化、吸收其他成员贡献的知识，内化到自己的知识体系之中。高校科技创新团队知识共享活动在一定的环境中进行，受到知识共享主体的影响，同时和知识的特征有关，知识共享行为受到多种因素的影响，是一个复杂、系统的过程。

（2）知识共享的运动和循环性。知识共享团队概念中提到知识共享是一个不断吸收知识，应用和创新知识，再次吸收、创新的循环反复的运动过程，加之知识本身的特性注定知识的共享不是一个静止的状态。因此它是一个对知识进行识别、获取、分析、吸收、利用、传递、共享、创新并在创新基础上又进行识别等循环的运动过程。高校科技创新团队知识共享以团队为载体和媒介在团队内部成员之间不断地流动。其运动性过程如图 2-8 所示。

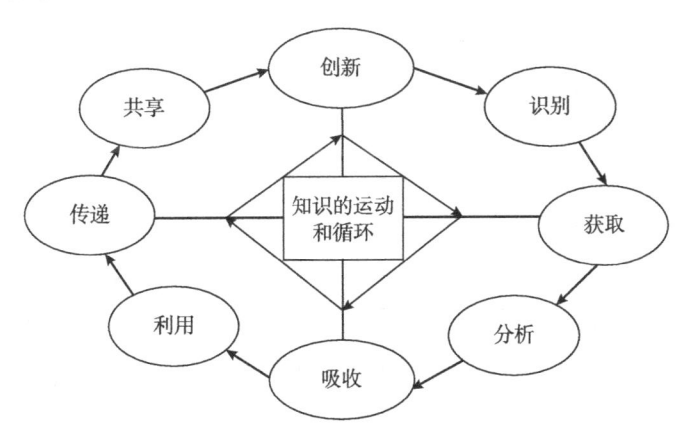

图 2-8　知识共享的运动和循环

（3）知识共享的内部互动性。在知识的传递过程中，会遇到知识转移的节点和障碍，这些障碍可能是不同科学领域的成员在吸收非本学科的知识过程中，理解程度较低造成的。因此只有通过不断的沟通和互动才能使知识接收方完全领会知识传递方的知识。

(4) 知识共享的扩散性。团队内部各成员来自不同学科领域，因此成员之间的知识结构和技能经验都有差异。因科研任务需要，团队有时会把自己的知识传递给科技创新团队的其他成员，从而与他人共同拥有这种知识，并且把知识扩散到整个团队，把个人知识变成团队的整体知识。这种知识的扩散性，不仅仅限于团队内部，也可以是团队与团队之间，从而把个体知识扩散到团队或组织层面。

5. 知识共享的影响因素

根据相关文献研究得出，在组织内部，影响员工之间分享知识的主要因素为知识的特性、分享知识的动机、分享知识的机会和组织文化。

(1) 知识的特性。知识共享的特性取决于知识的特性，知识的隐性、显性特征以及知识的价值显著影响组织内员工分享知识的态度和行为。知识的高度动态性、高度不确定性也很难把与特殊问题相关的知识事先具体化。默会知识的共享是知识共享的难点。学者们关于默会知识共享的研究很多都注重于个体研究。

Dorothy Leonard (1998) 探讨了默会知识在群体创新中的重要作用；Georg von Krogh (1998) 研究了如何通过"关怀 (Care)"来促进知识共享与创新的问题。[1] Brockmann & Anthony (1998) 认为默会知识无法通过教导、训练或教育进行分享，只有通过学习才能被分享。Haldin Herrgard (2000) 归纳众多学者关于默会知识共享的研究的观点后认为，认知及语言、价值、距离和时间在默会知识分享过程中的影响较大。

(2) 知识共享的动机。Herzberg (1959) 首次将激励分成内在激励和外在激励两种，提出双因素理论。他认为只有激励因素可以激励并满足员工，保健因素却不能令员工感到满意，只能避免员工产生不满。根据 Herzberg 的双因素理论，可以将组织内部员工分享知识的动机，分为内在动机和外在动机两类。内在动机，是指分享知识行为本身给员工带来的满足。外在动机，是指因为实施了知识的分享而得到某些报酬，例如声誉或金钱等。内在、外在动机并非互相排斥，可能同时具有内在动机与外在动机，只是强度上有所不同。下面将探

---

[1] Andrews K M., Delahaye B L. Influences on Knowledge Processes in Organizational Learning: The Psychological Filter [J]. Journal of Management Studies, 2000. 37 (6), 2322-2380.

讨相关学者关于知识分享的内在、外在动机因素的观点。

① 识共享内在动机。Deci & Ryan（1985）将内在动机定义为一种发自内心，而且不是为了得到外在的奖励所产生的活动。Hendriks（1999）认为，双因子理论与影响个人知识分享动机的因素有关，人们分享知识的原因较倾向于激励因子，而非保健因子。因此，报酬也许是刺激员工使用知识分享的技术，但并不能保证促进真正的知识分享。Hoffman（1975）[1] 的 Empathy 观点与 Davenport & Prusak 的论点相关，Empathy 也归类于内在动机，人们进行知识分享的动机主要来自互利主义、声誉与利他主义。

② 知识共享外在动机。外在动机可以从物质与非物质奖励两方面着手。前者指的是物质或金钱的奖励；后者则为非物质、无形的奖励，如他人的肯定。大多数的人认为知识可以成为权力的来源，而且奖励大多是提供给有表现的个体，所以造成员工将自己的知识视为自己的资源而不愿与他人分享。由于知识可以让人产生权力，当组织中有相当多因为知识或信息而产生的权力时，该组织自然不会有太多的知识分享行为。

French & Raven（1959）研究认为，权力也可能是一个影响知识分享的诱因，并且提出五种权力来源，分别为：强制权、奖赏权、合法权、专家权和参考权。Raven 与 Kruglanski（1975）提出第六种权力的来源——信息权，信息权是从专家权分出拥有某种独特的信息所拥有的权力。Davenport & Prusak（1998）认为，知识分享的报酬除了内在动机中的利他主义之外，还有另外两个要素，分别为互利主义及声誉。Hendriks（1999）认为，知识拥有者分享知识的目的是期望能够获得他人对自己工作的肯定，或获得升迁机会，并期望分享的行为日后将获得互惠的回馈，让知识受惠者未来回馈重建或创新的知识与信息。另外，当知识拥有者得到报酬时，他们会觉得有义务要回报。

③ 共享知识的机会。组织内部知识分享的机会可以分为正式机会和非正式机会。正式的机会（目的性学习渠道，Rulke & Zaheer，2000）包括培训项目、工作团队以及信息系统。组织内部正式的交往机会不仅创造了分享知识的情景，而且提供了分享知识所必需的工具。但是，通过正式渠道分享的知识大多数为显性知识。非正式的渠道（关系性学习渠道）则包括个人关系和社会网络。研究表明大量的知识的共享是在非正式场合发生的，也就是通过关系性

---

[1] Hoffman M L. Altruistic Behavior and the Parent - Child Relationship [J]. Journal of Personality & Social Psychology, 1975, 31 (5): 765-778.

学习渠道发生的。

目的性学习渠道为个人分享知识提供了一种结构化的环境。Okhuysen & Eisenhardt（2002）识别了组织内部有利于知识共享的一些正式交互作用，从基本指示到分享知识，再到更复杂的互动。组织内正式的分享渠道优势在于可以联络到大量的个体，能更快速地传播共享的知识。

关系性渠道有助于面对面地交流，有利于知识提供者和知识接受者之间建立一种信任，而信任对知识共享至关重要。Granovetter（1992）将人们在一段时期内相互交往而形成的人际关系称为"关系性嵌入"。Stevenson & Gilly（1991）发现，即使在组织内部也存在明确设计的交流渠道，个人也更倾向于依赖非正式的关系来进行交流。

2.2.3 知识团队

1. 知识型员工的概念界定

美国学者彼得·德鲁克首先提出"知识工作者"的概念，也称知识型员工，指的是"那些掌握和运用符号和概念，利用知识或信息工作的人"。时至今日，知识工作者"实际上已经被扩大到大多数白领"（彭剑锋，2001）。知识型员工便是那些拥有较多人力资本存量的特殊员工。[1]

从管理学的角度看，知识型员工主要有以下特点：追求自主性、较强的成就动机、流动意愿强及多样化。从经济学的角度分析，与一般员工相比，知识型员工的特征可以概括为以下几方面：①人力资本存量较高；②相对价值较大；③产出的不确定性较强。

2. 知识团队的概念界定

国内外专门针对知识团队内涵和特征界定的系统性成果并不多见。目前，理论界对团队的界定大多是根据团队工作的任务范围进行划分的。

美国知识团队管理专家 Karl Erik Sveiby 认为：知识团队是指运用高智力资本从事创新型工作的群体[2]。

国内的张体勤博士把知识团队界定为：由知识型工作者构成，以推出某种新产品或新服务为基本目的项目团队。与一般的团队相比，知识团队呈现出顾客适应性、任务导向性、临时性、团队成员的责权不对称性、知识团队成员动

---

[1] 彭剑锋，张望军. 如何激励知识型员工[J]. 中外管理，1999（8）：17-20.

[2] Eric J. Managers' perceptions of organizational effectiveness [J]. Journal of Management Studies, 2001（38）：7-8.

态性等几个特征。[1]

现今的知识团队更多地呈现出项目任务攻关的特点，其大致运作流程如图2-9所示。根据工作任务的要求，挑选技能互补、合适的人员组成团队，同时为之提供必要的资源支持，赋予调拨资源和自主决定工作流程的权力，在达成目标导向的共识下组建团队。成功达成工作目标后，团队解散，其成员回归原部门，待有新的工作任务时，再组建新的团队。

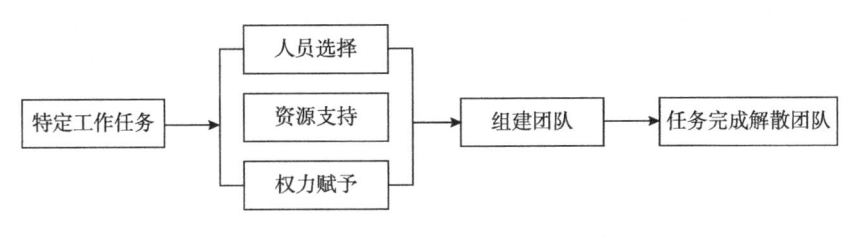

图2-9 知识团队的运作流程

3. 知识团队的特征

由于知识型员工的一些内在特点，知识团队除具有一般团队的基本特征外，还具有以下特点。

（1）脑力劳动的内隐性。知识型员工的劳动过程全部由大脑来完成，生产工具隐藏在大脑中，是一种内隐的、不可观测的劳动过程。

（2）信息不对称性。知识团队中，知识型员工的能力、工作负责程度、潜力等难以从工作过程看出，并且每一位员工都是自己领域的专家，不易找到替代的人才。

（3）高层次需求成为主导需求。知识型员工的需求趋向于自我实现、获得社会尊重等高层次需求。其激励内容将要与之相适应，精神激励将成为主导激励因素。

（4）团队成员地位平等。在知识团队中，由于每个成员都是某一方面的专家，成员之间的关系一般不是上下级关系，团队成员地位上平等，共同分担风险、分享利益。

（5）成员之间相互学习。知识型员工一般具有很强的成长需求，求知欲望强，他们会积极地向团队其他成员学习。这种学习活动可以提高组织的人力资本存量，给组织的长期发展带来积极的回报。

---

[1] 张体勤，杨明海. 项目团队效能的系统运行机制及其特征研究 [J]. 理论导刊，2008（4）：37-40.

（6）成员之间多为互惠式依赖关系。互惠式依赖关系要求高协作性，知识团队的任务复杂性高，工作中的不确定性较强，需要成员间更多地进行协作，不同团队成员功能的实现均建立在对方功能实现的基础之上。

（7）知识团队的工作具有风险性。知识团队面临的任务是独特的、具有创新性的，能否完成工作任务是一个未知数，这对知识型员工来说是一个挑战。

（8）收益具有递延性。知识的收益性不具有立竿见影的效果，而是滞后，具有递延性。所以，对知识团队的绩效衡量与评价不能仅仅局限于当期的经济效益指标。❶

4. 知识团队绩效的影响因素

团队的整体绩效特别受关键因素的影响，但是最终有赖于各种因素的共同作用。根据系统论，知识团队在组织中可以看成一个开放的系统，团队最终绩效决定于一系列相互影响的因素。知识团队的员工、其他利益相关者、其他物质和非物质性输入、运作流程和工具以及其他的因素，均将对团队系统的产出产生影响。由此可见，实现团队局部绩效改善并不一定能引起团队整体绩效改善，将知识团队的绩效完全归因于人的因素，容易在绩效管理过程中产生错误导向，限制了知识团队整体绩效的提升。因此，在建立知识团队绩效管理体系前，应该首先明确影响知识团队绩效的各方面因素，这样才能做到有的放矢，针对性地完善各方面影响因素，以达到提升知识团队整体绩效的目的。❷

团队从环境中获取维持运营的输入，并将环境作为吸纳自身输出的源泉。Guzzo & Shea（1992）针对团队绩效提出了"输入—过程—输出"模型，如图2-10所示，因此可以从系统方法的角度分析影响知识团队绩效的各种因素。

（1）输入影响因素。一个工作团队如果要正常地运行，必须有团队任务、团队组成以及团队的运行环境支撑。这三方面的因素都可以看作知识团队产生绩效的输入因素。

研究表明，团队任务与个人目标一致性程度越高，成员之间的凝聚力就越高。团队的组成包括团队成员的选择以及团队成员所具备的知识、技能和能力。高绩效的知识团队往往由三种类型的成员组成：一是具有技术专长的成

---

❶ 何妍. 知识团队绩效影响因素研究 [J]. 文史资料，2008（8）：90-92.
❷ 邹波，张庆普，田金信. 组织知识团队的生成及知识创新的模型与机制 [J]. 科研管理，2008，29（2）：81-88.

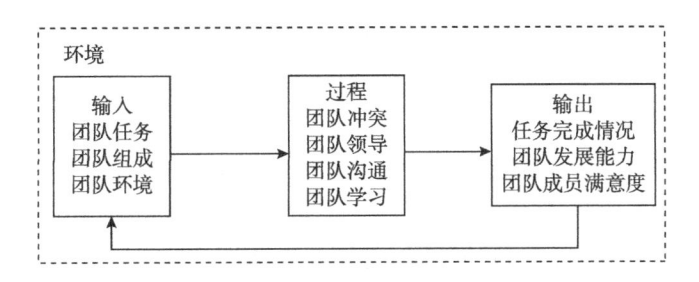

图 2-10　知识团队绩效的"输入—过程—输出"模型

员；二是具有分析、决策技能的成员；三是具有人际沟通技能的成员。组织环境是团队运行的基础，好的硬环境和软环境会使员工在工作期间保持愉快的工作心情，有利于员工工作绩效的提高。

（2）过程影响因素。团队的绩效产生过程一般包括团队沟通、团队冲突、团队领导以及团队学习。

知识团队是一个开放的工作组织，能否与组织内的成员和其他部门建立良好沟通，直接影响团队的整体绩效。只有进行有效的团队沟通，成员间才能充分交流、共享信息，形成良好的合作氛围。

在知识团队中，要正确地对待团队冲突，过高的冲突或者没有冲突都不利于团队的发展。一定水平的冲突可以保持团队活力。

已有的研究表明，团队的领导效能与团队内聚力、绩效成正相关。团队的领导者需要建立互相信任的氛围和团队文化，尊重成员的意见及价值观，关心成员的个人感受等。

在科技发展瞬息万变的知识经济时代，团队要取得理想的绩效，在很大程度上源于较强的团队学习能力。团队的学习策略和学习行为会对团队学习效果产生直接影响，进而影响团队的绩效。

（3）输出影响因素。知识团队的输出包括任务的完成情况、团队发展能力以及团队成员满意度等。

团队的绩效一般用任务完成的质与量来衡量。团队在运行过程中所培养出来的发展能力可以最终提高团队整体能力，提高产出和绩效。团队成员的满意度对团队的发展至关重要。团队要求成员相互合作，如果成员的满意度较低就会影响团队成员之间的合作，不利于培养团队内和谐的工作气氛，挫伤团队成员的工作士气，影响团队工作的效率和产出，同样也不利于团队今后的发展。

2.2.4 知识转移

1. 知识转移的含义

最早涉及知识转移这一概念的是 Teece 提出的技术的跨国界转移,认为组织通过技术的国际转移,能积累起大量跨国界的应用知识。知识转移是知识从一个主体转移到另一个主体的过程,是某一主体接受另一主体已有知识或积累经验的过程,是由知识的吸收和传输两个过程组成的一个有机统一体。[1] 知识转移并不仅是简单、机械地把知识从一个主体扩散到另一个主体,更重要的是在知识的扩散和转移过程中,经过不断地吸收、利用、共享,然后促使知识得到创新和增值的过程。因此,高校科技创新团队知识转移是在团队内部各成员之间为了完成科研任务,并通过一定的知识转移媒介而进行知识创新和知识增值的流动过程。

高校科技创新团队知识转移所涉及的因素主要有两类,即参与知识转移的载体和所转移的知识。组织内参与知识转移的载体是组织或团队内的个体成员;所转移的知识一般是经过正式编码的,理论化、系统化的信息。对于那些经验性的、没法去编码的隐性知识要在知识共享过程中,团队成员经过识别、领会,然后进行符合化的编码才能进行正常、流畅的转移。知识转移的效果在很大程度上取决于知识主体对它的理解和领悟能力。

2. 知识转移的类型

一般来说,知识按其特性,即是否能被某种符号标记出,可分为隐性知识和显性知识。对于知识转移的具体形式可以分为正式转移和非正式转移。知识转移主要包括四个基本要素:知识源、知识受体、被转移的知识、知识转移情境。隐性知识由于是一种默会知识,很难进行转移,受到情境影响比较大。而显性知识受情境影响相对较小。另外,知识转移在正式转移条件下,如学术报告、开题讲座、教师对学生的授课等,由于是带有目的性的知识转移活动,一般与知识源、知识受体和被转移的知识等因素有关,而与知识转移情境关系不大。相比较之下,对于知识的非正式转移,如团队内部个体成员之间的联结性学习、聊天谈话,因它是非特意的、默会的知识转移活动,其成功与否在很大程度上取决于知识转移的情境因素。对于高校科技创新团队的知识转移的分类

---

[1] Jeffrey L Cummings, Bing - Sheng Teng. Transferring R&D Knowledge: the Key Factors Affecting Knowledge Transfer Success [J]. Journal of Engineering & Technology Management. 2003 (20): 39 - 68.

可以基于上述的分析，构建两种维度、四种类型的知识转移。

（1）正式显性知识转移。正式显性知识转移是知识输出方和知识受体共有一个语言系统，通过某种表达方式，如语言表达、知识的规范记载、动作或模型的示范等，将知识源所拥有的知识转移给知识受体的方式，这类知识转移在组织中较为普遍，如某领域专家所作的学术报告、电子书、网络课件、体育运动中的教学动作示范等。

（2）非正式显性知识转移。非正式显性知识转移在科技创新团队中也非常普遍。它是成员因有着明确内容的知识而与其他成员进行沟通、交流中的知识转移，如科技创新团队中新的科研成果、新的思想的交流。一般通过口头语言的表达方式实现。其构成要素包括：①显性知识，如创新思想，阶段性的科研成果；②知识源，如创新思想源；③知识受体，如与知识源进行交流的成员；④转移情境，如聊天、谈话等。非正式显性知识转移由于没有制度的约束，是一种非正式知识转移，受团队文化、成员之间的人际关系和互相信任度等情境因素的影响较大；同时，知识转移的质和量有着很大的不稳定性和不确定性。

（3）正式隐性知识转移。正式隐性知识转移是由某一特定的隐性知识输出者将某一种隐性知识传授给特定的知识受体的过程。比如，科技创新团队中某成员精通某种提高科研效率的方法，在科技创新团队领军人物的授意下将其方法传授给同一科技创新团队的其他个体成员。这一过程很好地诠释了正式隐性知识转移活动，其构成要素为：①隐性知识，如成员的某种提高科研效率的方法；②知识源，会此种方法的团队成员；③知识受体，科技创新团队中的其他成员；④转移情境，如传授；⑤制度约束，如科技创新团队领军人授意，规定时间和地点，具有强制性。正式隐性知识转移虽然有制度约束，是正式的，但因隐性知识的成功转移建立在人际关系互相信任和互动的基础上，所以它受情境因素的影响较大。

（4）非正式隐性知识转移。非正式隐性知识转移是建立在人际关系网络基础上，通过团队个体成员间非正式的联结学习而进行的隐性知识转移。由于隐性知识很难用某种符号进行明确的编码和表述，知识输出方和知识受体二者之间没有一个相同的语言系统当作知识的传输工具，因此发送者只能基于人际关系网络的联结和知识受体进行交流与沟通，使知识受体对知识产生吸收和领悟。比如，科技创新团队中领军人把自己的科研经验传授给团队中的其他成员，在这一过程中需要科研领军人与成员有着紧密的人际关系网络，经过

"以心传心"方式，由成员领悟获得。非正式隐性知识转移活动的构成要素主要包括：①隐性知识，如科研经验；②知识源，如授予科研经验的团队领军人；③知识受体，如团队中的其他成员；④转移情境，如基于人际关系网络的联结。此类知识转移由于没有较强的制度约束，是非正式的，隐性知识转移难度很大，受情境因素的影响也最大。

以上四种知识转移类型中，正式知识转移成功与否与知识源、知识受体和被转移知识的特征等有很大的关系，会在很大程度上受到这三方面因素的影响。非正式知识转移不仅受到知识源、知识受体和被转移知识特征影响，而且受情境因素的影响，一定程度上，情境因素会决定非正式知识转移的成败。不管是对于正式的还是非正式的，显性知识转移相对于隐性知识转移而言比较容易。

3. 知识转移影响因素分析

已有大量国内外专家涉及知识转移影响因素的研究，其中从知识转移的过程来研究知识转移影响因素的专家较多。知识转移的影响因素包括知识提供方特性、知识接受方特性、知识特性和知识转移环境。Duanmu 认为，知识转移输出者的主观意向、受激励程度和动机、对自身知识的保护意识，知识转移的代价，编码的明确程度、语言表达清晰度等方面都对知识转移的成功与否有着重大影响。[1] Simonin 指出，组织差异的大小、知识输出者的保守心态、文化距离长短、知识接受者信息技术运用的程度及经验的丰富程度等因素，会在很大程度上影响知识的接收与转移。[2] Jeffrey L. Cummings 和 Bing - sheng Teng 提出科技创新团队中知识转移的影响因素一般包括：知识存在于知识源的何处；知识源和知识受体互动而转移知识的程度大小。从以上列出的国内外主要专家对知识转移影响因素的研究来看，知识提供方，即知识输出者的影响主要在于知识输出者对知识转移的主观愿望、传授能力、对知识的保护程度、知识转移动机的大小等方面；对于知识的受体，即知识接受者的影响主要包括，对知识的吸收和领悟能力大小、本身的学习经验和能力、接受知识的动机等；知识的本身特性对知识转移的影响一般包括知识的内隐性、复杂性、模糊性、特殊性等；知识转移的情境因素有团队成员之间人际关系和谐程度，知识主

---

[1] Szulanski G. The Process of Knowledge Transfer: A Diachronic Analysis of Stickiness [J]. Organizational Behavior & Human Decision Processes, 2000, 82 (1): 9 - 27.

[2] 胡厚宝，彭灿. 知识联盟中的知识转移障碍与对策 [J]. 科技进步与对策, 2007, 24 (3): 136 - 138.

体之间的距离、地理位置的距离、学科的差异程度等,还有团队、组织的文化差异、战略目标等。因此,影响知识转移的因素是多方面、多层次和多维度的。

2.3 高校科技创新团队理论

2.3.1 高校科技创新团队的内涵

克里斯·哈里斯认为创新团队从事的是非连续工作,是为了满足超常规需求,获取超常规工作效率和收益的组织形式,创新团队具有协作、团结、诚信、称职、互补、自信和团队精神等基本特征。科技创新团队以高层领军人为核心,学术技术水平和科技创新能力在国内属于领先地位,目的是提升科技创新实力,推动以组织为主体的科技创新活动的深入开展,增强组织的核心竞争力。[1] 而高校科技创新团队是一种全新的、战略集成的组织模式,是面向重大机遇和任务整合优势力量的组织形式,有利于提升高校科技竞争力以及提高科技创新的成功率。高校科技创新团队是以国家科技创新平台、重点科研基地为依托,以两院院士、长江学者特聘教授等拔尖创新人才为核心,以国家重点发展领域或国际重大科学与技术前沿为研究内容,以提升高校的创新能力和竞争实力、促进高水平大学和重点学科建设为目的而组建的团队。孙和义(2006)指出,高校创新团队是以学术问题为纽带,立足于科学前沿,围绕国家各类重大的科研项目,开展科学研究的核心队伍,其骨干研究成员是根据一定的科研任务,由来自不同领域的高层次知识分子组成的团队。[2] 孙本杰(2007)认为,地方高校创新团队是以科学研究与科学开发为主要内容,由技能互补、研究方向相同,并愿为共同目的和共同目标而相互承担责任的科研人员组成的群体组织。包云(2007)认为,高校科技创新团队主要是指高校为了开发科研项目和进行科学技术研究而组建,由具有创新意识和团队合作精神,一定数量(10 人左右)知识力量雄厚和科研水平高,技能上、知识上分工合作互补,愿为共同的科研目标努力并协作的科研人员组成的群体,且这个团队能够针对具体的科学项目研究要求,利用不同学科的特点和优势,形成交叉、多元、复合

---

[1] 柳洲,陈士俊. 从学科会聚机制看跨学科科技创新团队建设 [J]. 科技进步与对策,2007,24 (3):165 – 168.

[2] 孙和义. 出人才与出成果并重打造优秀创新团队 [J]. 中国高等教育,2006 (2):28 – 29.

型科研队伍,通过发挥团队的综合优势和集体智慧来提高多学科联合攻关的能力,搞好高层次、高难度的科学研究项目。[1]

我们认为,高校科技创新团队是指以科研创新为目的,以科学技术研究和开发为内容,由为数不多且知识技能互补、愿意为共同的科研目标和价值观从事科学研究并相互承担责任的高校科研人员组成的群体。

2.3.2 高校科技创新团队的特征

高校科技创新团队成员基本由学术带头人、学术骨干、流动学术人员(博士、硕士研究生等)组成,属于典型的知识型团队。与一般成员相比,高校的科技创新团队成员更关注工作自主权、自我实现、自我提高、工作灵活性和绩效考核的合理性,有其独特性。知识型员工应具有高等教育知识文化水平,在工作上要求拥有比较自由的工作空间,这类员工需要不断地更新知识与技能,保持自己在专业领域内的所在高度以及在事业上的忠诚度。知识型员工的工作就是不断地创新学习,不断地提高自身在专业上的层次。综上所述,高校科技创新团队成员一般具有以下几点特征。

(1) 具有良好的素质。成员一般都受过高等教育,有较高的知识文化水平,有一定的专业技能或技术专长,有强烈的学习欲望与较强的学习能力,具有创造价值的潜在能力。

(2) 独立自主,富有创新精神。由于此类成员拥有工作所需的知识,有自己的特长专业,他们往往更倾向于自由宽松的工作环境、弹性的工作时间以及灵活的工作方式,强调工作中的独立自主,对工作各方面进行周密的思考,对可能性做最大的尝试,勇于创新。

(3) 有强烈的自我实现需求及成就动机。团队成员有明确的奋斗目标和更高的需求,他们强调的是能够在专业上一展所长,在事业上有所建树,实现自身价值并强烈期望能得到社会的认可。他们热衷于非常规性的、具有挑战性的工作并追求结果完美,他们把攻克难关看作一种乐趣、一种体现自我价值的方式。

高校科技创新团队既具有团队的一般特征,同时又具有其自身特征。

(1) 高校科技创新团队一般是以重点实验室或者工程中心为依托。

(2) 高校科技创新团队主要研究方向是重大的基础研究和应用基础研究。

---

[1] 包云. 高校科研创新团队建设探微 [J]. 前沿, 2007 (9): 95-97.

由于受高校自身科研基础和科研条件所限，目前我国高校的科研主要集中在基础研究和应用基础研究，已组建的科技创新团队主要集中在生物、化学、物理等领域。

（3）我国高校科技创新团队一般由本校内的教师组成，这些人员通常彼此熟悉或有着良好的合作经历，这就缩短了团队的磨合期；他们有共同的科研领域基础或有共同的研究方法，不仅减少了冲突，还能使团队的研究目标或研究方法尽快达成一致，迅速整合团队成员，从而快速地创造出成果。

（4）高校科技创新团队一般要求有3~5名的核心成员，团队总人数不多，并要求其拥有合理的专业结构和年龄结构，有利于团队资源的共享以及职责的划分，同时，避免了一家之谈现象的发生，在层次结构上保证了目标的顺利完成。

在以往的研究中，高校科技创新团队的主要管理特征包括以下几个方面。首先，团队工作能够顺利开展并达到团队目标，至关重要的一个因素便是团队要有一名合适的团队带头人，这个团队带头人就是整个团队的掌舵人。其次，作为一个创新团队，拥有规范的创新机制和良好的创新文化对于团队的创新行为和创新成果将产生非常重要的影响。再次，优秀的高校科技创新团队还必定拥有一个团队成员共同认可的目标，这对为团队成员提供前进的动力，及时对团队及其成员实施有效的评价都具有重要的意义。最后，良好的沟通机制、科学的激励和评价考核体系等因素对科技创新团队的成长也将产生非常重要的影响。

总之，目前我国高校绝大多数科技创新团队尚处于发展初期，已有的研究多在团队的人员组建、组织制度以及高校科技创新团队应该具备的管理特征和必须具备的性质等方面，并没有对高校科技创新团队管理理论与实践研究进行系统的探索。而高校科技创新团队成员特征及团队特征都决定了他们更多地注重自身价值的实现，更乐于接受有一定难度、一定高度的任务，他们把自己当作团队中的一员，具有强烈的主人翁精神，更愿意承担工作中的个人责任，并希望在工作中能够得到明确而迅速的反馈信息。所以在工作中，应当令团队成员感受到自身被授权、被信任，感觉到自己是团队不可或缺的一员，并能通过工作任务的完成体现自身价值和影响力。

2.4 人力资源价值与价值链理论

2.4.1 人力资源价值的内涵

人力资源与其他各种资源一样,能够提供服务,或经过转化提供各种用途,因而与其他资源一样具有价值。随着时代的进步和社会的发展,人力资源价值已经被国内外学者普遍接受,并引起越来越多的研究和关注。对于人力资源价值应如何界定,国内外学者从不同的角度出发,提出了如下几种主要观点。

(1) 马克思从经济学的角度认为,人力资源价值是指人们的服务潜力或已经通过转化实现的经济贡献。他认为人力资源价值是以人类劳动耗费在商品上的凝结来实现,人力是一种可以创造价值的价值。

(2) David Rieardo、Theodore Sehultz 指出,人力由于能够通过转化为其拥有者带来收益,因而具有一定的资本性质,具有人力资源价值。同时又指出,人力资源价值形成的重要因素就是教育。[1] 人力资源在学习,培训、医疗、就业等方面的投入共同组成了人力资源价值,同时,人们在进行这些投入时所放弃的可能的收入,即机会成本也是人力资源价值的一部分。

(3) Francois Peru 在人力资源价值研究中提出了"价值-成本"观。他认为,一个人的价值与他的成本是等价的,即他为社会所能够作出的贡献等同于社会培养他所花费的代价。[2] 相比于 David Rieardo、Theodore Sehultz 的观点,Francois Peru 对人的成本方面的划分更为全面,几乎包括了一个人全部的生活成本:个人为了维持生存所必须花费的物质消耗成本、个人对精神生活追求所耗费的必需成本即教育学习成本、个人除工作外所必须消耗的维持一定状态的闲暇成本即休闲娱乐成本。

(4) Frahlll Holtz 认为,人力资源的价值就是指组织从人力资源中获得的收益。该理论认为,人力资源通过与物资资源相结合,共同创造价值,而产品中由人力资源创造的部分就是人力资源的价值所在。

(5) 徐国君教授认为,人力资源的价值主要包括人力资源通过劳动所创

---

[1] [英] 李嘉图. 政治经济学及赋税原理 [M]. 郭大力,王亚南,译. 南京:译林出版社,2011.

[2] [美] 查尔斯·R. 格里尔. 战略人力资源管理 [M]. 孙非,译. 北京:机械工业出版社,2004:22-26.

造的剩余价值和补偿价值。❶ 其中，剩余价值就是指劳动者通过劳动所创造的那部分价值增值，补偿价值指的是劳动者通过劳动所获得的工资、奖金等。

（6）李世聪教授在《人力资源价值论》一文中提到，人力资源价值是人力资源内在属性的表现，它的一般含义是指维持人力资源在生产中所花费的一切费用之和，另一方面，人力资源作为一种特殊资源，它能创造出比自身价值更大的价值。❷ 因此，人力资源价值不但包括维持人力资源在生产中所花费的一切费用，还包括它所创造的新价值部分。

（7）孙玉甫认为，人力资源由人的若干能力要素构成，包括人的智力状况、体能、工作能力、性别、年龄，等等。这些要素和能力通过整合，共同形成了人力资源的价值体系。❸

综上所述，对人力资源价值的界定主要有两个衡量模式，即成本的观点和价值的观点。成本的观点主要是通过对人力资源的投入来估量人力资源产生的价值，即投入等于产出。这种观点忽略了人的主观能动性，忽略了人力资源的价值增值，而是单纯地进行转化。在价值实现过程中，人力资源的投入未必会完全转化为产出。而价值的观点则是从人力资源价值的产出来判断和评定人力资源的价值，它包括对人力资本的投入和人力资源自身产生的价值增值，这种观点目前被大多数学者所接受，也是我们对人力资源价值进行界定的出发点。

2.4.2 人力资源价值的构成要素

目前的研究认为，人力资源的价值主要由两方面构成，即组织价值和社会价值。由于我们研究的出发点是将顾客价值与组织的人力资源价值链管理相结合，因此主要考虑人力资源所具有的组织价值，从组织的角度来对人力资源价值构成进行研究。

西奥多·舒尔茨在1992年提出，人力资源价值的影响因素是由劳动者在组织行为中的表现所构成的，主要应包括三个方面的能力：个人的生产能力、科技知识转化能力和组织协调能力。❹ 它的主体是劳动者，不受到组织已有的评价体系或组织管理者的个人喜好所影响，具有相对的客观性和普遍性。

---

❶ 徐国君. 劳动者权益会计 [M]. 北京：中国财政经济出版社，1997.
❷ 李世聪. 人力资源当期价值理论与方法 [J]. 企业管理，2002（3）：82-85.
❸ 孙玉甫. 人力资源价值计量的灰色模型 [J]. 中国经济评论，2003（8）：348-351.
❹ [美] 西奥多·W. 舒尔茨. 论人力资本投资（中文版）[M]. 吴珠华，等，译. 北京：北京经济学院出版社，1992.

苗玉军等研究认为，人力资源的价值主要是由人的自身素质所决定的，主要是指人自身所拥有的知识和技能，但同时又受到其他多种因素的制约。[1] 他们认为，人力资源价值的内涵是人的素质，而人的素质是无法进行量化的，只能通过人、通过劳动贡献出的价值量来进行评估和衡量。

R. E. Carison 认为，人力资源的价值构成包括基本价值和变动价值两部分，其中基本价值是指任何一个人都能够通过劳动所创造出的价值部分，具有普遍性。而变动价值则是指通过锻炼、培训、学习等行为，使人的能力和素质产生了差异，在实际劳动中，由这部分差异所形成的价值部分，具有特殊性。[2] 基本价值是比较低下的，对组织和价值创造的贡献很小，人力资源的价值主要来自变动价值的部分。而变动价值的大小受到对人力资源投入成本的影响，因此，人力资源的变动价值部分极大地影响着人力资源价值的累积和形成。

研究发现，人力资源价值由显性价值和非显性价值构成。[3] 显性价值即货币价值，是指人力资源在一定时期内为组织创造的价值中可以用货币来衡量的部分，如组织生产的产品价值或提供服务的价值等。非显性价值则是指通过员工为客户提供的优质的服务或对质量的超额要求而形成的顾客对组织的忠诚度、满意度等，并由此提高了组织的长期效益和社会美誉度。

通过对文献的整理研究，我们发现，人力资源价值的内涵已经远远超出了物质产品的内涵。人力资源价值的内涵依据出发点和研究角度的不同，可以分为多种构成要素。

1. 从投入与产出的角度分析

从投入与产出的角度来分析，人力资源价值可以划分为初始价值和未来价值。初始价值是指人力资源本身所具有的潜在的、有待开发的价值。即一个人在工作之前，通过各种活动（包括学习、培训、锻炼等）所具备的个人价值。这一部分价值也属于固定价值，是员工在进入组织之前就具有的价值。未来价值则是指组织通过对人力资源的使用所获得的收益和价值。在衡量人力资源价值时，通常使用后者作为评估的标准。

2. 从对价值的使用角度分析

从对价值的使用上来分析，人力资源价值可以分为交换价值和剩余价值。

---

[1] 王多莉，苗玉军，刘庆军. 从会计目标看资产计量与收益计量 [J]. 财经问题研究，2000 (11)：75-78.
[2] R. E. Carison, R. B. Shaw: Iron Steel Eng., 1972, Vol. 49, 53-65.
[3] 陈树文，李海舰. 基于顾客价值的人力资源价值链管理模型研究 [J]. 科学学研究，2008，26 (5)：61-66.

人力资源的交换价值是指劳动者通过自己的能力、知识、技能等参与组织活动所获得的等额价值，主要体现为工资、奖金、福利待遇等。这部分价值主要是用于对劳动者劳动损耗的补偿和维持劳动者持续提供价值的必要消耗。这部分价值对组织来说，无法使组织获得更大的利益，却是组织正常运转所必不可少的。而剩余价值是指劳动者创造出的超出个人自身价值的价值，它主要体现在劳动者为组织所创造出的一些潜在价值，包括顾客的满意度、忠诚度、美誉度等，以及为组织创造的经济效益。人力资源价值的评估一定要全面考虑到交换价值和剩余价值，缺少其中任何一项，都是对人力资源价值的低估，都将无法准确评价及衡量人力资源的价值，影响管理者进行有效的人力资源价值战略活动。组织的人力资源价值战略研究主要就是探索如何提高这一剩余价值部分，它在组织的生产成长过程中起着决定性的作用。

3. 从组织管理的角度分析

从组织管理的角度来分析，人力资源价值主要分为组织价值和个体价值。其中，个体价值是指人力资源个体在一定的时期内为组织带来的收益和价值。通过对个体价值的划分，可以准确地评定个人所拥有的人力资源价值，并对其岗位进行合理匹配，充分发挥个人能力。组织价值是指个人作为整体的一部分，在组织活动中为组织所创造出的那部分价值。从组织的角度来看，要综合衡量一个人的个人价值，以组织价值作为衡量个人的人力资源价值的基础，以有利于组织整体的人力资源价值创造和优化为目的，充分发挥组织整体的协同效应，注意组织内部各个个体价值之间的相互联系、影响和作用，使组织所具有的人力资源价值总值实现最大化。

4. 从价值的存在状态分析

从价值的存在状态看，人力资源价值分为基本价值和变动价值。其中，基本价值是由维持人力资源承载者生存，并由其所从事的简单劳动所获得的必要报酬所组成的。这样的基本价值，是任何能够从事简单劳动的人，即纯粹的自然人都拥有的价值。变动价值则是指人通过发挥主观能动性，发挥自身的科学技术优势，对原有的简单劳动进行升级和深化所创造出的价值。相对于基本价值，变动价值是非常巨大的，对经济增长的贡献也是十分显著的，组织在制定人力资源价值战略时，就是以如何创造最大的变动价值为追求，对人力资源战略进行规划和实施。

2.4.3 价值链理论

价值链理论从创立到现在，经历了顺序式、并行式、网络式、以利润为中心、以顾客为中心等逻辑思辨过程，形成了许多具有代表性的价值链理论，主要有：传统价值链、虚拟价值链、价值星座和价值网。

1. 传统的价值链理论

该理论是由 Michael E. Porter 提出，同时也是最早的价值链理论。Porter 在进行组织价值理论研究时，试图通过引入价值链工具，将组织的实际活动与组织战略连接起来，他认为如果将组织作为一个整体来研究，将无法发现组织竞争优势的来源，同时又没有办法弥补组织对内部因素不够重视的缺陷。[1] 通过价值链条来分析组织的设计、生产、经营、销售、服务等各个环节，明确组织各个环节在价值创造和价值增值中的比重，为组织制定战略提供依据。组织获得竞争优势主要依靠两种方法：一种是降低自身的成本，通过对物质原料的大规模收购、生产的机械化运作、人力成本的合理化配置来获得成本上的优势；另一种就是采取差异化战略，通过自主研发、科技创新、品牌策略，使组织的产品更具独特性，受到更广大客户的欢迎和青睐。要实现这两种竞争优势，就必须对价值链的模式进行仔细分析和重新构建。

在 Porter 的研究基础上，Peter Hines 从如何最终实现目标出发，对价值链的含义进行了重新认定。他把顾客对产品的需求作为组织生产经营的最终目的，这与 Porter 的"组织的最终目的是获得组织收益，实现组织利润"完全相反。他的价值链理论的逻辑思维过程是组织在创造顾客价值的同时，为自身获得了相应的利润。同时，他引进了信息技术，认为信息技术对于价值链的构成和衡量具有重要作用。

2. 虚拟价值链

Jeffrey Rayport 和 John Sviokla 在哈佛最早提出虚拟价值链的概念，两位教授认为，随着信息时代的到来，组织之间的竞争将会更加激烈，它们之间的竞争将主要在两个领域展开：一是目前已有的、由物质资源组成的产品市场竞争；二是在信息领域，为了争夺潜在的市场空间或科学技术进行的活动。在前者中，组织之间主要是通过为顾客提供更加优质的产品、更具个性和适用性的服务来满足顾客，争夺市场。而在后者中，组织是通过对各种信息的整理、加工，为顾客提供一种无形的产品或者服务来提升顾客对组织产品的满足感。由于这种价值增加的过程是无法用物质来衡量的，是虚拟的，所以称为虚拟价值链。它主要包括对信息的收集、挑选、整理、合成与应用。

---

[1] [美] 迈克尔·波特. 竞争优势 [M]. 陈小悦，译. 北京：华夏出版社，1997：36-44.

3. 价值星座理论

该理论最早是由 Richad Normann 和 Rafael Ramfrez 提出的，他们在《从价值链到价值星座：设计交互式战略》一文中指出，在新的价值逻辑关系中，资产将被划分为两个主要部分：知识和顾客。❶ 组织为了争取更多的顾客，获得更多的价值，需要不停地吸收新的有用的信息和知识，用以提升组织的能力，吸收新知识和能力的代价则是组织现今取得的既得利益，而为了获得新的知识，组织的既得利益将无法支撑组织持续健康有序的运行。因此，组织必须通过争取更多的客户，来获得更多的利益用以支持它获取知识，这样就进入了一个无限的循环过程之中。而对于价值的创造和分配过程，组织需要与上游的供应商和下游的经销商共同合作，增加产品的价值总值，使得链条上的其他合作伙伴共同获益。

4. 价值网理论

Adrian Slywotzky 在其撰写的《发现利润区》一文中提出了价值网的概念，他的主要思想是将互联网引入价值链理论，在互联网上构建一个价值网，通过信息技术，共享各种信息资源，实现信息资源的优势互补，对市场的变化及时做出反应。❷ 价值网理论中的每一个组织就是一个小型的网络，由所有的成员组织（包括合资、附属子公司）和合作伙伴所组成。由于合作伙伴的相互关系，有时很难划出微观水平和宏观水平上一个组织网的界限，但人们可以简单地把某一虚拟组织想象成总体价值网络中的子价值网，这个子价值网包含了我们习惯称作价值链的所有元素。

综上所述，我们认为，价值链就是一个组织在某一行业或某一领域内，为了实现组织利益最大化所进行的各种活动的组合。而由于组织的不同，其参与的价值活动也不相同，其中有些活动是在价值链条中创造价值的重点，这些活动就是价值链的战略环节，是对价值链进行研究的重点。

2.4.4 价值链视角下的人力资源价值管理

随着全球经济一体化的趋势，组织在管理理论和实践上经历了一场深刻的革命，其中重要的一项就是组织战略管理。就组织的管理活动而言，人力资源管理是组织整体战略管理中最重要的一环。而将人力资源管理系统剖析开来，

---

❶ [美] Michael E Porter, Gary Hamel, Pranhlad C K 著. 刘首英主编. 未来的战略 [M]. 成都：四川人民出版社，2004.

❷ Adrian Slywotzky. 发现利润区 [M]. 吴春雷，刘宁，译. 北京：中信出版社，1998.

学者们研究发现其中的人力资源价值链管理对组织的整体战略管理具有特别重要的意义。它既是组织进行整体战略管理活动中所必须要考虑的要求，也是组织对自身内部人力资源实现优化配置的重要依据。

经过许多学者专家研究发现，想要将价值链管理与人力资源管理融合在一起，其关键的融合点就在于"价值"二字。组织的一切活动都是以顾客价值需求为基础来进行的，组织需要通过生产出的产品或提供的服务与顾客进行交换来获得交换价值，即通过组织获得的利益来衡量组织生产的价值。在组织所拥有的各种资源中，人力资源是第一资源，如何通过对人力资源的合理开发和应用，充分发挥人力资源价值，为组织赢得生存和发展的空间是组织的首要问题。组织通过合理的人力资源价值链管理，对人力资源价值进行优化配置，实现资源的整合和优化，为组织赢得竞争优势，这是许多组织进行人力资源价值链研究和分析的基础，也是组织不停探索人力资源价值链管理活动的最终目的。

目前对于人力资源价值链的定义，还没有形成统一的定论，许多学者从不同角度给出了自己的定义，普遍被学者们所接受的是：人力资源价值是指一个从良好的人力资源管理实践出发，最终导致较高组织绩效的一系列相关产出活动所组成的价值增值过程。在这个价值进行创造和增值的过程中，完善的人力资源管理体系、丰富的人力资源管理活动经验是前提和基础，在此基础之上，通过对链条内各环节，如生产环节、加工环节、运输环节、营销环节等各个步骤的有针对性的提升，来提升各部分的价值，从而提升组织产品的整体价值。

2.5 效率理论

2.5.1 效率内涵

效率的概念源自帕累托，其观点是经济学里的资源稀缺性，由于在社会中的资源总是稀缺的，所以这导致了资源配置的效率问题。资源通过优化配置，提高其效率，从而实现社会福利的最大化。萨缪尔森的观点是，效率就是对经济社会中的各种资源的充分利用而不是浪费，其核心就是如何提高资源的利用效率。[1] 而马克思的观点是，效率就是投入和产出之间的关系，所谓效率就是

---

[1] Jeong-Seek Kang, Soo-Seok Yang. Modeling and Experimental Evaluation of Torque Loss in Turbine Test Rig for Accurate Turbine Performance Evaluation [J]. Journal of Mechanical Science & Technology. 2012, 26 (2): 473-479.

用最少的投入得到最大的产出,这种效率强调的是投入和产出的比例关系,重视的是社会物质资源的利用和创造。樊纲认为,效率在经济层面上更多地体现为利用特定的社会资源进行生产活动所得到的或者所提供的经济效用,或者社会效用的多少而导致的满足感的差异,由此可知,效率的最终目标就是提供效用,而这种效用包括经济效用和社会效用。❶ 总的来说,效率可能在不同的角度看来有不同的概念界定,但是效率的基本含义是共同的,其目标是通过配置投入和产出的比例关系来获取最大的收益或效用。

对于关于我国高校科研效率的研究而言,研究的是高校的科研资源的投入和产出的效率问题,即科研资源的配置效率问题。而高校与企业对于效率的关注点不同,企业关注的是效率最优从而达到利润最大化,而高校关注的是科研资源配置效率最优从而达到科研产出最大。但是这里所谓的科研产出最大是在创新活力和创新能力的基础之上的,而不仅仅是指科研产出的数量最多。所以我们关于高校科研效率的研究关注的角度综合了广义的资源配置效率和狭义的资源配置效率,不仅重视科研产出的数量,也重视科研产出的社会效益和高校本身的创新活力和创新能力的培育和提高。

2.5.2 效率测度方法

生产效率的测度方法的研究起源于英国,它在生产理论中作为一个重点问题被加以研究。一般而言,生产效率的测度是基于生产可能集以及生产前沿面,即生产函数。其中,生产可能集的含义是给出某一技术水平前提下,在此限制下投入和产出的所有可能集合;而生产前沿面则是指在生产函数之上的,符合某一技术水平限制的有效率的投入和产出的集合,它意味着生产的最优状态。关于生产的有效性的定义,Koopmans 的观点是,生产有效是指在投入不增加或者其他类型的产出不减少的条件下,不可能增加其产出。❷ 而这种情况下的投入和产出集合构成了生产前沿面,这种状态是生产有效的。Farrell 则认为生产效率强调的是成本问题,即在市场环境和生产技术不变的前提下,投入

---

❶ 郭海娜. 教育部直属高校科研效率评价研究 [D]. 镇江:江苏科技大学,2012.

❷ Aoun Salah G, Bendok Bernard R, Rahme Rudy J, et al. Standardizing the Evaluation of Scientific and Academic Performance in Neurosurgery – Critical Review of the "H" Index and its Variants [J]. World neurosurgery. 2012 (1): E85 – E90.

一定量的要素,得到的产出所需要的生产成本与实际的生产成本的比例关系。❶ Leibenstein 则强调了产出的重要性,认为生产效率是指在投入要素的规模、成本和市场环境等不变的前提下所得到的产出与实际产出之间的比例关系。❷

综上所述,生产有效性、生产效率均是基于特定的生产技术水平下的投入或者产出与实际之间的比例关系,生产效率反映了生产有效性的目标。一般而言,测度各个生产决策单元与生产前沿面之间的效率距离可以采用前沿面分析方法,前沿面分析方法的关键就是根据生产前沿函数构建生产前沿面,在建立了生产前沿面的基础上就可以得到生产决策单元与生产前沿面之间的距离,这一距离就是所谓的生产决策单元的前沿效率。而前沿效率的测定需要首先估计前沿生产函数。根据是否需要估计前沿生产函数的参数而将前沿分析方法分为参数方法和非参数方法,这两种分析方法所对应的主要代表分别是随机前沿方法(Stochastic Frontier Approach,SFA)和数据包络分析(Data Envelopment Analysis,DEA)。以下对这两种分析方法进行评述。

1. 随机前沿方法(SFA)

随机前沿方法是一种与数据包络分析方法不同的前沿面分析方法。它的最大特点在于通过估计生产前沿函数的具体表达形式来确定生产前沿面,进而得到前沿效率。随机前沿方法是 Aigner,Lovell & Schmidt(1977)❸ 和 Meeusen & Vanden Broeck(1977)❹ 创立的一种测度生产前沿函数的参数方法。随机前沿方法的思想是,生产决策单元在其生产活动过程中会受到各种随机因素以及数据噪声等的影响,这些影响因素属于前沿生产函数的外部影响因素,这些因素对前沿生产函数的评估产生不可忽略的影响,因此需要在估计前沿生产函数的时候将技术无效率和随机影响因素分离出来,从而得到排除随机影响因素的前沿生产函数。具体的估算过程是在评估时首先界定一个前沿效率的边界函数,

---

❶ Rong Xiaohui, Chen Feng, Deng Pan et al. A Large – Scale Device Collaboration Performance Evaluation Approach Based – on Dynamics [J]. Journal of Computers, 2010, 5 (8): 1177 – 1184.

❷ Li Yuan, Ru XiaoRui, Huang Gang et al. Prediction of Calcium Level in Melamine – Related Urinary Calculi with Helical CT: Diagnostic Performance Evaluation and Clinical Significance [J]. Urological Research. 2012, 40 (3): 231 – 235.

❸ Aigner D, Lovell C, Schmidt P. Formulation and Estimation of Stochastic Frontier Production Function Models [J]. Journal of Econometrics, 1977, 6 (1): 21 – 37.

❹ Meeusen W J, Broeck V D. Efficiency Estimation from Cobb – Douglas Production Functions with Composed Error [J]. International Economic Review, 1977, 18 (2): 435 – 444.

在这一边界函数中包含着技术无效率和随机影响因素,然后通过数据计算出前沿效率的边界函数的各个参数值,最后得到前沿生产函数。SFA 方法的具体表达形式是:

$$Y_i = f(x_i, \beta)\exp(v_i)\exp(-u_i), \quad i = 1,\cdots,N \qquad (2-1)$$

其中,Y_i 表示产出,x_i 表示投入,β 为模型参数。在他们提出的模型中,将随机扰动 ε_i 分为两部分:一部分用于表示统计误差,又被称为随机误差项,用 v_i 来表示;另一部分用于表示技术的无效率,又被称为非负误差项,用 u_i 来表示。

当模型的生产函数选择 Cobb – Douglas 生产函数时,式(2-1)可写成下面的线性形式:

$$\ln Y_i = \beta_0 + \sum_j \beta_j \ln x_{ij} + v_i - u_i, \quad i = 1,\cdots,N \qquad (2-2)$$

Battese 和 Coelli 在前人研究的基础上进行了改进,引入了时间的概念,使 SFA 模型可以对面板数据进行效率评价。[1] 具体模型如下:

$$Y_{it} = f(x_{it}, \beta)\exp(v_{it})\exp(-u_{it}), \quad i = 1,\cdots,N, t = 1,\cdots,T \qquad (2-3)$$

在式(2-3)中,Y_{it} 是第 i 个决策单元的 t 时期产出,x_{it} 是第 i 个决策单元的 t 时期的全部投入,β 为模型参数,v_{it} 为随机误差项,$u_{it} = u_i\exp(-\eta(t-T))$ 为非负误差项,η 为被估计的参数。

对于式(2-1),我们可以将 SFA 技术效率定义如下:

$$TE_i = \exp(-U_i) = \frac{Y_i}{f(x_i, \beta)\exp(V_i)} \qquad (2-4)$$

所以,在 U_i 的分布已知的情况下,可以计算出技术效率的平均值 $TE = E[\exp(-U_i)]$,但是,通过该方法若想计算出各样本点的技术效率值却有些困难。因为可以根据样本点的观测值得出模型中参数的估计值,并根据这些估计值求出残差 ε_i,但无法计算出每个 U_i 和 V_i 的估计值。

为了能够计算出每个样本点的技术效率,J. Jondrow,C. Lovell,I. S. Materov 等(1982)将技术效率定义为 $TE_i = \exp[-E(U_i|\varepsilon_i)]$,该方法被称为 JLMS 技术,他们分别就半正态分布和指数分布推导了 $E(U_i|\varepsilon_i)$ 的表达式,得出了技

---

[1] Battese G E, Coelli T J. Frontier Production Functions, Technical Efficiency and Panel Data: with Application to Paddy Farmers in India [J]. Journal of Productivity Analysis, 1992, 3 (1-2): 153-169.

效率值，解决了技术效率计算的问题。[1]

SFA方法通过极大似然法估计出各个参数值，然后用技术无效率项的条件期望作为技术效率值。与DEA方法相比，其结果一般不会有效率值相同并且为1的情况，并且SFA方法充分利用了每个样本的信息并且计算结果稳定，受特殊点影响较小，具有可比性强、可靠性高的优点。

2. 数据包络分析方法（DEA）

数据包络分析（DEA）是一种对若干个同类型的具有多输入单一输出的决策单元进行相对效率比较的非参数检验方法。DEA方法的前期思想是1957年由Farrell在其著作《生产效率测度》中创立的。[2] Farrell在书中具体界定了具有多种输入输出的组织的综合效率、技术效率和规模效率等的相关概念和定义，进而提出了根据所研究的公司群体进行加权平均而构造"有效前沿面"的具体测度方法。[3] 在Farrell的研究成果的基础上，A. Charnes和W. W. cooper将Farrell的核心理念发展为多输入多输出的非参数分析，进而形成了DEA分析模型，并由此逐步奠定了数据包络分析的基本研究模式。在此基础上，后来的许多学者纷纷参与到数据包络分析方法的研究当中，并不断拓展了数据包络分析的理论内涵和模型扩展，从而形成了适应各种不同情况分析需要的特定DEA模型，包括CCR模型、BBC模型、SBM模型等。另外，需要强调的是，基于DEA的Malmquist指数分析是利用了DEA的非参数分析理论有效地解决了Malmquist指数本身的求解问题，极大地推动了Malmquist指数的应用范围，同时也丰富了DEA模型库，为非参数分析方法的全面应用奠定了非常关键的基础。[4]

3. SFA和DEA的共同点和不同点

随机前沿方法（SFA）和数据包络分析方法（DEA）的共同点为两种分析方法都属于非参数分析方法，其测度技术效率的基础都是生产前沿面的距离函数，通过构建生产前沿函数得到的各个DMU决策单元的相对效

---

[1] Jondrow J, Lovell C, Materov I S, et al. On the Estimation of Technical Inefficiency in the Stochastic Frontier Production Function Mode [J]. Journal of Econometrics, 1982, 19 (2–3): 233–238.

[2] Feng Q, Antony J. Integrating Dea Into Six Sigma Methodology for Measuring Health Service Efficiency [J]. The Journal of the Operational Research Society. 2010, 61 (7): 1112–1121.

[3] Jin–Xiao Chen. A Comment on Dea Efficiency Assessment Using Ideal and Anti–Ideal Decision Making Units [J]. Applied Mathematics and Computation. 2012, 219 (2): 583–591.

[4] Chiu Yung–Ho, Wu Ming–Feng. Performance Evaluation of International Tourism Hotels in Taiwan–Application of Context–Dependent Dea [J]. INFOR. 2010, 48 (3): 14–24.

率具有可比性，能够通过相对效率大小的比较实现对各个 DMU 决策单元的效率评价。

而随机前沿方法（SFA）和数据包络分析方法（DEA）的不同点包括以下几个方面。

（1）两种方法的基本前提假设以及方法模型本身的扩展方向不同。其中，随机前沿方法（SFA）的基本前提假设比数据包络分析方法（DEA）要复杂，其前沿生产函数必须考虑技术无效率项即管理误差项 U_{it} 以及随机误差项 V_{it}，而且对于误差项所服从的分布形式有一定的要求，由此得到的前沿生产函数相比更为复杂，对投入产出的数据要求比较严格，方法模型本身的可延展性较差。而数据包络分析方法（DEA）相比随机前沿方法（SFA）则较为简单，它不需要考虑前沿生产函数的具体形式，也不需要考虑管理误差项 U_{it} 以及随机误差项 V_{it} 对相对效率测度的影响，而且对投入产出数据的要求相对比较宽松，其方法模型本身的可延展性强。

（2）随机前沿方法（SFA）和数据包络分析方法（DEA）对产出结果的具体解析不同。其中，随机前沿方法在测度产出的时候考虑了管理误差项和随机误差项对它的影响，也就是说，随机前沿方法（SFA）其实将产出看作前沿生产函数、管理误差和随机误差三方面内容的综合，相比数据包络分析方法而言考虑更加全面，这是随机前沿方法（SFA）的最大优点所在。而数据包络分析方法（DEA）则将产出看作生产前沿面和技术无效两部分的综合，没有将随机误差这方面对产出的影响因素考虑在内，这是数据包络分析方法的一个局限性。但是，数据包络分析方法能够很方便地解决多投入多产出的问题，这是随机前沿方法难以实现的一个问题。

（3）随机前沿方法（SFA）和数据包络分析方法（DEA）对面板数据处理的过程以及方法不同。其中，随机前沿方法在处理面板数据时是通过构造一个前沿生产函数来处理所有的数据，这样容易忽略面板数据内部的相关性影响。而数据包络分析方法对面板数据的处理则是根据面板数据的不同周期特征分别构建生产前沿面，由此得到的测度结果更加准确。

（4）随机前沿方法（SFA）和数据包络分析方法（DEA）在测度相对效率时的具体方法以及流程不同。其中，随机前沿方法可以通过使用极大似然法等测度方法来计算前沿生产函数里面的各个参数值，通过使用条件期望的概念思想来确定各个 DMU 决策单元的相对技术效率，而且是平均地、公平地处理每一个 DMU 决策单元，通过这种方法计算得到的结果相比之下具有更好的稳定性和容错性。而数据包络分析方法则是通过构造生产前沿面来测度距离函数，由此得到各个 DMU 决策单元的相对效率，这种处理方法比较容易受到异常点或离群点的影响，在这种情况下的计算结果容易出现较大的误差。

总的来说，随机前沿方法（SFA）和数据包络分析方法（DEA）相比之下各有秋千，在测度相对技术效率的时候，必须充分考虑具体研究对象的特点以及解决具体问题的目标，在此基础上考虑选用哪种效率测度方法。

2.6 产学研合作创新理论

2.6.1 产学研合作创新内涵与要素

1. 产学研合作创新概念

Cohen（2002）将产学研合作创新定义为公共研究与产业研发的合作（the Collaboration between Public Research and Industrial R&D），其中公共研究包括高等院校、大学等教育研究机构和由政府管辖的科学研究机构的研究。[1] Alexander Kaufmann（2000）认为产学研合作创新中"学研"是指具体的科学研究，即"学术研究"，他将产学研合作具体化，认为产学研合作就是科学和产业的合作。[2] 学者 Ina Drejer（2005）将产学研合作创新描述为公 – 私（public – private）合作，将产学研合作认为就是政府等公共机构所控制的公共研究机构和企业之间的合作。[3] 这些定义都着重强调了"学研"机构的研究公共性，而产业机构则是利润主体，在合作中，两者的目标是不同的。我国对于产学研合作创新的研究，最早开始于 20 世纪 90 年代。一般认为，产学研中的"产"指的是产业或企业；"学"指的是高等院校，主要是大学或学院（university and college）；"研"指的是独立科研机构或研究所（research institute）。一些学者根据研究提出了自己的看法，徐烨彪（2004）认为产学研合作创新是社会经济机构中的企业和高校、科研院所，以共同的发展目标为基础，按照一定

---

[1] Cohen W M, Nelson RR, Wash J P. Links and Impacts: The Influence of Public Research on Industrial R&D [J]. Management Science, 2002, 48 (1): 1 – 23.

[2] Alexander Kaufmann. The Institutionalization of Knowledge Transfer Activities within Industry – University Collaborative Ventures [J]. Journal of Engineering and Technology Management, 2013, 17 (3): 299 – 319.

[3] K Toyohashi. Firm Level Analysis of Information Network Use and Productivity in Japan [J]. Journal of the Japanese and International Economies, 2005, 21 (1): 121 – 137.

的组织形式进行合作研发，进行知识生产、知识转移等非线性活动的复杂过程，其目的是建立一种新的生产函数，创造出一种新的未知的需求或者价值，并最终形成组织核心竞争力的过程。❶ 郭晓川指出，所谓产学研合作创新，就是指企业和大学或科研机构各自利用所拥有的资源要素优势，共同合作完成一项技术创新活动的行为过程。❷ 余雅风指出，产学研合作创新是大学和企业为了实现各自利益或目标，以技术转移合约为纽带，在共同投入、共享资源、优势互补、共担风险的原则下，将高技术科研成果转化为有效现实生产力。❸ 基于学者们提出的产学研合作创新定义，我们认为，产学研合作创新就是企业与高校、科研院所，利用自己所拥有的不同优势，通过一定的合作组织形式，为实现各自利益而协作完成的技术创新过程，其优势在于能够形成企业和高校科研院所之间的互补，并提高有限创新资源的利用效率。

2. 产学研合作创新组织形式

Allan 根据产学研三方合作范围和合作深度，将产学研合作模式分为六大类，即一般性研发资助、合作研发、研发中心、产学研发联盟、大学的工业伙伴计划、创业孵化中心和共建科学园区；❹ 国际经济合作与发展组织（OECD）将产学研合作关系归纳为七个不同类型，即辅助性一般研究、非正式合作研究、合约研究、知识转移和培训计划、政府补助合作研究计划、合作联盟和合作研究中心；❺ 英国教授 Freeman 提出了"国家创新系统"的概念，指出创新应该是一种国家行为，而不仅是产学研三方合作行为，在一个国家的经济发展中，依靠自发的产学研三方合作是远远不够的，还需要政府的政策和制度支持。❻ 这个研究概念的提出，深化了人们对产学研合作创新行为本质特征的认识，更加明确地指出了政府在产学研合作创新中的重要作用；Bolton 和 Robert 二人按合作关系的紧密程度将产学研合作关系分为技术服务、实习基地、技术合作、共建学科基地；❼ 20 世纪 90 年代后期，三螺旋（Triple Helix）创新结

---

❶ 徐烨彪，徐凤菊. 浅谈知识创新与"产学研"合作 [J]. 中外企业家，2004（8）：11 - 12.

❷ 郭晓川. 合作技术创新——大学与组织合作的理论和实证 [M]. 北京：经济管理出版社，2001.

❸ 余雅风. U/I 合作创新中的学习过程和机制研究 [D]. 北京：北京航空航天大学，2002.

❹ Allen Kathleen, Taylor Cyrus. Bringing Engineering Research to Market: How Universities, Industry and Government Are Attempting to Solve the Problem [J]. Engineering Management, 2003 (2) 101 - 122.

❺ OECD. National innovation system [R]. 1997.

❻ [英] 弗里曼，等. 工业创新经济学 [M]. 华宏勋，等，译. 北京：北京大学出版社，2004.

❼ Bolton, Robert. A Broader View of University – Industry Relationships . SRA Journal [J]. Research Policy, 1995, (26): 45 – 48.

构理论开始发展，Henry Etzkowitz 第一次提出了三螺旋模型的概念，用以解释大学、组织和政府三者之间在现代知识经济社会的新关系，创立了政府－组织－大学的分析模式。[1] 傅家骥将合作创新分成三种类型，一是政府主导组织参与合作体制（GCS），二是政府诱导组织自主合作体制（ECS），三是政府倡导组织自由合作体制（FCS）。[2] 这三种合作模式是我国产学研合作的主要模式，主要从政府的定位的角度进行分类，强调了政府在产学研合作创新过程中的重要作用。穆荣平、赵兰香将产学研合作根据不同的原则分为不同的类型，首先，按照契约关系，分为技术转让、联合开发、委托开发和共建实体四类，按照合作的不同发起者，分为大学与研究所推进型、企业拉动型和政府组织型三类。[3] 这种分类方法主要强调了产学研合作创新的动力机制和合作方式。

还有学者提出产学研合作创新网络组织模式、[4] IIKMPI－PZIZCS 动力模型等合作创新模式；[5] 这些模型和分类都在一定程度上反映了产学研合作创新的不同类型和不同合作机制，也各有优势。张俊、李忠云分析了不同的产学研合作运行机制，认为产学研一体化机制是产学研结合的最佳运行机制。[6]

可以看出，不同学者或者组织对产学研合作创新组织模式的不同界定，是基于不同的出发点和依据的，主要有合作双方的紧密程度和合作范围，以及产学研合作中政府所处的地位和其他一些分类方法。这些分类方法的提出，是基于不同的时代、不同的国家和不同的社会经济环境，不同的环境会产生不同的产学研合作模式，同样地，不同的合作模式也一定会产生不同的合作效果，不难理解，产学研合作模式的选择是对产学研合作创新产生重要影响的因素之一。

我国自实施产学研联合开发工程以来，在政府的引导下，信息技术、生物科技、新能源等高新科技领域，通过产学研合作，取得了巨大的进步，明显增强了技术创新能力和市场竞争力，取得了较好的经济效益和社会效益。有关数

---

[1] Henry Etzkowitz. The Triple Helix of University – Industry – Government Relations: A laboratory for Knowledge – Based Economic Development [J]. EASST Review, 1995, 14 (1): 14 – 19.

[2] 傅家骥. 技术创新学 [M]. 北京: 清华大学出版社, 1998.

[3] 穆荣平, 赵兰香. 产学研合作中若干问题思考 [J]. 科技管理研究, 1998 (2): 31 – 34.

[4] 朱桂龙, 彭有福. 产学研合作创新网络组织模式及其运作机制研究 [J]. 软科学, 2003, 17 (4): 49 – 52.

[5] 王英俊, 丁堃. "官产学研"型虚拟研发组织的结构模式及管理对策 [J]. 科学学与科学技术管理, 2004, 25 (4): 40 – 43.

[6] 张俊, 李忠云. 论我国高校产学研结合运行机制的分类与评价 [J]. 中国科技信息, 2005, 2 (19): 5 – 6.

据显示，仅1992—2003年，通过产学研联合开发工程的实施，高校创办科技创新型组织1 900多个，控股与参股的上市公司30多家，销售收入450多亿元，实现利润收入30多亿元，创造就业岗位23万个，组织开发生产的重点新产品数为将近2000个。❶ 由此可以看出，我国产学研合作创新已取得了很大发展，但是同时也必须看到其中存在着的很多问题。

这些问题主要包括合作水平低、规模小、知识产权界定不清、市场定位不准和资金投入不足等几个方面。陈劲、常立农对我国产学研合作创新模式进行了研究，指出20世纪90年代以来，产学研联合模式在我国发展很快，但存在规模小、水平低、缺乏合理利益分配机制、知识产权界限不清、政府定位不明等突出问题。❷ 胡恩华研究指出了当前我国产学研合作创新过程中存在的五个问题：高校科研院所技术供给与市场脱节、企业技术需求能力不足定位不准、利益分配问题、风险投资问题、外部环境问题（体制改革和中介服务体系滞后）。同时，提出了解决产学研合作创新障碍的四条措施：首先，强化官产学研合作创新机制；其次，建立利益共享、风险共担的产学研合作创新机制；再次，建立和完善产学研合作创新的风险投资机制；最后，采取有效措施，营造出有利于产学研合作创新发展的政策环境。❸ 董静、苟燕楠和吴晓薇则站在知识产权纠纷的角度，对产学研合作创新发展的障碍进行探讨。这些障碍主要有：由于科技成果不成熟、信息缺乏等原因导致组织无法从合作中获取研究成果，对技术创新存在认识上、目标上和职责分工上的差异，高校科研机构技术供给与组织技术需求不匹配，协调不利，利益分配不合理，合作形式单一，信息不对称和沟通困难，知识产权保护意识淡薄，文化存在差异，资金不足，环境支持度低，等等。❹ 顾华祥指出，制约我国产学研合作科学发展的主要问题，在于运行机制缺乏、技术成果有效需求不足、以市场需求为定位理念的缺失、缺乏典型经验的借鉴、缺乏科学的利益分配机制、相关理论与政策及法律

---

❶ 谢旭人，赵沁平，杨伯龄，等. 中国产学研联合的现状与经验［J］. 中国科技论坛，2003 (2)：1-4.

❷ 陈劲，常立农. 我国科技成果转化主要模式分析和探讨［J］. 湖南轻工业高等专科学校学报. 2002, 14 (2)：40-42.

❸ 胡恩华. 产学研合作创新中问题及对策研究［J］. 研究与发展管理，2002, 14 (1)：54-57.

❹ 董静，苟燕楠. 我国产学研合作创新中的知识产权障碍——基于组织视角的实证研究［J］. 科学学与科学技术管理，2008, 29 (7)：20-25.

研究滞后等。❶卢仁山也提出了类似的观点，同时指出，针对目前我国产学研合作中存在的问题，政府应充分发挥政策导向作用，加快制定有利于产学研合作的法律法规，消除制约产学研合作的政策和体制因素，完善产学研合作创新中的风险投资与中介服务体系。❷综上所述，产学研合作主体技术能力和合作水平的高低、市场定位的准确性、合作主体资源投入、合作组织形式、政府政策、利益分配机制等因素是产学研合作创新成功实施的重要基础。

3. 产学研合作创新要素

（1）企业、高校和科研院所是产学研合作创新的主体。从产学研合作创新的定义可以直观地看出，产学研合作创新就是企业与高校、科研院所之间相互协作的技术创新过程。产学研合作创新的主体是企业和高校、科研院所。这两个主体在合作中扮演着不同的角色，首先，企业在产学研合作过程中主要负责提供R&D项目实施所需要的资金等资源，同时对学研方所输出的知识性成果进行技术吸收和转化并推向市场，最终获得创新收益；而高校、科研院所在合作中，主要提供人才资源和技术积累，在企业资源支持下进行研发活动，并输出知识成果。因此，在产学研合作创新的过程中，企业和高校、科研院所都起着至关重要的作用，缺少了企业的参与，会使得产学研合作失去资金等物质资源的支撑和技术转化的导向；而如果缺少了高校的人才和知识积累，合作项目也就缺少了知识创造的源头和动力，R&D活动自然无法进行。这也很好地说明了产学研合作的意义和作用，既发挥了合作双方的优势，又弥补了各自的不足，实现双赢。

（2）政府、中介机构是产学研合作创新的重要桥梁和推动力量。陈鸿雁指出，政府对产学研合作创新的发展具有重要推动作用。首先，政府可以制定产学研合作相关的政策法规，为产学研合作提供合适的政策和法律环境，建立有利于产学研合作创新的社会环境。❸我国《技术合同法》《保护知识产权法》《中华人民共和国促进科技成果转化法》等相关法律的颁布，为我国产学研合作提供了完善的保障机制，疏通了合作渠道，促进了产学研合作的顺利进行；其次，政府可以对产学研合作给予资金支持，建立多种筹资渠道，着力解决产

---

❶ 顾华祥. 我国产学研实现科学发面临的问题及对策 [J]. 国家教育行政学院学报, 2007, 118 (10): 60-65.

❷ 卢仁山. 基于组织视角的产学研合作问题研究 [J]. 技术经济与管理研究, 2010 (6): 40-43.

❸ 陈鸿雁. 我国高校产学研合作的影响因素研究——以厦门大学为例 [D]. 厦门: 厦门大学, 2008.

学研合作资金短缺问题；最后，政府还通过指导协助建设大学科技园区、高新科学技术园区等产学研合作环境，建设网上技术市场等方式，为产学研合作创新发展牵线搭桥。

中介机构在产学研合作的发展过程中，也起到了不可替代的作用。产学研合作的中介机构在科技成果转化中起着桥梁作用，科技成果的供应方和需求方通过中介机构进行沟通协作，最终达成科技成果的转化。中介机构是产学研成功合作的"催化剂"，是一个为产学研合作各方提供咨询服务，信息沟通，牵线搭桥并协调彼此利益关系的社会中介组织。[1] 国内外产学研合作创新的实践证明，中介机构是产学研合作不可或缺的桥梁与纽带。

2.6.2 产学研合作创新绩效

产学研合作创新绩效的测量和评价一直是国内外学者研究的热点，Geisler 和 Adams 研究指出，产学研合作创新绩效应该从成果性绩效和成长性绩效两个维度进行描述。[2] 金芙蓉、罗守贵把产学研合作创新绩效概括为成果性绩效和成长性绩效两个部分，[3] 其中：成果性绩效主要指那些能够以物化的形式体现出来的绩效产出，包括新产品、新工艺、专利、学术论文、出版物等；而成长性绩效则指以无形的能力或知识方式存在的绩效，如组织的技术能力提升、技术诀窍以及个体技能的提升等。成果性绩效一般可以通过经济数量或者其他量化标准进行衡量，相对较为直观和准确，但对于成长性绩效来说，则不能通过物化的成果直接观察，但是这些成果又是切实存在的，并对合作组织的技术能力提升和未来发展有着极大的促进作用，是产学研合作创新绩效的重要部分。根据以上分析，本书认为，产学研合作创新绩效是企业、高校、科研院所等产学研合作主体通过技术创新合作所创造的成果，根据成果的不同表现形式，将产学研合作创新绩效分为成果性绩效和成长性绩效两部分。

1. 成果性绩效

成果性绩效是可以通过物化识别的产学研合作创新绩效。对成果性绩效的

---

[1] 章梅. 科技中介机构应充分发挥产学研合作"黏合剂"作用 [J]. 中国科技信息，2007 (23)：53.

[2] Adams J D, Chiang E P, Starkeyk. Industry – University Cooperative Research Centers [J]. The Journal of Technology Transfer, 2001, 12 (3): 98–116.

[3] 金芙蓉，罗守贵. 产学研合作绩效评价指标体系研究 [J]. 科学管理研究，2009，29 (3)：46–68.

测量，国内外学者已经有较多的研究成果。Bonaccorsi 提出了产学合作创新评价模型，选择新产品种类、学术著作数量、申请专利数量等作为成果性绩效的测量指标。[1] Lime 等认为出版物、发明专利等是产学研合作创新绩效主要指标。[2] Tomas 等选择发明专利数量、合作创新过程中的出版物的数量、专利技术应用数量等作为产学研合作创新成果性绩效指标。[3] George 等采用了四个指标对产学研合作创新绩效进行测量：专利数量、新产品数量、在研新产品数和新产品净利润率。[4] 我国学者王秀丽、王利剑提出了三种专利授权量、技术市场成交额、新产品收入占主营业务收入比重和新产品产值占工业总产值比重等四项指标作为产学研合作创新绩效指标；[5] 车维汉、张琳选择了三种专利授权量、新产品销售收入占主营业务收入比重和新产品产值占工业总产值比重三个指标作为产学研合作创新成果性绩效指标。[6]

2. 成长性绩效

我国学者邓颖翔和朱桂龙认为，成果性绩效不能全面地概括产学研合作产出成果，因此不宜简单地用客观成果性绩效指标来衡量产学研合作创新绩效，产学研合作主体在参与技术创新过程中，技术能力的提升等成长性绩效也是不容忽视的重要成果。[7] Cohen 等人指出，教育水平提升、生产能力提升、合作范围的扩大也是衡量产学研合作创新绩效的重要指标。[8] Piccalug 等人是从生产力提升、合作各方满意度和创新人员评价三个维度对产学研合作中成长性绩效进行测量。[9] Bailey 认为，成长性绩效应从行为转变、态度、满意度三个维

---

[1] Bonaccorsi, Piccaluga. A Theoretical Framework for the Evaluation of University – Industry Relationships [J]. R&D Management, 1994, 24 (3): 229 – 247.

[2] Lime. Stimulation of Technology – Based Small Firms——A Case Study of University – Industry Cooperation [J]. Technovation, 2000, 19 (33): 78 – 94.

[3] Tomas. From Sponsorship to Partnership in Academy – Industry Relations [J]. R&D Management, 1999, 42 (10): 134 – 153.

[4] Zahra S A, George G. Absorptive Capacity: A Review, Reconceptualization and Extension [J]. Academy of Management Review, 2002, 27 (2): 185 – 203.

[5] 王秀丽，王利剑. 产学研合作创新效率的 DEA 评价 [J]. 统计与决策，2009 (3): 54 – 56.

[6] 车维汉，张琳. 上海市产学研合作效率评价——基于分行业数据的 DEA 分析 [J]. 科技进步与对策，2010, 27 (3): 20 – 25.

[7] 邓颖翔，朱桂龙. 产学研合作绩效的测量研究 [J]. 科技管理研究，2009 (11): 468 – 470.

[8] Cohen S G, Ledford G E. A Predictive Model of Self – Managing Work Team Effectiveness [J]. Human Relations, 1996, 49 (49): 643 – 674.

[9] 张万宽. 高新技术领域的产学研技术联盟绩效研究——基于资源依附和交易成本的分析视角 [J]. 科技进步与对策，2008 (6): 12 – 16.

度来测量。❶ Mora Valentine 以合作各方满意度、合作关系持续性、R&D 人员研发能力提升以及高校和企业攻关能力的提升等作为产学研合作创新绩效的评价指标，并相应开发了具体测量量表。❷

2.6.3 产学研合作创新绩效影响因素

郭斌、谢志宇等对产学研合作创新绩效影响因素进行实证研究，并将这些因素划分为四个维度，分别是产学研合作创新项目的参与者、组织结构与安排、项目特性和外部环境。❸ 研究结果表明，四个不同维度的影响因素，对目前我国产学研合作创新活动的效率、效果有着显著影响。刘小真等人从企业的视角，实证研究了产学研合作的主要影响因素，根据其影响大小程度依次为：缺乏技术转化资金，缺乏技术转化人才，高校、科研机构技术成熟度不足，技术转化设备缺乏，在产学研合作中企业的控制权太小，合作各方积极性不高，企业和高校、科研院所利益分配不合理等。❹ 李冬梅，刘进等人用灰色关联度方法，对产学研合作创新绩效的影响因素进行分析得出，影响产学研合作效果的六个因素根据影响大小依次为合作时间、技术人员存量、技术引进依存度、技术人员依存度、技术资金投入量、无形技术存量，说明当前影响产学研合作创新效率效果的最重要因素是合作时间，而相对影响最弱的则是企业自身无形技术存量。❺ 曹静、范德成等人将产学研合作创新绩效的影响因素划分为要素层次和过程层次两个相关部分。要素层次因素包括合作创新各经济主体、技术环境、政策法律支持和市场环境过程四个维度。过程层次因素划分为两个维度，分别是产学研合作模式因素和产学研结合的机制因素（见图

---

❶ Offermann L R, Bailey J R, Vassilopoulos N L, et al. The Relative Contribution of Emotional Competence and Cognitive Ability to Individual and Team Performance [J]. Human Relations. 2004, 17 (2): 219 – 243.

❷ Mora Valentine. Determining Factors in the Success of R&D Cooperative Agreements between Firms and Research Organizations [J]. Research Policy, 2004, 33 (1): 17 – 40.

❸ 郭斌, 谢志宇, 吴惠芳. 产学合作绩效的影响因素及其实证分析 [J]. 科学学研究 2003, 21 (Z1): 140 – 147.

❹ 刘小真, 梁越, 刘校惠, 等. 江西省企业产学研合作的模式及影响因素分析 [J]. 科技管理研究. 2010 (6): 91 – 93.

❺ 李冬梅, 刘进, 唐殊, 等. 产学研合作与实现自主创新的相关性及影响因素研究 [J]. 统计与决策 2009 (21): 87 – 90.

2-11)。❶ 马莹莹以高校科技创新团队为研究对象，对产学研合作创新绩效的影响因素进行了实证研究，以团队规模为控制变量，将产学研合作创新绩效影响因素分为团队成员、团队结构、团队环境和团队互动四个维度（见图2-12）。❷ 基于以上研究，我们研究将产学研合作创新绩效影响因素区分为如下四个维度。

（1）产学研合作主体因素；
（2）产学研合作组织结构因素；
（3）产学研合作组织环境因素；
（4）合作互动因素。

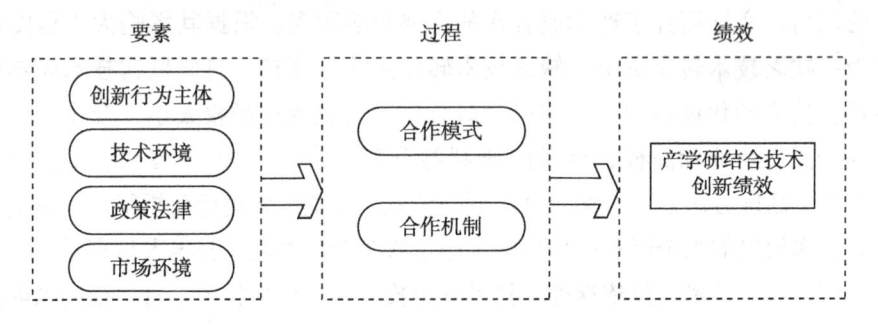

图2-11 产学研合作创新绩效影响因素模型

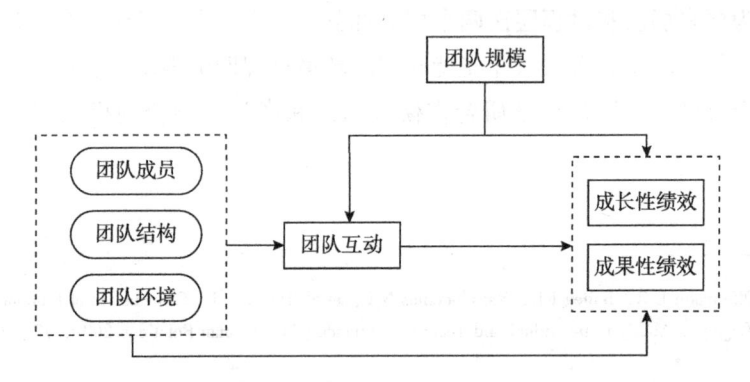

图2-12 产学研合作创新绩效影响因素作用机制概念模型

---

❶ 曹静，范德成，康小旭. 产学研结合技术创新绩效评价研究 [J]. 科技进步与对策, 2010, 27 (7): 114-118.

❷ 马莹莹. 高校科研团队产学研合作绩效的影响因素研究 [D]. 广州：华南理工大学, 2011.

1. 合作主体因素

企业和高校、科研院所是产学研合作的主体，这三个主体对所参与的产学研合作创新项目的绩效有着至关重要的影响。Tanriverdi 认为，组织的技术能力对产学研的合作效果有着直接影响。[1] 吴玉鸣对我国 31 个省市产学研合作情况进行了实证分析，结果表明，组织的研发实力与产学研合作创新项目顺利进行有着显著联系。[2] 叶飞等人研究认为，企业的知识吸收能力直接影响了产学研合作创新绩效，是决定产学研合作创新成败的重要因素。[3] 杨燕、黄卫东通过研究国外某高校与企业合作研发项目的成功经验，指出企业参与合作项目的积极性是产学研合作创新的一个关键因素。[4] 刘璇华指出，产学研合作创新过程中，组织间的学习效果是多个变量的函数，而学习的可能性，学习意图和学习能力三个因素是决定学习效果的关键因素。[5] 也就是说，产学研合作的意愿和合作各方的知识能力，是产学研合作创新绩效的决定性因素。张昌松、鲁若愚等人认为，企业自身技术资源存量是产学研合作创新绩效的重要影响因素，企业的技术储备越丰富，越有助于企业吸取来自高校、科研院所的技术知识，尤其是那些不容易识别和掌握的隐性知识经验。[6] 国外也有众多的学者对产学研合作进行了研究，Parkhe 研究认为，高校参与产学研合作的经验和对未来的合作愿景对产学研合作创新绩效有着重要影响。[7] Michael Fritsch 等人研究发现，大学的学术研究水平和研究领域集中度，是影响其技术创新能力一个重要的因素。[8] 章琰指出学研方的技术转化能力与产学研合作成效关系密切。[9] 李霞研

---

[1] Tanriverdi, Venkatraman. Information Technology Relatedness, Knowledge Management Capability, and Performance of Multi Business Firms [J]. Management Information Systems Research Center, 2005 (29): 311-334.

[2] 吴玉鸣. 官产学 R&D 合作、知识溢出与区域专利创新产出 [J]. 科学学研究, 2009 (10): 1486-1494.

[3] 叶飞, 周蓉, 张红. 产学研合作过程中知识转移绩效的关键影响因素研究 [J]. 工业技术经济, 2009 (6): 116-120.

[4] 杨燕. 从高校科研成果转化难看解决产学研结合的重要性 [J]. 西北工业大学学报（社会科学版）, 2000 (3): 60-62.

[5] 刘璇华. 产学研合作中组织间学习效果的影响因素及对策分析 [J]. 研究与发展管理. 2007 (4): 112-118.

[6] 张昌松, 鲁若愚, 阎虹, 等. 大学-企业合作创新选择因素分析 [J]. 软科学, 2002, 16 (1): 85-88.

[7] Parkhe. Orchestrating Innovation Networks [J]. Academy of Management Review, 2006, 31 (3): 659-669.

[8] Michael Fritsch, Franke G. Innovation, Regional Knowledge Spillovers and R&D Cooperation [J]. Research Policy, 2004, 33 (2): 245-255.

[9] 章琰. 大学技术转移影响因素模型研究 [J]. 科学学与科学技术管理, 2007 (11): 43-47.

究指出，高校与企业的合作经验，能够极大促进产学研合作创新的成功实施。❶ 叶飞研究发现，大学科研院所的合作经验是产学研合作知识转移绩效的重要影响因素，显著促进了产学研合作效果。❷ 综上所述可以得出，合作主体因素对产学研合作创新绩效的影响，主要体现在以下几个方面：合作双方的合作意愿、合作成员积极性与尽责性，双方技术能力、研发实力，知识吸收能力和合作经验等。

2. 组织结构因素

产学研合作组织结构因素是指产学研合作组织模式、运行机制及组织成员结构等方面。首先，产学研合作组织模式的选择，是产学研合作顺利实施的基础，傅建球指出，产学研合作模式的正确选择，是形成良好合作的基础和保证；❸ 胡利玲、冯楚建分析了产学研合作创新的不同组织形式的法律本质，并建议未来政府应鼓励构建"公司法人型"的产学研战略联盟，更好促进产学研合作的成功。❹ 合作组织形式对产学研合作创新绩效的影响，必须和一定的环境相结合，不同的合作模式在不同条件下可能产生不同的影响，因此，应当根据合作项目所处的环境条件适当选择产学研合作创新组织模式。其次，任何形式的合作都是以一定的利益目标为导向的，因此，在产学研合作创新运行过程中，利益分配直接影响着合作的持续性和稳定性，从而影响产学研合作创新的绩效。鲍新中、王道平指出，产学研合作创新成本的分摊和合作收益分配问题，是合作关系能否保持稳定的关键所在，利益分配不合理，将直接影响各方的合作积极性，最终可能影响合作创新效果甚至导致合作失败；❺ 张伟认为，利益分配机制的合理设置关系到产学研合作联盟的最终效果。❻ 利益分配是产学研合作创新绩效的重要影响因素，在合作运行过程中，应确保合作利益分配机制的合理性，使产学研合作创新顺利实施，提高产学研合作创新绩效。最后，组织成员人际关系、知识结构互补性、职能多样性等因素，对产学研合作创新绩效有

---

❶ 李霞，毛雪莲，盛怡，等. 产学研成功合作创新研究述评 [J]. 价值工程，2007 (8)：45 - 47.

❷ 叶飞，周蓉，张红. 产学研合作过程中知识转移绩效的关键影响因素研究 [J]. 工业技术经济，2009 (6)：116 - 120.

❸ 傅建球，张瑜. 产学研合作创新平台建设研究 [J]. 工业技术经济，2010 (5)：35 - 38.

❹ 胡利玲，冯楚建. 产学研合作模式的法律形态研究 [J]. 科技与法律，2009 (5)：3 - 7.

❺ 鲍新中，王道平. 产学研合作创新成本分摊和收益分配的博弈分析 [J]. 研究与发展管理，2010 (5)：75 - 81.

❻ 张伟，齐德华，金玉国. 区域创新能力的评价与对策 [J]. 生产力研究，2007 (11)：77 - 79.

较大影响，从系统论的角度来看，产学研合作组织应建立一个有机、和谐的互动系统和一个知识、技能互补的合理的组织结构，以促进组织成员间的有效沟通；❶❷❸ Seth 等人认为，组织结构因素主要包括组织成员知识互补、职能多样性等方面。❹ 由此可见，组织结构因素对产学研合作创新绩效的影响，可以从产学研合作的组织结构形式的合理选择、利益分配机制、组织成员知识、职能互补性等方面进行分析和研究。

3. 组织环境因素

产学研合作环境包括内部环境和外部环境两个层次。Campion 等人将组织环境归纳为管理层的支持、合作氛围以及组织开展的培训等；❺ Cohen 和 Bailey 认为，影响组织绩效的环境因素主要包括组织文化、激励方式、组织拥有的资源等；❻ 张德和刘惠琴将影响产学研合作创新绩效的环境因素归类为四个主要维度：资源丰富度、学术氛围、成员研究能力、制度健全。❼ 吴勇、陈通构建了一个产学研合作的三阶段博弈模型，分析了政府补贴对于产学研合作创新效果的影响，研究发现，政府的补贴能够有效增加创新投入和新产品产量，同时，组织利润和研发机构利润以及社会福利都有显著增加，说明政府补贴对促进产学研合作是非常必要的；❽ Elias G. Carayannis 等人对美国工程研究中心进行研究后指出，没有政府资金上的支持，就不可能造就这一中心的成功。❾ 郭斌、谢志宇通过对校企合作的文献研究，提出了校企合作创新绩效影响因素的概念模型，认为政府相关政策是大学－企业合作创新绩效的重要影响

---

❶ 高宏伟. 产学研合作利益分配的博弈分析——基于创新过程的视角［J］. 技术经济与管理研究，2011（3）：30－34.

❷ 汪之明. 产学研联盟利益分配机制研究［D］. 大连：大连理工大学，2010.

❸ 杨振华，施琴芬. 高校科研团队沟通网络的媒体适应性与隐性知识传播［J］. 科技进步与对策，2007（11）：115－117.

❹ 王丽丽，韩喜梅. 知识共享型高校科研团队结构分析［J］. 科技管理研究，2008（6）：402－404.

❺ Campion M A. Relations between Work Group Characteristics and Effectiveness：Implications for Designing Effective Work Groups［J］. Personnel Psychology，1993，10（1）：230－247.

❻ 张可军，廖建桥，张鹏程. 团队环境、组合能力与团队知识整合关系研究［J］. 图书情报工作，2009（14）：32－35.

❼ 刘惠琴，张德. 团队层面的高校学科团队创新绩效模型研究［J］. 科学学研究，2006（3）：421－427.

❽ 吴勇，陈通. 产学研合作创新中的政策激励机制研究［J］，科技进步与对策，2011（9）：109－111.

❾ Carayannis E G，Rogers E M，Kurihara K，et al. High－Technology Spin－Offs from Government R&D Laboratories and Research Universities［J］. Technovation，1998（13）：101－113.

因素。❶柳卸林基于大量的数据处理，得出政府科技投入水平，科技投入产出的效率，区域创新环境（基础设施、财政支出、国际市场的开拓、劳动者整体素质、整体金融环境）对产学研合作联盟的效果有显著的影响。❷张经强等人认为，政府应该完善政策法规，制定相应优惠政策，促进产学研合作协调发展，构建有利于产学研结合的制度环境。❸同时，由于市场环境是不断变化的，产学研合作创新急需政府提供政策和制度保障，以使产学研合作创新模式能够在一种比较稳定的环境中开展，从而保证合作创新的有序开展。❹综上所述，对产学研合作创新组织环境因素的研究，应从合作组织学术氛围、组织所拥有的资源丰富度、组织制度环境和政府政策支持度等方面进行。

4. 合作互动因素

除了合作主体、组织结构及组织环境外，合作创新成员间的相互信任和沟通，也是产学研合作创新绩效的重要影响因素。组织互动的重要作用，在于能够使不同知识背景的组织成员聚在一起完成合作目标，并在合作过程中不断学习和提升，最终达到整个组织能力的提升。❺Geisler 指出，产学研合作双方相互信任程度越强，在价值观和心理认同感上存在的共同基础和共同语言就越多，合作关系也就越能够持久并有效开展；❻Davenport 等人通过对新西兰一个商业增长技术项目的产学研合作进行的研究，证明了信任对于产学研合作创新成果是至关重要的。❼刘和东研究指出，我国每年科技成果转化率低下的原因，是产学研合作缺乏信任机制和机会主义行为而造成的。❽鲁若愚也指出，产学研合作各方合作的密切程度是合作效果的主要影响因素之一，企业与高校、科研院所的合作关系越紧密，合作范围越大，就越有利于实现技术资源的

---

❶ 郭斌，谢志宇，吴惠芳. 产学合作绩效的影响因素及其实证分析 [J]. 科学学研究. 2003, 21 (Z1)：140 – 147.

❷ 柳卸林. 2004—2005 年中国区域创新能力分析报告 [J]. 科学学与科学技术管理，2005 (6)：33 – 39.

❸ 张经强. 高校产学研合作中的若干问题及思考 [J]. 技术与创新管理，2006 (1)：92 – 94.

❹ 田丰. 我国民营企业官产学研合作创新模式研究 [J]. 价值工程，2011 (7)：1 – 2.

❺ 王怡然. 高校创新团队信任构建及其影响绩效的机制研究 [D]. 天津：天津大学，2007.

❻ Geisler. Industry – University Technology Cooperation：A Theory of Inter – Organizational Relationships [J]. Technology Analysis & Strategic Management，1995，7 (2)：217 – 229.

❼ Sally Davenport, John Davies, Charlotte Grimes. Collaborative Research Programmes：Building Trust from Difference [J]. Technovation，1998 (1)：31 – 40.

❽ 刘和东. 产学研合作中的机会主义行为及其治理 [J]. 科技管理研究，2009 (4)：23 – 25.

共享和知识资源向组织的转移，合作效果也就越好。❶ 吴想、杨洪涛从产学研合作创新知识转移的角度对产学研合作创新绩效影响因素进行阐述，指出信任是知识转移最为重要的先决条件之一，知识转移是建立在技术知识供求双方彼此相互信任的基础上才能够发生与实现的；同时指出，沟通是知识供求双方之间知识转移的催化剂，有效的沟通可以把难以学习的隐性知识转化为容易复制的显性知识，可以把个人的知识整合为组织的知识，从而发挥出知识资源的整体效果。彼此之间沟通渠道越通畅，沟通越好，双方越容易互换和交流信息，从而促进更加有效的知识转移。❷ Michael D Santoro 的研究也表明，产学研合作各方的沟通关系越密切，合作的效率也就越高，并且在合作初期建立起紧密关系，要比后期逐渐建立起来的紧密关系对产学研合作创新绩效的贡献更大。❸ 从以上研究可以发现，良好的合作互动对产学研合作创新绩效有着重要的促进作用。

---

❶ 鲁若愚，傅家骥，王念星. 企业大学合作创新混合属性及其影响 [J]. 科学管理研究，2004 (3): 13-16.

❷ 吴想，杨洪涛. 产学研合作创新知识转移影响因素分析与对策研究 [J]. 科技管理研究，2009 (9): 360-362.

❸ Michael D Santoro. Success Breeds Success: The Linkage between Relationship Intensity and Tangible Outcomes in Industry - University Collaborative Ventures [J]. The Journal of High Technology Management Research. 2000, 11 (2): 255-273.

第3章 高校科研管理现状分析

3.1 高校科研管理的三维度概述

高校科研管理是一个复杂的系统工程，涉及多维的影响因素，下面分别从团队建设、科研经费管理和成果转化三个维度进行深入分析。

3.1.1 高校科技创新团队建设的现状

高校为科学研究提供了一般科研机构不能提供的有利条件，有效保障了高水平科学研究，因此高校内部的科技创新团队起着不可替代的作用。近年来，国家和教育部先后通过一系列重要举措，整合高校内人才资源、信息资源以及物质资源，为建设科技创新团队提供了良好的物质保障。尽管高校具备诸多优势，但是我国高校科技创新团队的建设仍处于摸索阶段，大量学术研究人员仍处在自由式探索阶段。目前，科研人员申请项目后仍采用临时组建的科研小组来进行科学研究，而在研究过程中，这些小组基本流于形式，组织相对不正规，也较松散，很难完成大的科研项目，小组内难免会出现"搭便车"等现象。因此，真正意义上能协调统一、各司其职，并以重大科研任务为共同目标而聚集在一起的团队建设就成为高校科研水平提高的重要前提保障，在此基础上不断扩大团队规模，最终实现跨专业、跨院校的高效科学研究团队。但就目前情况来看，高校中目前极度缺乏这样学科齐全、人才会集的有效团队，已经成立的团队也很难发挥出最大潜能。考察已经建立的科技创新团队后不难发现，目前高校科技创新团队的形式主要有以下三种。①师徒型。目前的不少团队都是由导师带队，团队成员多为自己的学生，这样的团队不仅团队规模较小，而且研究方向单一，缺乏多学科综合，很难产生创新成果。②团队负责人指引全局。每个团队的带头人通常是科研项目的主要负责人，团队负责人通常也统领了整个研究的发展方向，团队中的其他成员通常只是在上级领导下干活的人，不能充分发挥出团队其他人员的专业素养，从而造成人才资源的浪费。③团队构建过程自主结合较少。真正高效的团队行程实际上是自组织的结果，但是许多团队的形成是由于项目负责人所承担项目的需要而临时搭建的，这样的团队本身稳定性较差，功利性较强。目前，高校缺乏的就是各科人才自主结合，具有长期效益的科技创新团队。

随着科学研究日益从高度分化向交叉综合的发展，科学边界不断扩大、模糊，带来了知识的膨胀和错综复杂，很多科研项目很难再依靠个人的力量采用作坊式管理完成，合作科研、团队攻关已成为现代社会生产条件下科学技术研究活动的内在要求。只有采取团队合作的形式，才能实现优势互补，取得突破性创新成果。然而，当前我国科技创新团队建设现状不容乐观，实质性的科技创新团队建设未成规模，在各种合作研究中，为申请项目获得支持而临时组成的科技创新团队、挂名合作者较多，导致合作研究流于形式、组织松散。即使是一些比较成熟的研究机构，"近亲繁殖""一言堂"以及考核中的"重数量、轻质量"等现象也往往使团队合作效果大打折扣，难以充分发挥团队的整合功能和互补作用。根据 SCI 数据库统计，尽管中国论文总数的世界排位不断上升，如 2007 年，SCI 收录的中国科技论文数达 94 800 篇，比 2006 年增长 33.5%，占世界份额的 7.5%，排在世界第 3 位，仅处于美国和英国之后，但平均每篇论文被引用 4.6 次，低于世界平均水平，位次在论文最多的 14 个国家中仅名列第 12 位，说明我国科技创新团队及其研究成果的有效性仍亟待提高。❶

3.1.2 我国高校科研经费管理的现状

近年来，随着"科教兴国"战略的逐步落实，在"科学技术是第一生产力"思想的指导下，高校基本职能也由原来的教育为主，快速转变为教育、知识创新、技术创新三者互动式发展。由此，高校承担的科研项目及筹措的科研经费均呈现大幅增长趋势，科研经费也已然成为学校重要资金来源之一。

我国高校科研经费的管理制度，由以往的"统一领导，分级管理"变为"统一领导，集中管理"，将各种渠道来源的经费纳入学校统一管理，科研经费的使用主要采取课题负责人审批负责制，而对科研经费使用情况的管理和监

---

❶ 董大壮. 江苏产学研合作创新绩效的影响因素与促进对策研究 [D]. 南京：南京航空航天大学，2013.

督则由科研管理处和财务处共同负责，审计处对经费结题时的决算进行审计。目前我国高校科研经费的现状主要有以下三方面内容。

1. 经费体量增长迅速

图3-1反映了我国2010—2014年的科研经费投入总额，其中高校占据了其中的很大一部分。5年间，我国科研经费的投入增长了84.29%，可见国家对科研投入的力度是相当大的，这体现了政府对科技创新的重视程度。在我国经济结构转型升级的进程中，科技创新是重中之重，只有大规模地进行科研投入，调动科研工作者的积极性，才能提升科技成果转化率，推动创新驱动发展的国家战略。高校在科研创新方面有着天然的优势，目前我国研究性大学的比例正在扩大，高校对科学研究的热情前所未有地高涨，高校科研经费的占比基本是全国科研经费的一半以上。

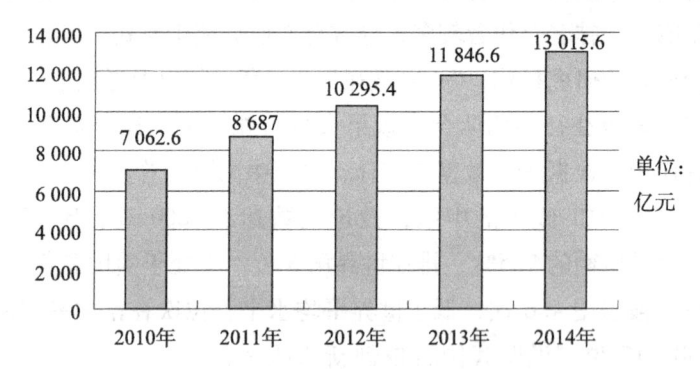

图3-1　我国科研经费投入总额

资料来源：全国科技经费投入统计公报（2010—2014）

2. 科研成果产出缓慢

表3-1反映了2010—2014年我国的科技成果数量，从表中可以直观地看到科技成果的数量逐年增长，且2012年的增长幅度较大，较2011年增长了16.99%。

表3-1　全国科技成果数量统计表（2010—2014）

全国科技成果数量统计　　　　　　　　　　　　　　　单位：项

项目	2010年	2011年	2012年	2013年	2014年
科技成果数量	42 108	44 208	51 723	52 477	53 140

资料来源：统计年鉴

由表 3-1 可见，2014 年全国登记科技成果总数较 2010 年增长 26.2%。特别是 2012—2014 年科研成果总数仅仅上涨 3.74%，而同期科研经费投入增长 26.42%。对比科研经费投入的增长比例，科技成果转化增长率远远低于科技经费的增长率。从两个数据的直观比较可以看出，我国科技成果转化率低，科研成果产出缓慢，科技创新团队的有效性提升非常迫切。我国科研经费使用的效益不高，科研项目的质量有待大幅度提高，创新能力较弱，亟待提升科技创新能力。❶

3. 科研丑闻频发

对比上述图表，可以看到：资金的有力支持并不直接等于科研自主创新能力、科研成果的大幅提升。其中的原因是多方面的，有科研本身的周期性，也有成果转化的时间性，当然还有科研经费使用中各种不规范行为的影响等。2011 年中国科学院地质与地球物理研究所研究员段振豪的"桃色新闻"，2015 年中国农业大学李宁院士、浙江大学副校长褚健教授等贪污、占有科研经费的违法行为将科研经费问题带入舆论视野。种种事件表明，监督的缺失使得科研管理存在各种漏洞。

3.1.3 我国高校科技成果转化取得的成效

经过 30 多年的改革和发展，我国支持科技成果转化的政策环境不断完善，科技成果转化局面发生了重大变化。

技术开发类科研院所已全面转为直接面向市场的组织。高校科研服务于经济社会的能力大幅提高。通过产学结合、校企合作、开放实验室、共建技术平台、建设大学科技园等多种方式，越来越多的高校及其科研人员参与到社会经济建设中。大学科技经费中来自组织委托的部分已占到 50% 以上，一些理工院校接近甚至超过 70%。一些大学科技园（如清华科技园、环同济知识经济圈、深圳虚拟大学等）已形成了逾百亿元的新兴产业集群。高新区成为聚集创新资源、培育特色产业的重要基地。2010 年，国家高新区总收入达 10.5 万亿元，工业增加值约占全国的 10%，其中有近 1/4 的收入来自企业自主研发新产品的创收。一批市场占有率高、竞争力强、影响力大的特色产业集群在国家高新区发展壮大。❷

---

❶ 魏臻. 我国高校科研团队建设与对策研究 [D]. 西安：西北大学，2014.
❷ 黄伟. 我国科技成果转化绩效评价、影响因素分析及对策研究 [D]. 长春：吉林大学，2013.

国家财政性科技投入大力支持组织研发和应用推广。政府对科技研发投入主要通过科技计划来实现，其中以应用研究为主的国家重大科技专项、高技术研究发展计划（"863"计划）、科技支撑计划占80%以上。国家科技支撑计划的95%、重大专项的50%、"863"计划的35%以上的项目都由组织牵头实施，80%以上的各类项目体现了产学研用结合。❶促进科技成果转化的政策环境有很大改善。综合采取科技企业孵化器、生产力促进中心、科技型中小企业创新基金、高技术产业化专项等多种促进科技成果转化的政策手段和措施，数量和规模都居世界前列。部门间、部门与地方之间加强合作，探索出具有区域特色和产业特点的科技成果转化和产业化模式，直接推动了区域经济发展、重大产品的研发和产业化。

3.2 高校科研管理存在的五大问题

长期以来，高校在科研行为、科研项目以及科研经费管理中普遍出现了一些违规操作问题，如学术失范行为日渐蔓延，项目管理过程潜规则盛行，违规使用经费成为通例。人们不免要问：高校科研管理何以如此困难？科研管理的难度难道会超越科研本身的难度？之所以出现这种情况，一方面是因为高校科研的一些基本概念还有待廓清；另一方面是因为提出意见、建议者身在其中，对一些敏感问题不便触碰，故而有意无意地加以回避。但如果不能够从问题的原点出发，厘清问题的脉络，探寻问题的本质，只是就事论事，头痛医头，脚痛医脚，多半会按下葫芦起来瓢，彻底根除科研经费管理中的顽疾也就越加成为一种奢望。❷

3.2.1 团队建设问题

1. 高校科技创新团队构建中存在的问题

一般地，科技创新团队的构建就是项目负责人寻找几个具有研究兴趣和研究意愿的人组成一个团队，共同完成某项目任务的过程。这个过程并不是一帆风顺的，会遇到一些障碍，使得团队迟迟确定不了。这些障碍体现在以下方面。

---

❶ 万钢. 加快推进科技成果向现实生产力转化 [J]. 经济, 2011 (13): 18-21.
❷ 张茂林. 创新背景下的高校科研团队建设研究 [D]. 武汉: 华中师范大学, 2011.

(1) 团队负责人的召集能力有限。作为召集人的项目负责人应该具有较强的科研能力和团队组织管理能力,具有稳定的研究方向,具有较为良好的人际关系,这样才能召集到人员组建课题团队。然而很多项目团队的负责人缺少相应的管理协调能力,不是组织工作缺失,就是凭个人喜好和感觉来决定某些事情,不听取别人的意见,使得整个团队活力不足。

(2) 人员组合自由化,既定目标模糊化。目前,一些团队的组建是为了满足申报科研项目的需要而临时拼凑起来的。在研究过程中,也基本是各忙各的,等到临近结题的时候才把资料拼凑到一起,科技创新团队成员之间很少进行学术交流,这样的现象导致了科技创新团队形同虚设。团队成员很难形成知识共享,在科研能力方面自身的成长有限,也阻碍了团队的科研创新能力。

(3) 缺乏团队带头人。由于地域、经济、文化等多方面因素,从全国范围看,我国的教育资源分布非常不均衡,中东部地区教育资源相对充沛,但是西部地区的教育资源相对短缺,这样就导致了师资力量的分布不均衡。例如,根据有关数据显示,华中科技大学现有博士生导师900余名,武汉大学现有博士生导师1 000余名,但是广西全区所有高校仅有博士生导师350名左右,仅占全国博导总人数的0.3%。[1] 教师数量上的严重不足导致了科技创新团队缺乏优秀的学科带头人,尽管并不是只有博士生导师可以作为某一学科科技创新团队的带头人,但是绝大部分博士生导师是具有较高学术造诣并在相关领域有所成就的教师,这是相对较为理想的团队带头人的候选人。虽然有些年轻学者或者是职称尚未达到一定高度的教师,也有一定能力带领科技创新团队进行科学创新研究,但是由于教育资源的分布不均,并未给这些教师提供施展自己实力的平台,每所学校的学术力量与水平存在差异,偏远地区的学校教育资源匮乏,教师基本没有机会走出去进修与学习,更加缺乏对外的交流条件,使得学校内的科研水平难以上升到一个新的高度。

(4) 成员间认同度不够,成员个人目标与团队目标不一致。一个团队要想有能力、有活力,需要每个成员明确团队目标,而且团队目标和成员个人目标要尽可能一致,这样可以保证每个人都真正融入团队,向着团队目标前进。但现实中很多科技团队的成员并不清楚整个团队的目标,个人努力找不到方向。而且有时个人目标与团队目标不一致,个人的需求很难在团队中得到满

---

[1] 陈建有,焦平. 高校科技创新团队特性研究[J]. 宁夏大学学报(人文社会科学版),2007(2): 184-187.

足，削弱了个人的积极性。

2. 高校科技创新团队运作中存在的问题

除了在科技创新团队组建时遇到一些障碍，整个团队在运作过程中也会存在各种问题，主要集中在以下几个方面。

第一，团队结构不合理。由于目前的科技创新团队组合的随意性较大，难以形成相对稳固的团队结构，高校科技创新团队的形成多以学科群或教研室为单位，这样就不能保证对复合型专业、学科的要求。由于国家为了鼓励高校建设高水平的科技创新团队，对团队构建给予大力的资金物质支持，这就致使有些团队临时拼凑，随意组合，或者是由"自上而下"的力量拼凑出来的。由于跨学科的交叉复合人才很稀缺，因此更难以实现学科之间的互补，而且团队成员来源单一，兴趣爱好大体相似，这就导致了团队成员具有基本一致的学科背景，缺乏各专业之间的交互性。这样的团队不仅缺乏专业之间的沟通，还很难实现跨学科的研究突破，很难产出有代表性的科研成果。❶

第二，科技创新团队与校外联合较少，很难做到产学研结合。目前，我国高校科技创新团队中的科研人员主要来源于校内或小范围内的校际联合，但是科研项目的成果又多是服务于社会的，因此科学研究并不能与社会需求紧密联系，而且有些高校内的学科专业是依托于地方特色产业的发展。这种情况下，建立科技创新团队就需要考虑行业、企业或产业部门的相关人员参与到项目的研究与运作中来。这样才能确保课题或研究项目获得更充足的经费支持，并且由于有专业人员的参与，更易于研究过程中得出结论，形成研究成果。在这样的利益共同体中，不仅解决了当地产业所面临的实际困难，而且能提高高校科学研究的水平和能力。然而，科技创新团队参与人员的实际状况是大多限于校内联合，而缺少校际联合，这就很难实现产学研的结合。

第三，团队文化建设滞后。组织文化孕育出相应的组织制度，反过来说，如果没有文化的支撑，再合理的制度和机制其功效也会被消解，因此科技创新团队的建设离不开团队文化的支撑。缺少文化支撑的团队，很难形成团队凝聚力，不利于团队成员发挥各自潜能，影响科研成果的产出。❷ 目前真正有团队文化的科技创新团队还较少，开展团队文化建设的组织也不多。团队文化建设滞后主要表现为团队缺乏共同目标，团队成员沟通少，合作意愿低，没有形成

---

❶ 杜洋. 高校科研创新团队建设和管理研究［D］. 成都：电子科技大学，2009.
❷ 柳洲，陈士俊. 当前高校科技创新团队建设的主要问题与对策［J］. 软科学，2007（3）：112－116.

好的学术氛围，没有形成和谐的人际关系氛围，等等。

第四，意识淡薄，管理混乱。目前，大学科研创新团队存在概念模糊、协作意识缺乏的问题。这些团队成员的主观能动性比较低，不善于协作，因此他们在研究的过程中也就只能孤军奋战，客观上由于缺乏其他人的参与，导致研究思路比较狭隘，也导致了不少高校现有的团队表里不一，致使原创性和重大学术成果稀缺。同时，团队带头人的经验型管理模式使得许多学术团队和课题组缺乏规范化的管理。团队带头人的经验型管理模式带来的是人治，而非法治，对带头人依赖性太强，势必会导致管理瘫痪、人浮于事的状况，导致团队的管理出现问题。

第五，重视程度不足和保障措施力度不够。经费资助的有限性，使得很多科技创新团队不作长期的基础研究，只做短期科研项目。与此同时，团队之间的协作环境发展不顺，例如，领导的重视程度不够、相关单位的支持力度不够等，都会导致团队出现生存危机。

第六，考评体系不合理，缺乏清晰公正的评价和激励机制。团队往往缺乏比较明确公正的评价和激励，工作做得多少、质量如何没能得到相应对等的评价；即使有评价，但是没有相应的激励措施配套的话，这种评价也毫无意义。不合理的考评体系也会使团队负责人在对个人业绩考评方面出现左右为难的境况，导致负责人要么实行按劳分配，要么实行平均主义。[1] 第一种做法不仅在实际中比较难操作，而且会使成员因分配不公而产生不满情绪；第二种做法会挫败业绩优秀的成员的积极性，也会使一部分业绩不良的成员出现"搭便车"的现象。

3.2.2 过程管理问题

高校科研项目管理虽然已经逐步向制度化、规范化和科学化的方向发展，但制度不完善、效率不高、管理不规范的状况仍然普遍存在。尤其针对科研项目的过程管理，高校没有建立校级层面的完整的科研项目过程管理模式，只是在各类科研项目管理的规范中，零星地涉及项目过程管理流程。存在的主要问题体现在以下几个方面。

1. 忽视科研项目"中期"过程管理

调研发现，虽然四所高校都有科研项目管理制度，但对于科研项目的申报

---

[1] 钱志强. 体育科研团队有效性研究［D］. 苏州：苏州大学，2012.

立项、实施和结题验收等过程管理的具体要求只是零星分布在各项制度规范中，并没有完整的项目过程管理的规章制度。这直接导致项目管理部门只重视项目的申报和立项，而没有完整、系统地执行高校科研项目过程管理的动态跟踪与评估，高校科研项目"中期"过程管理的监督体系明显缺失，不能对项目进行定期或不定期的监督、检查与控制，对项目研究水平、进展程度和经费使用情况也不能及时掌握。而这也间接造成从高校科研管理部门到各科研项目负责人均存在重立项、轻结题的心态，影响科研项目的成果转化。

2. 缺少科学规范的科研项目过程管理的评估体系

调研还发现，由于没有完整的科研项目过程管理模式，这四所高校都没有建立科学、规范的项目过程管理的评估体系，普遍存在着科研管理经费提取可能超规定比例、科研人员经费支出比例过大的现实状况。而且项目验收过程普遍采用书面汇报形式检查已完成的工作量，根本无法准确考证项目成果的真实性。科研项目的验收过程存在明显不规范、验收方式单一的现象。

3. 重数量轻质量的科研项目成果转化机制

调查结果显示，四所高校科研项目的过程管理只重视立项数量，而普遍忽视成果的应用与转化过程的质量管理。具体表现为，高校在进行科研项目评价时更重视投入经费和承担课题数量，而对于科研项目的成果转化，以及可能取得的社会与经济效益往往并不重视。这直接造成我国高校科研项目管理中资源的无效利用和浪费。

3.2.3 成果转化问题

1. 大学科技成果的转化问题

大学在促进科技成果转化的过程中，通常着这样一个困境，即大学教师对科技成果转化工作的成绩与其自身的职称、福利等各项制度是脱节的。把它们对接起来，目前还存在一定的难度。这在一定程度上制约了大学教师对自己研发成果进行转化的积极性。还有一个问题就是大学的科研成果大都是理论成果，离实现产业化还有很大的距离，而大学教师从自身的利益出发，往往是"掰玉米"，掰一个扔一个，成果数量是增多了，但真正能马上转化的就少了。不过，在大学科技成果转化的发展历程中，出现了一种与组织合作研发的方式，即"产学研各主体风险共担、收益共享"，但这种方式组织往往是研发的发起方，大学只作为组织联合的一个共同研发伙伴。如何提高大学科技成果转化的积极性仍然是我国目前面临的主要问题。

2. 金融机构在科技成果转化中的问题

科技成果的转化尤其是高新技术的转化,其风险比传统行业的风险要高得多,其资金的投入也远非一般的投资所能比。金融界对投资于新技术的研发表现得十分谨慎,对新技术的可信度也有所怀疑,他们需要对其进行技术上的论证、市场前景的论证,并不会轻易地投资于某一项新技术的研发。对于科技成果信息的沟通,政府应加强信息的管理与发布,当然这些信息不应是"毛坯"状态的原始信息,应是有所分析、有所加工,具有一定"附加值"的信息。❶

3. 科技中介机构在科技成果转化中的问题

实践中,我们发现在科技成果转化的过程中较少有科技中介机构的身影出现。

要么是技术的供应方自己去找技术的需求方来实现技术的产业化,要么是技术的需求方自己做研发,在研发的过程中自己去找共同研发的合作伙伴。中介机构提供的有效信息少,各方面的服务能力不能满足需要。目前,我国还很缺乏既懂技术又了解市场的技术中介。另外,技术的中试环节一直是我国科技成果转化的一个老大难问题,科技中介应接好这一棒。这就要求科技中介不能再像以前那样仅仅是提供一些技术方面的信息,还要有一定的研发实力,以实现技术的工程化、工艺化,对技术进行进一步的价值升级。

4. 政府在科技成果转化中的问题

在科技成果转化过程中,由于我国市场体系的不完善,政府在制度建设、政策扶持、公共服务、资金引导、融资支持、市场干预、协调监管和环境优化等方面发挥重要的作用。在过去的10多年里,虽然政府出台了若干促进科技成果转化的政策法规,推动了科技成果的转化,但在体制机制构建、市场环境培育以及政策法规的完善方面依然存在深层次的问题。市场化环境亟待优化,对于科技成果的转化需要在市场准入方面有所突破。这就需要政府在提供制度保障、通过政府采购、畅通创新产品的市场准入、加强知识产权的保护以及促进中介服务机构的发展等方面为科技成果转化创造良好的市场环境。如何优化科技成果的转化环境,发挥各类主体的积极促进作用,找出促进和阻碍科技成果转化的影响因素,趋利避害,以提高科技成果转化的绩效,将是各级政府面临的重要任务。

---

❶ 曾卫明. 高校科技创新团队自组织演化研究 [D]. 哈尔滨:哈尔滨工程大学,2008.

3.2.4 科研效果评价问题

1. 团队整体评价方面的"三重三轻"

在评价方面,大家都已经意识到分类评价的重要性,认识到"一刀切"不利于团队建设之处。现有的研究成果表明,"重结果、轻过程""重个体、轻集体""重智商、轻情商"等"三重三轻"问题也不容忽视。

(1) 因创新过程难以衡量而"重结果、轻过程"。目前的科研效果评价由于受到评价成本以及可操作性等因素的影响,人们往往重视对有形成果的评价,如论文数、专利数、获奖数。其实科学研究的风险较大,研究周期较长,成果数量多并不一定代表水平就高。重结果、轻过程必然带来学术的虚假繁荣。

(2) 科研成果奖励"重个体、轻集体"。为了激励个人的创新能力,目前在职称评聘、岗位津贴发放的考核中,科研成果过分强调科研项目、经费、发表高水平学术论文和获奖或获专利等的排名,这样的科研评价和利益分配制度强调的是个人的奋斗,不利于研究人员的跨院系自由流动和合作科研创新。现行的以科研项目为基础的研究团队或群体,项目的主持人多数是学术造诣深厚,并已获得教授职务的教师,成果申报的排名总是优先,在职称评聘、岗绩津贴发放的考核中,对参与科技创新团队项目的其他成员(非主持人或学科带头人)在团队建设中的贡献重视不够。一方面使其研究成员的经济利益受到极大损失,另一方面严重打击了研究成员在团队从事研究的积极性,这使大多数还要参加职称评聘的中青年教师不太愿意参与到某研究团队和他人进行合作。

(3) 考核评价"重智商、轻情商"。尤其是大科学时代,合作是取得创新性成果的首要前提,而有效合作是建立在科研人员相互信任、平等、民主、自由学术气氛和环境基础之上的。对团队成员的评聘,不仅要考察其智商,更要考察其情商。团队组织结构的好坏,不仅体现在知识结构上,还体现在心理结构上。现行的校、院、系层级式的人事管理、科研评价和利益分配制度,往往重视蕴含在论文、专利和获奖中的智商;各高校的科研处也主要是忙于项目的申报、成果的汇编,缺乏对研究的基础条件、研究成果和研究经验的共享管理,忽视了对人的心理因素以及团队文化等无形资源的管理与评价。

2. 团队文化评价方面的"四多四少"

目前,我国还没有形成有利于科技创新的文化。在市场经济大潮的洗礼中,学术界"多功利主义,少科学精神";在"名和利"的驱动下,在现有评价制度的影响下,学术界"多个人主义、少团队合作"。虽然科技方面的合作少了,但是师生之间、同学好友之间的相互吹捧增加,为了避免被本领域学术权威打压,正常的学术争论少了,学术界呈现出"多百花齐放,少百家争鸣"的局面。为了实现个人和部门乃至国家的学术大跃进,许多人无法沉下心来,于是学术界"多学术浮躁者,少潜心钻研者"。

3. 评价过程存在"两单一,两不当"

评价指标体系是高校科技创新活动的指挥棒,指标体系设计不当将误导高校科技创新活动。过程评价不到位主要体现在以下几个方面。

(1) 评价主体单一。高校科技创新活动是一个复杂的过程,影响其创新绩效的因素很多,因此,对该类创新团队的评价需要多主体、全方位进行。以往研究中,高校科技创新团队的评价主体一般只是其上级管理部门或机构;事实上可以通过发展创新团队评估中介组织、建立大学创新团队自评中心来提高评价主客体的工作效率。传统的"单一的,自上而下的"以团队主管部门为主导的绩效评价容易导致"假团队"的大量产生,从而使评价流于形式。因此,我们主张采用"多主体"过程评价。

(2) 激励措施单一。对于团队的奖励重金钱、轻名誉。高校的知识分子在工资收入相对稳定的情况下,多看重的是名誉、职称等能体现个人社会价值的奖励,而现行团队评价制度有将团队集体成果归于团队负责人的倾向,而有实际贡献却排名靠后的团队成员的成果得不到应有的认可。

(3) 指标体系设计不当。多数高校参照其他评价主客体的评价指标体系自设指标体系,对本校科技创新团队进行评价,该类评价多数缺乏系统性,不易调动高校科技创新人员的工作积极性。

(4) 评价主客体对评价认识不当。在高校科技创新团队的评价实践中,评价主客体对评价的目的及过程的认识存在不一致的现象。高校科技创新团队评价应集中评价团队活动,兼顾对每位成员进行个人评价。目前却存在将团队绩效等同于团队业绩,将整个团队的业绩等同于团队领导人的个人业绩的倾向。这导致评价过程容易出现偏差,产生晕轮效应、趋中倾向、印象偏差及对比效果差等不利于公平公正的评价问题。如何安排每个成员在不同阶段的不同作用,如何激发各种角色的创造性,如何促进成员之间的交流与合作,对于一

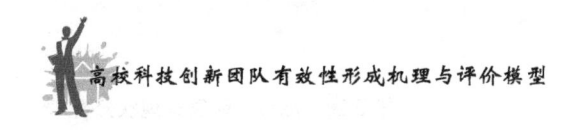

个科技创新团队来说至关重要。❶

3.2.5 科研经费管理问题

近年来曝光的科研丑闻表明，在科研经费的管理和使用过程中，存在着诸如核算不规范、使用效益不高、套用科研经费、经费的使用较为随意、计划性不强、未执行专款专用原则等问题。目前高校科研经费管理中存在的主要问题有以下几个方面。

1. 科研经费管理方式单一，项目管理与经费管理脱节

高等学校科研项目管理包括纵向项目申报、横向项目确立、项目成果与转化、项目经费管理等环节，普遍是由高校科研管理部门组织实施及管理，学校其他职能部门予以协助，各项目负责人对其承担的项目负具体责任。经费管理是项目管理的核心，贯穿科研项目管理的全过程。对项目经费的管理缺少专门统筹管理的部门，财务部门和科研管理部门之间缺乏沟通机制，因而产生了科研项目的管理与经费管理脱节的现象，造成了管理效率不高的问题。

2. 科研经费预算不合理

目前，很大一部分科研项目申报预算不符合真实的科研经费开支，这是由多方面因素造成的。一是某些科研人员为了顺利申请科研经费，在编制预算时尽可能地按照普遍的预算比例来申报，而忽视了自身科研项目的特点，造成在具体经费开支时有些明细科目没有发生额或者很少。很多项目组在实际操作中的经费由于种种原因总是达不到预算安排，造成了未严格按照预算执行，从而不得不调整预算，出现验收受阻的局面。还有一些是尽可能地多报预算经费，而真正的项目经费开支远远达不到预算的额度，造成科研经费的巨大浪费。❷

3. 内部监督机制不完善

教育部、财政部《关于进一步加强高效科研经费管理的若干意见》中指出："从近年来审计、检查的情况看，也有少数高校科研经费管理制度不够健全，或已有的管理制度执行不严格，科研经费管理制度大多数只是注重科研立项、分配的管理；高校取得的各类科研经费，不论其资金来源，都要纳入学校管理，必须由学校财务部门统一管理、集中核算、确保科研经费不被挪用。"各高校也相应出台了科研经费管理办法，大多数高校在科研经费管理的体制上

---

❶ 张海燕. 高校科技创新团队成长性评价研究 [D]. 天津：天津大学, 2006.

❷ 吴国斌. A 高校科研经费管理研究 [D]. 成都：西南财经大学, 2010.

实行的是"项目负责制",经费的支配权归项目组所有,经费的使用由项目负责人说了算,这就会造成种种违规现象。另外,由于缺乏对科研经费应有的监控,经常出现科研项目尚未结题,科研经费已经用完,或者课题已经完成还有相当多的结余资金的现象。

4. 科研经费报销中存在普遍违规现象

当前,我国高校的科研项目经费开支不规范,违规现象严重。在具体的会计核算中存在大量的虚假经济业务,甚至有虚假票据在项目经费中列支。报销的发票中所列的明细项目与实际支出情况不符。

5. 科研经费的使用效益不高,浪费严重

科研经费开支审批实行项目负责制,由项目负责人审批本项目所需的开支计划,从而造成科研经费在使用和管理上随意性很大,资金的综合使用效率不高。由于申请到国家级项目的教师往往都是学术上比较出色的,其科研经费的来源很广,科研经费往往较多,存在钱花不出去的"幸福的烦恼"。在项目经费批准额度偏低的情况下,开支增长本来就给项目顺利实施造成一定影响,而浪费严重对有限的项目经费来说更是雪上加霜。另外,项目缺少详细、准确、完整的核算体系,收益与费用负担脱节,导致项目经费耗用不实。

6. 资产管理体制不完善

由于科研经费收支实行课题组负责制,各课题组开支各自管理,在资产管理方面缺乏统一的安排分配管理。许多课题组没有经过充分论证就购置许多大型仪器设备,并私自将其作为本项目的专用设备,造成资产重复购置。这不仅影响了高校资产的使用效率,占用了大量科研资金;而且造成了资源浪费,增加了学校的运行成本。

7. 结题结账管理不规范

科研项目预算编制不科学,随意性大,编制明细项目不够细化,平时支出弹性较大,致使高校科研经费结题后不结账的现象普遍存在。这种结题不结账是指项目已经验收评估、考核完毕,但在财务上仍有大量项目经费结余,还按在研项目的经费进行管理。这种科研经费的沉积不利于科研经费的合理使用,也不利于科研项目的管理和清理。[1]

---

[1] 闻海燕. 高等学校科研经费管理模式研究 [D]. 西安:西北农林科技大学, 2009.

3.2.6 高校科研存在问题的原因分析

1. 制度和管理的问题

（1）概念不清。科研是科学研究的简称，综观中西方对于科学研究的定义，尽管表述不尽相同，着眼方向各异，但都有一个共同之处，即认为科学研究应该是以对未知领域的探究为基本特征的创造性活动，创造和创新应该是科学研究的基本内涵，是其核心价值和灵魂所在。在如今一些高校的科研实践当中，模糊和混淆了科研与非科研的界限，会导致高校以学术的名义、用学术的手段去管理非学术问题，使得大量"不是科研的科研"充斥校园，投入巨大却鲜见有学术价值的成果。事实上，无论是将非学术作为学术来管理还是将学术当成非学术去对待，都会让高校的有关管理制度失去其适切性，要么受到管理对象的诟病与非议，要么事与愿违，徒劳无益。有些科研项目负责人指责科研经费管理制度限制太死，束缚太多，经费进来容易出去难。

（2）定位不准。巴伯在《科学与社会秩序》中指出："科学家的社会角色具有三种不同的功能：发展概念体系、培训其他人来发展概念体系，以及将概念体系用于实现各种社会目标。"❶ 巴伯提出科学家社会角色的三种功能，实际上包含着对科学活动及其作用进行分类的意味，即把科学研究分为理论研究、科学教育和应用研究。同时，巴伯还谈到了科学活动机构的分工问题，他说："在美国社会中，这些不同的功能一般是由在三种不同类型的社会组织中的科学家来执行，即大专院校、工业研究集团以及政府研究集团。大学主要执行前两种功能，即发展新的概念体系和培训科学家来发展新的概念体系。"在巴伯看来，大学与其他科学研究机构之间应该适当地合理分工。大学是科学研究的重要力量已毋庸置疑，但大学与其他科研机构应该如何合理分工，大学科研应该如何在扬长避短的前提下准确定位，很值得进行深入细致的探究。大学在科学研究中的分工与定位，包括两个层面的问题：一个是大学作为一种社会机构在科学研究中的分工与定位，即宏观上的定位；另一个是具体的不同层次类型高校在大学科学研究中的分工与定位，即微观上的定位。有些高校在科研上好大喜功，一味追逐"高、精、尖"，与科研院所的研究方向重叠，造成大量重复研究；有些高校以服务代替学术，以科研经费多少衡量科研水平高低，

---

❶ ［美］巴伯.科学与社会秩序［M］.顾昕，等，译.北京：生活·读书·新知三联书店，1991：120.

致使科研数量不菲而创新难觅，低价值抑或无价值科研泛滥成灾；还有些高校则忘记了肩负的社会责任，放弃对学术的追求，科研活动完全处于可有可无、放任自流的状态。定位不准会令高校科研失去自己的优势与特色，看似轰轰烈烈，实则碌碌无为。

（3）导向失偏。科学研究是对未知的探寻，没有现成的道路可供选择，因此，科学研究既可能成功，也可能失败。对待科学研究的态度应该是鼓励创新，同时宽容失败。宽松、宽容的学术环境是科学研究的必要条件，更是催生学者研究灵感的有机土壤。"学者"一词的英文是"scholar"，来源于希腊文"schole"，意为"休闲""闲暇"。[1] 闲暇和孤独才能创造思想，忙碌和喧嚣只会使人变得浮躁。在人心日渐浮躁的大环境下，高校自然也难以独善其身。当前，在高校的科研评价制度上，行政主导、目标管理、量化考核占据主流，体现出一种浓烈的实用主义价值取向。意图通过行政手段强力推进科研工作，快速提升学校的影响力和"显示度"，增添政绩砝码，虽情有可原，愿望良好，却有违科学研究自身的规律。在这样的科研环境下，心无旁骛，潜心研究显然是不明智的，敷衍应付、弄虚作假反倒是识时务。

（4）支持乏力。虽说科学技术是第一生产力，科学技术的发展可以为社会创造物质和精神财富，但那一定是在已经取得成果并实现成果转化之后的事情。科学研究的过程则是一种耗费，需要消耗大量的人力、物力、财力和时间。但是，我国至今尚未建立起合理的高校科研成本补偿机制，致使高校科研失去重要的经济支撑。第一，高校从财政获得的教育事业费拨款一般只以在校生人数作为拨款参数，不会考虑高校在科研方面的贡献大小及成本耗费。第二，高校的科研事业费拨款是一种竞争性拨款，即便是部属高校要获得科研事业费拨款也绝非易事，能够获得经常性科研事业费拨款的大学更是屈指可数。[2] 一方面，绝大多数高校不能获得经常性的科研事业费拨款；另一方面，高校又无一例外地从事着经常性的科学研究事业。这种财权和事权的分离，意味着绝大多数高校是在"负债"从事着科研工作，科研方面的投入越多，"负债"也就越多。第三，高校教师的科研劳动难获经济补偿。财政部和科技部颁发的《公益性行业科研专项经费管理试行办法》（财教〔2006〕219号）第

---

[1] 鲍金. "休闲"的比较词源学考察——"休闲"在先秦汉语和古希腊语中的文字表达及其反映的社会观念评析 [J]. 自然辩证法研究, 2005 (11): 88-92.

[2] 康小明. 政府对大学科研间接成本补偿机制的国际比较研究 [J]. 北京大学教育评论, 2007 (4): 156-166.

二十八条第九款明确规定科研劳务费为"在项目研究开发过程中支付给项目组成员中没有工资性收入的相关人员（如在校研究生）和项目组临时聘用人员等的劳务性费用"，这也就从政策层面剥夺了高校教师从课题经费中获得合法劳务报酬的权利。高校普遍实行"教学科研捆绑式"的工作量计算办法，表面看学校似乎承认了教师的科研劳动，但由于学校并不能从国家财政获得科研事业费拨款，学校支付给教师的科研劳动报酬其实是从教育事业费中挤占挪用出来的，高校教师科研劳动报酬的获取是以牺牲一定程度的教学劳动报酬为代价的。

2. 人的问题

（1）动机功利化。大学是研究高深学问的地方，科学研究对高校科研管理问题的现实思考是大学的基本职能。自由探索、追求真理、获得新知是学术进步的内在动力，是学术研究的源头活水，也是大学学术研究的根本目的所在。钱穆先生曾把中国的学问系统分为"人统""事统""学统"。"人统"的中心是人，"学者所以学做人也"，一切学问，主要用意在学如何做人，如何做有理想、有价值的人；"事统"即以事业为其学问系统之中心者，所谓"学以致用"；而"学统"即以学问本身为系统者，近代中国人常讲"为学问而学问"即属此系统。❶ 处于社会转型时期的我国高校，科研活动动机趋向于世俗化和功利化，追求政绩、应付考核、改善境遇、发财致富开始成为一些高校和高校教师科研活动的现实选择。大学科研动机的多元化和实用化倾向，迷失了科学研究本应该有的方向。

（2）行为无范化。科学研究是对真理的无限逼近，真理往往不是显而易见的，而是隐藏在纷繁复杂的现象后面。按照事物发展过程的本来面目去揭示事物发展过程的规律，厘清"事实"与"判断"之间的界限，❷ 是科学研究工作者包括高校教师应该遵循的基本学术准则和学术规范，这种"学术真诚"应该是学者人格的标准。遗憾的是，在名利心理的驱使下，一些高校教师违背起码的学术伦理和道德规范，捏造成果，其所谓的"成果"无关真理探求，形成一种"科研掮客"的现象。

（3）人格商品化。《孟子·滕文公下》为我们提出了一个理想人格的标准——"富贵不能淫，贫贱不能移，威武不能屈"。这种人格理想表现在高校

---

❶ 金耀基. 大学之理念 [M]. 北京：生活·读书·新知三联书店，2008.
❷ 魏臻. 我国高校科研团队建设与对策研究 [D]. 西安：西北大学，2014.

教师的学术研究上，就是要坚持学术理想，恪守学术真诚，保持对知识和真理的虔敬，不为名利所惑，不为五斗米折腰，更不曲学以阿世。当下"消费主义""金钱崇拜"成为一些人的内在价值取向，崇高学术理想受到现实物质享受的强烈冲击，高校教师不再甘心于固守清贫的书斋过一种淡泊宁静的生活。对"学术 GDP"的追逐以及急功近利的考核评价方式，更是让一些教师的人格底线摇摆不定。

3. 组织管理的问题

（1）利益多元。科研的最高追求和最大价值在于学术贡献，可是在当今高校的科研组织管理中，由于参与各方并非完全以学术作为科研的出发点和落脚点，利益冲突在所难免。对于学校来说，科研是高校评估和排名的重要指标，科研上的追赶跨越，会给高校带来极高的显示度。因此，高校领导自然会高度看重各项科研指标，至于科研管理中形形色色的问题并没有严格管理。对于高校教师而言，科研真可谓"让人欢喜让人忧"，科研既是承载自己学术理想和学术追求的神圣事业，又是自己谋职求生的一种手段，科研既能够为自己带来巨大的成就感和荣誉感，也会让自己背负极大的压力，有时候科研甚至更像是一种被逼无奈之下不得已而为之的行为。高校内部的职能部门对于科研的态度也大相径庭：对于科技部门来说，项目级别越高、经费数额越大、科研获奖越多，越能体现其工作成就；而财务部门则可能视科研为"烫手山芋"，感觉自己时常被迫在宽与严的夹缝中腾挪，似乎永远都在寻找，可怎么也找不到原则性和灵活性之间的平衡点。

（2）条块分割。当前，高校科研活动的组织管理还处于条块分割的状态，职能部门更多地从各自的部门利益出发，制定管理目标，设计管理制度，规划管理流程，部门与部门之间缺乏整体观念和系统思维，没有建立起关于科研管理的信息交流与共享平台。各个学院和从事科研的教师习惯于各自为战，单打独斗，两耳不闻窗外事，一心只为项目忙，学科壁垒森严，学术交流贫乏，学术共同体更是难以形成。

4. 相关政策机制的问题

（1）合作协同机制不完善。团队成员没有及时认识到自己在团队中的角色定位。在一个团队中的每个人都有各自的职能与位置，每个人都肩负着项目和研究的一部分内容，但是如果仍按照自己的想法办事，不仅完不成科研任务，而且与团队研究的初衷相背离，没有实现团队研究的意义。团队中各成员协同合作不仅需个人意识，还需要明确的合作机制来保障。要让团队成员意识到团队是一个整体，是各部分的整合，而并非各部分的简单组合。

（2）激励和评价机制不完备。在科学研究过程中，虽然有的高校制定了建立科技创新团队的办法和措施，也对团队的考核和管理作了规定，但是就目前来看，仍缺乏有效、多元、系统、详尽的薪酬体系及考核评价体系，成为构建科技创新团队的一大制度障碍。而有效的激励制度才能调动学者参与科研的积极性，这也是保障科研的重要手段。更进一步而言，科技创新团队形成的目的就是进行科学研究形成科研成果，但是科研成果往往是一个无形的概念，参与科研的人很多，但是成果的奖励往往只有少数人才能得到，有些成员会认为付出没有得到回报，如果在此时没有合理的评价机制，就会严重挫伤团队成员参与科研的积极性，有些人可能会离开团队，对团队的稳定性造成威胁。

（3）管理机制模糊。目前，我国大部门科技创新团队的形成与管理都是由学校、省市或国家科研机构负责，团队自身缺乏对自身的控制与组织。团队的发展是需要更高一级科研机构的指导，但是团队自身不能丧失对自己管理的权利，因为团队的发展、项目的进度、研究的方向、成果的获得等这些具体情况，都是项目负责人和其他成员最熟悉的过程，而并非行政部门或其他管理机构所能掌控的，如果这些机构对科学研究过程进行太多的干涉，在一定程度上就限制了科技创新团队的发展，也限制了科学研究的进度与成果的发现。而且由于外界的过度干预与影响，团队内部不能形成有效的文化氛围，团队成员不能将自己与团队有效结合起来，并没有真正融入团队进而开展科学研究，这样的合作是不长久也是低效的。[1]

3.3 我国科研资源配置实践

资源配置是对相对稀缺的资源在各种不同用途上加以比较而作出的选择。在社会经济发展的一定阶段，相对于人们的需求而言，资源总是表现出相对的稀缺性，从而要求人们对有限的、相对稀缺的资源进行合理配置，以便用最少的资源耗费，生产出最适用的商品和劳务，获取最佳的效益。[2] 资源作为配置的对象，其范围的宽窄直接影响配置的深度和广度。资源的有限性与人们需求无限性之间的矛盾，要求人们对各种资源在不同使用方向之间进行选择，以获

---

[1] 魏臻. 我国高校科研团队建设与对策研究［D］. 西安：西北大学，2014.
[2] 段国旭. 财政资源配置学论纲［M］. 北京：中国财政经济出版社，2006.

取最佳效益。资源配置，是经济社会活动的核心，对稀缺资源进行配置上的决策，主要基于资源配置的方式。资源配置方式，是指通过什么途径和手段实现社会经济资源的合理、优化配置，目前主要有计划配置、市场配置以及计划与市场的混合配置三种类型。

社会资源的配置是通过一定的经济机制实现的，主要有动力机制、信息机制和决策机制。动力机制，资源配置的目标是实现最佳效益，在资源配置是通过不同层次经济主体实现的条件下，实现不同经济主体的利益，就成为配置资源的动力，从而形成资源配置的动力机制。信息机制，为了选择合理配置资源的方案，需要及时、全面地获取相关的信息作为依据，而信息的收集、传递、分析和利用是通过一定的渠道和机制实现的，如信息的传递可以是横向的或者是纵向的。决策机制，资源配置的决策权可以是集中的或分散的，集中的权力体系和分散的权力体系有着不同的权力制约关系，因而形成不同的资源配置决策机制。❶

3.3.1 我国科研资源配置现状分析

改革开放前，我国主要是按照机构所属部门分配科研经费；20 世纪 80 年代后，参照发达国家先进经验，开始设立科技计划和项目，如"863"计划、"973"计划、自然科学基金等。这实际上是通过改革把过去的拨款制改成了竞争分配制，在过去二三十年中对推动我国科技进步产生了积极作用。从 2008 年开始，科技部加大对国家重点实验室的稳定支持力度，每年都有专项经费用于开放运行、自主选题研究和科研仪器设备更新等；"973"计划等计划实施周期也由 3 年调整为 5 年。未来科技部将在竞争和稳定支持之间，探索一个更加有效的方式，实现科研经费更加科学合理的分配。❷

中科院院士王志新指出：中国科研经费的主体由部委的大项目构成，而中国的科技立项，领导人会参与选择科技课题，行政人员能按自己的意愿来选择专家，部委的专家甚至会参与超越其专业范围的评审。也就是说，少数人对科技立项有实质性决定权，由此衍生的权力寻租空间就造成了科技界"大项目

---

❶ 陈庆德. 资源配置与制度变迁 [M]. 昆明：云南大学出版社，2001.
❷ 王硕. 有报必查，查实即处——万钢谈维护科研经费分配合理性 [N]. 人民政协报，2011 – 04 – 07.

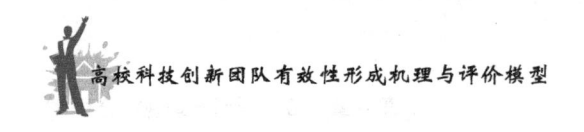

不审，中项目小审，小项目大审"的结果。❶

从理论的角度梳理，我国科研资源配置，主要采用同行评议方法。《国家中长期科技发展规划纲要（2006—2020 年）》中指出：到 2020 年，中国科技进步对经济增长的贡献率要达到 60% 以上，研发投入占 GDP 比重要提高到 2.5% 以上。伴随着科技领域投入的不断增长，如何合理、公平地配置科研资源、评价科研成果，促使科研项目有重点地发展，多出高水平的研究成果，多培养高水平研究人才，更好地服务于创新型国家的建设，成为社会各界日益关注的热点问题。同行评议作为科研项目评审中的一种评审办法被广泛运用于社会科学的规划设计、项目评议、经费资助、课题结项、成果评奖、刊物论文匿名评议、成果出版等各个环节和方面，被国内外专家公认为是目前最切实可行的方法。同行评议不仅可以促使科研管理机构的决策更加民主和科学，在同行评议中，专家评审和思考更能发现具有发展前景的学科交叉点、生长点甚至新的科研领域，使科研的发展更契合我国社会的发展要求和时代的需求。同行评议被认为是目前为止进行资源配置的一种最有效的决策手段，是科研项目评审制度的生命线。

科研经费管理的核心问题，是建立健全完善的科研经费管理模式，是国家科学技术持续稳定发展的保障。科研经费分配给了谁？为什么这样分配？给谁多？给谁少？为什么？"评价是为管理服务的，没有评价就没有管理，没有科学的评价就没有科学的管理，只有评价才能弄清情况，才能为管理决策提供依据。"❷ 科学评价与选择是一个非常重大的课题，无论是在学术界、科学界还是在政府科技管理部门，科学评价的重要性都得到了广泛的重视。❸ 科学评价是科技管理工作的重要组成部分，是推动国家科技事业持续健康发展，促进科技资源优化配置，提高科技管理水平的重要手段和保障。❹ 关键问题是竞争性科研经费怎样分配。一般竞争性科研经费，通过项目立项的方式，由中介机构和专家围绕着科技项目进行同行评议，科研经费配置进行同行评议目的是解决科技项目是否应该立项、财政应该资助多少经费等一系列核心问题。

---

❶ 和阳. 科研经费分配不改不行——专访中科院院士王志新 [J]. 商务周刊, 2010 (20)：58 - 61.

❷ 张其瑶. 没有科学评价就没有科学管理 [J]. 评价与管理, 2004 (12)：62 - 63.

❸ 田华, 郑晓齐, 聂静涛, 等. 基础研究评估中的同行评议和专家评议 [J]. 中国基础科学, 2005 (5)：47 - 50.

❹ 科技部、教育部、中国科学院、中国工程院、国家自然科学基金委员会. 关于改进科学技术评价工作的决定 [J]. 评价与管理, 2003 (7)：39 - 43.

据国家统计局、科学技术部、财政部 2014 年 10 月 22 日联合发布的《2013 年全国科技经费投入公报》，2013 年全国共投入 R&D 经费 11 846.6 亿元，比上年增加 1 548.2 亿元，增长 15%；继 2012 年我国 R&D 经费总量突破万亿大关后，衡量大国科技投入水平的最为重要指标——R&D 投入强度首次突破 2%，表明我国科技实力不断增强。

科技部部长万钢 2016 年 1 月 11 日在 2016 年全国科技工作会议上说，我国科技整体水平正在从量的增长向质的提升转变，已步入以跟踪为主转向跟踪与并跑、领跑并存的新阶段。

"我国国家创新能力排名从 2010 年的世界第 21 位有望上升至 2015 年的第 18 位。科技进步贡献率由 50.9% 有望增加到 55.1%。2015 年全社会研发支出预计达到 14 300 亿元，比 2010 年增长一倍，其中企业研发支出超过 77%。国际论文被引数从第 8 位逐年上升至第 4 位。"万钢表示，在取得成绩的同时应该看到，我国科技创新能力特别是原始创新能力还不强，科技对经济的贡献率远低于发达国家水平，特别是依靠科技投入驱动经济发展的理念还没有形成。

"R&D 经费占 GDP 比重作为衡量经济发展方式转变和创新驱动的重要指标，2015 年预计为 2.1%，没有实现'十二五'期间达到 2.2% 的目标。这表明我国整体科技投入和经济发展规模不匹配。'十三五'要实现国家中长期科技发展规划纲要（2006—2020 年）确定的 2.5% 的目标任重而道远，需要增强社会各方面的投入。"

他表示，比增加投入本身更加重要的是，使投入转化为经济发展新动能。❶

3.3.2 我国科研资源配置管理存在的问题

我国科研经费每年以 20% 速度增长，但是，并没有取得相应的突破性科技进展。是否在科研经费分配和使用中存在一些问题，使科研经费没有充分发挥应有作用，减缓了科研创新步伐，值得反思和研究。

1. 科技资源配置布局不均衡现象

作为科技创新能力建设主要环节和组成部分，科技资源配置水平，是有效运用和整合科技资源能力高低的重要体现，受科技资源配置规模、配置强度、配置结构、配置方式以及运行模式等要素影响。科技资源配置的程度，决定着

---

❶ http：mt.sohu.com/20060112/n434214807.shtml.

科技系统整体功能和效率，在很大程度上决定着科技创新能力的强弱程度。现行科技、科研资源的宏观布局上存在着严重的不均衡状态，地区之间、科研机构之间、科研人员之间都不同程度地存在分配不合理现象。经费过度集中在少数大城市、科研机构和高校、知名专家手中，致使科研经费过度集中。❶ 在发达地区知名专家抱怨最多的是目前的课题制管理模式导致其消耗了大量的时间来参与课题申请、应对检查和项目结题，还要参与大量本领域内的相关项目评审，没有时间来做研究。❷

2. 科研经费管理制度单一

目前，课题制科研经费来源可分为纵向和横向两大类。纵向科研项目经费是指国家、省、市各级政府科研管理部门按一定程序下达的科研项目经费，主要支持基础性研究、公益性研究、涉及国家安全研究、行业关键技术研究等，包括国家级、省部级和地市级三类；横向科研经费是指科研人员与企事业单位、民间组织、其他社会部门或境外联合开展研究、科技攻关、科技咨询、技术服务、技术转让等，由对方支付的用于科学研究的项目经费。横向科研项目经费来源渠道众多且分散，具体数据难以统计。❸ 随着财政制度改革和科技体制改革的不断深入，科研单位逐步实行部门预算、政府采购、国库集中支付和收支两条线管理，强化了科研经费预算管理，规范和细化了支出项目。但是，现有专项经费管理办法仍显笼统，缺乏可操作性，在执行中不易把握。课题制是基于市场经济条件下竞争性项目的科技资源配置方式，而科研经费全额预算管理完全克隆和放大了计划经济对科研经费管理的控制，试图使用一个统一规范的经费管理模式来解决不同学科、不同性质课题的经费管理和使用问题显然是不尽合理的。❹ 在国家科技的预算管理和经费支出范围上，在国家科技计划经费使用过程中，缺乏有针对性的实施细则。

3. 科研经费缺乏有效统筹

以基础研究为例，经费来源主要有自然科学基金委、中科院、科技部和教

---

❶ 薛亚玲. 课题制下科研项目经费管理的制度分析、国外经验借鉴及对策建议 [J]. 社会科学管理与评论，2011 (4)：58 - 63.

❷ 李兵，李正风，崔永华. 课题制科研经费管理存在的问题与对策 [J]. 科技导报，2011 (32)：15 - 19.

❸ 杜海娥，董晓东. 科研单位科研经费管理改革的思考 [J]. 中国国土资源经济，2009 (10)：41 - 43.

❹ 卿文洁. 加强高校科研经费管理的对策探讨 [J]. 湖南科技大学学报（社会科学版），2011 (1)：67 - 70.

育部四个渠道，其中：自然科学基金委有重大计划、重点项目、一般项目、杰出青年资助项目；中科院有重大创新项目；科技部有"863"计划、"973"计划、国家重点实验室等；教育部有"211""985"等工程。这些项目都能直接从财政部获得独立预算。此外，其他部委也可根据需要安排科研项目和经费。在缺乏有效统筹的情况下，多部门、多渠道、多头分配有限资源，导致科研经费分散使用，科研项目重复设置，造成科研人员多头申请，同一个人、同一研究内容可以从不同渠道获得经费，而同一科研成果也可以向各方面交账，助推了科研人员四处跑项目、争资金的现象，使得科研人员难以潜心研究。由于条块分割，缺乏统筹安排，容易造成不必要的浪费，使资源难以共享。❶

4. 科研资源配置不合理现象

课题制是竞争性科技资源配置方式，科研经费配置三种形式：按照科研管理部门分配，即国家有关科研管理部门上报年度科研预算，经批准后即可获得一定的科研经费支配权，部门分配往往是经费进一步分配的中间环节；按照科研单位分配，即国家直接拨付给某些科研单位的自主或半自主的科研经费，如基本科研业务费、公益性行业科研经费；按照科研项目分配，即科研单位通过申请科研项目从而获得一定资助，为主要经费分配形式，如国家科技计划经费。❷ 目前，我国科研经费分配存在诸多不合理现象，"马太效应"突出，主要表现在少数人或团队的经费过于集中。有些科研人员同时从国家、地方等不同部门获得多项重点、重大项目经费支持，而一般科研人员则很难申请到科研项目，不少青年科技人员的成长常因经费匮乏受到制约。❸ 国家实行课题制的初衷是通过课题制集中优势资源和力量进行攻关，取得科技、科研的重大进步，从而促进社会和经济的发展，但是，实行效果使这个初衷大打折扣。❹ 科研项目采取课题申报制，大部分科研经费通过竞争性分配模式下达。竞争虽然在一定程度上有利于促进科研效率的提高，但是，过分依赖竞争模式，也带来短期性、非均衡性、机会成本问题。

5. 课题项目立项和评审存在制度缺陷

我国国家科技计划在项目的评审过程中，无论项目大小都要经历极为复杂

---

❶ 高玮，傅荣. 政府科研经费管理与效益研究 [J]. 江西社会科学, 2009 (5): 214-217.
❷ 宋永杰. 科研项目全过程管理的思考 [J]. 中国科技论坛, 2008 (7): 16-20.
❸ 沈凌. 基于本体的知识团队有效性形成机理及评价研究 [D]. 武汉: 武汉理工大学, 2009.
❹ 薛亚玲. 课题制下科研项目经费管理的制度分析、国外经验借鉴及对策建议 [J]. 社会科学管理与评论, 2011 (4): 58-63.

的评审和论证程序。在实际的操作过程中，科技部门难以全面照顾到所有的项目而使大多数项目的考核和评审流于形式，徒增科研人员和管理部门的工作，造成课题组穷于应付、管理部门疲于奔命。与之相对应，在确定大项目时，往往会出现应投入的论证和评审相对不足，造成事实上由相关领导"拍脑门"决定项目的不合理现象。❶

6. 经费预算缺乏科学性

长期以来，我国科研项目预算不能全面地反映科研活动的全部支出，经费预算规定的支出条款与完成项目实际支出内容不能完全相符。科研经费管理部门在确定科研项目经费预算时，总是认为承担研究工作的科研单位获得了部分财政拨款（如人员费等），因此主管部门再拨科研经费时，就不再全成本拨款了，随着科研单位职工工资水平的不断提高和维持单位运行的公用经费的不断增长，以及离退休人员的增多，造成了科研单位经费严重不足。❷ 不同于美国80%以上的科研经费花在"人"身上，我国的科研经费大多数投到"物"上面去了。我们是二流、三流的人才用一流的设备做科研，但科技竞争靠的是"人"不是"物"。我们从来就没有认真考虑培养一个博士生需要多少成本的问题。❸ 科研人员的劳动投入得不到承认，科研经费的人员相关费用的预算比例过低。❹

预算编制不合理。申请项目部门在编制预算时，绩效意识淡薄，主要是凭经验估计，与财务部门沟通不够，不能很好地利用财务信息编制预算，导致预算编制的不合理。由于各课题所研究的领域不同，每个科研项目都有其特殊性，科研项目的不可预见性及复杂性，要编制准确、可行的项目预算，难度非常大。❺

7. 项目管理与经费管理脱节

科研管理部门和财务部门是两个相对独立的部门，项目管理与经费管理各

---

❶ 李兵，李正风，崔永华. 课题制科研经费管理存在的问题与对策 [J]. 科技导报，2011 (32)：15 - 19.

❷ 杜海娥，董晓东. 科研单位科研经费管理改革的思考 [J]. 中国国土资源经济，2009 (10)：41 - 43.

❸ 和阳. 科研经费分配不改不行——专访中科院院士王志新 [J]. 商务周刊，2010 (20)：58 - 61.

❹ 科技部、教育部、中国科学院、中国工程院、国家自然科学基金委员会. 关于改进科学技术评价工作的决定 [J]. 评价与管理，2003 (7)：39 - 43.

❺ 刘娟娟. 地方性综合大学科研经费管理现状及对策研究 [J]. 技术与创新管理，2011 (4)：328 - 331.

自为政，职能划分明确，科研管理与经费管理相脱节。科研管理部门只重视争取项目，对于经费使用的合理性和有效性却认为不在职权范围内；财务部门由于对科研管理、经费管理相关规定不熟悉，他们只能判断经费使用是否符合财务规定，无法判断使用是否合理。课题组认为，项目由课题组和科研管理部门共同争取，科研经费收取管理费后就应属于课题组所有，只要符合财务规定，课题组就有权对经费进行支配。这种情况就造成了科研经费在使用的过程中缺乏有效的控制，因此出现了有些课题科研经费的使用并不全部用于科研项目中。❶

8. 科研经费重复购置固定资产

我国科研经费大多数都投到"物"上，由于科研和设备管理部门没有联动机制，科研经费的开支审批一般实行课题组负责制，即科研经费到款后，管理部门扣除一定比例的管理费，对剩余经费的使用则均由课题组决定。使用科研经费购置的固定资产在购置时虽已登记入账，但事实上课题组添置的各类固定资产归各课题组支配，科研图书、仪器设备大都由课题负责人保管、使用，科研项目结题后无人要求上交和统一归口管理，设备私有化、科研固定资产流失严重。有些设备长期闲置，科研设备重复购买率相当高。难以做到固定资产合理配置与资源共享的问题给国家造成了不必要的经济损失和浪费。❷

3.3.3 我国科研资源配置管理机制优化

科研经费管理是科研管理中的核心问题，建立健全完善的科研经费管理模式是国家科学技术持续稳定发展的保障。完善财政资源配置，体现为横向与纵向的制度安排。在财政实际工作中，前者主要是指本级政府提供公共物品的情况，后者则主要是指财政资源在各级政府间的安排。市场经济条件下，财政资源配置主要目的是为社会提供公共产品和公共服务，以充分保证国家机器正常运转，保障国家安全，维护社会秩序，实现经济社会的协调发展。因而作为政府这只"有形之手"的物质载体，财政资源配置不仅是社会公共产品的资源配置者，而且是全部社会资源配置（包括运用财政政策调节或影响市场资源配置）的调节者。❸

根据科研活动规律、科技工作特点和财政预算管理要求，继续优化财政科

---

❶❷ 薛亚玲. 课题制下科研项目经费管理的制度分析、国外经验借鉴及对策建议［J］. 社会科学管理与评论，2011（4）：58－63.

❸ 段国旭. 财政资源配置学论纲［M］. 北京：中国财政经济出版社，2006.

技投入结构。一是完善竞争性经费和稳定支持相协调的投入机制。在继续加大对国家科技计划等支持力度的同时，进一步加大对高水平创新团队、公益性科研院所和行业、国家实验室等的支持力度，改善科技基础条件，为科研人员潜心研究创造良好环境。二是努力使基础研究、应用研究、试验发展经费保持适当比例。加大对基础研究的投入力度，为科技创新提供源头动力，保证我国原始创新力提升和科技可持续发展的需要。❶ 总之，财政资源配置职能，通过财政收支活动直接配置部分社会资源以及对整个社会资源配置的导向作用。

完善科技资源配置制度。研究表明，制度或制度设计是影响市场效率和生产力发展水平的重要因素之一。制度不仅是影响科技资源配置方式的重要变量，而且是决定科技资源配置效率的关键因素。新制度经济学，不仅拓展了经济学研究领域，也使得制度本身成为研究各类经济问题的重要因素。在科技领域，制度不仅影响了科技资源配置方式，而且从根本上决定了科技资源配置效率乃至创新型国家建设的进程。❷ 完善科技资源配置，一是建立多元化、多渠道的科技投入体系，全社会研究开发投入占国内生产总值的比例逐年提高，使科技投入水平同进入创新型国家行列的要求相适应。二是各级政府把科技投入作为预算保障的重点，体现法定增长的要求，财政科技投入增幅明显高于财政经常性收入增幅。三是对《国家中长期科学和技术发展规划纲要（2006—2020年）》确定的重大专项，组织专家进行同行评议，从技术、经济等全面可行性论证，统筹落实专项经费，以专项计划的形式逐项启动实施。四是财政科技投入重点支持基础研究、社会公益研究和前沿技术研究。优化政府科技计划体系，重点解决国家、行业和区域经济社会发展中重大科技问题。五是创新投入机制，整合政府资金，激励组织开展技术创新和对引进先进技术消化吸收与再创新。引导和支持大型骨干组织开展战略性关键技术和重大装备研究开发，建立具有国际先进水平技术创新平台。六是创新财政科技投入管理机制，建立财政科技经费的绩效评价体系和规范的监管制度，使财政科技投入效益最大化。

完善科研经费分配体制。一是健全科研经费管理体系。以科学发展为主题，以加快转变经济发展方式为主线，坚持把科技进步和创新作为加快转变经济发展方式的重要支撑，财政部门要为发挥科技支撑引领作用服务。实现三个

---

❶ 张少春. 发挥财政职能支持科技创新 [N]. 科技日报, 2011-08-23.
❷ 吴家喜, 彭洁. 中国科技资源配置的制度变迁分析 [J]. 中国科技资源导刊, 2010 (4): 49-54.

转变：从对"物"的支持到更加注重对"人"的支持转变；从单纯支持单个单位或项目到更加注重支持科技资源优化配置、集成共享的转变；从单纯增加投入到更加注重对投入的科学化、精细化管理的转变。完善政策和管理设计，规范制度和制定科学标准，促进投入和管理水平上新台阶。二是健全经费管理制度。完善预算管理工作机制，对于能够规范、统一普遍适用的管理规定、管理流程予以制度化；创新经费管理，探索实行后期补助财政支持方式和实现产学研用有效结合、面向结果的财政支持途径。加强后期资助，科研管理部门待到科研项目结题时，根据成果鉴定等级不同给予不同数目的经费资助及奖励；完善职责明确、分工合理、运行高效的管理体制。三是完善公开透明的科研经费分配制度。调整科研经费资源配置，体现增长的要求，健全科研经费管理办法。四是完善课题经费预算管理制度。在市场机制为基础竞争性科技资源配置方式下，适度放宽各支出科目限制，加大人员费、管理费等间接费用比例。调整竞争性经费和保障性经费比例，采取非竞争或有限竞争的方式，提高分配效率。

1. 完善科研经费管理协调机制

一是强化科技资源配置的统筹协调机制。提高科研经费配置效率和管理水平，加强顶层设计和合理布局，强化中央与地方之间以及部门之间的沟通，推进基地、项目、人才的统筹协调。强化国家宏观层面的统筹规划，尤其是国家目标项目、重大科技项目的协商。二是强化科研项目经费预算审核。完善科学、合理、可操作的预算准则，保证预算审核准确有效，提高财政资金使用的规范性、安全性和有效性。三是强化财政科技经费预算绩效评价体系，健全相应评估和监督管理机制。结合科研项目的年度检查和中期评估进行，重点关注内控制度的合理性和有效性、数据的真实性、支出与概算的相符性。

2. 完善科研经费决策会商机制

一是完善多元化科技投入机制。通过政策激励和资金引导等方式，有效鼓励地方政府加大科技投入。加快自主创新政策落实，有效激励组织增加研发投入。二是完善科研经费评审机制。引入外部评估，课题评审委托以学术共同体为主体的社会中介组织进行，引导科研方向。规范同行评审系统，制定出台《科研同行评审条例》引入规避利益冲突原则，提高匿名评审比重。三是设立科技规划、协调、评审监管机构。协调政府部门所有科研规划，避免低水平重复投资；负责对同行评审的争议，具有最终裁决权。

3. 完善科研经费效益评估制度

一是建立定期经费使用评估与反馈调整机制，加强对项目经费实施过程的监控，注重对项目研究及产生成果的跟踪，提高项目管理水平和资金使用效益。二是完善政府科技资源配置绩效评价管理。要扩大绩效评价的范围，建立绩效评价项目库，把所有的科研项目纳入其中；要延伸绩效评价的环节，从事后评价扩展到事前评价、事中评价，在项目申报时，就要设立绩效评价指标体系和绩效目标，并作为项目评审的一项重要内容；从资金安排、使用到结题验收都要进行绩效评价，并将结果作为以后年度配置科研项目经费的重要依据。三是完善政务公开制度，主动保障群众的知情权、参与权、表达权、监督权，不断完善科学合理的科技资源配置机制。

4. 完善科研经费购置固定资产的管理

一是加强对科研设备的统一管理。加强对科研经费中设备购置的监督和管理，从财务上防止设备重复购置和闲置浪费。二是加强对科研成果形成无形资产的管理。对科研成果形成的专利权、版权等无形资产，应纳入单位财务管理体制，做好财务核算和记录，才能为无形资产的对外使用提供充分、合理的作价依据。三是加强科研购置设备的资产清查。凡使用科研经费购置的固定资产，均属于国有资产，必须纳入单位统一管理，结题后应上交单位保管。固定资产报废处置时应按规定的审批权限报批，经批准后才能处置。

3.4 高校科研管理发展路径优化

3.4.1 加强资源配置管理

我国高校一方面存在着科研资源短缺的状况，另一方面又存在着科研资源未被很好地利用，造成很大浪费的现象。同时还存在着科技资源配置的不同院系之间的明显分割，不同学科、产学研之间的分隔，这些严重制约了全校整体科技创新活动的统筹协调，造成了严重的资源浪费和低水平重复建设，制约着科研管理效率，限制了高校的整体创新和科研实力。

因此，要解决高校的科研管理问题，首先要从分析高校资源配置的链条出发。教育资源的分配主要由政府根据各种项目和工程下拨，在我国教育资源有限的情况下，这种模式极大地破坏了教育公平，高校只有拿到项目才能获得经费，能得到多少资源也是政府说了算，因此很多部门千方百计地编造各种各样的计划争取财政拨款,通过各种途径争项目、争工程。因此,亟须解决两大问题:一是如何确保政府对教育资源的投入量;二是如何确保政府在教育投入中的公平性与合理性。从教育主管部门到大学再到院系的资源配置过程表明,当前我国政府控制学术资源,政府权力主导大学内外部资源配置,导致大学自主使用经费的权力不足。因此,在无法摆脱政府资源支持的前提下,高校面临如何保证在获得政府资助的同时,拥有对资源配置和内部决策的自主权的问题。

高校内部资源配置模式改革的关键是要解决两个问题:一是改变当前研究者从属于行政部门的状况,这就需要改革高校的组织结构,突出研究人员的核心地位和行政人员的服务职能;二是重新改造资源在高校内部的流动路线,重新安排各个资源流动节点上的决策者,让懂得学术规律的学术权力来作决定,理想的资源配置方式是资源仅经过一个节点就到达研究者手中。[1]

由上文可知,高校科研管理行政化之所以会阻碍科学研究活动的开展,关键是由行政权力和学术权力的界定与分工不合理造成的,特别是在学术资源的配置链条上,行政权力越权行使本该由学术权力决策的事务。因此,改革高校科研管理体制应从改革资源配置模式出发,改革的最终目的应是建立行政权力和学术权力良性互动的机制。下面提出四条改革资源配置模式的建议。

1. 国家通过法律手段确保和规范对教育的投入

为了切实体现教育发展的优先地位,国家将教育投入占 GDP 4% 的决定写入法律后,规定无条件地将经费按时足额拨付有关教育主管部门,改变目前各教育主管部门靠项目和工程二次争取财政拨款的现象,从根本上推动教育主管部门进行科学规范配置教育资源的改革。

2. 高校应在明确分类和定位的基础上获得学术资源

各大学应获得多少政府拨款,应以大学的类型、定位、学术水平和规模为依据,不同类型的大学采用不同的拨款模式和评估机制。对于研究型大学,科研经费一般由政府提供。[2] 对于教学型大学和地方性大学,政府应部分支持大学的运行费用,开放社会资本投资大学的建设,并激发各地省级政府举办地方性大学的积极性。当然,对这两类大学的拨款应采取新的拨款模式,不能照搬研究经费的分配方式。

---

[1] 张晓军,席酉民. 我国高校科研管理的问题与改革建议——基于资源配置的视角 [J]. 科学学与科学技术管理,2011(7):58-63.

[2] 席酉民,张晓军,李怀祖. 通过大学结构调整来促进高等教育公平 [J]. 科学学与科学技术管理,2010(2):105-109.

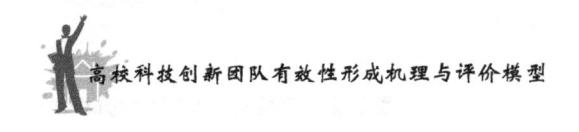

3. 改革教育部门向研究型大学的拨款方式

可借鉴英国大学拨款委员会的模式，来维护政府和高校双方的利益，建立能平衡行政权力和学术权力的拨款机构。曾有人大代表建言成立大学理事会来履行这一职责，加强高校学术自主权，值得采纳。另外，政府应积极倡导社会力量办学，建立规范有序的社会力量参与教育投资体制和机制。

4. 加强学术权力在高校内部资源分配中的决策权

改革的目标是保证学术权力对资源配置的决策权，缩短资源在大学内部的流动路线，缩减可能的负面因素干扰空间。首先，学校资源的分配应将领导的预算和专家教授的分配决策相结合，以研究团队为分配的最小单位；学术权力对研究者个人学术能力的评价应注重长期性、实质性。其次，通过大学结构的扁平化和网络化变革，释放研究者的能力和活力，强调行政人员的服务职能。

3.4.2 构建激励机制

1. 构建高校科技创新团队激励机制的原则

激励机制是通过一套理性化的制度体系以及它们所发挥的作用来实现的，在高校的科技创新团队管理中引入激励机制，有利于调动科研人员的积极性，更好地促进科技创新团队建设和科技创新。

（1）坚持以人为本，尊重个性的原则。"以人为本"，既是科学发展观的核心，也是我们开展各项工作必须坚持的原则，它体现了对人的尊重和对人权的维护。高校科技创新团队激励机制建设也应该坚持"以人为本"的原则，应该符合学校最广大教师科研人员的根本利益，并为广大教师和科研工作者所拥护和接受。激励的目的是调动绝大多数教师和科研工作者的学习和工作积极性，以期改善教育教学、科研等工作的质量，加速实现教学和科研目标。因此，高校科技创新团队激励机制既要对科技创新团队进行群体激励，又要尊重成员的个性，对教师进行个体激励，从而调动绝大多数教师参与科研的积极性。

（2）物质激励与精神激励相结合，重视精神激励原则。美国心理学家亚伯拉罕·马斯洛于1943年在《人类激励理论》一文中提出了"需求层次理论"，认为"人的需求分成生理需求、安全需求、社交需求、尊重需求和自我实现需求五类，依次由较低层次到较高层次排列"。根据马斯洛的需求理论，物质激励属于满足人的生理需求，属于最低层次的，却是最基本的一种需要。物质激励主要通过物质刺激的手段，包括工资、奖金、津贴等，激励、激发科技创新团队成员的主观能动性、工作积极性和创造性，优化生存和发展的环境，调动团队成员的工作潜能。因此，高校科技创新团队激励机制构建应坚持物质激励与精神激励相结合的原则，重视精神激励，让创新团队的内在潜力得到充分挖掘与发挥。

（3）科技创新团队激励与成员激励相结合，注重团队激励原则。高校科技创新团队是根据科研攻关内容和学校科研发展的需要而建立的科研团体。建立高校科技创新团队激励机制，需要坚持团队激励和成员激励相结合的原则，在实施激励中既要激励团队，又要尊重个性，激励团队成员，从而使每个成员全身心地投入到团队及科研工作中去。注重团队激励和成员激励相结合，培养创新团队的团队精神和合作能力，是高校科技创新团队持续快速发展的必然要求。因此，高校科技创新团队应把团队激励与成员激励相有机结合，从整体上设计出既达到团队激励又达到成员激励的目的，只有这样才能造就一支高质量、高素质、高标准的高校科技创新团队。

2. *构建高校科技创新团队管理的制度体系*

高校科技创新团队是高校教育工作中的一支重要力量，如何构建科学高效的科技创新团队管理体系，调动科技创新团队以及成员的积极性、主动性和创造性，以促进高校科技创新团队不断提高科研创新能力，是目前高校科技创新团队管理面临的重大课题。因此，提高科技创新团队管理的素质及管理能力，构建适合高校科技创新团队特点的、能产生有效激励机制的制度体系势在必行。

（1）建立合理的高校科技创新团队薪酬分配制度。组织管理激励理论认为，合理的薪酬分配是激励机制的重要组成部分，它在决定工作满意度、激发高校科技创新团队工作动机、增强团队精神等方面同样起着重要作用。薪酬分配体系是否合理，关系到高校科技创新团队管理的成败。要使师生在科研中取得较好成绩，首先，要进行动机激励，要激励、激发人的行为动机。其次，当经过努力取得成绩时，给予恰当的评价并予以报酬，实施对人的物质激励。最后，报酬的公平与否会影响人的满意度，满意度高则会成为新的激励，满意度低则会影响工作的积极性。美国心理学家约翰·斯塔希·亚当斯的公平理论认为："公平是薪酬制度有效发挥其激励作用的基础，只有当人们认为奖励是公平的，才会产生满意，激发动机。"因此，把激励理论运用到高校科技创新团队薪酬分配体系建设中，建立既具有外部竞争性又具有内部公平性的薪酬分配体系，对于激发团队潜力起着十分重要的作用。

（2）建立合理的高校管理团队的培训制度。随着经济社会的发展、科技水平的提高及知识国际化程度的加深，知识更新日益加快。因此，高校必须拿出专门的基金用于科技创新团队的培训和再深造，形成校内校外相结合的培训体系，加强对科技创新团队的培训，提供机会让科技创新团队成员不断提高自己的水平，紧跟科技发展的新潮流。一是通过邀请海内外知名的学者专家来校举办讲座、报告会，为科技创新团队成员提供与专家学者交流学习的平台。二是派出科技创新团队成员参加国内外的学术研讨会、交流会，增强对外交流，及时了解本学科最新发展动态。三是为科技创新团队成员积极争取出国或者到高水平大学深造的机会，提高成员的学历层次和知识水平。因此，建设一支高素质的科技创新团队，必须建立合理的高校科技创新团队的培训体系，加大进修培训的力度，增加出国考察学习的机会，开拓国际视野，提高科技创新团队的水平。

（3）建立合理的高校团队竞争制度。在高校科技创新团队管理中，合理的竞争同样是一种激励，没有竞争，团队就没有活力，将会丧失生机。科技创新团队及成员只有增强竞争意识才能发挥出最大的潜能，进而可以认识不足，及时弥补。对高校来讲，可以达到优胜劣汰的效果，完善科技创新团队管理。因此，在高校科技创新团队管理中引入竞争机制，建立合理的竞争体系，有利于打破平均主义，进而激励先进，鞭策后进，建立一支素质高、业务精湛、竞争力强、职业道德高尚、做事踏实的科技创新团队。从高校的实际出发，针对不同层次的科技创新团队，要采取合适的激励措施，为开展合理竞争提供一种宽松、公平、和谐的工作氛围，提供一个有利于各种人才成长、进步的工作平台。

3.4.3 完善信息支撑平台建设

信息化管理平台就是充分利用大数据手段为科技研究提供全流程的管理和服务。大数据是指在一定时间内对信息、知识等方面的内容进行抓取、管理和处理的数据集合。如何建立科学、高效的科研管理模式，利用大数据技术为高校科研评估提供数据支持、提升项目立项决策的合理性、为科研人员提供深层次服务以及优化科研资源配置，保障高校科研事业健康、快速的发展，已经成为当前高校科研管理体制改革的一项重要内容，大数据技术在这一领域具有广阔的应用前景。

1. 大数据技术的应用前景

(1) 为高校科研评估提供数据支持。科研评估是现代科研管理的一种重要手段，科研资源的合理有效分配、利用和管理，以及科研项目和科研机构全面客观的评价等各个方面都对科学研究的绩效评估提出了新的要求。在当前科研数量呈几何式增长的情况下，多数科研管理部门所使用的传统的数据分析和统计方法，由于受到人力、物力及财力的限制，原始数据背后隐藏的深层次知识无法被有效采集、分析和使用。利用大数据技术可以综合处理分析内部、外部以及网络数据资料：从学校科研管理部门获得研究项目的类别和数量；从内部数据库得到人员、经费、设备等信息；从网络数据库中获得论文、专利的数量和质量信息；结合往年项目成果报表中获奖、专利成果转让情况，最终综合集成各类数据。通过建立综合数据评估模型整合各类指标，为科研评估的专家提供数据支持，最终得出科学合理的评估结果。

(2) 提升项目立项决策的科学性。项目立项决策是指在科技活动实施前对实施该项活动的必要性、可行性及其定位、目标、任务、投入、组织管理等所进行的评价，主要是为项目立项提供依据。目前，虽然各级科研管理部门的数据管理系统涵盖了大部分日常工作需要的数据，但是，将原始数据录入管理系统或从管理系统中提取出原始数据的流程只是在传统管理模式上的一个信息化过程，基本没有任何的辅助决策功能。如何利用已有的内部、外部原始数据进行数据分析和挖掘工作，减少科研项目立项工作中存在的一些重复性、经费安排不合理、项目负责人不称职等因素，以此指导科研项目立项，促进科技资源优化配置，提高科技经费的使用效益，促进公平竞争，这是一项重大的研究课题。随着大数据概念的引入，从筛选项目角度讲，可以利用大数据技术，对项目的研究领域、预期成果，通过与外部文献库进行结合分析的方法检验课题的科学性、创新性，判断出该项目立项的必要性；从筛选申请者角度讲，可以将申请者所涉及的各项因素进行多数据的联合查询和分析，发现并建立科学的指标体系和筛选方法，最终得到候选人名单，从而达到提升项目立项决策科学性的目的。

(3) 为教师科研活动提供深层次服务。大数据技术除了可以在宏观层面为学校领导进行决策提供较为翔实的数据支持之外，利用大数据技术建立模型和文本报告等，还可以对广大教师开展科研工作发挥很强的指导作用。以往，科研人员只能通过自身了解或者往年申报情况对对方单位的需求进行分析，由于个人收集的信息不够全面和准确，以及信息传递的滞后性等问题，容易出现研究目标偏离实际需求的问题，申报结果往往不够理想。而随着大数据技术的普及，通过对大型数据仓库进行有效的挖掘，可以对相关单位所关注的关键技术、重点领域和发展方向进行分析和预测，指导科研人员开展研究工作，达到为科研人员提供深层次服务的目的。

（4）优化科研资源配置。一方面是科研资源短缺，另一方面则是科研资源未被有效利用和合理分配，这两个问题几乎已经成为当前我国高校科研管理中存在的普遍问题。而这些问题极大地制约了学校整体科研活动的统筹发展，造成了严重的资源浪费和低水平重复利用，降低了科研工作的效率。大数据技术对于科研资源优化配置模式可分为三个步骤。首先，应对数据进行采集和筛选，建立不同种类的数据库，例如，人员库、成果库、设备库等；其次，应建立适合本校的科学发展的评判模型，包括各类科研资源、科研成果的计算参数和规则库；最后，应以定量化绩效考核为基础的资源配置工具和决策支持管理工具，以此通过大数据技术完成对学校科研资源的优化配置。[1]

2. 提升大数据技术的应用水平

为了保证高校能够良好地应用大数据技术，应当注意以下几点。

（1）加强数据采集基础建设。数据采集及分析的基础建设一直是高校信息化进程中的重点。一方面要能够采集内容丰富、种类明确而又有意义的数据，另一方面则要具备提供数据挖掘和数据分析的功能。因此，在大数据背景下，若想提升科研管理水平，完善的信息化是必需的。高校应当采用先进、稳定的技术确保数据的快速传输与储存，选择合适的综合布线技术和设备，为数据存储提供良好的基础设施。

（2）加强科研管理团队建设。即使在大数据背景下，有了信息化设备及技术的帮助，科研管理的具体细节最终是由科研管理人员来操作的，加强科研管理团队建设是提高高校科研管理水平的根本。为了更好地利用大数据技术，提升科研管理水平与效率，科研管理人员应当具备收集数据、分析数据和解析数据的能力。《大数据时代》的作者迈尔-舍恩伯格认为，大数据时代对数据的解读，应当寻找变量之间的相关关系，而不是因果关系。人们很容易通过数据得出"发生了什么"，却往往忽略了"为什么发生"以及"我们今后应当做什么"。科研管理人员应当利用大数据技术深度挖掘原始数据背后具有启示意

---

[1] 许哲军，付尧. 大数据环境下的高校科研管理信息化探索［J］. 技术与创新管理，2014（2）：112-115.

义的信息，为管理层做出科学、合理的决策提供依据。

（3）转变科研管理理念。在大数据时代下，各行业的服务意识必将加强，传统的科研管理理念无法保证高校科研事业的健康发展，这就需要我们有所改变。首先，在大数据趋势下，信息挖掘要前移，要从数据中来分析社会、国家的需求，使得科研目标更有价值、更有针对性。其次，在大数据趋势下，服务要前移，不能像过去那样等着科研人员来要数据、要结果，而是应该充分利用数据并且对数据进行分析、挖掘，掌握科研人员可能需要哪些数据或者结论，把服务工作前移。❶

（4）积极推进数据共享工作。当前科学研究的一个重要特点是多学科交叉程度高，并且越来越依赖于数据。科学研究的本身就是科学数据的产生过程，一些科学数据就是极其重要的研究成果。科研数据资源既是研究的成果与积累，又是支持更为复杂的创新研究所不可或缺的资源存量。在大数据时代，科研数据量激增，科学研究越来越依赖于系统的、高可信度的基础科学数据分析。因此，科研管理人员应针对大数据技术体量大、数据来源丰富、数据更新速度快等特点，积极推进科研数据高效、准确地共享和利用，进而提升科研管理的水平。

---

❶ 黄南霞. 大数据环境下的网络协同创新体系研究［D］. 武汉：华中师范大学，2014.

第4章　高校科技创新团队有效性形成机理

就现阶段我国的经济和社会发展水平而言，人才是经济社会发展的重要推动力量。我国已经进入全面建设小康社会的新时期，对人才的需求与日俱增。高等学校肩负着培养人才和"科教兴国、人才强国"的历史使命，自身必须拥有一支德才兼备的人才队伍，而团队被证明能增强人才队伍的凝聚力，因此，高校科技创新团队的建设与成长是高校管理工作的重中之重。教育部颁布了《关于充分发挥高等学校科技创新作用的若干意见》并出台《长江学者和创新团队发展计划》之后，各高校纷纷开展创新团队的建设与研究工作。多数高校科技创新团队还处于建设的初期阶段，将要经历从组建到成长、成熟到可持续发展的过程。也有一些团队，由于各种原因无法完成自身的使命，经过淘汰可能会走向衰退或解体。因此，如何使高校所组建的创新团队能够走向可持续发展道路是各个高校很重视的问题。[1]

一方面，随着时代的发展，在科技资源的竞争过程中，临时组成的课题组或者团队时常因组织的松散而难以继续深入合作，这已经成为有碍高校科技竞争能力和创新能力提高的重要原因。另一方面，大学科研基层组织单位的学院制教研组在以往专业性、单科性研究方面发挥了重要作用，但是面对如今越来越需要跨学科解决的复杂问题，已显得力不从心，满足不了时代的需求，不经筹划而随意组建的团队可能会加重学校管理的负担，甚至扰乱宏观科研管理效能的有效发挥。因此，在充分利用高校发展跨学科方面优势的基础上，根据科学发展需要和社会需求，结合科研任务和项目，建立一部分跨院系、跨部门的科技创新团队显得尤其重要。

---

[1] 张海燕. 高校科技创新团队成长性评价研究 [D]. 天津：天津大学, 2006.

4.1 高校科技创新团队的组建

4.1.1 高校科技创新团队组建的程序

团队从无到有是成长的第一步。团队的形成通常有两种类型：一种是某个人已经拥有一个很有价值的思想或概念，这种想法或概念可能对组织的未来发展有益，接着，他就去开始组建所需的团队；另一种状况是已经拥有团队，这些团队成员聚在一起讨论思考，形成思想，为实现或证明该思想而组建团队。无论是先有概念再有团队还是先有团队再有概念，均可以以人际吸引理论来解释团队的形成过程。吸引可以看成是报酬和成本的交换。人们会被有相似信念及兴趣、拥有特别能力、有令人推崇的特质、令人喜欢的人所吸引。先有团队再有概念是因为团队成员有共同的爱好、兴趣等吸引点。先有概念再有团队表示团队成员因为彼此不同的专业能力而互相吸引，而这些能力是完成科研任务所需要的，甚至管理技巧、决策风格、经验和资金都可以成为组建团队的吸引条件。科技创新团队以人为主体，是人、财、物等多种要素的集合体，无论是上述哪种形成方式，科技创新团队的聚积过程都是各种要素的汇聚过程。在此汇聚过程中，一般存在两种力的作用。一是外部压力，如科研领域的竞争、社会的科技需求等，这些压力是团队成长的外在动力，团队需要分析种种外部力量，寻找适合自身成长的机会；为了充分利用本校优势，需要由行政领导指导团队的建设。二是内部吸引力，如前所述，情趣、价值取向、领袖人物的魅力等人际吸引因子是团队成长的内因。在科技创新团队的聚集过程中，这两种力的大小会随着情况的变化而变化，比较极端的情况是团队的聚集力量完全来自外部压力或吸引因子引力。前者形成的科技创新团队，称为理性的行政导向型，也可称为他组织型；后者形成的科技创新团队，可称为感性的兴趣导向型，也可称为自组织型。作为科技创新团队，无论是自组织型还是他组织型，成员与团队之间的选择都是双向的，但从团队的构建角度来看，最为重要的不是个人的选择，而是团队的选择。

一个能够持续发展的科技创新团队，在组建后，第二步就应当制定面向未来的科学的选择机制。基于科技创新团队的创新功能、选择机制，必然要根据研究的问题，考虑组织的知识结构；根据知识结构，确定所选人员的学科和专业背景；同时从可持续发展的角度看，还应率先确定组织的研究领域，根据领域定问题、定目标、定任务。基于科技创新团队的组织功能,应明确组织的发展愿景,选择价值观接近、个性特征相融的人员成为组织成员,在选择机制的基础上,根据发展需要确定组织的文化和制度。众所周知,国家创新体系核心结构是科学技术的生产者、使用者和扩散者。无论是在国家层面还是高校层面,其科技创新体系建设最为重要的是人力资源的开发,行政导向型科技创新团队组建成功的关键在于团队领导者或者团队负责人的选择。尽管目前许多高校已具备较强的创新团队建设意识,在实践过程中也积累了一定的宝贵经验,但还存在各种各样的问题。[1]

4.1.2 组建高校科技创新团队的具体措施

1. 构建团队成员的有效选择机制

(1) 团队成员的选择是建立优秀团队的关键。挑选团队成员要解决的主要问题是,成员的技能是否满足完成科研任务的需要。在团队工作方式下,决定组织整体绩效的关键是成员整体素质和积极性。整体的高素质既来自单个成员的高素质,又来自成员之间的素质互补;整体的高积极性既来自每个人的激励,又来自团队成员之间的融洽协调:实质上就是团队文化的整合。因此,只有单打独斗型的"工作高手"并不能保证团队的高绩效。在选择团队成员的时候,不仅要重视可测量的硬素质,如专业技术水平,更要重视难以直接测量的软素质,如沟通技能、合作精神;既要考虑成员的自身素质、个性结构,又要考虑与其他成员素质和个性的互补,以形成良好的整体素质结构;既要重视素质的适合与否,又要重视文化的适合与否。[2]

(2) 进行团队异质性的测度。团队的异质性是指团队成员在年龄、能力、知识等方面的差异。团队的异质性是客观存在的。尤其随着经济的迅速发展,组织日益需要综合性的、能够跨越众多知识领域的团队,使团队异质性特征凸显。一些学者的研究表明团队异质性有利于拓宽团队的视野,识别出更多的成长机会,从而提升团队解决问题的整体能力;异质性团队更适合处理非结构化、创造性的问题。团队异质性越高,创新导向就越明显。[3] 衡量团队异质性的指标与团队所承担的任务具有较高相关程度。团队成员经历就是其中一个。

---

[1] 张海燕,王江,李鑫,等.人才学视角下的高校科研团队成长机制研究[J].西南交通大学学报(社会科学版),2007(1):20-26.

[2] 黄南霞.大数据环境下的网络协同创新体系研究[D].武汉:华中师范大学,2014.

[3] 张海燕.高校科技创新团队成长性评价研究[D].天津:天津大学,2006.

经历多样性可以通过团队成员在决策中不同的认知模式构成体现出来，对团队异质性（HFT）的测度，可以采用文献中普遍使用的 Heifindahl 指数：团队人员职业经历（E）可以划分为学术研究型（i=1），教学型（i=2），实验型（i=3），教学科研型（i=4）和其他型（i=5）；Pi 是指具有 i 种经历成员占团队全体成员的比例。H 值反映了团队异质性水平。数值介于 0 至 1 之间。H 越接近 1，团队异质性就越高；反之则越低。

2. 构建恰当的团队绩效评价指标体系

进行适当的团队绩效评价能够促进高效团队的建设进程。评价过程中应将"只重个人绩效考核"转变为个人与团体并重，目的是追求团队整体绩效最大。由过去导向评价转为未来导向评价，即重视团队成员的潜在价值而非过去的业绩。尤为重要的是要将奖惩性评价转变为改进性评价，以提高组织成员参与团队的积极性。传统的绩效评价建立在个人绩效的基础上，多采用上级评价下属的方式，重视对以往工作绩效的考核，常常把绩效评价作为兑现奖惩的测量手段，而不是一种改进绩效的管理手段。传统的评价方式已不能适应团队的工作方式。在团队方式的背景下，必须将强调个人绩效转变为个人绩效和团队绩效并重，引导成员追求"团队产出"的最大化；必须将过去导向转变为未来导向，重视成员对团队的长期价值，而不是既往的和目前的业绩，使得绩效评价过程成为一个沟通、协调和追求发展的机制，激励成员共同追求团队未来整体绩效的最大化。

4.1.3 高校科技创新团队组建过程中应注意的问题

1. 团队人员构成及其角色分配的科学性

高校科研虽然离不开一定的物质条件，但"人"才是高校科研乃至生存发展的关键。作为以创新为目标的研究实体，高素质的知识主体不可或缺，尤其重要的是要有合理的人员构成。在一般情况下，创新团队应由以下几种类型的人才构成：理论或技术基础储备深厚的专家；能作出比较性选择决策的帅才；富有开拓精神，具有相关专业技能，动手能力强，好学上进的年轻人；具有与外界联系的善于协调冲突，处理人际关系的纽带人物。要根据个人学术背景和个性特征在科技创新团队中安排适当的角色，并提供相应的条件，使其能够与团队其他成员良好合作。特别是团队负责人要勇于承担团队的创新风险，即使创新失败也要给予正面的鼓励，注重团队创新氛围的培育。

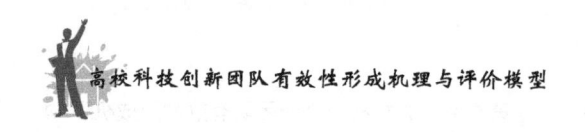

2. 团队规模与组织结构根据科研项目难度及规模而定

团队规模大小由项目任务的难易及实现创新所跨领域的多少决定，无论何种类型的人过多或过少，都会影响团队的绩效。管理层在组建团队时，不仅要考虑所要完成的任务的性质，还要考虑个体能够给团队带来的最大贡献的个人优势及相互间的知识、技术、素质互补。具体而言，高校科技创新团队必须是具有创新能力的优秀团队，整个团队的组织结构应视具体研究任务而定，可以是矩阵式的，也可以是宝塔式的，后者的塔尖即为该团队的学术权威，代表了最高学术水平；团队结构最好满足"二八定理"，即上层应是团队核心骨干，80%的创造性思维和成果主要由这部分人来完成。

3. 保持创新团队人员动态组合的相对稳定性

创新具有随机性和不确定性，创新机会及灵感的产生难以预测，因而，创新团队需要一定程度的成员的动态组合。在团队成长的各个阶段科技创新需要不同角色的参与，因此在组建团队时不必将所需要的人员在同一时间全部集中起来，应根据任务的需要，合理安排成员的出与进，构建动态组合又相对稳定的高校科技创新团队。

4. 依托创新基地平台建设高校科技创新团队

高校科研基地建设包括国家实验室、国家重点实验室、省部级重点实验室、国家重点研究基地、各级工程研究中心及产学研共建工程研究基地等。真正的高校科技创新团队应该围绕团队的战略目标，依托创新基地，不断补充新的优秀人才，始终保持创新团队的活力，以适应科学技术不断发展、学科方向不断整合的趋势；合理地分配角色，在科技创新活动中锻炼团队，促进科技创新团队及其成员的高速成长。

4.2 高校科技创新团队成长的内在机理

高校科技创新团队的成长过程就是团队负责人引领团队成员成才的过程，当团队成员在团队成长过程中不断迸发出创新性思想火花时，该成员成才的目标也就容易达到了。团队的成长过程分为形成期（或称组建期）、成长期、成熟期与衰退期（或称继存期）等3~4个阶段，主要研究愿景、人、权力、制

度、资源、组织结构及文化这七个因素在高校科技创新团队成长过程中的作用。❶

1. 共同愿景是团队及其成员成长的导航塔

（1）科技创新团队形成期（组建期）。团队成员价值取向的一致性可以导致高校科技创新团队创新行为的产生。一般来说，科技创新团队成长初期共同愿景尚不清晰，但在创新文化的引导下，共同价值观可以促成共同愿景的形成；若已经形成，则共同愿景可以指导团队成员的行动。因此，形成期的团队迫切需要建立共同愿景。

（2）科技创新团队成长期。科技创新团队处于成长期时，创新文化氛围浓厚，共同愿景已经形成，两者共同作用约束成员的行动，使团队产生创新合力。整个科技创新团队在高校为之搭建的创新平台上走向成熟。

（3）科技创新团队成熟期（继存期与衰退期）。科技创新团队处于成熟期时，团队中的学术带头人声名显赫，创新文化及共同愿景可能被权威弱化；团队成员在团队领导者的引导下，成果丰硕，同时衍生出新的创新团队，实现团队从渐变到裂变的过程，进而产生新的共同愿景。

2. "以人为本，多人互动"是团队成长的永恒准则

"以人为本"是一种思维方式。它要求我们在分析和解决一切问题时，把符合客观规律同反映人性发展要求结合起来，把物的尺度和人的尺度统一起来。"以人为本"要求团队领导者在尊重、理解、关心团队成员的同时，掌握好不同时期不同管理风格的"度"。"多人互动"是团队成员通过语言或非语言的方式进行有效的交流与沟通，并在此基础上互相调整各自行为的过程。每位成员都经历了主我互动与客我互动两个过程，通过"多人互动"，团队成员获得了成长的机会，整个团队也因此而日趋成熟。团队成员一般都在团队中扮演着特定角色，成功的团队需要互补的角色。因此，应建立有效的规范的定期沟通机制。❷

3. 权力的合理运用可以维持团队的稳定

权力的合理运用与分配可以起到激励的作用。权力分配机制涉及制度、资源及特定的团队文化。从教育部层面和高校领导层来考虑，要鼓励"教授治校"，使学科带头人适时适度地参与到学校管理工作中，充分保护"学术权

---

❶ 张海燕，陈士俊，王怡然，等. 基于生命周期理论的高校科研团队影响因素探析［J］. 科技管理研究，2006（12）：149-152.

❷ 沈凌. 基于本体的知识团队有效性形成机理及评价研究［D］. 武汉：武汉理工大学，2009.

威"。对于团队领导者而言，在团队生命周期的不同阶段要对团队的各层次成员进行不同程度的分权。在团队继存期，为了培养新的学科带头人，团队领导者要敢于向有所作为的成员压担子、赋予重任的同时，给予一定的资源支配权；这种信任能够使有能力的团队成员充分合作，减少因学术见解等方面的不同而导致的冲突。[1]

4. 制度体系的建立是团队高绩效的保障

建立由定期沟通制度、阶段性汇报及审查制度、奖励及其他激励制度、约束与惩罚制度等组成的制度体系可以保障团队科研攻关的高效率。

（1）沟通制度。沟通是团队工作中交流信息、制定决策和计划的主要方式。团队沟通的方式反映了一个团队的工作机制和发展方向，更重要的是沟通可以改善团队的工作氛围。因此，团队成员需要利用沟通来产生团队动力，提高团队绩效和为团队工作重新整合组织机构，并将沟通制度化。

（2）阶段性汇报及审查制度。建立阶段性汇报及审查制度的主要目的是通过加强过程管理来督促科研工作有条不紊地进行。适度的压力就是动力，没有压力就没有动力，阶段性汇报及审查制度的建立能使团队成员的创新思维保持适度的张力，便于创新思想的萌发，并且能够及时纠正偏差，在思想的碰撞过程中使当事人学术水平得以提高，最终促成创新成果的出现。

（3）奖励及其他激励制度。要做好激励工作，使激励成为高校科技创新团队长期可持续发展的有力依托，克服激励工作中的短视和各自为政的弊端，各高校应建立科学的激励体系。第一，以系统观念为指导，做好激励的整体规划。第二，建立科学的评价指标体系，使激励建立在合理考核，公平竞争的基础上。第三，善于把握度，防止激励失效。第四，做好知识产权工作，努力建立一种适应时代要求的、基于知识和创新的激励机制。第五，建立合理的信息反馈机制，以实现激励的系统调控。

（4）约束与惩罚制度。可以通过法律约束、制度约束、团队文化约束等团队内外多种方法来共同约束并规范科研人员行为。要改革科研管理体制，可以考虑将单一的过程管理或目标管理改为过程管理为主，目标管理为辅；通过建立科学、公正、合理的科研项目定期评价体系，以及运用计算机语言编制科研成果管理预警系统，对科技创新团队及其承担的项目进行定期评价，从而有效实施对科技创新团队成长过程的监督职能。

---

[1] 武建龙. 企业核心能力形成机理与管理策略研究［D］. 哈尔滨：哈尔滨理工大学，2007.

5. 资源的合理分配可以保持团队的持续健康发展

国家及教育部在选择优秀团队并为之注入资金时，应选择战略明晰、战术可行、战役具体的团队作为投资对象。所谓战略明晰，是指目标定位明晰、研究领域明晰，服务对象明晰。定位特指团队的奋斗目标定位，具体表现为国际一流、国内一流、校际领先等概念。团队的研究领域应当相对较为固定，服务对象主要是指所从事的研究是基础研究、应用研究还是发展研究等概念。所谓战术可行是指科研攻关主战场具体，作战方式明确，高校团队中的成员可以跨国际、跨校际、跨部门、跨学科，也可以是来自同一部门或同一学科的人员，具体是单兵种作战还是多兵种联合作战要视团队的目标而定。高校作为高校科技创新团队的直接管理部门，为更好地行使管理职能，应将科研投入与绩效挂钩。

6. 团队的组织结构应便于制度的贯彻执行

从宏观角度看，申请国家自然科学基金的团队呈"点状"分布。这种"点状"分布不利于管理。因此，教育部在进行高校科技创新团队建设的宏观调控中应首先考虑顶层设计，培育多层级的学科团队"树"。从微观上看，不管处于何种时期，团队内部的组织结构都应便于通过磋商解决冲突，使团队所有成员在合作与冲突的博弈中加强相互间的信任，不断完善创新文化氛围，创建和谐团队。❶

7. 文化氛围是团队成长的基石

团队的成长需要一个有利于团队发展的文化氛围。当团队所在高校的校园文化不支持团队的目标和工作时，团队工作将会遇到很大的阻力。然而，校园文化的建设是一个长久、曲折并且艰难的发展历程。高校作为科技创新团队的管理组织应该为其团队发展提供一定资源，组织的支持会激励和统一团队的思想和行为，使团队成员朝向共同的目标前进。团队文化形成后，团队成员会自觉地实践团队行为。因此，在团队文化建设实践中，首先需重点培养团队凝聚力；同时，要积极培植高效创新文化，调动团队情绪，激发团队创造力。

4.2.1 智力资源管理是科技创新团队有效性的关键

1. 智力资源的含义

（1）智力资源的界定。智力是指人们对客观事物及其规律的认识能力和

---

❶ 王婷. 业务流程再造支撑体系及绩效评价研究 [D]. 重庆：重庆大学，2007.

运用知识解决实际问题的能力。智力资源是对人力资源从智力活动效能方面的一种特殊规定,是指能够从事智力活动并带来一定的经济或社会效益的个人和群体。智力资源包括显性知识和隐性知识。

(2) 智力资源管理与知识管理。智力资源管理是知识经济时代脑力劳动者从业人数明显增多的产物。知识管理主要是对于知识的创造、共享、传播与应用的管理。随着知识型组织的出现,组织中的核心竞争力更多地取决于个人与组织的隐性知识。由于隐性知识与主体不可分离的特征,决定了组织必须进行智力资源管理,才能更好地实现个人与组织的知识创新。

2. 团队智力资源管理面临的主要问题

(1) 智力资源共享氛围有待培养。研究表明,人们交流技术的主要方式是人际间面对面交流,这对传播关键隐性知识具有重要作用。[1] 然而,我国的知识型组织在鼓励智力资源共享的机制创立、培训投入上比较差,并且缺少智力资源共享氛围。因此,为员工创立一个平等对话环境,实现智力资源共享,可能会激发灵感,产生很多有价值的原创性思想。

(2) 人才智力资源作用发挥不够。由于缺乏必要的智力资源管理机制,有些知识型组织的人才智力资源作用发挥不够。这主要表现为以下几个方面。一是组织虽然引进了高学历人才,但是不注意使人才通过合适的创新文化融入组织中,造成人才智力资源的浪费。二是有的组织引进人才后,未能对其智力资源进行很好的激发、利用与管理,使人才更好地在岗位上发挥效能。三是人才智力资源的协同作用尚未充分发挥,需要创建自适应团队,形成员工之间的智力优势互补,将个体隐性知识转化为组织智力资源,发挥整体协同作用,形成组织智力。

(3) 关键人才的替代性差。赢得长期的可持续竞争优势的组织,往往是那些能够在拥有、招聘和保持最优秀人才方面做得最出色的组织。然而,过分依赖优秀人才会给组织带来隐患。一旦优秀人才人离职,他们将带走团队的核心知识,还可能被竞争对手获取。

(4) 员工最佳实践经验尚需推广和运用。研究发现,人们总是忽视了分享组织最佳流程技术和其他一些具有竞争力的资源的机会。[2] 这些问题需要通

---

[1] Shapero Albert. Managing Technical and Intellectual Resources: Our New Problems Require New Solutions [J]. Business Horizons, 1969 (12): 22-30.

[2] Jeffrey Pfeffer. Fighting the War for Talents Is Hazardous to Your Organization's Health [J]. Organizational dynamics, 2001, 29 (4): 248-259.

过智力资源管理措施加以解决，重视开发员工智力资源，通过提炼形成最佳实践模式，会提高组织绩效。

（5）创新团队协同管理有待加强。知识型组织中，个人在协作、交流与智力资源共享方面的积极性不高，导致团队知识创新能力差的问题，有待于通过智力资源协同管理予以解决。对于组织的技术或是学术领军人物，不能只重视他们个人的贡献指标，还要考核他们与团队智力资源共享的能力和协调、沟通能力与创新能力等。

3. 智能复杂自适应系统的团队智力资源管理

知识型组织个体的智能化特征，可以结合复杂自适应系统（CAS）理论运用于团队人员的管理。根据艾莉克斯等人提出的复杂性组织智力活动系统的涌现特征，构建组织理论范式，形成现代知识型组织智力资源系统的八个涌现特征。

第一个特征是组织智力。组织智能除了组织思考、推理、理解和行动的能力外，还包括知识创新与获取并开发利用智力资源潜能的能力。王众托指出，组织智能是一个组织认识、解释和应对环境以同时满足利益相关者目标的能力。

第二个特性是统一与共同目标。组织成为最有效的智力活动系统，需要把相关的智力资源各个部分统一起来，并集中力量去行动和做出积极反应，使组织的知识员工个体奋斗目标达到与组织的愿景或者战略协调一致。

第三个特征是最优复杂性。组织智力资源管理的最优复杂性思想就是为了应对当前环境的不确定性变化形势，通过系统的大量自组织，智力资源活动主体按照系统的自身规律运作，保持活动主体的内在有机联系，并选择一个合适的度。

第四个特征是选择性。组织和智力资源个体都会选择和接收到大量的数据、信息和知识，如何甄选是极其重要的问题。这就需要通过内部沟通和组织隐性知识的共享与内化来避免组织和个体选择时的局限性。选择性特征就是要建立信息、知识与智力资源的过滤机制，形成对知识和信息的分类，对智力资源进行管理，引导与促进智力资源的变异产生。

第五个特征是智力向心性。智力资源的关系要建立在信任基础之上。组织应能很好地利用共同愿景和相互信任，去引导智力载体关注有意义的智力活动。个体成员与团队的智力活动任务不能偏离共同愿景。

第六个特征是各种流。不但有数据流、信息流和知识流，还有各类同质智力资源与异质智力资源在组织的合理稳态的内外流动。在智力资源的开发过程中，要不断地引进新人才、新思想，智力资源配置结构的不断更新，能保证团队智能 CAS 保持在一个合理的动态智力资源供给水平上。

第七个特征是可渗透边界性。这是智能 CAS 有别于传统固定刚性组织结构的特点，有利于组织内外的隐性知识的共享与智力资源的优化重组，发挥智力资源更大的潜能作用。

第八个特征是多维性。它意味着可以从多种视角来考察环境，用多种思想方式去处理问题。智能 CAS 必须具有系统思维，必须能识别和处理风险，必须能够连续地、动态地学习，排除思维定式对知识创新的阻碍作用。

智能 CAS 基本尺度与标准是对外力做出的有效回应与适应的深度和广度。因此，需要建立合理的基于组织知识创新能力的评估标准，对该系统进行有效评估与动态管理，这要由知识型组织智力资源绩效分析、评价与全面管理系统完成。只有针对知识团队的涌现特征进行智力资源的有效管理，才能为保持团队有效性提供组织支持与服务平台，这是团队有效性形成的关键。[1]

4. 高校科技创新团队智力资本是团队有效性形成的动力源

智力资本是以人力资源为核心的所有组织资源的最佳配置模式，人力资源主观能动性的发挥和潜能挖掘是智力资本形成和提升的关键，所以建立有效的激励机制至关重要。团队的组织结构和资源配置模式也是影响智力资本的核心要素。智力资本是高校科技创新团队核心竞争力的载体，是高校科技创新团队有效性的动力源泉。

4.2.2 知识管理对科技创新团队有效性的拉力

随着高校科技创新团队对知识管理关注的加强和广泛应用，知识管理已成为许多组织提高管理水平与竞争力、保持持续竞争优势的重要策略。但是，在高校科技创新团队实施知识管理过程中，仍存在着诸多问题。其中，最严重的是知识管理脱离组织业务流程和价值链的实际，单纯以知识的获取、整理、融合与创新（知识链）为目标，忽视了知识与高校科技创新团队价值增值的深层次关系。究其原因：现有的知识管理理论不是建立在知识价值、业务流程和可持续竞争理论基础之上的，只是将知识作为高校科技创新团队的重要资源之

---

[1] 张志学, Hempel P S, 韩玉兰, 等. 高技术工作团队的交互记忆系统及其效果 [J]. 心理学报, 2006, 38 (2): 271 – 280.

一来进行管理。这使得高校科技创新团队难以通过知识管理为自身的价值增值目标服务，无法实施有效的知识管理。❶

知识管理理论主张在所有知识领域运用知识链思想进行知识的管理和知识的创新。但事实上，高校科技创新团队不可能也没有必要在其所涉猎的全部领域内实现知识领先。因此，知识管理的重点在于形成高校科技创新团队在特定领域内的核心能力，其关键在于要形成服务于特定目标的知识运用和创新能力。对于特定目标的选择，是目前知识管理理论存在的一个明显缺陷。由于现有的知识管理理论没有与高校科技创新团队的具体业务流程相结合，没有与价值链理论中的相关思想结合，从而使得知识管理容易脱离高校科技创新团队研究活动的现实需要，未能通过对具体研究项目的分析，寻找高校科技创新团队核心能力的关键环节。由于缺乏研究流程这个关键的纽带，对关系高校科技创新团队发展战略的重点知识领域的寻找必然缺少理论基础，知识链的完善就没有明确的目标。

从总体上看，知识管理还未能与研究流程有效地结合起来，它游离于组织实际运作过程之外，知识与研究流程的脱节，造成无法真正地实现将合适的知识在合适的时间传递给合适的人这一知识管理目标，易使组织通过开展知识管理获得持续创新和应变能力的希望落空。这是许多组织缺乏实施知识管理的动力与已经实施知识管理的组织大多流于形式的根本原因所在，这也说明知识管理理论需要进一步地拓展。❷

近年来，知识管理应用的趋势是与流程管理相结合的。因为高校科技创新团队只有将知识管理与研究流程紧密地结合在一起，才能充分发挥知识管理的作用。"流程"之所以是知识管理中不可忽略的因素，主要原因在于：知识管理本质上是服务于研究过程的；不恰当的、僵化的研究过程很难真正地从知识管理中获得支持。因此需要对传统的研究过程重新考虑，在此基础上，再对研究过程中的知识应用情况进行分析才是合适的。应该努力把知识管理融入高校科技创新团队的具体业务流程中，而不是把知识管理视为一个独立的信息技术构架。只有如此，才有利于科技创新团队知识转化为组织价值，并实现价值增值。❸

同时，知识管理可以通过知识整合和知识分享有效提高知识的重用水平，

---

❶ 苏娜. 高校科研团队的构建与管理［D］. 天津：天津大学，2005.
❷ 金福. 知识型组织智力资源管理研究［D］. 大连：大连理工大学，2006.
❸ 汪雪峰，周才堂. 如何构建企业团队［J］. 中外管理，2000（6）：51-53.

使团队科研实践少走弯路，规避风险，也可以提高效率，推动团队有效性提升。

4.2.3 价值管理是科技创新团队有效性的推力

价值链理论是美国著名的战略家、哈佛大学商学院迈克尔·波特（Michael Porter）教授于1985年在《竞争优势》一书中提出的。他指出，任何组织的价值链都由一系列相互联系而又相互分离的创造价值的作业（包括产品的设计、生产、营销和分销等）构成，一定水平的价值链是组织在一个特定产业内的各种活动的组合。他认为，每一个组织都是在设计、生产、销售、发送和辅助其产品的过程中进行种种活动的集合体，所有这些活动都可以用一个价值链来表示。随着社会经济和科技的发展，价值链理论与实践有了新的发展。在知识经济时代，价值链方法的实施使组织的注意力转向了竞争的决定因素——知识管理，并展现了如何通过战略目标的科学运用来获得超越竞争对手的决定性优势。❶ 因此，以价值链模型为框架对知识管理进行研究，可以弥补知识管理存在的缺陷。

1. 价值链管理的内涵

在国内，张继焦第一个系统地阐述了价值链管理体系，将组织的业务过程描绘成一个价值链。具体地说，是将组织的生产、营销、财务、人力资源等方面有机地整合起来，做好计划、协调、监督和控制等各个环节的工作，使它们形成相互关联的整体，真正按照"链"的特征实施组织的业务流程，使得各个环节既相互关联，又具有处理资金流、物流和信息流的自组织与自适应能力，使组织的供、产、销形成一条价值链。❷ 可见，价值链管理是以客户不断变化的需求和竞争日趋激烈的市场为背景，以流程管理为主线，基于组织内部，面向客户与组织的价值链。要成功地实施价值链管理，就必须改变传统的管理方式、业务流程和组织结构，把组织外部价值链与组织内部价值链有机整合起来，形成一个集成化的价值链条，把上下游组织之间以及组织内部的各种业务及其流程看作一个整体过程，形成一体化的价值链管理体系。组织实施价值链管理的目标在于，通过优化核心业务、组织结构、业务流程和信息流等，由职能型向流程型转化，由此降低组织经营成本，控制经营风险，最终提高组

---

❶ 陈贵民，段军. 团队制胜之道 [J]. 经济论坛, 2003 (24): 26-27.
❷ 高洁. 从知识管理到知识价值链管理 [J], 图书情报工作, 2006 (4): 11-14.

织的效率与经济效益,增强组织的综合竞争优势。❶

2. 价值链管理的局限

实践证明,价值链理论是研究竞争优势的有效工具,只有对价值链的各个环节(业务流程)实行有效管理的组织,才有可能真正获得竞争优势。然而,随着知识经济的发展,从组织内部业务流程研究入手的传统价值链理论,不能从根本上解决培育核心竞争力的问题,已经无法适应组织竞争的需要。在组织实践中,组织的核心竞争力主要来自知识,来自不能被完全模仿的隐性知识,来自组织长期形成的组织协调、文化、新产品研究与开发等方面的能力。❷ 只有将价值链理论和分析方法与知识管理理论和方法有机地结合,才能保持组织持续实现差别化战略的优势。

3. 知识价值链及其管理

(1) 知识价值链研究综述。目前关于知识价值链的相关研究成果主要有以下几项。牟小俐等在《知识管理的价值链分析》一文中,利用波特的价值链模型来分析知识管理的价值链,用知识活动的过程来描述组织知识管理基本活动。李长玲在《知识价值链模型》一文中认为,组织知识价值链的基本活动是:知识的采集与加工、知识的存储与积累、知识的传播与共享、知识的使用与创新。组织知识管理的实质就是对知识价值链进行管理,使组织的知识在运动中不断增值。夏火松认为,知识价值链指的是知识链中具有组织的共有知识和价值增值的整个环节。知识价值链管理上要根据不同的因素,包括知识的类型、任务、背景性质与分形维度,从多维的角度对组织知识价值链进行设计与管理。台湾学者陈永隆在《知识经济下的优势转型与知识价值链》一文中给出的知识价值链定义是:在一群知识工作者中,只有仅存在有限比例的关键知识价值贡献者来创造知识价值,各关键贡献者仍需借由平衡知识活动所形成的双向知识价值链,才能制造更深、更广、价值递增的知识价值网络。他从组织知识活动过程的角度,对知识价值链布局进行阐述,并以此为依据作出了知识价值链布局图。徐瑞平等认为,知识在个人层面和组织层面进行创造和共享的动态过程中,知识在组织不同层面不断相互转换、不断丰富各个层面的知识库,使知识创新形成一个具有反馈机理的动态知识价值链,这个价值链包括了各类知识以及各个层面的知识。❸

---

❶ 宋英华. 企业知识价值链及其管理研究 [D]. 武汉:武汉理工大学,2005.
❷ 彭增光. 知识价值链研究 [D]. 天津:天津师范大学,2008.
❸ 袁鹏程. 基于业务流程的企业知识价值链研究 [D]. 武汉:武汉理工大学,2006.

上述作者所指的"知识价值链",实质上是以分析知识活动过程为基础的,未考虑组织的实际价值增值过程;只是陈永隆在其分析内容中加入了"知识加值过程"的概念,而这里的知识加值实质上是指通过知识的创造使知识本身增值,并非是组织业务流程的价值增值。因此,可以认为这里所说的"知识价值链"仍然是只考虑知识活动流程的知识链,并不是将知识管理与组织业务流程的价值增值结合起来的知识价值链。

(2) 基于业务流程的知识价值链。类似于组织中的价值链,组织中同样地存在一条知识链。在这个知识链上,也形成了一条知识流,由此产生了价值链与知识链相互交织的复杂系统。价值链的顺畅,可以使组织的资本增值,而知识链的顺畅可以使组织可持续发展,实际上价值链的顺畅完全取决于知识链的顺畅。在组织的不同业务、经营领域产生了多条相互关联的平行和交叉的动态知识链,它们与组织的价值链共同作用,构成一个复杂的知识价值链。知识价值链是指以业务流程为对象,围绕某一核心主体,通过对知识流和价值流的分析,构建的知识链与价值链交互作用的功能链节结构模式。❶

(3) 知识价值链管理的意义。知识管理主要以组织的知识活动过程为研究对象,以提高知识活动效率,促进组织的知识创新为目的,忽视对组织知识创新与价值增值的纽带——业务流程的分析,从而难以为组织的价值增值目标服务。因此,实现由知识链管理和价值链管理向知识价值链管理的转化,除了能够降低组织成本、有助于组织创新外,最重要的意义在于培育组织核心能力、增强组织的可持续竞争优势。知识价值链管理从根本上解决了如何培育组织的核心能力的问题。运用知识价值链管理来确定组织的核心能力,要求组织特别关注和培育在知识价值链的关键环节上获得重要的核心能力,以形成和巩固组织的竞争优势。在支持资源的各个职能领域,组织通过业务流程重组、人力资源管理、技术创新等方面培育核心能力,提升其竞争力。❷

(4) 知识价值链管理的实施。只有将知识管理与业务流程相结合实施知识价值链管理,才能实现组织价值增值的目标,增强组织可持续竞争优势。

① 业务流程重组。业务流程重组可以提高知识价值链的有效运行。知识价值链有效运行的基础是层次简单、结构扁平、开放快速的知识传递网络。欲使知识链畅通,实现知识价值链管理的目标,必须将传统的金字塔式的组织结

---

❶ 王东. 基于业务流程重组的客户知识管理 [D]. 武汉:武汉理工大学,2005.
❷ 彭增光. 知识价值链研究 [D]. 天津:天津师范大学,2008.

构变革为扁平化的组织结构，改变按职能部门的运作机制。建立团队管理者与团队成员、成员与成员之间快速、畅通的沟通机制，保证知识价值链的有效运行。

业务流程重组是知识价值链管理的立足点。在知识价值链管理过程中，要注重知识本身的收集、分类、存储、查询和利用，只有特别注重知识的收集和利用必须与特定的业务流程的紧密结合，以及挖掘知识发挥作用的业务范围、领域，才能使知识增值。业务流程重组使知识需求清晰化，流程重组要求组织围绕每一道工序的知识需求顺序来安排其业务流程，并重视流程中的知识流。重组后的业务流程，减少或改变了流程中的非增值活动，使组织的业务流程更加清晰、更加优化合理，便于知识工作者准确掌握每个业务环节的知识现状和知识需求情况。在此基础上，实施知识价值链管理，能够很容易地按流程中的知识需求收集、整理、创造知识，制定相适应的知识管理战略，并将知识提供给合适的人以及运用到合适的业务工作中。

② 对业务流程的优化与提升作用。不仅业务流程重组为实施知识价值链管理创造了有利条件，知识价值链管理也是不断优化、提升组织业务流程的保证。知识价值链管理的主要活动，能在不同层面优化和提升组织的业务流程。

知识价值链管理是对员工知识的管理，存在于员工头脑中的隐性知识往往比存储于知识数据库中的显性知识更有价值，但只有建立良好的环境和制度，才能促进这部分隐性知识的交流与利用；只有建立学习型组织，才能促进员工不断学习、丰富自己的知识内容，并将个人知识在组织内进行交流、传播、形成组织知识。员工知识和组织知识水平的提高自然会带动业务流程水平的提高。

知识价值链管理对业务流程中的经验、技能的管理需要经验的积累。经验的积累将导致知识的变化，经验将提高组织利用资源进行研究和提供服务时的效率。知识价值链管理的一个重要目标是：通过努力，获取和共享组织中有效的经验以及可重复使用的知识资产。知识价值链管理将组织过去和现在所拥有的知识，以及各部门在生产经营中积累的经验与教训进行收集、存储，在整个组织范围内交流共享，并为员工提供发现、挖掘及优化已创造的共有知识的工具，使员工可以方便地将这些知识应用于新的流程，解决新的问题，从而缩短

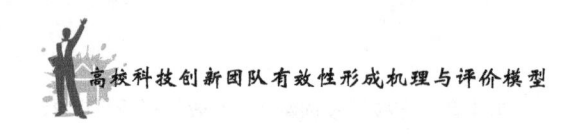

作业时间并最大限度地减少重复劳动。❶

知识价值链管理和业务流程重组能够相互促进。业务流程重组是知识价值链管理的重要驱动因素，是实施知识价值链管理的先决条件。业务流程重组通过分析和重新设计业务流程，使业务流程变得优化合理，有利于知识价值链管理的实施；知识价值链管理对业务流程中的无序知识进行系统化管理，实现知识的共享和有效运用，从而提高了流程的质量与运行效率。

知识创新是灵魂，持续的知识创新会增强团队的核心能力，从而实现团队价值的增值。整个高校科技创新团队的知识价值链实际上是知识流和价值流相互渗透结合而成的。通过对价值流与知识流的分析，高校科技创新团队能够更明确其知识链与价值链，确定核心能力，并通过协调与整合，充分发挥核心能力，形成竞争优势。

高校科技创新团队知识价值链中，价值增值过程实质上是知识价值的转化与传递过程。通过深入分析知识创新的价值增值机理与实现过程、知识向价值的转化机理与实现过程，高校科技创新团队可以识别对团队价值增值起关键作用的知识存量与知识结构，对团队的知识存量区别对待、重点发展，从而达到提升核心能力的目标。运用知识价值链进行分析的最终目的是通过对知识流和价值流的分析，寻找高校科技创新团队知识活动过程中的团队核心能力，以寻找提升团队核心能力和实现团队价值增值的对策。同时，在知识价值链构建中，要形成以一个或若干关键环节为主导、能对各种要素不断进行有机整合的机制，这种整合机制不但表现为关键能力、有效能力的集中，而且表现为对落后、无关紧要的机制、因素、程序和职能的消除，并由此产生集成放大效应。由此，能够通过知识价值链的构建识别和提升核心能力。知识价值链能够有效地消除重复、不确定性，创造竞争的成本优势；通过优化知识价值链上成员的组合，能够创造竞争的时间和空间优势；通过知识价值链的分解与整合，培育高校科技创新团队的关键环节，并找出团队非核心环节。

高校科技创新团队知识价值链分为三个部分：输入知识、知识分享与创新、输出价值。经过知识价值链，知识链输入的知识流向知识价值链的下游传递，并向上游反馈，同时知识分享和创新活动产生了相应的价值增值，伴随价值链形成价值流向下游传递，使输入的知识价值增值。高校科技创新团队输入

---

❶ 周强，杨淑珍，刘琛钊. 基于知识价值链的研究型大学核心竞争力研究 [J]. 苏州大学学报（哲学社会科学版），2010（5）：176-178.

的知识包括团队成员的个人知识以及团队资源的外部知识。高校科技创新团队中每个成员的知识结构与知识背景各不相同,在高校科技创新团队创新的过程中,团队成员在自己原有知识的基础上,结合团队可以获得的外部知识与在团队文化的影响下输入的知识,经过群化、外化、融合、内化,实现知识的共享、知识创新以及团队的学术成就和声誉的提升。在高校科技创新团队中,知识群化表现为团队成员间隐性知识的相互转化,最突出的例子就是导师在带学生的过程中,学生受到导师多年的科研经验积累和学术研究方法潜移默化的影响,将导师的某些隐性知识转化为自身的隐性知识;知识内化表现为团队的各个成员通过阅读以往的研究文献或阅读专业书籍等方式,将显性知识转化为自身的隐性知识;知识外化表现为团队成员通过学术论文或研究报告的形式,将隐性知识用显性的概念和语言表达出来;知识融合表现为显性知识之间的融合,知识进一步系统化。在知识价值链的流动过程中,高校科技创新团队的核心能力不断提升。

团队价值管理的核心是价值确认和价值回报。每个团队成员在团队中的贡献一定要明晰,对每一个人的付出要做到过程可追溯,成果可计量。在此基础上,通过激励机制实现价值回报,包括但不限于成果排名、奖金、学术休假等各种形式,从而对科技创新团队有效性形成巨大的推动力。

4.2.4 信息平台是高校科技创新团队有效性支撑力

高校科技创新团队有效性支撑体系是指在创新团队有效性实现过程中,增强创新团队有效性内部动力、弱化创新团队有效性内部阻力,以及促进创新团队有效性成功的若干关键要素相互联系、相互作用、相互制约而构成的多个具有特定功能、结构和作用的有机系统。只有将这些要素有机地结合,使之相互作用并形成反馈,才能构成有效的支撑体系。单一要素的作用往往使高校科技创新团队有效性的实现停留在某一层面上,并不能有效地支撑创新团队的有效性成功实现。因此,高校科技创新团队有效性支撑体系是成功实现创新团队有效性的运行载体,是一个多元性、层次性、动态性和整体性的系统。通过信息技术平台将各种资源要素进行有效整合,更加充分地发挥高校科技创新团队管理的价值,也通过信息平台为提高高校科技创新团队的有效性提供支撑。

4.3 高校科技创新团队有效性的力场分析

"力场分析"是将物理学中的概念应用到分析创新团队成长过程的方法。团队的持续成长受到多方面因素的影响，它处在一个复杂的、动态的、发展变化的环境中，因此，其持续成长过程是一个动态运动过程。从物理学中的力场角度来分析，物体的质量越大，其移动的阻力越大；同理，团队规模越大，其成长过程中所要克服的阻力也可能越大。因此，虽然在团队由形成期向成长期过渡时，规模的大小是成长的一个衡量指标，但并非团队的规模越大越好。随着规模的增大，团队的管理成本与沟通阻力会加大。当阻力等于动力时，团队会停留在某一个生存状态中；当阻力大于动力时，团队则可能过早走向衰退。要防止这种现象的产生，需要在考虑如何加大团队的科技创新动力，使其健康成长的同时，分析如何克服影响团队成长的阻力。随着团队的成长，其阻力与动力也在不断地发生变化。以 $a(x)$ 表示团队可持续成长力与作用于团队的合力的函数关系，$f(x)$ 表示作用于团队的合力，$F(x)$ 表示团队成长力，则有 $F(x) = a(x) \times f(x)$ 成立，当 $a(x)$ 为常数时，团队的成长力与其所受合力成正比。需要注意的是，团队中的各种力不能精确测量，我们无法应用上述公式来定量计算团队的成长力，但我们可以定性地分析团队在成长过程中的受力状况。根据调研，在团队生命周期的不同阶段，团队的受力状况也在发生变化。

4.3.1 高校科技创新团队有效性动力场分析

所谓动力场就是推动高校科技创新团队有效性形成的各种因素的总和。主要包括以下几个要素。

1. 科学技术对高校科技创新团队有效性产生的拉动力

随着科技时代的来临，基础研究和应用研究的规模空前扩张，成果数量和质量大幅提升。在已有研究成果的基础之上，高校科技创新团队获得了进一步研发的支撑平台。所以，科学技术的飞速发展是高校科技创新团队有效性的重要拉动力。

2. 成果需求者的需求变化对高校科技创新团队有效性产生的拉动力

高校的成果需求者包括科技创新团队、政府、研究机构等。以前是学校有什么成果，需求者就承接什么成果，现在是需求者根据自身的需要提出具体详细的需求,并将内部资源进行整合,从而实现多方的共赢。成果需求的变化使得需求日益呈现多样化、个性化、复杂化的要求,这就导致了需求不确定性的提高,同时对成果的性能、质量、价格和交货期等的要求也日益提高,迫使高校科技创新团队研发的业务流程必须随顾客需求的变化而变化。

3. 全体团队成员的共同愿景对高校科技创新团队有效性产生的拉动力

共同愿景(团队发展战略)勾画了一个团队长期为之奋斗的宏伟蓝图,它界定了各自的角色和责任,推动团队成员发自内心地为团队的发展而无私奉献,它能够创造巨大的凝聚力,能产生巨大的激励和驱动的作用。全体人员的共同愿景和社会责任感及历史使命感从组织和个体两个方面在研发和转化过程中,淡化个体的利益,提高凝聚力。

4. 资源优化配置(内外部空间、内部结构)对高校科技创新团队有效性产生的推动力

高校的科研资源中内部资源包括人力资源、科研课题、研发装备、成果转化的激励政策等,又包括外部的科技政策、产业规划、区域发展等。通过内外部科研资源的协同一致,可以化解阻力,提高效率。

5. 竞争的加剧对高校科技创新团队有效性产生的驱动力——团队及团队成员评优评先

随着高校改革的逐步深入,不同高校之间的各种排序,将科技创新团队有效性提升的压力推向高校科研管理的不同层次的管理者,推动校内的科技创新团队的考核逐步完善。团队成员的评优评先工作直接涉及自身的学术声誉、职称评审和物质待遇,驱动创新团队有效性的提升。

科技创新团队期望提高效益和效率,增强竞争力,是各种利益博弈的结果,自身利益的驱动为高校科技创新团队有效性注入了新的动力,推动高校科技创新团队有效性实现能力的快速形成和充分发挥。所以,创新团队及其成员基于效益与效率的博弈是高校科技创新团队有效性形成的重要驱动力。

动力分析要解决如下两个问题:一是团队为什么要创新;二是团队为什么要成长以及怎样进入持续成长的通道。前者解决的主要是创新的动力源问题,后者主要解决的是团队成长的动力源与信息源问题。

4.3.2 高校科技创新团队有效性阻力场分析

在创新团队成长过程中,一方面要有较大动力来拉动团队成长,另一方面还要分析并克服团队发展中的阻力,以防止团队过早走向衰退或停滞。从系统

分析的角度看，团队成长阻力产生的主要因素在于团队内部的不协调和团队外部的不适应。前者包括沟通不畅、信任度、合作度与凝聚力不够高、激励措施不当、创新氛围缺乏等。后者主要包括外部环境对团队成长的制约以及存在的信息不对称等因素，尤其是外部的不可控因素，这些不可控因素包括竞争过于激烈、科研方向不被认可、政策对团队发展不利等。团队与其管理部门及外部竞争对手之间存在的信息不对称可能导致科技资源的浪费，主要表现为低水平重复研究。高校科研创新团队有效性阻力场的分析主要包括组织层面和个体层面两项分析。

1. 组织因素阻力分析

高校科技创新团队是社会的组成部分，必然受到外界社会环境的制约和影响，也必然要与外部相关组织或个人发生各种联系。组织所处的环境归总来说有政治、经济、技术、社会等多个影响因素，具体到一个组织，环境影响因素可能是市场需求、竞争者、政府政策、供应者和技术发展等中的某一个或某几个，如科研工作的阶段性现实需求与高校科技创新团队前沿探寻之间的矛盾；利益相关者的实用主义思潮与创新团队自主创新研究、先导性研究相冲突；宏观政策的连续性、有效性和针对性；重大实验仪器和装备购置的支持力度等。因此，在对高校科技创新团队有效性影响要素进行整合时，其他相关组织、团体或个人从自身利益角度出发可能会对创新团队有效性在实践活动中进行抵制，甚至利用各种手段阻止创新团队有效性工作的实施。

2. 个体因素阻力分析

个体阻力主要来自以下几个方面。

（1）经济利益上的原因。分配，激励机制和约束机制的建立。在现阶段，不能否认经济对人的激励作用。高校科技创新团队的目的之一是大幅度提高高校科技创新的效率和效益，这有利于提高团队成员的经济收入水平。项目报奖排名、发表文章署名、科研成果奖励分配等缺乏科学的标准引起的心理失衡导致对团队有效性的工作不支持。

（2）权力变动原因。由于岗位的异动管理，科研、教学会出现岗位轮动。高校科技创新团队有效性需要学校完善和优化原来的组织结构，重新调整组织中的人事关系，重新分配组织中的权力和地位，这将使部分管理人员原有的地位和权力被削弱。这些变动使人们在心理上产生强烈的失落感与反差，进而采取抵制甚至破坏高校科技创新团队有效性的行为。这种抵制有时候能显示出极大的能量，因此对高校科技创新团队有效性的威胁比较直接，也比较大。同时，成员由于自身的学员结构、研究阅历，会产生对某种研究环境和工作模式的认同和情感，形成路径依赖。而高校科技创新团队有时需要重新设计工作方式，即要对团队成员熟悉的工作和生活方式进行一些改革，这样会导致人们心理上产生不安全感和紧张感，从而产生抵触情绪。还有一些人因观念上的原因，有心理防卫，不能按照高校科技创新团队的要求安排个体和团队的工作，会制约高校科技创新团队有效性的提高。

（3）变革导致不确定心理的原因。高校作为经济社会发展中的一个主体，处于不断变革和调整之中。心理学研究表明，不确定性因素易使人产生紧张和忧虑。高校科技创新团队的意义在于创新，即通过高校科技创新团队实现社会赋予高校的各项功能。由于高校科技创新团队有效性的复杂程度较高，人们很难在创新团队付诸实践之前，证明创新团队的有效性是可以达到预期目标的，更难对自己能够从有效性提升中获得的预期收益进行精确计算，这容易造成人们对高校科技创新团队的功能产生疑虑，就会从规避风险的意识出发，采取消极抵触性态度，从而制约高校科技创新团队有效性的有效提升。

（4）习惯上的原因。人们长期处在一个特定的组织环境中从事某种特定的工作，会形成对这种环境和工作的认同和情感，形成对环境和工作的一套较为固定的看法和做法，即习惯性。这种习惯性会使他们形成照章办事、按部就班的工作和生活方式。而高校科研创新团队要提升有效性，就需要在科研管理时重新设计工作方式，即要对员工熟悉的工作和生活方式进行改革，这样会导致人们在心理上产生不安全感和紧张感，从而产生抵触情绪。

（5）观念上的原因。由于某些团队成员因循守旧或者满足现状，对高校科研创新团队有效性管理的实施有心理防卫，并在行动上反映出来，即对高校科研创新团队有效性管理持保守态度，不支持创新团队有效性相关的管理创新。此外，组织中有一部分人对组织长期以来形成的管理观念坚信不疑，对已形成的管理层和员工之间的关系也比较满意，因此，他们会鼓动反对高校科研创新团队有效性的管理变革。

4.3.3 高校科技创新团队有效性支撑力场分析

支撑力场包括执行的推动力和资源的保障力。执行就是要把团队制定的发展规划和蓝图通过资源配置，落实到具体的项目和成果中去。执行不仅是要团队成员自己去把事情做好，而且需要整合学校内外一切可以利用的资源，包括人力资源和研发资源等各种资源。如果没有执行，战略只不过是一张废纸而已，因此，执行永远是战略的一部分，是上层管理者的永恒使命，而不是独立于战略之外单单属于中下层的职责范畴。对于科技创新团队的各级管理者来说，领导的主要职责是执行，而有效的执行需要得力的领导。换句话说，中下层的执行力取决于上层的领导能力。

执行力源于上层对热点细节的捕捉能力。细节是一种境界，作为一个科技创新团队管理者，只有从科技创新团队发展角度去领悟，找出一条属于自己的理念，方能解决问题。因为细节既与战略相伴，又与琐事相邻，所以，上层对细节的关注，绝非雕虫小技，而需要一种高超的洞察力。

执行力源于领导者示范。主管领导对执行的践行具有重要的示范意义。执行力就是任用会执行的人，只有卓越的团队，没有卓越的个人。作为一个卓越的管理者，最重要的工作就是选择和聘用优秀的人，把这些人安排在合适的岗位上去完成相应的任务。科技创新团队关键是要培养和使用能自主解决问题的人，对不同类型的团队成员实施分类管理。

资源的保障力就是高校在人力、设备、政策、信息化等各种科研需求的资源的完备性、合理性和有效性。信息手段和信息平台建设可以提高知识管理效率，精确计量价值管理结果，可以有效提高外部虚拟组织资源的整合力度。[1] 资源的保障力对高校科技创新团队有效性管理起重要的支撑作用。

4.3.4 高校科技创新团队有效性力场综合分析

高校科技创新团队有效性支撑体系是指在创新团队有效性实施中，增强创新团队有效性内部动力、弱化创新团队有效性内部阻力，以及促进创新团队有效性成功的若干关键要素相互联系、相互作用、相互制约而构成的多个具有特定功能、结构和作用的有机系统。只有将这些要素有效地结合，使之相互作用并形成反馈，才能构成有效的支撑体系。单一要素的作用往往使高校科技创新团队有效性的实现停留在某一层面上，并不能有效地支撑创新团队有效性成功实施。因此，高校科技创新团队有效性支撑体系是成功实施创新团队有效性的运行载体，是一个多元性、层次性、动态性和整体性的系统。

由上述研究可以看出，高校科技创新团队有效性的内部动力包含组织经济效益和竞争力的提高，它们对创新团队有效性产生内在的驱动力、全体成员的共同愿景对创新团队有效性产生的推动力、组织内外部环境的变化对创新团

---

[1] 高洁. 从知识管理到知识价值链管理 [J], 图书情报工作, 2006 (4): 11-14.

有效性产生的拉动力三种动力。高校科技创新团队有效性的内部阻力包含了个体阻力、组织阻力和文化阻力三种制约力。不同的阶段甚至会相互转化。

1. 增强驱动力的支撑要素

高校科技创新团队给组织带来的效率、效益和竞争力，与高校对创新团队管理的能力和投入水平成正比，而高校提升创新团队有效性的能力和水平取决于信息技术的水平和组织人力、物力资源的水平。国内外许多高校科技创新团队成功和失败的案例充分说明：高校科技创新团队有效性的提升与IT技术，特别是本体技术之间存在着密不可分的关系。IT技术是提高创新团队有效性的前提，是创新团队有效性的重要支撑条件。IT技术在高校科技创新团队有效性中是最重要和最有价值的应用，是作为高校科技创新团队有效性实现过程中的管理和决策工具，来改变现有的业务流程，以求实现效率等方面质的飞跃，达到提升高校科技创新团队有效性的目的。然而，一个团队IT技术的水平不仅取决于其成员所具备的IT能力，也受到团队创新能力、学习能力及个人能力的影响。此外，高校对IT的建设和发展投入资源的多少也将影响IT技术的水平。

另外，良好的学习能力可以帮助团队成员不断地从团队内外吸收和获取知识，提高知识运用的能力，使其综合能力得到增强，从而提高人力资源水平。而且，人力资源水平的提高也离不开组织投入的资金、时间（包括培训时间等）和人员，只有在资源投入充分的前提下，才能确保人力资源水平的提高，创新团队提升有效性的能力才能增强，高校科技创新团队有效性才能顺利实现。由此可见，IT能力、团队创新能力、团队学习能力、个人能力以及充足的资源投入是有效地增加高校科技创新团队有效性驱动力的支撑要素。

2. 增强推动力的支撑要素

由上述分析可知，全体成员的共同愿景所产生的高校科技创新团队有效性推动力是通过领导的能力与支持、团队成员的能力与支持来体现这种推动作用，这说明提升高校科技创新团队有效性最终是要由高校各级人员来实施的，领导和团队成员个人能力，以及每位成员的拥护和支持对增强这种推动力起着重要的作用，进而可以说明，高校科技创新团队有效性的成功与否，在很大程度上取决于全体团队成员的能力和对团队本身以及对工作的态度。这也充分说明了"人是组织最核心的资源"，只有发挥了人的积极性、创造性，组织才能有效地运转起来，没有团队成员的积极参与，任何先进的技术与管理手段都不能取得很好的经济效益。由此可见，领导和团队成员的个人能力，以及全体成

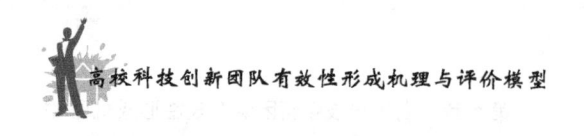

员的参与和支持是有效增强推动力的重要支撑要素。

3. 增强拉动力的支撑要素

高校科技创新团队内外部环境的变化主要体现在工作方式的变化、团队成员的期望、技术工具的进步三个方面。要增强这三个方面给高校科技创新团队有效性带来的拉动力，就必须让高校内部各要素形成一种合适的环境，一个能让高校和团队成员适应这种内部变化的环境。这些内部环境要素包括：组织战略（包括高校科技创新团队有效性战略）、组织结构、组织文化、人力资源政策。正确的组织战略能带来科学、合理的工作方式的改变，促进工具技术的发展，为团队成员规划出美好的前景；合理的组织结构有利于工作方式的改变；良好的组织文化和合理的人力资源政策能满足团队成员的期望。同时，高校借助所具备的创新能力、学习能力、信息技术能力和个人能力来改变工作方式，使组织自身和团队成员能快速适应内外部变化的环境。此外，要促进工具技术的发展、提高团队成员的工作和生活质量，高校必须投入相应的资源。由此可见，组织战略、组织结构、组织文化、人力资源政策等内部环境和组织所具备的组织创新能力、组织学习能力、信息技术能力和个人能力，以及投入的资源是有效地增加拉动力的支撑要素。

4. 削弱阻力的支撑要素

根据对高校科技创新团队有效性阻力及其作用机理的分析可知，高校科技创新团队有效性绝不是简单的改变业务流程的问题，也不是简单的技术变革，它包括了物理变革和心理变革。物理变革通常是指新技术、新流程等引发的变革，而心理变革则是物理变革对人所产生的影响。而这在某种程度上，正是高校科技创新团队有效性的最大阻力，这些阻力包含了个体阻力、组织阻力和文化阻力。组织要削弱这些阻力，保证高校科技创新团队有效性的实现，就要有一定削弱阻力的支撑条件。

（1）高校投入资金和时间对团队领导和团队成员进行培训，使他们掌握新的技能，适应高校科技创新团队有效性提升后的岗位要求，这样可以减弱来自个体的阻力。

（2）高校科技创新团队有效性是依靠项目研究团队来推动的，在项目团队中高校聘请专业咨询人员为高校科技创新团队有效性的顺利实施提供技术支持和服务。专业咨询人员不受组织内部人际关系和政策的制约，方便与团队领导、团队成员、相关部门之间相互沟通，因此他们制订的方案比较公平，可以减少相关部门或团队成员的不满，因而可以削弱来自组织和个人的阻力。同时，他们熟悉业务流程，可带来更好的实现高校科技创新团队有效性的实践和信息。

（3）建立良好的团队文化，设置合理的组织结构，制定科学、合理的人力资源政策，都能有效地削弱这些阻力。增强高校科技创新团队有效性动力和减弱创新团队有效性阻力，以保证创新团队有效性成功实施的支撑条件有组织战略、组织结构、组织文化、人力资源政策、领导的能力、团队成员的能力、组织的创新能力、组织的学习能力、信息技术能力、人员投入、时间投入、资金投入等。这些支撑条件相互作用、相互依存共同构成了高校科技创新团队有效性支撑体系。在高校科技创新团队有效性支撑体系的作用下，不仅可以强化创新团队有效性的动力，消除创新团队有效性的阻力，而且它们还可以相互作用，将创新团队有效性支撑要素转化为推进创新团队有效性成功实施的优势条件，让这些支撑要素充分地发挥它们在高校科技创新团队有效性实施中的作用。

第 5 章 高校科研创新团队有效性评价模型

5.1 高校科技创新团队有效性评价的现状述评

《国家中长期教育改革和发展规划纲要（2010—2020年)》提出要充分发挥高校在国家创新体系中的重要作用。发达国家的发展历程多次证明高校科技创新团队作为国家开展科研活动的重要组成部分，其科研活动的数量和质量对国家综合实力的提升具有重要的作用。在此背景下，各级政府不断加大对高校科研的投入，取得了一大批优秀的科研成果。近日，中央巡视组通报，不少著名大学的科研经费管理使用混乱，违规现象突出，存在腐败风险，科研费用产出率低。如何根据科研有效性进行奖励将是未来科技管理的方向。因此，如何科学地评价高校科技创新团队的有效性，对于完善国家的科技政策、调动广大高校教师从事科研工作的积极性和创造性，进而推动整个经济和社会的可持续发展具有重要的意义。[1]

5.1.1 高校科技创新团队有效性评价存在的问题

国内外的专家学者围绕高校创新团队有效性进行大量的研究，应用实证分析和理论演绎等多种研究方法对高校创新团队有效性的内涵、影响因素、研究模型和评价等方面进行分析研究，取得了一批有较高价值的研究成果。但是，就高校创新团队的需求而言，还存在一些急需解决的问题，主要表现在以下方面：已有研究成果对高校创新团队有效性的核心内涵描述不够全面，定位不够清晰，导致不少成果在实践中难以操作；对高校创新团队的组建方式及运行绩效评价等缺乏定量化的手段和工具，缺乏对组织外部环境因素及监管因素的考虑，基于"输入—过程—产出"模型的研究方法已不能满足日益深入和细化的团队有效性研究，需要从宏观和微观层面系统地进行分析；团队有效性评价

---

[1] 沈凌. 基于本体知识团队有效性形成机理及评价研究 [D]. 武汉：武汉理工大学, 2009.

模型缺乏研究和探讨对团队有效性与各影响因素之间的动态反馈作用，对真实规律揭示不够；创新团队有效性评价的方法和指标体系，大多数借用国外的研究成果，个性化不足；高校创新团队心理契约及动态心理机制调控的研究不够，需要进一步深入研究共享心智模型，为主管部门提供决策依据，还要加强团队有效性特征研究的动态性和耦合性研究，从机制上深入剖析团队有效性的制约因素，同时加强对典型的高校科技创新团队案例研究及不同特色案例之间的对比分析，逐步提高对高校管理实践的指导力度。❶ 高校科技创新团队整体评价方面存在的问题主要体现在"三重三轻"，即"重结果，轻过程""重个体，轻集体""重智商，轻情商"现象。团队文化评价方面存在的问题主要体现在"四多四少"，即"多功利主义，少科学精神""多个人主义、少团队合作""多百花齐放，少百家争鸣""多学术浮躁者，少潜心钻研者"。在评价过程方面存在的问题主要体现在存在"两单一，两不当"，即"评价主体单一，激励措施单一""指标体系设计不当，评价主客体对评价认识不当"。

5.1.2　高校科技创新团队有效性评价成果述评

高校科技创新团队有效性的评价模型有很多研究方法是在借鉴前人的相关研究成果的基础上进行的扩展和深化研究。相关的评价模型主要围绕以下几个维度展开。

1. IPO（投入—过程—产出）评价维度

国外学者在评价模型方面的研究主要有：McGrath 的 IPO（Input – Process – Output）模型，即"输入—过程—产出"模型，团队互动过程在"输入—产出"间扮演重要的中介角色。Hackman 从顾客需求满足、团队成员成长和团队整体的发展三个维度进行研究。Marks 等人认为 IPO 模型存在三个方面的缺陷：一是影响输入变量到输出变量的中间变量并不都是过程变量。二是单环路径的 IPO 框架限制了未来进一步的研究。三是 IPO 框架倾向于从一种变量到下一种变量的作用影响。Ilgen 和 Hollenbeck 等在前人研究成果的基础上，突破了传统的 IPO 框架，提出了 Input – Mediator – Output – Input 模型，即 IMOI。Gladstein 通过团队效能实证模型，强调了团队任务特征对团队互动过程及团队效能的影响。Jewell 和 Reitz 的团队效能模型将团队成员特质、环境因素与团队过程作为影响团队有效性的关键因素。Paris 和 Salas 等人认为团队互动过程

---

❶ 王婷. 业务流程再造支撑体系及绩效评价研究 [D]. 重庆：重庆大学，2007.

对团队效能有着重大的影响。张艳等建立了由学术价值、经济和社会效益、人才效应与投入产出率构成的高校科技创新团队的绩效评价模型。石金涛、张文勤引入团队自省性的基本理论，着重分析研发团队自省性的影响效果，以及影响研发团队自省性的若干因素，最后以 IPO 模型为基础提出了研究框架和展望。刘咏梅等人通过元分析结果发现：深层多样性是引起团队冲突的重要因素，表层多样性并不会显著增加团队冲突；与美国的研究不同，中国情境下任务冲突将显著降低团队绩效。❶

2. 面向团队自身发展的评价维度

张海燕构建了团队螺旋式成长模型，提出了"分阶段、分层次、分类别"的团队评价思想，分别构建了团队静态及动态评价模型。重点评价团队成长过程中的合作潜力、创新潜力、科研方向潜力及总体相对进步率等指标。袁红军提出了面向科技创新团队的学科服务知识整合创新绩效模型。王秀丽等人构建了高校科技创新团队适应性绩效概念模型。孟潇抽象出重大科研项目有效性的影响变量——组织与团队环境、团队结构、沟通、冲突、激励，建立了反映团队有效性影响关系的归纳性模型。李孝明等人从团队产出、团队行为、团队能力三个方面构建了评价模型。

3. 基于管理学理论的评价维度

褚超孚基于变革型领导理论，分析了科技创新团队的绩效影响机制模型，认为其中，团队领导行为是前因变量，团队动力氛围（共享愿景、归属承诺、人际信任、工作授权、功能性冲突）和团队行为特征（团队凝聚力、有效沟通、冲突管理）为中介变量，团队工作结果为结果变量模型。金南顺、吕园园将标杆管理导入创新团队评价，其效果还受三个因素的影响，即团队本身的构成特质、标杆对象的异质性及测评数据的可靠性。朱永跃等人根据平衡计分卡（BSC）的基本原理，建立了创新团队绩效评价模型。路变玲等人从团队的能力、内部过程、成果三个方面用结构方程原理构建了团队绩效评价模型。❷

4. 基于数据采集的评价维度

郭涛等人引入一种多准则决策分析模型对高校教师科研绩效进行评价，并且利用逻辑斯蒂曲线对模型中的 S 型函数进行改进，证明了多准则决策分析模

---

❶ 沈凌，冯旻舒. 高校科研团队有效性评价研究述评 [J]. 武汉理工大学学报（社会科学版），2015（5）：989-994.

❷ 柳洲，陈士俊. 当前高校科技创新团队建设的主要问题与对策 [J]. 软科学，2007（3）：112-116.

具有科学性和有效性。王磊、张庆普运用可拓学的物元方法建立了多级可拓评价模型。曹献飞在建立绩效评价指标的基础上，运用可拓理论建立了创新团队绩效评价模型。徐佩构建了研发团队有效性的物元评价模型，认为环境层次投入与团队运行过程因素是影响研发团队有效性高低的瓶颈因素。包含丽等人建立了高校科技创新团队绩效评价指标体系，提出基于层次分析法（AHP）和逼近理想求解的排序法（TOPSIS）的创新团队绩效评价模型，建立了六个准则层：科研成果、团队协作能力、论文著作、成果转化与技术推广、学科建设和培养人才。

综合分析以上的研究，学者们基本上都遵循"输入—过程—产出"模型来对科技创新团队的有效性进行评价以及探讨影响因素和指标之间的关系。[1] 创新团队有效性的评价模型中可计量的硬性指标比较多，涉及心理激情、行为激励等柔性指标较少，实践证明，恰恰是这些柔性指标对创新团队的有效性具有重要的影响。国内外的专家学者围绕创新团队有效性的评价进行大量研究，应用实证分析和理论演绎等多种研究方法对涉及高校科技创新团队有效性的内涵、评价方法和体系、评价模型等方面进行了深入的研究和分析，取得了有较高价值的研究成果。但是，就当前高校科技创新团队有效性的管理和提升实践需求而言，还存在一些急需解决的问题，主要表现在以下几个方面。一是评价指标的选择主要基于"输入—过程—产出"模型的研究思路，缺乏从组织外部环境角度及监管角度提出的评价指标。如何评价员工个体的积极性及其科研工作投入的程度是衡量科技创新团队有效性的非常重要的映射指标，特别是远景战略、团队合作、团队创新过程的培育、科技创新团队的激励机制等评价指标的凝练将是未来的重点研究方向。二是科技创新团队有效性评价方法和体系研究方面的大部分研究成果是具有普适性的评价方法和指标体系，且大多数借用国外的研究成果，个性化不足，特别是针对不同学科的特点及不同高校的功能定位进行的差异化评价的成果很少，而这些成果正是揭示和管理高校科技创新团队有效性本质的关键变量，后续还需要加强研究。同时，由于对高校科技创新团队有效性的评价结果有不同的需求者，需要根据不同的需求特点建立评价方法和指标体系，需要将评估内容与指标体系进行模块化设计，关注提升团队成员的能动性和创造性的评价指标，形成以创新质量和贡献为导向的评价体系，结合具体需求进行组合评估。三是科技创新团队有效性评价模型对团队有

---

[1] 孙立新. 基于DEA的技术创新效率评价研究[D]. 大连：大连理工大学，2007.

效性与各影响因素之间的动态反馈作用缺乏研究和探讨，对真实规律揭示不够。❶ 目前的研究模型多是进行了概念上的阐释和类型上的介绍，而通过数据进行实证检验的文献不多。今后如何将高校科研科技创新团队的问题模型化为结构方程模型，采用现代统计分析软件验证理论模型的有效性和准确性，是未来相关研究中应采用的研究方法。同时，如果能够有效解决大样本数据和第一手资料收集难的障碍，则可以有效提高今后高校科技创新团队研究领域的广泛性，有效弥补已有研究的不足。

5.2 高校科技创新团队有效性评价原则

无论是何种创新团队，在具体的评价过程中都要经历静态评价与动态评价两个过程。静态评价（结果评价）的目的是保障委托人的利益，动态评价的目的是保障结果的达成，起到督促的作用。❷ 因此，对高校科技创新团队评价应掌握好四个尺度。第一，以学科概念、方法进展为尺度的创新团队评价。该尺度适合于对人文社会科学研究团队的评价。例如，在这类学科中，概念的创造或修正、方法的创造或改善、引进新论据或修改已有论据等都可以很容易地被确认出来，并且，这些都能在一定程度上反映学科自身的发展。第二，以学科应用为尺度的创新团队评价。在第一个评价尺度中，从学科自身或学科内部评价了某种团队研究工作的意义，与内部相应的则是外部，即学科应用或推广。例如，把控制论应用于社会、教育、工程等，相应地产生了社会控制论、教育控制论、工程控制论等。当然，内部与外部只有相对的意义，没有绝对的界限。第三，以学科知识传播为尺度的创新团队评价。学科知识传播与学科进展和学科应用不同，这种工作本质上无须学术创造，只是把一种学科知识以某种方式转移给其他人。例如，把牛顿或爱因斯坦的著作从英语、德语等语种译为中文，就属于这类工作。但应当认识到这种研究工作离真正的原始性创新尚远。第四，以学科知识的社会影响为尺度的团队评价。知识的社会影响是多方面的，如论文、著作的转载率、引用率。但是，这种标准只注重了科学研究价值的一个方面，而没有考虑其他方面（如论文是如何被引用的）。另外，也有特殊情况，如达尔文的进化论，其论文引用率虽然很高，但是这一点与其对社会的

---

❶ 柳洲，陈士俊. 当前高校科技创新团队建设的主要问题与对策 [J]. 软科学，2007（3）：112－116.

❷ 李丽. 基于 DEA 的高等教育投入产出效率研究 [D]. 大连：大连理工大学，2005.

实际影响相比却显得微不足道。在团队绩效的具体评价过程中，应慎重使用"引用率"指标，除了注意高引用率之外，还要注意低引用率或暂时没有被引用者的价值，例如，不能因为袁隆平没有被 EI 或 SCI 的收录的学术论文就否认他对社会的贡献。依据上述尺度，团队量化综合评价指标体系的设计应遵循系统性、科学性、导向性、及时反馈性、可操作性以及正向激励等原则。❶

5.2.1 系统性原则

创新团队是一个由多个成员组成的多要素复杂系统，团队研究范围涉及从基础研究到应用研究、开发研究再到成果转移、扩散与产业化等全过程。由于该类团队是多种特征要素的集合体，这就要求评价指标体系要有足够的覆盖面，将影响创新团队创新能力的主要因素囊括在内，以系统、全面、真实地反映创新团队的全貌和各个层面、各种类型团队的基本特征。但是，评价指标体系并不是各个指标的简单堆砌，必须根据各指标间的内在逻辑关系进行系统的整合与集成，即围绕总体评价目标将评价指标分解为不同的层次与模块，形成明晰的框架结构，其中的各评价指标既相互独立，又相互联系，形成一个有机的评价系统。

5.2.2 科学性原则

首先，要根据创新团队创新的特点和规律，尽可能从相关要素中选取那些最能体现科技创新本质、实力和潜力的衡量指标，而且各指标要具有相对的独立性，同一层次的指标不应具有明显的包含关系。其次，要注意保持总量（规模）指标与均量（效益）指标、绝对量指标与相对量指标、静态指标与动态指标等之间的平衡性，即既要利用总量指标反映创新团队成果的数量与规模特征，又要通过均量指标和相对量指标来体现创新团队成果的质量与效率的差异；既要利用静态指标来反映创新团队的基础、现状和实力，又要利用动态指标体现创新发展的潜力、趋势和前景。最后，要注意评价指标的可比性问题。量化评价指标体系的设计主要是为了进行横向或纵向比较，因此所选取的指标应反映评价对象（高校科技创新团队）的共性特征，即要从不同类型高校和不同科技创新活动中抽象和提炼出能反映其共性特征的代表性指标，并且这些指标都能通过某种方式获得具体、明确的评价数据，这样评

---

❶ 王婷. 业务流程再造支撑体系及绩效评价研究 [D]. 重庆：重庆大学, 2007.

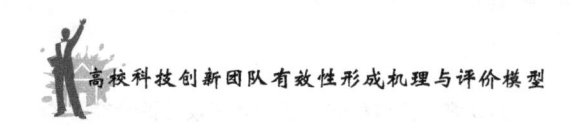

价结果才具有可比性。可比性还要求对末级指标的原始数据进行归一化或无量纲化处理。

5.2.3 目标性原则

指标体系的设计要适应当前国际科技发展的形势与趋势，符合国家科技发展战略和科技政策，特别要贯彻科技部、教育部等五部委制定的《关于改进科学技术评价办法的规定》和《科学技术评价办法（试行）》的精神，以引导各高校找准自己的科研定位，明确各自的努力方向和奋斗目标，此原则也可称为目标性原则。在进行系统、全面评价的基础上，还要通过权重系数的不同体现各指标在评价指标体系中的相对重要程度。在权值的分配上要注重绩效，突出原始性创新和高水平成果以及科技成果的转化，以引导各高校更加重视基础研究，瞄准国际前沿开展原始性创新；引导各高校坚持以人为本，凝聚一流创新人才，产出高水平创新成果；引导各高校加快科技成果的转化与产业化，为国家经济建设做贡献。因此，高校科技管理部门应引导各创新团队认真开展自我评价，以自查方式找出不足，并改进。❶ 研究型大学有必要建立创新团队自评中心，高校科技创新团队开展"自评估"要有阶段性，同时可拉大"他评估"的评价周期，以避免过分打扰研究人员的思路及科学家的创新过程。无论是"自评估"还是"他评估"，目标设置要明确、具体，这样才能进行有效的绩效衡量。同时，团队负责人还要将目标进行分解，分解成若干小目标，每完成一个小目标都要及时给予成员鼓励，这样不仅有利于团队目标的实现，而且通过不断的激励可以增强成员的信心。

5.2.4 及时反馈原则

评价结果要及时反馈给团队成员。所谓及时反馈就是通过某种形式和途径，及时将评价结果告诉行动者。根据斯金纳的强化理论，若要取得最好的激励效果，就应该在行为发生以后尽快采取适当的方法进行奖励，这样才能提高创新行为"重复发生"的可能性，同时，也有助于团队成员更好地理解评价的标准，以及时调整科研行为、方向及思路。

---

❶ 岳俊芬. 关于 BPR 绩效评价方法研究 [J]. 知识经济, 2009 (4): 8-9.

5.2.5 可操作性原则

从理论上讲，我们可以设计出一个尽可能全面的指标群和复杂的指标树构成的指标体系，对高校科技创新能力做出全方位、立体化、多层次、多视角的评价。因为评价指标越多，对事物的刻画越精细，评价结果就可能越准确。但在实际操作中，又必须考虑到量化评价的可行性和指标数据的可获取性。故而在设计指标体系时，应当尽量选用那些能够直接量化的定量指标，并且这些指标可以通过现有统计系统和检索工具直接采集到统计数据。对那些虽能体现高校科技创新能力却难以量化的定性指标，以及难以采集到数据的定量指标，只能不列入量化评价指标体系，同时要删除一些内容重复的定量指标，以简化指标体系，提高评价的可操作性。总之，可操作性既要准确反映高校科技创新团队的理论与技术创新能力，又要尽量选择具有共性的综合性指标，同时力求保障评价所需数据的可得性、易得性，即一方面，指标资料要易于获取；另一方面，定性指标可直接或间接赋值量化。

5.2.6 正向激励原则

评价的目的是着眼于团队工作的长期顺利进行，因此，正强化比负强化更有效。在具体评价时应把握这个原则，给予团队成员更多的正面反馈，即使是负面反馈信息也应该尽量从建议的角度提出。

总之，制定以上原则的目的在于，结合高校科技创新团队的本质、特点和规律，构建出既能反映团队的现有实力又能反映团队发展潜力的指标体系。

5.3 高校科技创新团队有效性评价方法选择

5.3.1 常用评估方法比较分析

1. 层次分析法

20 世纪 70 年代，美国著名的运筹学家 T. L. Satty 等人提出层次分析法（the Analytic Hierarchy Process，AHP），它是一种定性与定量分析相结合的多准则决策方法。它是将决策问题的有关元素分解成目标、准则、方案等层次，并在此基础上进行定性分析和定量分析的一种决策方法。

应用层次分析法分析问题时，首先要把问题层次化，形成一个多层次的分析结构模型。在一般评价中，对于一些无法测量的因素，只要引入合理的标度就可以，用这种方法来量度各因素的相对重要性，从而为决策提供依据。层次分析法引入了1~9标度法，并写成判断矩阵形式，通过计算判断矩阵的最大特征根及其对应的特征向量，计算出某一层对于上一层次某一个元素的相对重要性权值。❶

然后用上一层次因素本身的权值加权综合，即可计算出某层因素相对于上一层次的相对重要性权值，即层次总排序权值。这样，即可计算出最低层因素相对于最高层的相对重要性权值或相对优劣次序的排序值。

层次分析法是一种模拟人的思维过程的工具。它简化了系统分析和计算，有助于决策者保持思维过程的一致性。因此，层次分析法适用于具有定性的，或定性定量兼有的决策分析。这种系统分析和科学决策方法现在已广泛地应用在经济管理规划、能源开发利用与资源分析、组织管理、科研管理和交通运输管理等方面。

AHP的主要贡献在于以下三个方面。

（1）提供了层次思维框架，便于整理思路，做到结构严谨，思路清晰；

（2）通过对比进行标度，增加了判断的客观性；

（3）把定性判断与定量推断相结合，增强科学性和实用性。

AHP的不足之处在于以下几个方面。

（1）它和一般的评价过程，特别是和模糊综合评价相比，AHP客观性提高，但是因素过多（超过9个）时，标度工作量太大，易引起专家反感和判断混乱；

（2）对标度可能取负值的情况考虑不够；

（3）对判断矩阵的一致性讨论得较多，而对判断矩阵的合理性考虑得不够；

（4）没有充分利用已有定量信息。

2. 模糊综合评判法

模糊综合评判法是以模糊数学为基础，应用模糊关系合成的原理，将一些边界不清、不易定量的因素定量化，从多个因素对被评价事物隶属等级状况进行综合性评价的一种方法。这种方法的特点在于，评判逐对进行，对被评对象有唯一的评价值，不受被评价对象所处对象集合的影响。这种模型广泛应用于许多方面，采用模糊综合评判的实用模型取得了良好的经济效益和社会效益。

将模糊综合评判法用于创新团队的有效性评价，可以综合考虑影响创新团队有效性的众多因素，根据各因素的重要程度和对它的评价结果，把原来的定性

---

❶ 虞鹏. 基于DEA效率评价分析的飞机选型研究［D］. 成都：西南交通大学，2007.

评价定量化，较好地处理创新团队有效性的多因素、模糊性以及主观判断等问题。

模糊综合评判法的优点主要有以下三个方面。

（1）隶属函数和模糊统计方法为定性指标定量化提供了有效的方法，实现了定性和定量方法的有效集合；

（2）针对一些问题涉及的模糊因素，模糊综合评判方法很好地解决了判断的模糊性和不确定性问题；

（3）模糊综合评判法的结果为向量，克服了传统数学方法结果单一性的缺陷。

模糊综合评判法的主要不足之处在于以下两个方面。

（1）各因素权重的确定带有一定的主观性；

（2）在某些情况下，隶属函数的确定有一定的困难。尤其是多目标评价模型，要对每一目标、每个因素确定隶属函数，过于烦琐，导致实用性不强。

3. 数据包络分析法

数据包络分析法（Data Envelopment Analysis，DEA）是以相对效率概念为基础发展起来的一种效率评价方法。[1] 具有单输入、单输出的过程或决策单元，其效率可定义为输出/输入。具有多输入、多输出的生产过程或决策单元，其效率可定义为：输出项加权和/输入项加权和，形成了依靠分析决策单元（Decision Making Units，DMU）的输入、输出数据，来评价多输入与多输出决策单元之间相对有效性的评价体系。数据包络分析法是运筹学的一个新研究领域，是研究同类型生产决策单元相对有效性的有力工具。[2] 这种评价体系以数学规划为工具，来评价决策单元的相对有效性。决策单元确定的主导原则是，在某一视角下，各 DMU 具有相同的输入和输出。综合分析输入输出数据，得出每个 DMU 效率的相对指标，据此将所有 DMU 定级排队，确定相对有效的 DMU，指出其他 DMU 非有效的原因和程度，给管理部门提供管理决策信息。

数据包络分析法在处理多输入、多输出问题上具有特别的优势，主要表现在以下几个方面。

（1）DEA 以决策单元的输入/输出权数为变量，从最有利于决策单元的角度进行评价；

（2）DEA 不必确定输入和输出之间可能存在的某种显式关系，具有很强的客观性；

---

[1] 盛昭瀚，朱乔，吴广谋. DEA 理论、方法和应用 [M]. 北京：科学出版社，1996.
[2] 徐冰. 高科技企业风险投资项目效率评价研究 [D]. 南京：南京航空航天大学，2009.

(3) DEA 的输入和输出可以使用指标的实际数据。

4. 基于层次分析法的 DEA 评估方法

结合层次分析法与数据包络分析法，利用层次分析法能提供层次清晰的思维框架的优点，首先分析影响团队知识有效性的各方面因素，作为评估体系中被评价单元的输入指标，然后分析其综合效率，以其综合效率的外在体现作为评估体系的输出指标。

利用 DEA 可以有多个输入/输出项的特点，对于同一环境中具有相同输入/输出的团队（决策单元）的有效性进行评价，得到每个创新团队的相对有效性，利用结果分析出其有效或非有效的原因，针对团队知识管理提出合理的建议，以促进其效率的提升。

5.3.2 DEA 方法的系统分析

客观、科学、有效地评价团队有效性，可以帮助组织正确、真实地认识团队的状况，科学地定位自身的知识管理水平，对制定具有针对性的团队管理策略起着一定的指导作用；也对管理者今后如何管理团队，采用何种团队组合，如何对团队创新进行投入以保持和提高竞争优势，获得最佳的经济效益和社会效益具有重大的意义。

如前所述，数据包络分析法（DEA）与其他评价方法不同，对于评价具有多项投入指标和多项产出指标的复杂问题，具有很大的优势。而且组织采用新的生产方式和经营管理模式，是进行一项具有多种投入和多种产出的复杂活动，因此特别适合应用 DEA 进行评价。[1] 因此，采用数据包络分析法进行创新团队的有效性评价实证研究，其优势主要表现在以下四个方面。

(1) DEA 致力于每个决策单元的优化。通过 N 次优化运算得到每个 DMU 的优化解，从而得到更切实的评价值。DEA 方法不必确定输入/输出的显式表达关系，就可以得出每个决策单元综合效率的数量指标，据此确定有效决策单元，并对非有效的决策单元分析原因，为主管部门提供管理信息，进一步调整决策单元的规模和方向。

(2) DEA 方法融合了线性规划、多目标规划等数学规划进行评价，可以直接利用输入/输出模型进行有效性分析。对分散的评价指标（以定量或定性的形式表示）进行综合分析处理，从全局整体的角度利用数据，从而避免了通常分

---

[1] 于秋景. 企业产融结合模式选择研究 [D]. 大连：大连理工大学，2006.

散指标处理的片面性。输入/输出模型所提供的特定范围内的相对评价，既可以以自身为参照系，对团队所追求的价值的历程进行历史分析，也可以以同类为参照系，进行横向比较评价，非常适合多输入、多产出系统运行效率的综合评价。

（3）DEA方法强调在被评价决策单元群体条件下的有效产出前沿的分析，而不是像一般统计模型那样着眼于平均状态的描述，从而使研究结果更具理想性。DEA通过最佳DMU子集的选择，可以为决策者提供众多有效的管理信息，从而能在产出计划中寻求有效，使有目的地确定减少投入指标或提高产出指标的数量成为可能。

（4）数据包络分析的思路。数据包络分析以运筹学中的优化思想，处理输入/输出的复杂的系统。从本质上看，它是"相对效率评价"概念的表达，其基本思路是把每一个被评价单位作为一个决策单元（DMU），再由众多DMU构成被评价群体，进而对很多相同部门或单位（决策单元或被评价单位）进行评价。它是依据各决策单元的输入数据和输出数据来评价这些部门的相对有效性，通过对产出和投入比率的综合分析，确定有效产出前沿面，并根据各DMU与有效产出前沿面的距离状况，确定各DMU是否有效，同时还可用投影方法指出非有效的原因，以及应改进的方向和程度。它不仅可以利用其一整套的理论来判断决策单元所对应的点是否位于有效产出的前沿面上，而且可以获得许多有价值的管理信息。因此，这一方法具有非常好的实用性，且在实践中正发挥着越来越重要的作用。其应用步骤如图5-1所示。

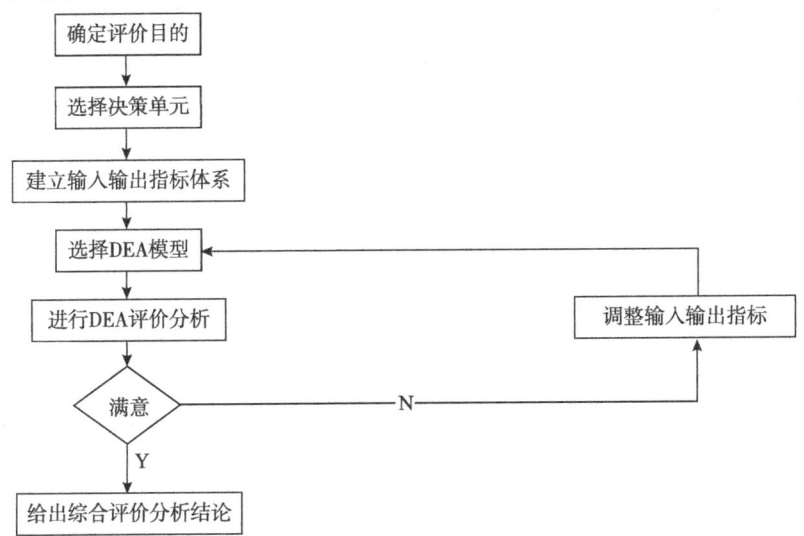

图5-1 DEA方法的应用步骤

5.4 高校科技创新团队有效性评价指标选取

5.4.1 科技创新团队有效性评价应该注意的问题

科技创新团队有效性评价就是为了实现团队有效性的战略目标，运用特定的指标和标准，采用科学的方法，对团队有效性活动及其结果所作出的一种价值判断。[1]

科技创新团队有效性具有一定的复杂性。若要全面、正确地评价团队有效性，就必须先充分认识团队有效性的复杂性。这种复杂性主要体现在以下两个方面。①科技创新团队有效性的价值既可以产生直接利益，又可以产生间接利益；既可以产生有形利益，又可以产生无形利益；既会影响到团队内部、外部各个方面的运作，又会对团队的生存发展产生根本性的影响。②科技创新团队有效性管理是一种组织管理思想和信息技术相结合的管理变革，对它的评价不能脱离组织经营业绩而独立存在。由于科技创新团队有互补性特性，团队有效性产生的收益很难衡量，应从整个组织管理模式的变化、组织结构的变革、组织文化的重建、信息技术的更新和发展等方面加以综合考量。

由于科技创新团队有效性所具有的这些特性，在进行团队有效性的评价时，应注意以下几个问题。

(1) 科技创新团队有效性的实施，必然要对组织运营的各个环节产生深刻的影响，所以评价团队有效性，不能只评价业务流程本身的绩效，不能完全使用财务指标来评价，很难采用传统的直接效益的评价方法。因此，评价科技创新团队有效性，要重点考察团队有效性实施给组织经营、技术和管理等方面所带来的影响，对反映组织实际状况的这些综合指标进行评价。对科技创新团队有效性评价的本质，就是对科技创新团队项目完成后对组织经营绩效的综合评价。

(2) 从系统的观点来看，科技创新团队有效性是一个输入—输出系统，因此，科技创新团队有效性评价是具有多个输入与多个输出的评价问题，即团队有效性评价的实质是将团队有效性实施中的输出与输入进行比较（所得与所费进行比较）。所得越大，所费越小，则科技创新团队的有效性越好；反

---

[1] 朱超. 港口经济预警系统研究 [D]. 南京：河海大学，2007.

之，则团队的有效性越差。所以，科技创新团队有效性应具有可量度性，应当体现投入与产出的对比关系，不能只用某一个指标来衡量，比如某一团队的成本虽然较低，但周期长且人力资源的利用率低，其整体有效性也不一定好。因此，必须综合各项输入、输出指标，建立完整的指标体系，这样才能正确、有效地评价团队有效性的实际情况。

（3）科技创新团队有效性是一个可能持续很长时间的过程，是分阶段进行的。因此，在团队有效性形成过程的不同阶段，管理部门重点关注的评价指标也是不同的。

5.4.2 选取评价指标应遵循的原则

科技创新团队投入与产出的关系是复杂的，不同的科研活动有不同的规律，科研活动的过程和周期差别大，且产出成果有滞后性与不连续性，科研成果值呈多样化，其经济价值和社会价值表现形式不相同。科研投入与产出是一个复杂的概念，要全面地描述它、准确地把握它，评价指标的选择应遵循以下原则。

1. 可行性原则

评价指标体系建立的目的是在科技创新团队有效性的评价中得到应用。因此，评价指标体系的可操作性、指标的可量度性，是建立评价指标体系的一个基本原则。这就要求结合问卷调查、实地调研、专家评议等方法，最大限度地采用现有统计数据，数据要有较强的可获得性，并将软指标量化。

2. 科学性原则

由于科技创新团队活动是一项具有投入和产出的复杂系统。因此，要综合评价其活动的效率和有效性，指标体系的设计必须建立在科学的基础上，结合必要的专项调查和考证，定性分析与定量分析相结合，力求全面、客观地反映和描述团队有效性状况，同时要以尽可能少的指标来反映尽可能多的信息。

3. 可比性原则

评价，不仅是对同一单位各个不同时期的比较，而且可用于不同单位的比较，因此，评价指标体系必须具有可比性、通用性。可比性的关键是找出它们的共同点，将不同主体的共同点加以抽象、归纳和量化。而且，评价指标的定义应尽量采用国际、国内标准或公认的概念，将不可比因素设法转化为可比因素，使其具有可比性。

4. 目标导向原则

对科技创新团队进行有效性评价的目的是通过评价，引导其朝着最优资源配置的方向和目标发展。在设计评价指标体系时，如果把经济创收指标放在很突出的位置，占的比重很大，那就可能会引导科技创新团队片面追求本单位的经济效益，而不重视出成果、出人才的任务和其他方面的建设。如果评价指标体系能够全面反映科技创新团队的方向、任务和长远发展的需要，就会促进团队的全面工作和健康发展，防止偏离正确方向或只顾眼前利益的短期行为。

5. 效益性原则

评价指标体系的设计应考虑到能以最少的投入创造最大的产出，经济效益和组织效益都应在评价指标体系中处于重要的位置，这就要求指标体系的设计要尽量简化，突出重点，从而使指标体系在实践中易于操作、切实可行。

6. 实用性原则

建立评价指标体系和评价方法是为了应用，因此，评价指标体系必须具有实用性和可操作性。评价指标体系要繁简适中，评价方法简便易行、能够实现评价过程中的质量控制，应用的计算方法、表述方法和采集方法要明确和规范化。同时，应根据评价数学模型和计算要求编制计算机软件，以便能在计算机上快速运算，使评价工作变得迅捷和简单。

5.4.3 评价指标的确定

在现有的文献研究中，科技创新团队投入产出指标的确定没有一致的标准。许多文献，尤其是国外文献侧重于衡量科研人员、创新投入的情况，注重生产过程。国内研究更多地考虑产出结果，但有些只用很少的指标来反映技术创新的综合情况，比较片面；另一些虽然相对很全面，但只是将指标列出，进行实证验证的比较少，而且很多指标数据无法获得。本书从科技创新团队本体的视角入手，探索其有效性的评价指标体系，为实际应用提供了很好的借鉴。

1. 指标的聚类分析

聚类分析法是一种通过判断指标之间的相似程度，来筛选指标的统计分析方法。通过聚类分析，可以将具有较大相关性的指标进行归类、合并或删除。一方面，由于投入产出综合分析中要尽量保证指标体系完整、全面；另一方面，在应用数据包络分析方法时，指标过多、样本有限会对计算结果造成一定的影响，不利于数据包络分析方法的应用。鉴于在初选指标之间可能存在很大的相关性，因此在对指标进行综合评判前，要对指标进行进一步的合并、归类，以达到运用尽可能少的综合指标反映尽可能多的信息。[1]

系统聚类分析有两种方法较为常用：一种是相似系数法，性质相近的样品，它们的相似系数的绝对值接近1，而彼此无关样品的相似系数接近于0；另一种方法是相似距离法，把样品看作P维空间中的一点，并在空间中定义距离，距离越近的归为一类，越远的归为不同的类。

聚类分析法的具体步骤如下。

第一步：量度指标间的相似程度。运用相关系数 r 表示，形成相关系数矩阵 R，以表示指标间的相关关系。

第二步：量度指标间的距离（距离为 d），利用相关系数矩阵（矩阵 D）表示指标间的相似程度，d 值越小说明两个指标间的关系越密切。

第三步：根据聚类图确定要将哪些指标合并，从每一类中选出性质相同的指标进行加权平均，得到合并指标作为该类指标的代表性指标。

2. 指标的合并

本书以武汉市IT科技创新团队有效性为研究对象，采用12项投入指标和6项产出指标为样本，在对指标进行无量纲化处理后，运用SPSS 17.0对样本数据进行聚类分析。

（1）标的无量纲化处理。在实际问题的研究中，各属性的量纲往往不同，属性的导向也可能不同，因而不可比较。要使不同属性的属性值具有可比性，就得使属性值规范化。无量纲化是指通过一定的数学变换来消除原始变量量纲的影响。本书所选的指标量纲不同，有百分数，也有以人数、资本量为单位的原始数据，各指标所表示的经济含义不同。另外，各指标所表示的经济含义不同，有的是正向指标，有的是负向指标，不能将各指标直接相加。因此，在对指标综合处理前，必须对指标进行无量纲化处理。无量纲化的主要方法包括：①直线型方法（常用极值法），适用于转化前后二者数值呈线性变化关系的指标；②折线法，适用于当指标数值超过某个数值或低于某个数值时对综合评价影响不大的指标；③曲线法，适用于转化前后二者数值呈非线性变化关系的指标。

科技创新团队投入产出指标可分为正向指标和逆向指标两类。正向指标的指标数值越大越好；逆向指标的指标数值越小越好。在本书中如果只根据效率值这一标的来看，产出指标是正向指标，即指标数值越大，其所反映的科技创

---

[1] 王军. 跨学科高校科研创新团队建设与管理研究［D］. 武汉：华中师范大学，2012.

新团队有效性越高。投入指标是逆向指标,即在产出一定的条件下,指标数值越小,表明科技创新团队有效性越高。但是,从促进组织发展这一目标来看,投入也是越多越好,属于正向指标。本书采用后者,否则,投入多的组织标准化后的数值反倒比较小,表明投入比少了,这明显不符合逻辑。对于正、逆向指标的标准化处理公式如下:

正向指标:

$$r_{ij} = x_{ij}/x_j^* \qquad (5-1)$$

逆向指标:

$$r_{ij} = x_j^0/x_{ij} \qquad (5-2)$$

式中 r_{ij}——标准化处理后的标准值;

x_{ij}——指标的实际值;

x_j^*——j 类指标中的最大值;

x_j^0——j 类指标中的最小值。

各投入产出指标通过式(5-1)和式(5-2)进行无量纲标准化处理后,就可以将原来性质不同的投入产出指标的实际值,转化为描述各科技创新团队有效性方面具有同质性的、可综合的评价值。在经过指标的无量纲化处理之后,所有指标数值都落在 [0,1] 这个区间。

(2)有关参数的选择。对指标进行的聚类分析属于对变量的聚类,使得每一类指标能代表样本某一方面的特征。对变量进行的聚类分析属于 R 型聚类分析。在进行 R 型聚类分析中,使用何种聚类标准、用何种方法计算类间的距离是两大重要因素。根据 R 型聚类的特点,本书选用适于进行 R 型聚类的皮尔逊相关系数(Pearson Correlation)度量指标间的相似性;选用组间连接距离法(Between – Groups Linkage)测量类间距离,组间连接距离法使得合并两类后,同类间的平均距离达到最小。

皮尔逊相关系数计算见式(5-3)。

$$r = \frac{\sum_{i=1}^{n}(X_i - \bar{X})(Y_i - \bar{Y})}{\sqrt{\sum_{i=1}^{n}(X_i - \bar{X})^2}\sqrt{\sum_{i=1}^{n}(Y_i - \bar{Y})^2}} \qquad (5-3)$$

式中 n——样本量;

r——两个变量间线性相关强弱的程度。

r 的取值在 +1 与 -1 之间,若 $r>0$,则表明两个变量是正相关,即一个变量的值越大，另一个变量的值也会越大；若 $r<0$，则表明两个变量是负相关，即一个变量的值越大，另一个变量的值反而会越小。r 的绝对值越大表明相关性越强，要注意的是这里并不存在因果关系。若 $r=0$，则表明两个变量间不是线性相关，但有可能是其他方式的相关（如曲线方式）。

设指标的类间距离为 d，指标间距离的计算公式如式（5-4）所示。各指标间的距离可以构成距离矩阵。

$$d_{ij}=1-|r_{ij}| \qquad (5-4)$$

（3）类分析结果。根据科技创新团队 3 年的统计数据，运用以上参数进行 R 型聚类分析，可以得到各类指标中指标之间的相关系数。对于科技创新团队而言，通过定性分析，就可以清晰地了解其投入产出指标间的相似性，但是通过统计分析，可以使并类依据更为充分。根据对科技创新团队投入产出指标在其性质上的相似性，结合变量聚类分析结果，建立科技创新团队投入产出指标体系，如表 5-1 所示。

表 5-1 科技创新团队投入产出指标体系

	一级指标	二级指标		一级指标	二级指标
投入指标	团队输入	成员技能	输出指标	团队输出	品质提升
		成员态度			
		成员数目			技能提升
		团队目标			
		科技资源配置			
	团队过程	知识整合			错误减少
		团队沟通			
		知识共享			满足感提升
	领域本体	领域本体构建			
		领域本体维护			凝聚力增强
		本体知识运用			

为了有效解决已有成果研究中考核指标存在的问题，结合专家讨论和实地调研，主要从知识管理、价值管理、柔性整合、人才培养、信息环境、文化氛围六个维度对高校科技创新团队有效性进行评价。[1]

① 知识管理。高校科技创新团队作为知识密集型组织，知识管理的效率

---

[1] 吕诗曼. 高校人力资源管理与教师科研绩效关系研究 [D]. 南昌：南昌大学, 2014.

和效益直接关系团队有效性的形成。知识管理不仅要管理知识本身，还要把与知识管理有关的管理模式和共享渠道一并加以考虑。我们从知识创新、知识整合、知识共享、科研模式四个方面对知识管理有效性进行评价。

② 价值管理。高校科技创新团队有效性的核心要素是团队成员的激情和实际的业绩创造，影响团队成员动力的要素是激励机制的有效性和针对性。如果不能明确每一个成员的价值贡献并准确地实施回报，就难以有效满足其心理需求，从而影响科技创新团队的有效性提升。我们从价值确认、价值回报、激励机制三个方面对高校科技创新团队的价值管理有效性进行评价。

③ 柔性整合。高校科技创新团队作为一种特殊的组织，不仅具有一般科技创新团队的特点，更具有典型的个性化特征，组织成员相对较散，虚拟性特点突出。同时，高校作为在国家经济和社会发展中具有重要地位的事业单位，和政府、社会、组织间存在着密切的联系。有效的资源整合可显著提高高校科技创新团队的有效性。我们从团队整合、学科整合、政策整合三个方面对高校科技创新团队的柔性整合有效性进行评价。

④ 人才培养。人才培养作为高校的重要职责贯穿在高校科技创新团队的发展过程中。科技创新团队不仅要培养自己的领军人物，还要结合自身学科的发展进行创新完善，提升所属学科人才培养的综合素质。同时要结合当地和本领域人才需求制订切实的培训方案，在社会人才服务方面做出独特贡献。我们从团队核心人才、学科与学生培养、社会关联人才培养三个角度对高校科技创新团队的人才培养有效性进行评价。

⑤ 信息环境。信息时代知识的获取与共享效率对于科技创新团队而言具有非常重要的影响。作为科技创新团队，首先要明确研究的方向，同时要掌握国内外研究的进度和成果，对于研究方法和对象的选择也需要及时甄别和正确选择，所以一个有效的信息支持环境建设是影响科技创新团队有效性的重要因素。我们从云数据库、知识采集系统、智能推荐系统三个方面对高校科技创新团队的信息环境建设有效性进行评价。

⑥ 文化氛围。作为知识型员工，高校科技创新团队的成员对文化氛围的要求相对较高，如何通过文化环境的塑造来推动科技创新团队成员的潜能发挥是科技创新团队领导者和相关部门管理者应该充分考虑的问题。我们从管理风格、团队效能感、团队协作、共同愿景四个方面对高校科技创新团队的文化氛围有效性进行评价。

结合现有文献成果的筛选，综合以上分析，我们确定了高校创新团队有效性评价的指标体系，主要涵盖了六个一级指标，即知识管理、价值管理、柔性整合、人才培养、信息环境、文化氛围，20个二级指标，包括知识创新、知识整合、知识共享、科研模式、价值确认、价值回报、激励机制、团队整合、学科整合、政策整合、团队核心人才、学科与学生培养、社会关联人才培养、云数据库、知识采集系统、智能推荐系统、管理风格、团队效能感、团队协作、共同愿景等。具体结构分类如图5-2所示。

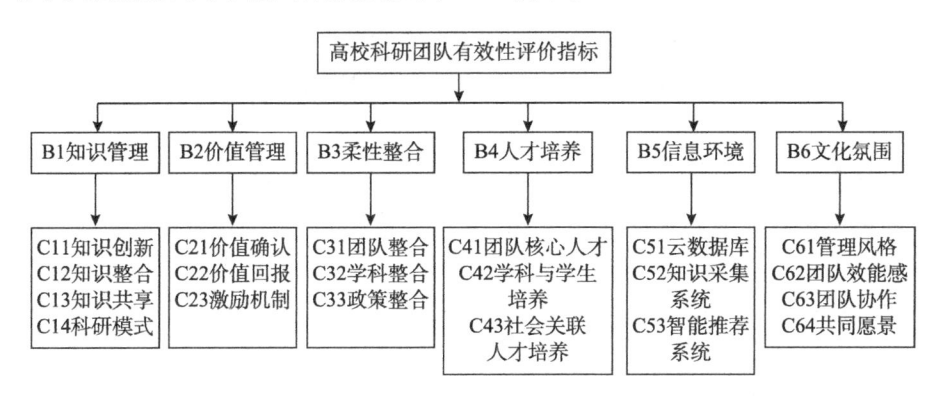

```
                    高校科研团队有效性评价指标
                              │
   ┌──────┬──────┬──────┬──────┬──────┬──────┐
B1知识管理 B2价值管理 B3柔性整合 B4人才培养 B5信息环境 B6文化氛围
   │       │       │       │       │       │
C11知识创新 C21价值确认 C31团队整合 C41团队核心人才 C51云数据库  C61管理风格
C12知识整合 C22价值回报 C32学科整合 C42学科与学生   C52知识采集  C62团队效能感
C13知识共享 C23激励机制 C33政策整合       培养     系统        C63团队协作
C14科研模式                    C43社会关联   C53智能推荐  C64共同愿景
                                  人才培养     系统
```

图5-2 高校科技创新团队有效性评价指标体系

5.4.4 评价指标权重确定

在模糊综合评价中，权重分配的方法有三种：德尔菲法、层次分析法和综合评价分析法。

1. 德尔菲法

德尔菲法是指采用函询的方式或电话、网络的方式，反复地咨询专家们的建议，然后由策划人作出统计，如果结果不趋向一致，就再征询专家，直至得出比较统一的方案。该方法适用范围广，不受样本是否有数据的限制，缺点是受专家知识、经验等主观因素影响，过程较为烦琐。

2. 层次分析法

层次分析法按系统的内在逻辑关系，以评价指标构成一个层次结构，针对同一层或同一域进行两两对比，并按规定的标度值构造判断矩阵 $B = (a_{ij})_{m \times n}$，并求出 B 的特征向量，并将特征向量归一化，得到各因素的权重。该方法对各指标之间重要程度的分析更具逻辑性，再加上数学处理，可信度较大，应用范围较广。缺点是各指标之间相对重要程度的判断因专家不同而异，有一定的主观性。

由此可见，层次分析法和德尔菲法都属于主观赋权的方法，使得权重的分配易受专家主观因素的影响，不利于客观地区分指标对总体的影响程度。因此，我们采用客观性较强的综合评价分析法作为权重分配的方法。

3. 综合评价法

综合评价分析法是在主成分分析法的基础上，以每个主成分的贡献率作为权数构造一个综合评价函数的分析方法。主成分分析法是通过用一些较少的新数量指标（因子）代替原来较多的指标，这些新指标是原来指标的线性组合，并能充分反映原来指标的信息，起到降维的作用。在这种情况下，就可以用新指标对原来信息的反映程度作为权重。这种方法客观性强，避免了人为赋权所造成的偏差。缺点是新指标不可能完全反映原来指标的信息，有一定的偏差，适用于有数据的样本。存在这一缺点的原因是传统的主成分分析法是通过提取贡献率超过一定比例的主成分作为所选中的成分，再利用各成分对总体的贡献率作为权重，故其不能反映总体的全部信息。我们利用主成分分析的原理，在提取所有主成分信息的基础上，将间接计算的各指标对总体的贡献率作为权重，使总体信息得到了完全的反映，同时也使权重的分配更具客观性。

综合评价分析法的主要步骤如下。

第一步，设综合评价使用 n 项指标，先将指标同向趋势化，将逆向指标转为正向指标。

第二步，将 n 项指标的原始数据标准化。设标准化后的 n 项指标记为 x_1，x_2，x_3，$\cdots$，x_n，即 $E(x_i)=0$，$D(x_i)=1$，$i=1,2,3,\cdots,n$。

第三步，计算指标的相关矩阵 R，求 R 的 n 个特征值一记为：$\lambda_1 > \lambda_2 > \lambda_3 > \cdots > \lambda_n > 0$。相应的正交化特征向量为 $V_i = (v_{1i}, V_{2i}, V_{3i}, \cdots, V_{ni})$，$i = 1, 2, 3, \cdots, n$。

第四步，设方差贡献率 $\alpha_i = \dfrac{\lambda_i}{\sum_{i=1}^{m}\lambda_i}$，当累计贡献率 $\sum_{i=1}^{m}\alpha_i$ 达到一定数值时，取 m 个主成分 $F_i = v_{1i}x_1 + v_{2i}x_2 + \cdots + v_{ni}x_n$，$(i=1,2,\cdots,m)$，进而得到综合评价函数 $F = \alpha_1 F_1 + \alpha_2 F_2 + \cdots + \alpha_m F_m$，我们取累计贡献率为1，即提取所有的主成分。

在创新团队有效性评价指标权重的确定中，为避开传统层次分析法（AHP法）一致性检验工作量大的不足和缺陷，我们选择了更为有效实用的模糊层析分析法（FAHP）。

（1）模糊层次分析法（FAHP）确定权重。模糊层次分析法是以重要、同等重要和不重要三个等级来区别每一层次中各因素对上层某因素的相对重要性，来构建优先判断矩阵，并对其施以一定的变换而形成模糊一致矩阵。FAHP确定评价体系的指标权重是以评价体系的递阶层次结构为基础，通过将专家对各层因素重要性的判断和模糊数学结合，确立评价体系的指标权重。具体操作步骤如下：首先，选择相关研究领域的专家对评价体系中每一层各因素对上层某一因素的相对重要性进行两两比较，结合模糊数的运用，构建优先判断矩阵；其次，根据上述的性质，运用变换方程 $u_{ij} = \dfrac{r_i - r_j}{2n} + 0.5$，将优先判断矩阵转换为模糊一致矩阵；最后，使用最常用的方根法，即

$$w_f = \left[\dfrac{\sqrt[n]{\prod_{j=1}^{n} u_{1j}}}{\sum_{i=1}^{n} \sqrt[n]{\prod_{j=1}^{n} u_{1j}}}, \dfrac{\sqrt[n]{\prod_{j=1}^{n} u_{2j}}}{\sum_{i=1}^{n} \sqrt[n]{\prod_{j=1}^{n} u_{2j}}}, \ldots, \dfrac{\sqrt[n]{\prod_{j=1}^{n} u_{nj}}}{\sum_{i=1}^{n} \sqrt[n]{\prod_{j=1}^{n} u_{nj}}} \right] \quad (5-5)$$

对模糊一致矩阵中的列向量归一化，得到的列向量就是权重向量，各分量即是相应指标的权重值。

（2）标准离差法确定权重。标准离差法的基本原理是利用科技创新团队有效性各个评价指标的标准差变化情况来确定每个指标的权重，是依据客观指标实际的客观数据变化特征计算权重的一种方法。采用这种方法计算指标权重前，需要将所有指标都进行标准化处理。某项指标标准差越小，表明该指标变异程度越小，对评价体系影响较小，权重越小；反之，则权重越大。具体算法如下：

$$w_{si} = \dfrac{\delta_i}{\sum_{i=1}^{n} \delta_i} \quad (5-6)$$

其中，w_{si} 为第 i 个科技创新团队有效性评价指标的标准离差权重，δ_i 为第 i 个科技创新团队有效性评价指标数据的标准差。

（3）组合权重的确定。分别用 w_{fi}，w_{si} 来表示第 i 项科技创新团队有效性评价评价指标的主观权重与客观权重，依据权重确定的理论，组合权重为：

$$w_i = \dfrac{w_{fi} \times w_{si}}{\sum_{i=1}^{m} w_{fi} \times w_{si}} \quad (5-7)$$

鉴于不同高校类型、不同学科类型的评价标准存在较大差异，我们选取武汉地区高校的理工型科技创新团队的数据进行分析，结合专家团队的打分和修订，获得高校科技创新团队有效性评价指标体系的权重如图5-3所示。

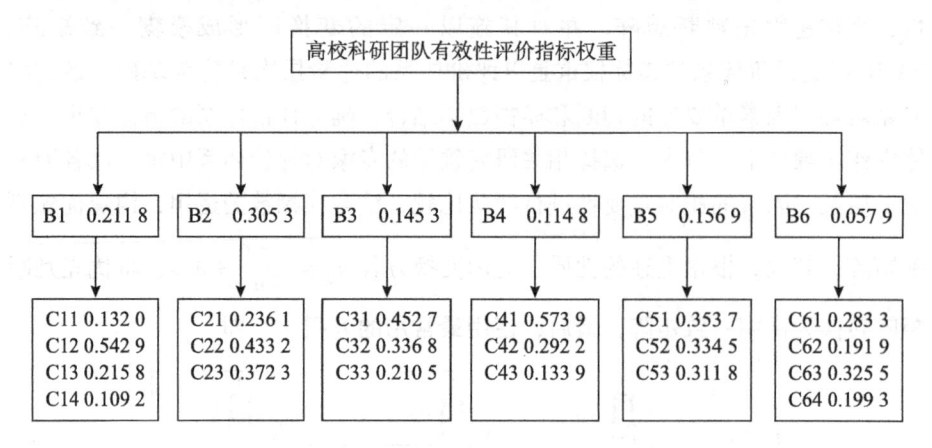

```
              高校科研团队有效性评价指标权重
    ┌──────┬──────┬──────┼──────┬──────┐
  B1 0.2118  B2 0.3053  B3 0.1453  B4 0.1148  B5 0.1569  B6 0.0579
    │        │          │          │          │          │
 C11 0.1320  C21 0.2361 C31 0.4527 C41 0.5739 C51 0.3537 C61 0.2833
 C12 0.5429  C22 0.4332 C32 0.3368 C42 0.2922 C52 0.3345 C62 0.1919
 C13 0.2158  C23 0.3723 C33 0.2105 C43 0.1339 C53 0.3118 C63 0.3255
 C14 0.1092                                              C64 0.1993
```

图5-3 高校科技创新团队有效性评价指标权重

5.5 基于DEA的评价模型

5.5.1 定量指标评价值的确定

定量指标可以通过一定的技术测量手段确定其量值。由于定量指标的计量单位各不相同，不具可比性，必须进行指标的无纲量化处理，通过数值变换来消除指标间的量纲影响。

无纲量化的方法有很多，一般采用Z-score法进行无量纲化。

对正指标：

$$Z_{ij} = (X_{ij} - \overline{X}_j)/S_j, \quad (5-8)$$

对负指标：

$$Z_{ij} = (\overline{X}_j - X_{ij})/S_j, \quad (5-9)$$

其中 $\overline{X}_j = \dfrac{1}{n} \cdot \sum_{i=1}^{n} X_{ij}, S_j = \sqrt{\sum_{i=1}^{n} \dfrac{(X_{ij} - \overline{X}_j)^2}{n}}$ (5-10)

5.5.2 定性评价指标的数据确定

高校科技创新团队有效性评价是一个复杂的系统问题，涉及很多定性指标，对于这些定性指标我们可以采用模糊评价方法确定。在这个方法中，评价集就是把因素定性划分成的档次组合，如可设定档次评价集为：

$V = \{V_1（很好），V_2（较好），V_3（一般），V_4（较差），V_5（很差）\}$，标准隶属度集：$U = (1.0, 0.8, 0.5, 0.2, 0)$。具体方法如下。

（1）请专家（一般为 6 个以上）对所给定的指标按规定的评语进行评判，由此计算指标的隶属度。

（2）指标隶属度的计算。依据专家对各个指标所下的评语，按其标准隶属度进行平均，取平均隶属度作为该指标的隶属度。

高校科技创新团队有效性评价值的计算源于 D 层指标中评价值的无量纲处理后的标准值，然后从层开始逐级向上推算，具体步骤如下。

（1）C 层指标数值的算法。C 层指标以对应的 D 层指标数值为基础，其计算公式为：

$$C_i = \sum_{j=1}^{n} w_{ij} \cdot D(x)_{ij} \qquad (5-11)$$

式中　C_i——第 i 个 C 层指标数值；

w_{ij}——C 层第 i 项指标所对应的第 j 项 D 层指标的权重，$\sum_{j=1}^{n} w_{ij} = 1$；

$D(x)_{ij}$——第 i 项 C 层指标所对应的第 j 项 D 层指标评价值的标准值；

n——第 i 项 C 层指标包含的 D 层指标项数。

（2）B 层指标数值的算法：

$$B_i = \sum_{m=1}^{u} p_{im} \cdot C_{im} \qquad (5-12)$$

式中　B_i——B 层第 i 个指标数值；

p_{im}——B 层第 i 个指标对应的 C 层指标权重，$\sum_{m=1}^{u} p_{im} = 1$；

C_{im}——B 层第 i 个指标对应的 C 层指标评价值；

u——B 层第 i 个指标包含的 C 层指标项数。

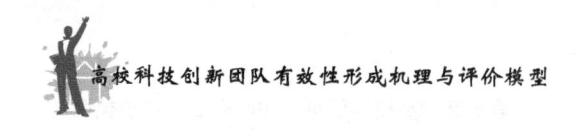

（3）校科技创新团队有效性评价值的计算公式：

$$R = \sum_{i=1}^{n} w_i \cdot B_i \qquad (5-13)$$

式中　R——合评价值；

w_i——B 层指标的权重，$\sum_{i=1}^{n} w_i = 1$；

B_i——B 层第 i 个指标对应的指标评价值；

n——B 层指标项数。

5.5.3　算例

1. 实证模型的建立

（1）指标的赋权方法。我们利用主成分分析的原理，在提取所有主成分信息的基础上，将间接计算的各指标对总体的贡献率作为权重，使总体信息得到完全的反映，同时也使权重的分配更具客观性。具体实施方法参见"5.4.4 评价指标权重确定"的相关内容。

（2）模型介绍。数据包络分析法（DEA）可以将系统（通过一系列决策，投入一定数量的生产要素，并产出一定数量的产品）变为决策单元（DMU），对已知的 n 个决策单元，可用 DEA 来判断各个单元投入与产出的合理性、有效性。对于某个选定的 DMU，设 x_{ij} 为第 j 部门对第 i 种输出的投入量，$x_{ij} \geq 0$，设 Y_{rj} 为第 j 部门对第 r 种输出的产量，$y_{rj} \geq 0$，v_i 第 i 种输入的一种度量（权），$v_i \geq 0$，u_r 为第 r 中输出的一种度量，$u_i \geq 0$。本书采用 DEA 理论的 C2R 模型。C2R 模型是一个典型的把直观思路条理化和数学模型化的最基本的 DEA 模型。

设有 n 个 DMU_j（$1 \leq j \leq n$），DMU_j 的输入、输出向量分别为

$$X_j = (x_{1j}, x_{2j}, \cdots, x_{mj})^T \\ Y_j = (y_{1j}, y_{2j}, \cdots, y_{sj})^T, \quad j = 1, 2, \cdots, n \qquad (5-14)$$

由于生产过程中各种输入和输出的地位与作用不同，因此，要对 DMU 进行评价，需对它的输入和输出进行综合，即把它们看作只是一个总体输入和总体输出的生产过程，这样就需要赋予每个输入、输出恰当的权重，于是可以令 x_j 的权重为 v_i，y_k 的权重为 u_k（$1 \leq i \leq m$，$l \leq k \leq s$），则输入和输出的权向量为：

$$v = (v_1, v_2, \cdots, v_m)T \tag{5-15}$$
$$u = (u_1, u_2, \cdots, u_s)T$$

将下式

$$h_i = \frac{uy_j^T}{vx_j^i} = \frac{\sum_{k=1}^{s} u_k y_{kj}}{\sum_{i=1}^{m} v_i x_{ij}}, j = 1, 2, \cdots, n \tag{5-16}$$

称为第 j 个决策单元 DMU_j 的效率评价指数。

在式（5-16）中，可以选取适当的 u 和 v，使得 $h_j \leqslant 1$。精确地说，h_j 越大，表明 DMU_j 能够用相对少的输入而得到相对较多的输出。因此，可以通过考察当尽可能地变化 u 和 v 时 h_j 的最大值来检验 DMU_j 是否为最优，可以构造下面 C2R 模型：

$$\begin{cases} \max \dfrac{\sum_{k=1}^{s} u_k y_{kj}}{\sum_{i=1}^{m} v_i x_{ij}} = Vp \\ s.t. \dfrac{\sum_{k=1}^{s} u_k y_{kj}}{\sum_{i=1}^{m} v_i x_{ij}} \leqslant 1 \\ u_k \geqslant 0 \\ v_j \geqslant 0 \end{cases} \tag{5-17}$$

$$k = 1, 2, \cdots, s; j = 1, 2, \cdots, m$$

式（5-17）是一个分式规划问题，可以利用 Charnes – Cooper 变换，将分式规划转化成为线性规划。令

$$t = \frac{1}{v^T x_0} \tag{5-18}$$

$$\omega = tv$$

$$\mu = tu$$

则有

$$\mu^T y_0 = \frac{u^T y_0}{v x_0^T}$$

$$\frac{\mu^T y_j}{\omega^T x_j} = \frac{\mu^T y_j}{v^T x_j} \leq 1 \tag{5-19}$$

$$\omega^T x_0 = 1$$

$$\omega \geq 0$$

$$\mu \geq 0$$

于是可以变成下面的线性模型

$$\begin{cases} \max \mu^T y_0 = V_p \\ s.t.\ \omega^T x_j - \mu^T y_j \geq 0, j = 1, 2, \cdots, n \\ \omega^T x_0 = 1 \\ \omega \geq 0, \mu \geq 0 \end{cases} \tag{5-20}$$

下面的定理给出了分式规划模型（5-17）与线性规划模型（5-20）解的相互关系。

定理 1：规划模型（5-17）与规划模型（5-20）在下述意义下等价。

① 若 v^*，u^* 为规划模型（5-17）的解，则 $\omega^* = t^* v^*$，$\mu^* = t^* u^*$ 为规划模型（5-20）的解，并且两个规划模型的最优值相等。

② 若 ω^*，μ^* 为规划模型（5-20）的解，则 ω^*，μ^* 也是规划模型（5-17）的解，并且两个规划模型的最优值相等。

由于线性规划模型（5-20）可以表示成：

$$\begin{cases} \max(\omega^T \mu^T)(y_0^0) = V_p \\ s.t.\ \omega^T - \mu^T y_1 \geq 0 \\ \omega^T - \mu^T y_2 \geq 0 \\ \vdots \\ \omega^T x_n - \mu^T y_0 \geq 0 \\ \omega^T x_0 = 1, \omega \geq 0, \mu \geq 0 \end{cases} \tag{5-21}$$

根据线性规划的对偶理论可知，规划模型（5-21）的对偶规划模型为：

$$\begin{cases} \min(\lambda_1, \lambda_2, \cdots, \lambda_n, \theta) \begin{pmatrix} 0 \\ 0 \\ \vdots \\ 0 \\ 1 \end{pmatrix} = V_p \\ s.t. \sum_{j=1}^{n} \lambda_j x_j + \theta x_0 \geq 0 \\ -\sum_{j=1}^{n} \lambda_j y_j \geq 0, \lambda_j \leq 0, \theta \text{ 无符号限制} \end{cases} \quad (5-22)$$

引入新的松弛变量 S^+，$S^- \geq 0$，并令 $-\lambda_j = \lambda_j$，可将对偶模型（5-22）表示成：

$$\begin{cases} \min \theta = V_D \\ s.t. \sum_{j=1}^{n} \lambda_j x_j + s^- = \theta x_0 \\ \sum_{j=1}^{n} \lambda_j y_j - s^+ = y_0 \\ \lambda_j \geq 0, j = 1, 2, \cdots, n \\ s^- \geq 0, s^+ \geq 0 \end{cases} \quad (5-23)$$

并直接称模型（5-23）为模型（5-22）的对偶规划。

定理2：规划模型（5-21）和规划模型（5-23）均存在解，并且最优值 $V_D = V_p \leq 1$。

2. 数据选取说明

（1）数据来源。本书的数据来源主要有以下几个方面。

① 专家访谈。通过省内外的相关专家访谈，获得科技创新团队有效性评价的指标和维度，结合计算机分析，获取研究数据。

② 问卷调查。通过问卷设计、发放、回收、分析等流程获得研究数据。

③ 档案资料。通过查阅相关的科技创新团队工作总结、主管部门的考核意见、相关部门的满意度调查等途径获取研究数据。

④ 文献资料。由于本项研究涉及的数据较多，指标较为具体，因而数据收集有一定的难度。针对研究数据不全或缺失的现象，我们采取专业文献或相关统计网站为补充的方式进行。

(2) 数据缺失值处理。尽管采用以上四种方法获取数据，但是仍然有个别数据没能获取。因此，有必要对缺失值进行处理，以保证研究顺利进行。通常来讲，缺失数据的处理方法包括内插法和外推法。

① 内插法（Interpolation）通常指利用已知信息条件推算更多信息。内插法更多地应用于确定位于两个已知值之间的值。最简单的方法是线性内插法，其中某个缺省点只是给定数据点的线性组合。即，如果 x 是变量在时间 t 的观测值，X_{t+2} 是同一变量在时间 $t+2$ 的观测值，假定 $t+1$ 和 $t+2$ 之间是等间隔的，那么 $t+1$ 时刻的线性内插估计值由下式给出：

$$\hat{x}_{t+1} = \frac{x_t + x_{t+2}}{2} \tag{5-24}$$

另一种方法是指数内插法，运用几何平均值得到估计值：

$$\hat{x}_{t+1} = \sqrt{x_t x_{t+2}} \tag{5-25}$$

内插法处理数据方法的选择，取决于所研究的时间序列数据的特征。例如，时间序列数据包含线性（指数）增长关系，那么线性（指数）内插法就是使用的方法。

② 外推法也是一种数据缺失的处理方法。它就是根据变量间的函数关系，将实验数据描述的图像进行延伸，进而对超出给定数据集合之外的点的预测。在利用时间序列数据时经常会出现外推问题。外推法的技术与内插法相似，例如，根据线性外推法，给定变量 X 的观测值 X_t 和 X_{t+1}，那么外推在 $t+2$ 时的估计值满足：

$$\hat{x}_{t+2} - x_{t+1} = x_{t+1} - x_t \tag{5-26}$$

因此，

$$\hat{x}_{t+2} = 2x_{t+1} - x_t \tag{5-27}$$

根据指数外推法，其中，

$$\hat{x}_{t+1} = x_t e^{at} \quad \hat{x}_{t+2} = x\, t + 1 e^{at} \tag{5-28}$$

由于我们所采用的数据只是个别数据的缺失，而且数据之间不存在指数关系，所以我们采用了线性内插法来处理缺失数据。

3. 创新团队实例测评

所选 8 个科技创新团队处在武汉市的同一发展环境中，根据可比性和数据可获得性的要求，本文选择了 4 家高校中的科技创新团队，每个高校按照我们提出的标准，推荐两个团队。由于他们承担的责任一样，都是进行应用软件和信息系统开发等互联网方向的研究，所以具有相同的输入、输出。团队组建前的基础差不多,第一年后的成绩却具有明显的差异。我们研究的目的是找到这些团队的优势和不足,分析这些科技创新团队的相对有效性,并以此作为典型,查看整个系统的团队有效性状况。找到相对有效性高的科技创新团队的优势所在,弥补那些团队为 DEA 弱有效或者无效团队的不足之处。我们构建了基于本体的科技创新团队有效性的评价指标及标准,如表 5-2 所示。

表 5-2 评估体系输入指标数据来源及标准

影响因素	输入指标	输入指标的评价方法
团队输入	成员技能	调查问卷(很差、差、一般、较好、好:分别记分0,2,4,6,8分)
	成员态度	调查问卷(很差、差、一般、较好、好:分别记分0,2,4,6,8分)
	成员数目	根据具体状况填写
	团队目标	调查问卷(很差、差、一般、较好、好:分别记分0,2,4,6,8分)
	科技资源配置	调查问卷(很差、差、一般、较好、好:分别记分0,2,4,6,8分)
团队过程	知识整合	调查问卷(很差、差、一般、较好、好:分别记分0,2,4,6,8分)
	团队沟通	调查问卷(很差、差、一般、较好、好:分别记分0,2,4,6,8分)
	知识共享	调查问卷(很差、差、一般、较好、好:分别记分0,2,4,6,8分)
领域本体	领域本体构建	调查问卷(很差、差、一般、较好、好:分别记分0,2,4,6,8分)
	领域本体维护	调查问卷(很差、差、一般、较好、好:分别记分0,2,4,6,8分)
	本体知识运用	调查问卷(很差、差、一般、较好、好:分别记分0,2,4,6,8分)
团队输出	品质提升	调查问卷(很差、差、一般、较好、好:分别记分0,2,4,6,8分)
	技能提升	调查问卷(很差、差、一般、较好、好:分别记分0,2,4,6,8分)
	错误减少	调查问卷(很差、差、一般、较好、好:分别记分0,2,4,6,8分)
	满足感提升	调查问卷(很差、差、一般、较好、好:分别记分0,2,4,6,8分)
	凝聚力增强	调查问卷(很差、差、一般、较好、好:分别记分0,2,4,6,8分)

(1)由于团队输入和输出具有相对的独立性,在不考虑团队知识领域本体影响的情况下,采集 8 个团队的数据如表 5-3 所示,未调用本体数据的系统运行截图如图 5-4 所示。

表5-3 采集输入输出数据

	团队	1号	2号	3号	4号	5号	6号	7号	8号	
成员技能	X1	2	6	6	7	3	4	6	6	
成员态度	X2	4	4	4	3	7	2	8	4	
成员数目	X3	5	8	9	8	6	10	7	7	
团队目标	X4	1	7	6	2	4	2	6	8	
科技资源配置	X5	1	3	6	6	1	4	1	8	输入指标数据
知识整合	X6	3	6	6	4	2	8	2	2	
团队沟通	X7	6	6	8	6	8	6	7	3	
知识共享	X8	6	6	7	4	4	6	6	8	
领域本体构建	X9									
领域本体维护	X10									
本体知识运用	X11									
品质提升		8	6	6	2	6	7	8	4	Y1
技能提升	输出	6	3	8	7	8	6	8	6	Y2
错误减少	指标	4	6	2	6	4	6	6	3	Y3
满足感提升	数据	6	2	4	6	5	4	6	6	Y4
凝聚力增强		6	4	2	4	6	6	8	6	Y5

图5-4 没有调用本体数据的系统运行截图

通过Linggo 9.0分析软件，进行数据处理后，得到如表5-4所示的结果，调用本体数据评价结果见表5-5。

第 5 章　高校科研创新团队有效性评价模型

表 5-4　未调用本体数据评价结果

决策单元	效率指数 θ	S_1^-	S_2^-	S_3^-	S_4^-	S_5^-	S_6^-	S_7^-	S_8^-	S_1^+	S_2^+	S_3^+	S_4^+	S_5^+
DMU1	0.9481	0.9929	0.6731	0.9615	0.9568	0.7786	0.7797	0.7500	0.5000	0.4038	0.4231	0.8653	0.3269	0.8076
DMU2	0.9867	0.9551	0.0000	0.1333	0.8000	0.8667	0.0000	0.3333	0.0000	0.7666	0.2000	0.3333	0.0000	0.0000
DMU3	1.0000	0.0000	0.9568	0.0000	0.0000	0.0000	0.0000	0.0000	0.7059	0.0000	0.0000	0.7960	0.0000	0.0000
DMU4	0.7855	0.0000	0.6719	0.3333	0.6667	0.0000	0.2500	0.0000	0.3404	0.5000	0.8830	0.9833	0.6666	0.8333
DMU5	0.8684	0.9921	0.8441	0.7287	0.8776	0.2234	0.3829	0.7819	0.9444	0.1968	0.4468	0.3882	0.3457	0.7978
DMU6	0.8385	0.9929	0.3723	0.1542	0.2393	0.9027	0.9583	0.8712	0.2538	0.2245	0.9143	0.2662	0.0000	0.0000
DMU7	1.0000	0.3434	0.0000	0.0000	0.0000	0.0000	0.0000	0.8071	0.2538	0.0000	0.0000	0.0000	0.3637	0.0000
DMU8	0.9438	0.9568	0.7337	0.3703	0.6782	0.1157	0.2309	0.8071	0.2538	0.1015	0.5583	0.3637	0.8976	0.1472

表 5-5　调用本体数据评价结果

决策单元	效率指数 θ	S_1^-	S_2^-	S_3^-	S_4^-	S_5^-	S_6^-	S_7^-	S_8^-	S_9^-	S_{10}^-	S_{11}^-	S_1^+	S_2^+	S_3^+	S_4^+	S_5^+
DMU1	1.0000	0.4745	0.6949	0.7457	0.9152	0.8474	0.6949	0.8305	0.8050	0.2542	0.3008	0.3813	0.7033	0.0000	0.0000	0.1186	0.0000
DMU2	1.0000	0.4237	0.2222	0.9444	0.0626	0.0000	0.1195	0.0022	0.0000	0.1713	0.1111	0.0035	0.2777	0.1604	0.5555	0.0004	0.0005
DMU3	1.0000	0.2013	0.2100	0.0152	0.4800	0.0168	0.8200	0.0047	0.8480	0.1962	0.7840	0.0208	0.7360	0.0596	0.0002	0.0001	0.0374
DMU4	1.0000	0.1103	0.1200	0.0126	0.0192	0.2550	0.0007	0.1000	0.0307	0.1040	0.0217	0.2800	0.0001	0.2020	0.0496	0.3910	0.0206
DMU5	1.0000	0.3333	0.8333	0.7151	0.1769	0.2157	0.2218	0.1353	0.3163	0.1666	0.0000	0.0000	0.5328	0.0000	0.1150	0.0000	0.5390
DMU6	1.0000	0.6666	0.9848	0.3535	0.1590	0.6818	0.9848	0.6792	0.4000	0.8000	0.3740	0.0000	0.1313	0.2800	0.4848	0.5320	0.0000
DMU7	1.0000	0.1631	0.9156	0.7252	0.0000	0.2649	0.0000	0.8019	0.8786	0.0000	0.0000	0.0000	0.8298	0.0000	0.2489	0.1325	0.8822
DMU8	1.0000	0.2247	0.0886	0.7760	0.5937	0.0000	0.0000	0.0001	0.8914	0.0005	0.0002	0.0000	0.4219	0.0000	0.0000	0.2248	0.9992

由以上计算结果可知，如果不考虑非智力因素和其他环境的影响，那么其中有3号、7号两个科技创新团队的组合是相对有效的，而其他几个团队计算结果显示，其团队组合是非有效的。DEA 非有效的几个团队具体分析如下：1号，2号，4号，5号，6号，8号几个团队组建时投入的资源差异很大，相关数据表明，团队组建时由于团队成员技能高低不齐、成员态度不同一和目标明显不一致，制约了团队有效性的形成。其中，1号、5号、6号团队的成员技能有待进一步提高，1号、4号、5号、6号团队的目标不够明确，团队成员之间没有达成共识。1号、2号、5号团队的科技资源配置较差，5号和8号知识整合能力较弱。尽管团队沟通和知识共享水平普遍较高，但是在产品品质提升、满足感和凝聚力增强方面提高的幅度不大。所以为了提高团队的有效性，需要结合每一个团队的具体情况，实施提升策略：1号团队应该加强团队目标的认同、科技资源的配置管理能力，同时提高团队成员的技能；2号团队需要重点关注员工态度和科技资源配置；4号、5号和6号团队关键是要提高团队目标的认同感，同时要提高科技资源的配置能力和知识整合的能力；8号团队关键是在知识整合方面需要补强。

（2）为说明团队知识领域本体对科技创新团队有效性的影响，在考虑领域本体构建、领域本体维护和本体知识应用等因素情况下，采集8个科技创新团队的数据如表5-6所示，调用本体数据的系统运行截图如图5-5所示。

表5-6 采集输入输出数据

	团队	1号	2号	3号	4号	5号	6号	7号	8号	
成员技能	X1	2	6	6	7	3	4	6	6	
成员态度	X2	4	4	4	3	7	2	8	4	
成员数目	X3	5	8	9	8	6	10	7	7	
团队目标	X4	1	7	6	2	4	2	6	8	
科技资源配置	X5	1	3	6	6	1	4	7	8	输入指标数据
知识整合	X6	3	6	6	4	2	8	5	2	
团队沟通	X7	6	6	8	6	8	6	7	3	
知识共享	X8	6	6	7	4	4	6	6	8	
领域本体构建	X9	4	3	6	7	4	2	5	6	
领域本体维护	X10	2	3	2	7	1	2	7	0	
本体知识运用	X11	6	4	7	3	2	7	6	1	
品质提升	输出指标数据	8	6	6	2	6	7	6	4	Y1
技能提升		6	3	8	7	8	6	8	6	Y2
错误减少		4	6	2	6	4	6	8	6	Y3
满足感提升		6	2	4	6	6	5	4	6	Y4
凝聚力增强		6	4	2	4	6	6	6	6	Y5

通过 Linggo 9.0 分析软件，进行数据处理后，得到如表 5-5 所示结果。

图 5-5　调用本体数据的系统运行截图

由以上结果可知，考虑知识本体的影响时所得到结果与不考虑的情况下所得结果明显不同。此时，8 个决策单元的 $\theta^0 = 1$，$e^T S^{-0} + e^T S^{+0} > 0$，即 8 个科技创新团队都为 DEA 有效，且为弱 DEA 有效，虽然 8 个科技创新团队中除 3 号、7 号团队外，在第一种情况下团队整体为非有效，但在第二种情况下为有效，而且 8 个科技创新团队均为弱 DEA 有效。因此，科技创新团队的有效性与其知识本体的管理有着密切的关系，在综合考虑科技创新团队有效性时不容忽略。针对以上结果，建议组织中科技创新团队的管理者，在加强团队的有效性管理时应注意以下几点。

① 高度重视科技创新团队的本体建设，把基于信息技术的本体建设和管理作为团队管理的一个重要组成部分；

② 重视团队知识的重用和共享，通过知识传递和应用，提高团队的整体有效性水平；

③ 加强团队沟通和交流工作，提高团队成员知识共享意愿，为团队知识本体的构建、维护和优化提供源源不断的信息来源；

④ 注重团队成员的异质性配置，从技能结构、人员特质、知识水平等多维度选拔团队成员，最大限度地降低成员之间的内耗，提高科技创新团队的有效性；

⑤ 关注组织激励政策的与时俱进和团队成员的心理管理，从宏观和微观两个方面激励员工开发潜能，提高知识贡献能力和意愿，从而为提高基于本体的团队有效性提供组织保障。

第6章　高校科技创新团队管理体系设计

6.1　强化高校人力资源管理创新

6.1.1　建立基于高校组织特征的人力资源管理实践系统

1. 高校组织概念和含义

高校组织是高校组织内部要素与外部要素相互作用关系下产生的一种形式。高校组织的优缺点、是否合理直接影响高校的功能发挥和高校战略目标的实现。高校组织结构一般分为管理组织结构和学科组织结构。管理组织结构是指高校内部的管理部门集合，它们的任务是为学科组织提供相应的服务，包括学科组织内部的协调需求、问题解决咨询需求等，以及帮助学科组织实现学科建设、学科完善等业务的正常运行。学科组织结构实质上就是学术管理机构，它是按照学科分类来进行设置的。

2. 高校组织特征

在国内，公立高校和民办高校之间的组织特征不尽相同。

在权力管理中心方面，公立高校一般具有很强的政府背景，权力集中在政府机构、学术团体手上，政府直接干预高校管理，并且实行自下而上的层级领导关系。民办高校的管理层一般是由创办者和创办者所自行聘请和组织起来的管理团体，他们不一定具有严格的学术背景，其管理讲求效率优先的原则，不要拘谨于公立高校严格权力管理结构。

在人事调整方面，公立高校的人事调动还是主要由政府和学校一同参与的行政任命，进行人事变动的方式比较简单，而且途径单一，一般实行的是党委领导下的校长负责制。民办高校的人事调整则相对来说比较灵活多变，采取的方法和途径也比较多，可以通过诸如社会招聘、兼职、资深教师返聘等多种途径来进行人员的选拔和更替。

在组织目标方面，公立高校最根本的目的是提倡学术研究，追求科研成果，领导制订计划是为了促进学术研究的发展，培养具有优秀学术能力的学生，同时也通过多种途径来支持高校科技创新团队和科研教师。民办高校则更看重学校的可持续性发展，保证学校教学质量的不断完善和持续，同时学校教育能够不断地产生一定的社会效益和经济效益，先要保证学校的正常运行，后考虑学校的学术发展。

在组织结构方面，公立高校组织目标的要求使学术研究成果的产出需要一个比较长的周期，短期内很难有很好的研究成果出来，对于研究团队及教师团队的聘请需要考虑到工作的漫长性，所以公立高校的组织结构一般采用长期合同的形式来保证组织成员的稳定性。而民办高校的组织目标不在于追求学术研究成果，而是保持学校运作的可持续性和教学质量的完善和保持，民办高校更倾向于合同式的短期聘用的方式，保证短期内的效果，其组织结构的流动性比较大。❶

3. 基于高校组织特征的人力资源管理实践系统

建立基于高校组织特征的人力资源管理实践系统，就是要建立契合于相应高校组织特征的人力资源管理系统。系统的建立可以依据契合理论来进行实例验证，通过实证来支撑理论模型，为组织采取何种人力资源管理实践提供强有力的数据支持。基于组织战略目标的组织价值观方法的确定，对于人力资源管理实践的参考价值很大，合适的价值观方法能够帮助高校更好地吸引人才。

人力资源管理实践系统对于人力资源的管理涉及很多方面，包括个人绩效水平、薪酬水平、科研水平、学术水平、教授水平、团队协作能力水平、沟通水平、成果转化水平等多个方面，这些方面的管理应当在实践系统当中有一套完整标准的规范，在系统运行的过程当中，依靠这套规范来进行具有说服力的管理，实现合理化的人力资源管理。人力资源管理实践系统应当是一个灵活多变的系统，对于指标的选择也应当是灵活的，对于不同考核方面，其指标应该是不同的，而不是"一刀切"地使用同一套标准；同时，这些指标并不是一成不变的，随着社会的发展以及高效目标转变的要求，这些指标是可以随时改变的，这是为了适应变化的环境，也是为了适应变化的人力资源。只有这样，才能在人力资源结构发生变化的时候，及时实现动态化的人力资源管理。

---

❶ 张生章. 我国民办高校和公立高校的组织特征比较 [J]. 陕西教育·理论, 2006 (8): 22-23.

6.1.2 建立引导教师行为态度的人力资源管理实践方式

教师的质量水平在很大程度上决定着高校的教育质量，而教师的行为态度则决定着教师的科研水平的高低。态度是个体对特定对象做出反应时所持的带有评价性的心理倾向，包含认知、情感和行为倾向三个元素，认知是情感的基础，情感能够导致行为结果。❶ 态度决定着个体对某件事情所做出的选择，影响着个体的行为操作。教师的态度包括对学校、学生、同事、工作、科研等的心理倾向，影响着教师在这些方面的行事过程当中所做出的选择和实际操作。既符合教师发展，又符合高校发展的教师个人态度是高校对于教师个人态度状态的一种要求。对教师态度的良好引导，可以改变教师的态度，将教师的态度改变成适应高校发展的状态，而后将这种态度转换成教师的行为，在实际的教学研究活动当中，完善教师的教学工作质量和科研质量。

高校管理需要通过改善人力资源管理实践，对教师行为态度进行正确引导，以此来提升教师科研绩效和满意度，提升教师的工作效率，让教师对学校更有归属感和认同感。教师引导的根本目的就是让教师对工作活动能够感到满意，让教师的行为态度能够符合高校的发展需要和标准要求，同时也能够符合教师个人的发展以及学校的发展。这样一个引导过程是需要通过多种方式结合运用来实现最终需要的效果的，单一的引导方式可能无法从多方面、多角度来对教师的行为态度进行适应性提升，所以建立多样化的引导教师行为态度的人力资源管理实践方式，高校需要投入更多的精力进行相关的适应性研究和实践，结合多种方式来进行实践引导。对于教师行为态度的引导，可以从以下多种方式结合入手。❷

1. 开展教师培训工作

高校在教师培训、帮助教师完善提升方面还有很大的提升空间。高校可以根据各个职能部门的特点来制订相应的教师培训计划，培训计划可以是一种，也可以是多种培训方案的共同实行。结合部门特征和教师个人的需求以及研究需要，通过交流沟通的方式，建立起既符合教师个人发展需求，又符合高校发展规划的教师培训方案，满足高校复杂的组织机构以及教职员工不同的个人需求，最大限度地开发和利用高校人力资源，对教师个人来说是提高个人科研绩

---

❶ 李霞. 信念、态度、行为：教师文化建构的三个维度 [J]. 教师教育研究，2012 (3)：17-21.
❷ 吕诗曼. 高校人力资源管理与教师科研绩效关系研究 [D]. 南昌：南昌大学，2014.

效，对高校来说是提升组织绩效。

2. 建立教师平等关系

建立教师之间的平等关系，让教师能够通过平等的对话和沟通来交流自己的经验和看法，促进教师之间的相互学习，缓和教师之间的关系，消除教师之间的误解和不和，促进教师之间的共同认识，形成教师之间共有的文化。让教师在沟通和交流过程当中不断审视和更新自己的想法和态度，转变自己的消极态度，让和谐融洽的教学环境促进教师的个人发展，最终作用于高校组织提升。

3. 培养教师个人兴趣

教师的生活不应只局限于高校的教学任务和科研项目，高校同时还应注意到教师个人的兴趣爱好的培养。良好的兴趣爱好可以促进教师的业余生活，同时，相应的组织活动可以促进教师之间的互动和交流，也能够让高校了解到教师的需求，及时对教师的需求做出反馈，让教师在个人兴趣爱好的培养过程中不断提升自己的归属感和对高校培养的认同感，以此来作用于教师态度行为的提升。

6.1.3 建立科学评价高校科研绩效的评价机制与流程

科研绩效是高校在发展过程当中非常注重的一个任务指标，这也是由高校的长期目标所决定的。科研绩效是反映高校内部科技创新团队或者教师职工的能力、效率、产出的一项重要的指标，同时也是考察高校发展状况、反映高校整体科研水平的强有力论证。高效的科研绩效不仅可以促进科研人员的个人发展和成果产出，也可促进高校的整体价值、社会地位威望及社会认可度的提升。科研绩效评价是一种评价科研项目在整个研究过程当中投入与产出之比、成果产出、目标实现等指标情况的一种认识活动，通过科学合理的考察、监督和判断等方式，对科研绩效进行一个客观公正的判断，实现科研过程的把关以及科研人员的成果对接。[1]

高校的科研绩效评价机制应当有适应于其环境特征的独特性，它需要能够完整地反映科研人员的创新活动及工作进展，同时也能够对科研人员的工作计划及未来工作产生一种促进推动的效果，能够激发出科研人员的科研动力和科

---

[1] 杨丽霞，简毓峰. 国内外高校科研绩效评价研究综述［J］. 甘肃高师学报，2007（5）：122-124.

研潜力，最大限度地发挥科研人员的知识水平和科研能力，同时又能够起到一个激励和提升的作用。因此，建立一套适应于高校发展的科研绩效评价机制与流程，有利于提高高校的科研绩效评价水平和评价效率。在制定这套机制和流程的过程当中，可以借鉴国内外在这方面的研究成果和管理实践，结合自身发展需求，为高校定制一套独有的评价机制与流程。

美国在科研绩效评价方面的实践是开展得最早的。美国国会直接参与到科研绩效评价的管理过程当中来，它于20世纪初成立了国会咨询部，研究和评估会员及议员提出的相关问题，这个过程就是一个科研评价的过程，它的目的是对提出的问题做出一种科学合理的评价结果，这个结果是依据一套规范统一的标准得出的，这个结果能够反映出问题的内在含义。❶ 实际上，美国在如何提高和促进高校教师科研能力水平和教学水平的问题上所采取的措施就是对教师的工作进行指标评价。学校依据较为科学、标准、规范和制度化的评估指标体系来对教师活动进行评价，科研评估内容包括论著、专利等，这个评价既是对教师工作成果的一种反映，也是学校考核教师的一种最直接的方式，这些评价结果直接关系到教师的奖惩、晋升、聘任和工资待遇等。❷

我国第一个高校科研机构评价指标体系是由教育部委托高校研究机构评估方案课题组于1988年设计完成的。这个评价指标体系由研究方向和任务、研究成果与人才培养、研究队伍和条件3个层次共25个指标形成，并确定了相应指标的权重和分值，指标都采用人均数和比例数。❸ 之后，在科研绩效评价相关内容的探索和研究上，我国取得了很大的进步，包括科研绩效评价的目标、评价内容、评价指标、评价方法、评价因素等各方面的综合考量都得到了重视，在科研绩效评价机制当中都得到了完善和提升，科研绩效评价的最终目的也从先前的对"量"的关注上升到对"质"的研究上。

科研绩效的关键在于评价内容的选择，在评价内容上有代表性的是天津大学刘仁义等人的研究，他们根据科技活动的过程对高校教师科研绩效评价中存在的问题进行分析，阐述了科研绩效评价的原则、指标体系和确定权重的方法，提出了四大类科研绩效评价的源生指标、追加指标、派生指标及支撑指

---

❶ 国家科技评估中心. 国际评估概述 [DB/OL]. (2002 – 10 – 13) http://www.ncste.org.

❷ 李伟, Xiao – yu Li. 美国高等学校科研软环境探析 [J]. 沈阳建筑大学学报（社会科学版），2006（1）：93 – 95.

❸ 刘文达, 邰忠智, 李光泽. 浅谈高校科研评估体系的构建 [J]. 科技管理研究, 1999（1）：16 – 18.

标，建立了某所教学研究型大学工科教师科技绩效评价指标体系权重和高校教师个人科技绩效评价模型❶。河北科技大学胡金秀等人通过对纵向科研立项、科研经费、成果鉴定、科技奖励、论文、著作等内容进行分析量化，提出了一套量化考核的方法❷。

科研绩效评价机制的依据标准是评价方法，什么样的评价方法决定了对于科研人员绩效评价的各项指标的选择。在评价方法上，武汉理工大学王攀认为应建立一个由专家、学者共同组成的相对独立的科研评价组织来进行评价，或依托专门的社会评价中介机构进行评价，尽可能减少行政干扰等非学术因素的影响，提出了层次分析法与同行评议相结合的定性与定量评价方法。在对高校教师科研活动及科研成果形式分析的基础上，构建了高校教师科研评价体系，在科研活动及其成果的源指标上抽象出科研规模、科研潜力和科研水平评价指标，从三个不同侧面综合反映评价对象，从而形成了一个高校教师科研评价的综合指标集。然后，采用多层次分类评价，利用小同行的准确性建立层次分析法的指标权重，实现对上述评价指标的量化。最后采用大同行评价法，实现不同层面上的高校教师科研的评价。❸ 针对教学科研型大学的特点，湖南大学唐慧君运用 AHP 法，并结合我国大学科研实际情况，分别构建了"大学自然科学科研评价指标体系"和"大学人文社会科学科研评价指标体系"两套科研评价体系，从科研投入与产出角度着手进行评价，并注重考核"均量"指标，提出应着重强调有重点、有针对性地加强各项科研薄弱环节的建设，通过部分导向性指标及科研政策引导高校科研向更高层次发展❹。

高校的科研管理应随着高校科学技术创新活动的发展，进行系统深入的研究，高校需要制定良好的科研绩效的评价机制与流程。对高校科学研究的绩效进行评价可以优化资金分配，调整科技计划和研究机构的方向，提高管理水平和科学研究的效率。

6.1.4　建立人力资源管理实践与科研绩效连接机制

建立具有内部一致性的人力资源管理实践与科研绩效的连接机制，强调管

---

❶ 刘仁义，陈士俊. 高校教师科技绩效评价指标体系与权重 [J]. 统计与决策，2007（6）：135－137.

❷ 胡金秀，周国强，张炳烛，等. 高校教师科研工作量化考核体系的建立与实践 [J]. 经济师，2003（10）：100－102.

❸ 王攀. 高校教师科研评价研究 [D]. 武汉：武汉理工大学，2006.

❹ 唐慧君. 大学科研评价体系及应用研究 [D]. 长沙：湖南大学，2006.

理和评价之间的协调性，管理的实行需要契合内部科研环境和科研现状，实行相适应的评价管理形式和选择相适应的管理指标。通过对人力资源管理实践的研究和分析可以知道，人力资源管理实践基本上是通过三种方式作用于组织绩效：单个人力资源实践，高绩效工作系统，人力资源管理实践对变量的影响。其中，单个人力资源的实践操作简单，可以在短时间内保持组织的领先地位，但也很容易被模仿，不适合长时间地使用；高绩效的工作系统能使组织保持长期的优势，且不容易被模仿，但是存在操作难度系数高的问题；通过中间变量或者结果变量的影响也可以对组织绩效产生作用，但是产生的效果具有间接性、实践周期长，对其效果的衡量也是一个复杂的难题。结合契合理论的思想对人与环境、人与工作、人与组织等各方面进行研究，可以知道这些关系当中都需要具有一定的契合性，才能实现组织与个人的共同发展。基于此，构建基于内部一致性的高校人力资源管理系统，能够详尽地解释人力资源管理实践对科研绩效的作用路径。在高校人力资源管理实践中，要考虑外部配合、合并战略目标、发展环境和大学组织的特点，然后再配合具体的实践，针对所要达到的目的加以拟合，从而确定具体的应用模式。例如，在员工的选择和分配上，学校为教职员工提供了一种在职培训、全日制学习的培训方式，这些都在一定程度上促进了员工知识和技能的提升。但是这种培训只考虑了组织发展的需要，并没有结合个人的特点和需要来考虑培训的方式，忽略了人与组织的契合性。通过类比法确定人力资源管理系统在内部的具体实践，具有一致性和协调性，而且要与组织的战略目标、环境与特征相适应，必须能够实现人力资源管理实践的内在一致性和研究绩效的有效连接机制。人力资源管理实践的各方面是相互联系、息息相关的，对教职员工的选拔和发展作为一种保健因素，以消除广大教职员工的不满因素，是必不可少的，信息分享、基于战略的人力资源规划、公正报酬、职业安全都要有配套的绩效考核激励机制，才能够最大限度地减少对科研绩效的消极影响，发挥对科研绩效的正向作用。

6.2 跨学科高校科技创新团队建设路径优化

跨学科高校科技创新团队是高校提高科研水平、增强学术实力的根本措施，是促进不同学科之间交流的原动力，也是促进产、学、研一体化发展的有效手段和组织形式。目前，国内关于高校科技创新团队的研究主要涉及团队的类型、团队所面临的困难以及团队的核心竞争力等。本章主要研究的是跨学科高校科技创新团队的建设问题，从我国高校科技创新团队建设的实际出发，将影响我国跨学科高校科技创新团队的因素分为团队组建、政策制度、研究平台以及团队文化，并从这四个方面进行跨学科高校科技创新团队建设的研究。

6.2.1 跨学科高校科技创新团队的组建

1. 跨学科高校科技创新团队的内涵

跨学科高校科技创新团队建设研究出现的理论根源是：进入20世纪，科技的进步集中关注于两个增长点上：一是学科之间的交叉融合；二是团队之间的创新合作。跨学科又称交叉学科。在科技发展如此迅速的"大科学时代"，多种学科的知识体系汇聚在一起交叉发展，推陈出新。每一项科研创新成果的取得，都需要大量的科研人员通过相互之间的知识交叉与交流，通过集体的攻关来实现。同时，新的交叉领域的学科知识的发展与更新，拓宽了知识发展的领域与渠道，这也是"大科学时代发展"的必然。基于此理论根源，跨学科高校科技创新团队进入学者的研究范畴，成为高校科研创新组织形式的重要研究。[1]

跨学科高校科技创新团队是高校为了开发科研项目和进行科学技术研究而将相关教师聚集在一起形成具有共同科研任务和目标的群体。高校科技创新团队既有一般高效团队的特点，包括共同的目标、独特的技能、相互的信任、统一的承诺、合适的领导、良好的沟通等。也有其独有的特征，主要体现在以下几个方面。①学科交叉是该团队的基础形式。学科交叉就是要将两门及两门以上不同类别学科的知识、思维、逻辑、方法进行融合，用以推进基础性研究领域的进步或完成单一学科研究范畴、研究实践无法涵盖的现象与问题，不同学科研究工具、方法、理论或范式之间的整合是交叉学科研究的关键。②创新是该团队的本质特征。创新就是用独创性的活动创造性地促进社会进步和个人利益实现。③科研是该团队的主要任务。在科技发展日新月异的"大科学时代"，科研创新不是某个人能够独立完成的，科技创新团队的组建是实现学术创新的团队模式。

2. 跨学科高校科技创新团队组建的基础

（1）跨学科高校科技创新团队组建的心理学基础。社会凝聚力理论认为，个人的集合是否能形成一个团队，在某种程度上要看他们是否能被群体的向心

---

[1] 赵丹丽. 我国高校交叉学科研究团队发展路径研究［D］. 杭州：浙江大学，2012.

力所吸引，并且在与群体结合后其需要是否得到相互满足。❶ 个体的需要被满足则个体间良好的相互作用使得团队得以形成并维持下去。需要得到满足后产生了相互的人际吸引。费斯廷格（Festinger）曾指出，团队成员身份满足了人们的五种心理需要。①归属需要：与他人共处的需要；②自我认同和自尊需要：我们是谁，我们的个人价值和立场由我们在各种团队中的身份决定；③证实和建立社会现实性需要：团队建立了关于事物如何存在及如何运行的观念；④感到安全和相互支持以控制焦虑、减少不确定性的需要；⑤团队对其成员而言，也起着问题解决者的作用。❷

具体表现为以下几个方面。

① 团队由时间和空间上一组可确切说明的个体组成，如教师团队或研究团队。

② 团队由它的凝聚力界定。人际间的相互吸引使得一群人之间产生凝聚力，并使人群形成团体。

③ 凝聚力只是人际吸引的一个别名。就高校科技创新团队而言，这说明团队成员之间相互吸引力越强，他们的凝聚力也就越大，他们也更愿意以"团队"为组织的形式去做事。

④ 人际吸引随着个体需要的满足而发展。

⑤ 凝聚力——人际吸引可以得到加强，主要因素包括相对的自愿互动、合作或独立的任务关系、其他人的接受、团队的大小、身份一致性、共同的外部威胁或挫折、相似性与兼容性等。

⑥ 所有团队行为都可以由凝聚力加以解释。团队行为的产生取决于人际吸引的动力学性质和吸引的决定因素。

跨学科高校科技创新团队的组建需要不同学科的教师和科研人员之间良好地相互互动和交流，每个团队成员都能够被团队所吸引，在团队中满足自己的需求。因此，要成功组建跨学科高校科技创新团队，需要以团队良好的凝聚力为基础。

（2）跨学科高校科技创新团队组建的理念基础。"1＋1＞2"是进行团队建设的主要理念。社会心理学家库尔特·勒温提出的"群体动力理论"解释了群体成员和个体行为之间相互依存，以及各种力量之间相互作用的影响。这

---

❶ [美] M. 艾森克. 心理学：一条整合的途径 [M]. 阎巩固，译. 上海：华东师范大学出版社，2000.

❷ 蒋满秀. 探析高校科研创新团队组建的理论基础 [J]. 科技广场，2009（2）：166-167.

项理论认为人们所集结而成的群体一直处于相互作用、相互适应的动态过程中，它不是静止不变的。群体成员之间的相互作用并不是一个简单的累计相加的过程，当群体成员之间的相互作用有互相促进的功能时，那么就会产生"1+1＞2"的成效；反之，当相互作用呈现抵消时，则会出现"1+1＜2"的结果。因此，群体通过其成员之间的相互作用，最终取得的效果可能是"1+1＞2""1+1=2"或是"1+1＜2"。由于群体行为所期望得到的最终结果是"1+1＞2"，因此人们可以通过团队的建立来促使团队成员向着他们共同的目标通过相互合作促进的方式，从而达到最大的效果。在高校科技创新团队中，跨学科的科研创新团队是最为理想的团队形式。要想达到"1+1＞2"的效果，跨学科的科技创新团队必须要以三个条件作为前提：第一，科研创新团队的目标与团队成员的共同目标应当高度保持一致；第二，科研创新团队的环境应当能满足团队成员相互协作的要求；第三，科研创新团队应当利用合适的激励机制，来激励团队成员为实现团队目标做出自己最大的贡献。❶

合作与竞争是团队建设的基石。学者 Deutsch 认为当人们处于分散的、互不相关的独立关系时，他们会认为他们的目标是不一致的，从而对他人的困难袖手旁观，并且也不会为他人的利益着想，在这种情形下，团队就如同一盘散沙，成员士气和情绪均会低落，以至于产生"1+1＜2"的后果，最终影响整个团队的生产效率。❷ 从经济学的角度看，资源是有限的。在有限的资源下，竞争使相互独立的成员更愿意从自身的角度出发，谋求自己的利益。更有甚者，会通过隐瞒消息、相互诋毁或者相互破坏的方式，以确保自己的资源优势。因此，共同目标对于团队至关重要。团队成员需要拥有共同目标，在共同目标下，更容易建立起良好的合作关系。拥有良好合作关系的人，更倾向于互相尊重、分享信息和资源，并通过相互沟通和交流共同进步❸。

建设性冲突处理是团队建设的灵魂。尽管团队建设使团队成员形成了具体的共同目标，但是团队成员之间仍会在一些意见上存在分歧。团队成员在保持对团队目标一致的基础上，对于团队成员的责任分工、利益分配和绩效考评等方面都会存在分歧。由于跨学科高校科技创新团队中的团队成员来自不同的学科领域，他们对问题的看法、思维方式往往存在着一定的差异，甚至完全相反。因此，跨学科高校科技创新团队成员不仅会对团队内部的责任分工、绩效

---

❶ 陈一星. 团队建设研究——以大学生为例 [M]. 北京：中央编译出版社，2007：40.
❷ 陈一星. 团队建设研究——以大学生为例 [M]. 北京：中央编译出版社，2007：40.
❸ 赵春明. 团队管理基于团队的组织构造 [M]. 上海：上海人民出版社，2002：56–57.

考评和利益分配等产生异议，还会在科研课题的研究视角、研究切入点、研究方法以及研究成果等方面产生分歧。在合作关系下，各领域科技创新团队成员在沟通交流过程中，不仅会积极地发表自己的意见，还会努力地去理解他人的观点，并在头脑风暴的过程中达成科学研究的共识。通过建设性冲突，跨学科高校科技创新团队的成员会形成并认同他们的共同目标，其合作关系也会得到进一步的巩固和发展。❶

3. 跨学科高校科技创新团队组建的原则

跨学科高校科技创新团队建设的首要任务，是让各学科领域的所有研究者对该科研创新团队产生强烈而积极的归属感，让所有的团队成员感受到自己被团队其他成员所认同、被团队研究所需要。如果团队成员之间不能相互认同，不能将其他团队成员的存在与整个团队的研究结合起来，而仅仅认为团队是多个个体的简单集合，那么我们的科研创新团队就不能真正发挥其科研创新的潜能。跨学科高校科技创新团队的有效运作离不开国家、高校在政策、财力等各方面的支持。因此，在跨学科高校科技创新团队建设过程中，一般需遵循以下五个原则。❷

（1）整体性原则。影响跨学科高校科技创新团队组建的因素有诸多方面。在组建跨学科高校科技创新团队时，我们应当遵从整体性原则，从整体的角度去思考跨学科高校科技创新团队在组建的过程中可能遇到的各种问题，并针对这些问题做好各方面的准备。跨学科高校科技创新团队建设的目标，就是在进行科研创新的基础上进行科研成果的转化，为国家、学校、集体和个人赢得一定的利益。从整体性原则出发，跨学科高校科技创新团队的建设需要注意对团队内外部的因素进行融合。在建设过程中，宏观上不仅要关注国家和学校的政策扶持倾向，微观上还要注重团队成员之间的沟通、交流和写作。通过全方位地整合科研创新团队内外部各种因素，获得跨学科高校科技创新团队建设的成功。

（2）协作原则。在组建跨学科高校科技创新团队时，我们应当考虑协作原则。在跨学科高校科技创新团队中，每个成员就如同电视机的零部件，缺一不可。跨学科高校科技创新团队的成员均来自不同的学科背景，在团队组建时，每个成员都会发挥自身独特的作用，要使这些作用发挥"1+1>2"的效

---

❶ 杜洋. 高校科研创新团队建设和管理研究 [D]. 西安：电子科技大学，2009.
❷ 陈一星. 团队建设研究——以大学生为例 [M]. 北京：中央编译出版社，2007：40.

能，就要求团队成员之间懂得相互合作，进行更好的沟通交流。

（3）循序渐进原则。跨学科高校科技创新团队的建设并不是短期内就可以达到的，它不是一朝一夕、一蹴而就的。想要发挥出跨学科高校科技创新团队的有效作用，既需要科研创新团队内部各成员向着目标共同努力，还需要综合协调科研创新团队内外部环境因素。由于跨学科高校科技创新团队是由来自不同学科背景的研究人员组成的，因此跨学科高校科技创新团队会面临和传统型团队不同且更加复杂的问题，在建设过程中碰到障碍和阻力的时候更需要遵循循序渐进的原则，通过不断尝试、摸着石头过河的方法来逐步开展科研创新团队的建设活动。在跨学科高校科技创新团队建设的初期应采用按部就班、循序渐进的原则，以此来为科研创新团队的建设搭建一个比较稳妥的基础平台。当科研创新团队的建设指标完善后，科研创新团队就可以根据自己的需求进行建设。

（4）人人平等原则。在跨学科高校科技创新团队建设过程中，科研创新团队中的成员之间的关系应当是相互平等的。在跨学科高校科技创新团队中，团队成员都是由于拥有共同的科研目标而聚合在一起的，不论是学生、教师还是其他科研者，他们在跨学科高校科技创新团队中的研究都需要以合作为基础。因此，在科研创新团队中学术水平的高低并不能决定地位的高低。在高校科技创新团队中应当倡导人人平等的原则和理念，使团队成员更容易满足其社会归属需求、自尊需求和自我实现需求，这样有助于团队内部成员之间的相互沟通与交流，最大限度地发挥团队成员的主观能动性和创造性。

（5）优势互补原则。跨学科高校科技创新团队中的团队成员是由不同学科背景的研究者组成的，每位研究者都有自己擅长的研究方向和研究领域，因此，他们能在不同学科方面能力互补。因此，在对一个复杂问题进行科学研究的过程中，高校科技创新团队成员不仅要发挥自己的学科优势，还要发挥自己的能力特长，如有些人擅长理论研究，有些擅长实验研究。高校科技创新团队只有在这些具备不同学科背景和能力特长的人相互协作的前提下，才能发挥出团队效用，真正实现"1+1>2"。而如果团队成员都试图在科学研究中突出自己的个性，很有可能引起团队成员之间的相互冲突，那么优势互补和协同合作将成为一句空话，团队效用非但不能实现"1+1>2"反而有可能出现"1+1<2"的情况。

4. 跨学科高校科技创新团队组建的途径

团队建设一直是有关团队研究的重要课题，根据团队所处的环境、团队所涉及的团队成员的特征以及团队所准备完成的任务类型的不同，团队的建设主要包括以下五种途径：社会同一性途径、人际关系途径、角色定义途径、价值观途径和以任务为导向的途径。❶

（1）社会同一性途径。社会同一性（social identity）是指个体与团体理想一致的内在保持感和团体的归属感。由于跨学科高校科技创新团队中的成员往往来自不同的学科背景，其所处的院系也各不相同，通过社会同一性途径来建设跨学科高校科技创新团队应该注意以下几个方面的问题。首先，应当在团队成员之间建立一种归属感，通过这种归属感使得成员能够向着相同的团队目标共同努力；其次，应当在团队中形成一种相互理解的良好氛围，让团队中的每名成员都能够意识到其他成员存在的价值，了解到每位团队成员不同的专业知识、技术能力和任务分工都是对团队取得创新性成果有贡献的；最后，要使团队成员都因为自己是该创新团队的一名成员而感到自豪。社会同一性途径主要是促使团队成员从心理上认同跨学科高校科技创新团队的共同目标、团队成员价值，这对高效、高凝聚力的高校科技创新团队的建设来说是至关重要的。

（2）人际关系途径。人际关系途径主要建立在跨学科高校科技创新团队成员之间高水平的了解上。它基本的假设前提是：团队成员互相之间了解越多，则他们也就更加愿意互相交流，从而促进相互之间的共同协作。人际关系途径希望跨学科高校科技创新团队的团队成员，将其他成员看成是和自己共同存在的一个整体，而不是将其他人仅定义为在一起工作的人。尽管著名的霍桑实验试图通过改善工作条件与环境等外在因素来提高劳动生产率，而梅奥（George E. Mayo）等人的研究结果却表明：影响生产效率的根本因素不是工作条件，而是工人自身。❷ 美国人本主义心理学代表人物之一的卡尔·罗杰斯（Karl Rogers）认为，人具有两种十分重要但是自身很少意识到的心理需要：积极关注（positive regard）和自我实现（self-actualization）。当团队成员意识到自己的工作过程受到其他成员或者整个团队的积极关注时，会愿意表现得更好，从而为团队做出更大的贡献；而团队成员的自我实现会促使其不断地丰富和充实自己，学习新知识、新技能去接受更大的挑战。人际关系建设常用的方法分别是敏感性训练法和相互作用分析。❸

（3）角色定义途径。团队角色定义是一套深受团队建设者喜爱的方法。

---

❶ 闫阿伟. 大学科研团队建设的规律研究 [D]. 西安：西安理工大学，2008.
❷ 薛凤英. 软件项目基于角色组建项目团队问题研究 [D]. 济南：山东大学，2006.
❸ 桑玉成. 管理思想史 [M]. 上海：上海教育出版社，2002：65.

贝尔宾（Belbin）1981年提出了八个重要角色，在后来的修订中，他把"主席"换成了"协调者"，把"公司工人"换成了"实施者"，但是这些角色本身的意义基本没变。以角色定义途径为基础的团队建设倾向于将团队成员的角色进行归类。角色定义途径仍然以诚实和公正为标准，但它与人际关系途径的主要区别在于，角色定义途径关注的重点是每位团队成员任务的内容以及其他团队成员工作的内容，而团队成员内在的信念、想法容易被忽视。通过角色定义，团队成员会通过承担一定的任务来判断自己更适合做什么。跨学科高校科技创新团队由来自不同学科背景、具有不同专业技能且性格各不相同的人组成，因此，每名成员在团队中承担的任务和角色也各不相同。根据贝尔宾的团队角色理论，团队建设需要遵循以下五个原则❶：①每个团队既承担一种功能，又承担一种团队角色；②团队需要在功能及团队角色之间找到一种令人满意的平衡，这主要取决于团队的任务；③团队的效能取决于团队成员内的各种相关力量，以及按照各种力量进行调整的程度；④有一些团队成员比另一些更适合某些团队角色，这取决于他们的个性和智力；⑤一个团队只有在具备了范围适当、平衡的团队角色时，才能充分发挥其技术资源优势。

（4）价值观途径。韦斯特（A. M. West）认为团队建设的核心是使团队成员之间就共同价值观和原则达成共识。根据韦斯特的观点，如果团队成员之间没有共同的价值观和共同遵循的原则，团队则仅仅是相关独立的个体的聚合。❷ 拥有共同的价值观和信仰是团队高效运作的首要条件，共同价值观包含五个维度。①明确性：必须明确建立团队的目标、价值观及指导方针，而且经过多次讨论；②鼓动性：这些观点必须是团队成员相信并且愿意努力工作去实现的；③可行性：团队共识必须是团队确实能够实现的——确定不现实或无法达到的目标是没有用的，因为这只会使人更想放弃；④共同性：所有团队成员都支持这一观点是至关重要的，否则他们可能发现各自的目标彼此相反或无法调和根本冲突；⑤未来潜力性：团队共识必须具有在未来进一步发展的潜力。❸ 拥有固定的、无法改变的团队共识是没有意义的，因为人员在变、组织在变，工作的性质也在变，需要经常重新审视团队共识，以确保它们仍然能够适应新的情况和新的环境。

（5）任务导向的途径。以任务为导向的建设途径强调每名成员都有自己

---

❶ 张存兴. 现代心理学［M］. 上海：上海人民出版社，2000：89.
❷ ［英］梅雷迪思·贝尔宾. 团队的工作作用［M］. 北京：中信出版社，2000：55.
❸ ［美］安尼玛丽·卡拉西路. 团队建设［M］. 李欣彤，译. 北京：北京大学出版社，2000：99.

应当完成的任务，并且该项任务能为团队做出一定的贡献。这一途径认为对于团队成员来说，任务的完成是首要的紧急事件。因此，团队在挑选团队成员时，首要考虑的就是成员所掌握的知识技能是否能够完成团队布置的任务，让团队向着共同目标更进一步。团队成员的观点、情感等则不属于这一途径所考虑的范畴。卡特森伯奇（Katzen Bach）和史密斯（Smith）强调，在表现出色的团队中，这一途径尤显重要。为此他们在现实组织环境中，找出了建设以任务为导向的高效团队的八条基本原则❶：①确定事情的轻重缓急，并确定指导方针；②根据团队所需的技能和个人的技能潜力来选择团队成员；③对团队的第一次集会和活动给予特别关注；④确立一些明确的行为准则；⑤确定并把握几次紧急的、以能力为导向的任务和目标；⑥定期通过一些新的事实和信息来考验团队成员；⑦成员尽可能多地在一起工作；⑧充分重视并利用积极反馈、承认和奖励所带来的力量。

跨学科高校科技创新团队的建设途径的共同之处在于它们都很重视社会认同。王重鸣等研究者经过一项大规模的研究发现，团队建设的过程中需要综合考虑各种途径，并且每种途径都会在组建过程中发挥着各自不同的作用。因此，跨学科高校科技创新团队应当考虑自身的内外部因素，综合利用多种途径组建成一支能够得到社会认同的队伍。❷

5. 跨学科高校科技创新团队组建的步骤

在进行跨学科高校科技创新团队组建的过程中，其大致步骤与一般的团队组建相似，但某些细节部分又存在一些不同。跨学科科研创新团队组建的步骤如下。

（1）进行自我分析。跨学科高校科技创新团队在构建之初首先要对团队进行自我分析。在自我分析的过程中，团队应当收集大量的信息，包括团队的项目信息、预选的成员信息、团队所面临的宏微观环境等。自我分析能够让跨学科高校科技创新团队了解自身优势、劣势，从而确定团队研究目标的基础。同时，自我分析还有利于跨学科高校科技创新团队预测运行过程中可能出现的问题，以及拟对这些问题制订相应的解决方案。

（2）建立团队共同目标。建立团队时，首先要考虑的是团队目的是什么，这个团队要完成怎样的目标。目标很重要，因为目标就是团队努力的方向。每

---

❶ ［美］乔恩·R. 卡曾巴赫. 团队的智慧 [M]. 侯玲，译. 北京：经济科学出版社，1999：92.
❷ 王重鸣. 管理心理学 [M]. 北京：人民教育出版社，2000：102 - 104.

个团队的组建都是为完成一定的目标或使命。没有目标的团队没有存在的意义，或者说，没有目标的团队也称不上是一个真正的团队。

（3）确立团队成员标准。团队的目标确定了，就要选择正确的团队成员，该如何选择团队成员呢？作为跨学科高校科技创新团队，应该选择那些来自不同学科背景、认同团队价值观、优势能够互补的人来为团队工作。价值观的认同很关键，如果不认同团队的价值观大家就不能实现良好沟通，也就不可能有效率和效益可言。另外，并不是所有最强的人组合在一起就能组成一个最强的团队，团队成功的关键在于充分发挥整体优势，这就需要团队中的成员做到优势互补，实现整体大于局部之和。

（4）创建团队文化。团队文化指的是团队成员在长期协同合作、共同完成任务的过程中形成的价值观、工作方法和行为准则的集合体，它是一种意识，并已经内化成为团队成员的惯性行为。而团队文化中的价值观、工作方式等往往都是通过物化成为行为准则来支持、建立并得到长久的保持。跨学科高校科技创新团队的团队文化也往往是通过团队成员的各种行为得以体现。对于跨学科高校科技创新团队来说，不断学习、勇于创新是每一位团队成员都应该遵循的行为标准，而团队成员之间的协同工作是跨学科高校科技创新团队取得创新性成果的精髓。为了充分发挥整个科研创新团队的创新潜能，团队成员之间必须通过相互交流沟通、相互支持、相互鼓励，增强彼此之间的认同感、信任感，才能向着共同的目标前进。只有在鼓励成员合作和积极参与的团队文化中，整个团队才能够更好地协调和整合团队资源，从而提高团队的创新能力。

6.2.2 跨学科高校科技创新团队的制度建设

当今世界，制度创新的滞后往往成为科技创新的阻碍因素，制度上的缺陷是我国高校科技创新团队的建设和管理工作无法适应时代新要求的重要原因。制度并不是一个空泛的词汇，而是在若干方面有着具体的体现，因此在制度层面的对策分析必须针对其具体体现进行完善。

1. 管理制度的建设

团队管理制度是保障跨学科高校科技创新团队合理构建和有效运行的重要条件。如果没有合理的管理制度的保障，科技创新团队的构建只会是无序和混乱的，这样的团队很难长期稳定而高效地运转。团队管理制度应该对组建程序、工作管理、行为规范等内容有明确的规定。由于跨学科科研具有综合性交叉学科的特点，因此团队在制定管理制度时，应充分考虑是否有利于跨院系、跨学科科技创新团队的组建。我国国情的特殊性，使全国各行业、系统和部门之间形成了条块分割的局面，相互之间很难进行人、财、物等方面的资源共享。高等院校也同样呈现出各学科之间交流较少、相对封闭的状况。要突破此现状，实现不同学科科研资源的共享，特别是人力资源的优化整合，必须以科技创新团队为纽带，打破组织界限、学科壁垒，组建灵活的跨院系、跨学科科技创新团队。[1]

2. 沟通制度的建设

科技创新团队建立与管理的首要任务就是要建立健全的沟通机制，保障信息的无障碍流动，确保科学研究的顺利进行。在跨学科的科技创新团队中，各个成员由于专业背景、研究方向、所负责的研究阶段各异，所以导致每个成员在团队中是相对独立的个体，但是，这并不代表每个成员要各自为伍，如若不然，会使团队成员很难在研究过程中达成共识，完成任务，良好的沟通机制就能保证科学研究过程和人际交往过程顺利进行。

通过各种渠道、各种方式进行沟通以后，观察团队成员的表现与行动，及时考察沟通效果，调整沟通方式、方法，为信息的无障碍交互沟通提供环境保障。完善的沟通机制才能确保科学研究在一个宽松民主的环境中进行，从而确保科学研究的顺利开展。

3. 绩效考评制度的建设

目前，我国高校针对科研人员的绩效成果的评估，主要考虑的是其作为第一作者或者第一负责人的科研成果，这样的科研绩效考评制度不利于跨学科高校科技创新团队的合作。[2] 而现在越来越多的高水平科研成果是基于跨学科科研创新团队的长期研究产生的，只重视第一完成人的绩效考核制度忽略了团队中其他做出贡献的成员的努力，这样很容易直接导致团队成员产生消极情绪。尤其是很多研究基础学科（如数学）的学者，所研究的领域可以在许多跨团队中产生作用，而其本身在某一具体的应用研究中往往处于一个辅助完成项目的角色，很难成为第一完成人。而且，从整体上来看，所有的科研人员都需要进行绩效考评，付出了努力却得不到回报会严重打击其他研究者的积极性。此外，由于人事聘用制度的影响，来自不同院系的科研人员的绩效考核往往是由各自院系进行的，而不同院系的绩效考核制度又不同，许多院系不承认科研人

---

[1] 钱志强. 体育科研团队有效性研究 [D]. 苏州：苏州大学，2012.
[2] 徐青，张云，应飚. 试论研究型大学创新性科研团队的建设 [J]. 中国高教研究，2009（3）：49-50.

员在跨学科科技创新团队中所取得的成果，使许多科研人员不愿在科技创新团队中投入精力，这也不利于科技创新团队的建设。从高校的角度来看，学校需要打破院系壁垒，综合考虑跨学科创新团队成员在院系工作与团队工作中的表现，制定更为合理、更为完善的绩效考评体制和奖励体制。从各个院系的角度来看，各个院系在对参与到跨学科创新团队中的老师进行绩效考评的过程中，应该适度考虑其在跨学科创新团队中的贡献与成果。从高校科技创新团队的角度来看，科技创新团队在制定绩效考评制度时，应通过公平、公正、公开的方式，参照团队成员的互评与自我评价来进行考评，并要兼顾学科与分工的差异。

4. 职称评定、职位晋升制度的建设

目前，科研成果是职称评定、职位晋升的一个重要指标。高校中科研人员的竞聘上岗、选拔任用、评奖评优以及职称晋升等都会直接与其科研成果挂钩。这意味着科研人员在一年之中所发表的论文、所出版的专著、所承担的课题、所取得的专利以及所获得的奖励等科研成果的数量及署名情况直接决定了其前途和命运。[1] 职称评定和岗位聘任的成果数量要求往往会导致科研人员过分强调数量而忽视了科研成果的质量。并且，由于在职称评定和职位晋升的评定中只看重第一负责人或者第一作者，这样就会妨碍需要由不同学科共同完成的科研成果的形成，即妨碍了跨学科高校科技创新团队中的人员进行沟通交流、共同完成任务。

因此，为了促进跨学科高校科技创新团队的建设，高校应该完善科研人员的职称评定及职位晋升制度。具有不同学科背景的科研人员专业知识不同、所承担的任务也不同，在团队中也会由于自身的专业背景和任务分工的因素做出不同的贡献，在对科研人员进行职称晋升评定时需要参考其在科技创新团队中的贡献与成果。

5. 利益分配制度的建设

高校科研人员的薪酬往往是根据科研人员的职称和绩效考评结果评定的。现行的科研经费、人员经费、科研成果转化等利益分配制度普遍存在一些容易诱发创新团队内部利益冲突的因素。如果缺乏公平合理的利益分配制度，团队的成果产出就很难根据个人的贡献情况来进行利益分配，一旦利益分配不合理、同等贡献的成员之间的利益差距过大，会导致整个团队士气低落、团队内

---

[1] 王军. 跨学科高校科研创新团队建设与管理研究 [D]. 武汉：华中师范大学，2012.

冲突增多、团队凝聚力下降等问题。因此，跨学科高校科技创新团队的利益分配可以根据绩效考评结果，团队内的成员实行按劳分配、多劳多得的利益分配制度。在利益分配时，根据团队成员各自的贡献程度，做出合理的分配。此制度能在一定程度上激励跨学科高校科技创新团队的成员积极地开展跨学科研究。为避免跨学科高校科技创新团队成员重视数量轻质量的状况，在进行绩效考评时，需要严格对科研成果进行审核，注重成果的创新性，鼓励创新。

6.2.3 跨学科高校科技创新团队的研究平台建设

科学的研究平台是基于共享、公用机制的科学研究技术支撑体系。它是跨学科高校科技创新团队进行科研创新活动、获得科研成果以及科研成果共享的重要载体和依托，是跨学科高校科技创新团队进行国家和省部级重大项目的重要基础。因此，跨学科高校科技创新团队的建设离不开研究平台的支撑。

1. 设备平台建设

科研的设备平台建设是科学研究者进行研究工作的基础条件。跨学科高校科技创新团队在进行科研的活动当中，往往会涉及不同学科所需要使用的仪器设备，而在某些研究中用到的大型仪器设备不仅体积庞大、占地面积大、价格昂贵，且在跨学科创新团队的研究中使用率低。为了提高高校各种资源的有效利用率、实现各种资源的有效配置，为跨学科高校科技创新团队提供一个资源整合的设备平台是很有必要的。设备平台的建设就是为了将不同学科领域所需要使用到的各种科研设备及科研工具等资源整合起来。这不仅能方便跨学科高校科技创新团队成员在进行研究的过程中对不同学科领域的仪器设备进行共享使用，还能有效地提高这些仪器设备的利用率。

2. 协作平台建设

在跨学科高校科技创新团队进行研究的过程中，需要来自不同学科专业的专家、学者之间的联合、协作，而在联合协作的过程中，一个团队势必会产生团队领导与团队成员以及"主角"与"配角"的区别。❶ 受到"官本位""文人相轻"和"同行相斥"等思想的影响，许多学者为了维护自身的学术权威、学术地位和学术研究优势等，不愿意在研究中进行协作和联合。然而，跨学科高校科技创新团队所从事的研究并不是各学科专业通过单打独斗就能够解决的。为此，鼓励各学科专业的专家、学者加强学术交流，形成一种开放、竞争

---

❶ 陶应发，张锦高. 加强科学研究中的多学科交叉联合 [J]. 理论月刊，2002 (8)：57-58.

的学术环境，并从各个方面进行学术评价、完善学术评价机制和程序，来为跨学科高校科技创新团队建设一个适合于来自不同领域学者、专家相互协调配合的协作平台。在这个协作平台上，来自不同研究领域的专家、学者就共同研究的问题进行交流、思想碰撞，产生新的创新思维，推进研究项目的进程和效率。

3. 知识平台建设

由于跨学科高校科技创新团队所进行的研究往往还涉及许多不同的领域，团队成员进行思想碰撞所产生的一些录音、视频和文档等资料，对于整个研究项目的推进以及后续相关研究项目的开展，相对于其他科技创新团队来说，具有更高的参考价值。因此，如何将这些与科学研究相关的文件、资料进行保管、分享成为跨学科高校科技创新团队需要解决的重要问题。由于跨学科高校科技创新团队中每年都会发生研究人员的变更，而每年加入的团队中的成员更多的是一些研究生，他们在科学研究方面的经验和专业知识等还有待充实和完善。因此，知识平台的建设不仅能够有助于团队成员进行知识分享，同时，还有助于这些刚开始进行科研的团队成员通过该平台进行必要的专业知识的补充和研究方法的学习，帮助他们更快地转变角色。

4. 合作平台建设

跨学科高校科技创新团队是建立在各门学科、科学和技术之间形成共生关系和协调发展的基础之上的，它所解决的问题大多与未来经济和社会发展的实际问题紧密相关。因此，要想真正地解决这些来自人类社会中的实际问题，仅靠高校内部各学科专业的专家、学者通过跨学科所进行的学术上的理论研究还是远远不够的，必须加强跨学科高校科技创新团队与社会工业部门、经济和社会管理部门的合作。这种合作平台的搭建，不仅有助于学术界了解现实社会中各工业部门、经济社会管理部门的需求，以便跨学科高校科技创新团队调整或更新其学科交叉研究领域的方向、目标和内容；还有助于工业部门、经济社会管理部门等为其未来的发展提供科学的引导和咨询。跨学科高校科技创新团队与校外各企事业单位的合作促进了各学科之间、科学和技术之间的交叉融合，使得跨学科高校科技创新团队的科研成果转化能够进入一个良性的循环之中，形成了跨学科高校科技创新团队发展与经济社会发展的双方共赢。

6.2.4 跨学科高校科技创新团队的团队文化建设

1. 跨学科高校科技创新团队的团队文化建设的含义

团队文化是指通过共同的规范、信仰、价值观将科研成员联系在一起，对团队相关事物产生共同理解和行为的系统。❶ 科技创新团队文化反映了团队的个性，通过团队文化能预测团队成员的态度和行为，甚至能预测科技创新团队的发展走向。具体来说，科技创新团队文化主要可以归为以下三个方面。

（1）科技创新团队的号召力。号召力是科技创新团队吸引团队成员的主要因素，往往来自学术带头人的学术权威性、学术研究的前沿性和学术创新的可能性等，包括科技创新团队的学术氛围、学术水平、学术成就、学术发展前景以及科研条件等。

（2）科技创新团队的凝聚力。科技创新团队的凝聚力往往来自团队认同感、归属感和责任感，在一定程度上也反映了该团队的发展潜能，包括团队理念、行为规范、管理机制、人际关系和团队精神等。科技创新团队的凝聚力是维持团队存在和发展的关键。

（3）科技创新团队的持续发展力。这是科技创新团队与团队成员得以发展的动力，往往来自团队的合作文化、学习文化、竞争文化和创新文化等，包括团队及其成员的学习潜能、创新意识和创新方法的萌动、激发和开发。❷

2. 跨学科高校科技创新团队的团队文化建设存在的问题

基于科技创新团队的特点，我们认为，跨学科科技创新团队文化是该团队在以创新为基本目标的长期研究活动中逐渐形成的，为团队成员所普遍认同并共同遵循的一系列价值观念和行为标准。与一般科技创新团队不同的是，由于跨学科科研创新团队特有的多学科性、跨学科性，使得其团队成员在价值取向、思维方式、行为规范等方面都各具特色，因此团队内部往往存在着多种形式的"亚文化"形态。由此，跨学科科技创新团队的团队文化管理的目的就是要紧紧围绕科研创新——这一团队根本目标，将团队文化处于长远和整体的考虑之中，使得团队内部各种"亚文化"形态在冲突和统一之间达到和谐一致。

那么，由跨学科高校科技创新团队文化的含义可知，团队文化建设的内容

---

❶ 付贤超. 试论团队精神与企业文化 [J]. 经济师，2004（6）：163.

❷ 杨琳，吴磊. 高校科研团队文化建设研究 [J]. 赣南师范学院学报，2008，29（2）：106-107.

主要包括价值观念的建设、团队内部文化融合与团队文化更新三个方面。现实中,跨学科高校科技创新团队的团队文化建设还存在一些问题,这些问题主要体现在以下几个方面。

(1) 价值理念相对薄弱。由于跨学科科技创新团队每个成员的学科背景不同,因此自身有着较强的不可替代性,当有成员离开后,团队负责人不得不重新甄选和培养拥有同样学科背景的新成员。由此可见,目前团队的价值理念相对薄弱仍然是跨学科高校科技创新团队的团队文化建设的主要问题,团队成员缺乏对团队的归属和认同感,从而影响了团队内部的合作,进一步影响团队的深度和广度的发展。

(2) 和谐理念薄弱。我国跨学科高校科技创新团队成员有着自身的特点。由于团队成员有着不同的学科背景,研究内容也各不相同,团队成员聚在一起沟通交流的机会较少,因此面对团队其他成员之间的冲突时,往往采取息事宁人或者事不关己、高高挂起的态度。这样的和谐,只是表面上的和谐,实际上团队内部已经是矛盾冲突不断。团队内部大家对彼此的矛盾都心知肚明,只是出于维持表面的和谐不会当面说出来,这种意义上的和谐并不是真正的和谐。这致使团队的目标和任务无法向深度和广度开展,势必对完成团队总体的目标产生不良影响。❶

(3) 自主学习和创新理念薄弱。跨学科高校科技创新团队是一个开放的动态系统,它所承担的科研项目复杂,研究过程中需要用到十分庞杂的知识量和信息量,在此过程中,就需要团队成员不断地自主学习与创新。同时,创新是跨学科高校科技创新团队的基本职责,团队自主学习和创新理念的强弱制约着一个团队能否成为真正的高绩效团队。安德森·哈迪和韦斯特研究确定了工作团队成为具有创新动力的学习创新型团队的四个重要因素:团队宗旨、参与安全性、追求卓越的气氛、对创新的支持。团队成员在积累知识的过程中还需要理论联系实践进行创新。在跨学科高校科技创新团队中营造一个积极向上的学习创新氛围,有利于团队中成员之间相互学习,并通过沟通交流来主动进行创新。❷

3. 跨学科高校科技创新团队的团队文化建设途径

跨学科高校科技创新团队的团队文化建设可以从以下几个方面入手。

---

❶ 刘培莉. 我国大学科研团队建设的制约因素及对策研究 [D]. 大连:大连理工大学,2006.
❷ Freeman C. The Economics of Technical Change [J]. Cambridge Journal of Economics, 1994, 18 (3):463-514.

（1）建立明确的且团队成员认可的目标和愿望。首先，团队要有明确的共同目标和愿望。高校科技创新团队成员有物质上的需求，但更为重要的是精神层面上的激励，所以说，团队清晰和明确的目标是吸引团队成员进行科研活动和实现自我价值的动力。其次，个人目标和自我价值实现的愿望必须服从整个团队的目标和愿望，团队的目标和愿望也要兼顾团队成员的心理需求。因此，团队目标和愿望要为团队成员个人目标和愿望的实现提供有效的路径和方法。团队任务的完成，需要团队成员做出合同任务规定之外的工作，这种额外的工作，常常难以在合同任务中明确规定，事后也难以在绩效评估中明确界定予以补偿，只有通过团队成员对团队的归属和认同才能实现。❶

（2）基于文化认同选择科技创新团队的领导者和成员。跨学科高校科技创新团队领导者是团队文化建设的策划者和指挥者，因此，团队领导者的选择对于团队文化的建设起着至关重要的作用。一流的跨学科高校科技创新团队领导者，不仅要"以学服人"，而且要"以德服人"。因此，跨学科高校科技创新团队文化的建设需要保证团队成员的稳定性和动态性，也就是说，要在保持跨学科高校科技创新团队的核心团队成员基本稳定的基础上实现团队内部成员的合理流动。

（3）倡导和树立有利于科技创新团队成长与科研创新的理念。在团队中，倡导和支持学术自由，营造一种宽松的学术氛围是跨学科高校科技创新团队构建良好团队文化的重要保障。自由的学术氛围为跨学科高校科技创新团队成员构建了一个学术沟通、交流和学习的平台，营造了自由民主的学术讨论氛围，有助于培养团队成员实事求是的严谨的科研态度，碰撞出各种学术思想火花，实现团队成员水平的共同提高。不仅团队中来自不同学科专业的成员能够发挥出其专业特长，而且团队中来自同一学科专业的成员之间也能受到良好的激励，从而出现"百家争鸣""百花齐放"的良好团队氛围。由于跨学科高校科技创新团队成员之间存在着学科背景上的差异，为了能够促进团队成员之间的交流，降低团队成员之间的内耗，很有必要完善团队中的学习机制和知识共享机制，鼓励团队加强彼此之间的信息分享、沟通合作和深度交流，使团队成员在团队研究中产生"1+1＞2"的团队绩效。

（4）建立科学的激励机制和有效的冲突管理机制。跨学科高校科技创新团队需要通过科学的绩效考核制度，给予团队成员一定的物质报酬；需要根据

---

❶ R. A. 韦伯. 组织理论与管理［M］. 台北：台湾桂冠图书出版社，1985.

团队成员在科学研究过程中的表现，认同其在研究过程中的付出与努力，给予其相应的荣誉、地位等，使其获得认同感和成就感；此外，还需要给予符合团队成员自身定位的科研岗位，使其能够从事自己所感兴趣的科学研究。由于跨学科高校科技创新团队成员往往来自不同的院系，平时在工作中也很难遇到，在学术探讨上往往也会因学科背景的差异而存在较大分歧，因此，在保持团队成员正当的学术个性的基础上，应以"异中求同"的沟通方式，加强科技创新团队成员之间平等的人际交流。此外，通过建立团队成员抱怨处理制度，让团队成员拥有自我表达的机会和权利，并对团队成员所提出的意见和建议真诚地对待，从而在跨学科高校科技创新团队成员中建立团队归属感和荣誉感。还需要注意的是，在跨学科高校科技创新团队发展的不同阶段，团队文化的建设重点往往也不相同。

6.3 基于知识管理的高校科研工作管理提升

6.3.1 高校科研工作的知识管理策略

科研人员不仅需要精良地运用学科专业知识，还需要熟练地掌握远程教育理论、技术等方面的知识；不仅需要洞悉传统的静态知识、纸质媒体知识，还需要掌握 Web 信息、电子演示文稿、CD-ROM、电子化文档资料、数字化期刊、电子图书、软件、数字化视频和音频、BBS 等数字化形态的知识。根据 OECD 的分类，知识可以分为四大类："知道是什么"的事实知识（know-what）；"知道为什么"的原理知识（know-why）；"知道怎样做"的技能知识（know-how）；"知道是谁"的人际知识（know-who）。"知道是什么""知道为什么"是记录在一定物质载体上的知识，称之为"显性知识"。"知道怎样做""知道是谁"是存储于人们大脑的经历、经验、技巧、诀窍、体会、感悟等尚未公开的秘密知识，或者只可意会而难于表达的知识，称之为"隐性知识"。[1] 而显性知识和隐性知识之间存在着区别，由此，也需要制定相应的管理策略。

1. 高校科技人员显性知识的管理策略

结合当前科学研究的工作实践，对于科研人员比较有效的显性知识的管理

---

[1] 汪怿. 大学知识管理研究 [D]. 上海：华东师范大学，2004.

策略就是：结合科研工作，将某门学科的知识整理融合形成文本或者电子档的知识库。建立学科知识库是继编撰各种形态的教材之后，最为有效的知识管理方法。高校科研工作者可以按照科研的研究领域和科研实际的需要，建立科研基础知识库、专家知识库、学科知识库、学科拓展知识库、论文库等。电子形态的科研知识库，成本较低、便于更新也更容易在网络中传播。为了方便科研人员相互间的交流，科技创新团队应积极创建电子形态的知识库以便进行知识管理。相反，知识比较稳固的传统学科，可以考虑以建立文本形态的印刷教材、教学参考书和学习辅导书为主。科研工作之外，科研人员可通过参加学术研讨会，或者撰写学术论文，或者参加系统的进修学习，使自己掌握的学科或者理论、实践知识系统化并得到有力提升。

2. 高校科技人员隐性知识的管理策略

知识管理中的一个重要观点是隐性知识应当比显性知识更完善也更具有创造价值，隐性知识的挖掘及利用能力，是个人和组织成功的关键因素。因此，对于科研人员比较有效的隐性知识的管理策略，就是充分利用行动研究、研究反思等途径，使隐性知识转化为显性知识。通过各种交流渠道、机制，总结、提升自己的隐性知识。

总之，从事高校科学研究的工作者只有有效提升管理自己的显性知识、隐性知识的能力，才能提高个人知识的价值和利用率，不断丰富、发展自己的知识和能力，为提升科研工作管理质量奠定基础。每一个高校科研工作者都应该在科研中认真思考、总结知识管理的策略，并积极与他人分享。❶

6.3.2 高校科研工作知识管理流程

高校传统的获取科研知识的途径主要是购买国内外网络数据库，国内的例如中国知网、万方数据、维普资讯三大数据库，国外的如 SCI, EI 数据库等。基于 Web 2.0 技术条件，知识的获取方式发生了很大变化，科研知识共享呈现全球化趋势，以下介绍几种在中国发展已比较成熟的开放的资源获取方式。❷

1. 科研知识的获取渠道

（1）开放获取（Open Access, OA）。开放获取（OA）是国际科技界、学术界、出版界、信息传播界为推动科研成果利用网络自由传播而发起的运动。

---

❶ 岳国庆. 基于知识管理的高校科研工作管理研究 [D]. 合肥：合肥工业大学, 2009.
❷ 郭艳红. 面向知识管理的高校科研管理信息系统的构建研究 [D]. 大连：大连理工大学, 2003.

它可以让用户把同行已评议的学术论文放到互联网上,使得学术成果能快速传播。开放获取不需要考虑版权和授权限制。开放获取有两种实现途径:金色道路(Gold Road),开放获取期刊(OA Journals);绿色道路(Green Road),作者自存档(Author Self–archiving)。

例如,中国最大的 Open Access 资源平台,提供开放存取机构仓储、开放存取期刊文章检索与导航服务的 http://www.socolar.com/,Socolar 的宣传语是"开放存取(开放获取),资源一站式检索服务平台",为我们获取免费的学术信息提供了很大便利。人们对维基(Wiki)的印象,很多都是来自维基百科。[1]

作为目前互联网上参与人数最多且最完善的电子互动百科全书,维基百科几乎成了 Wiki 的代名词,它的成功使其自己成为 Wiki 家族中的一个标签,而且促使 Wiki 这个基于 Web 页面的协作系统越来越受到欢迎。Wiki 是一种全新的知识网络系统,目前已经在各个领域得到了广泛的应用。它正逐渐改变人们的生活和工作方式。Wiki 在科学领域也有不少的应用,比如在维基百科上,用户能够找到一些想要的科学领域的名词解释以及概况介绍。

(2)付费电子资源提供商。有很多电子资源提供商与 Google 合作,将其电子数据库的索引或摘要提供给 Google Scholar,据调查表明:Google 已经覆盖了 JSORE 的 30%;SpringerLink 的 68%,Cambridge Journals Online 的 94%,以及 Sociological Abstracts 的 44% 等。当然,这个来源的大多数只能查到这些数据库的期刊文章标题和目录信息,偶尔这些数据库也会免费提供原文。我国的万方与知网数据库也与 Google 合作,提供文章的标题和目录信息。

(3)图书馆链接。Google 向图书馆发出免费链接邀请,可以提供面向这些图书馆资源的链接和查询。目前,国外已有多家高校的图书馆与 Google 合作,如斯坦福大学等,这样,高校的教师和学生在校外也能够通过 Google Scholar 进行检索,如果斯坦福大学图书馆已订购该资源,那么用户通过身份认证后则可直接获得原文。国内也有一些高校图书馆与 Google 合作,如清华大学图书馆等。此外,国外最大的图情机构 OCLC 将来自全世界各国图书馆的图书联合目录交给 Google,也就是说从 Google Scholar 可以查到这些图书馆的图书目录信息。

---

[1] 维基百科[EB/OL],http://www.wikipedia.org.

(4) CNKI 知识搜索。其搜索范围涵盖近 8 000 种期刊/杂志，300 所大学研究院所博士硕士论文，1 000 种学术会议论文集，1 000 种重要报纸文章，实时数据更新。数据涵盖自然科学、工程技术、医学、农业、生物、文学、历史、哲学、政治、经济、法律、教育等领域的最新科技文献资料。

基于以上这几部分来源，可以发现，Google Scholar 能够成为一个很好的学术资源寻找工具，它相当于同时对多个数据库资源进行检索。

2. 科研知识库的建立

学科知识库，是进行学科科研的基础知识库，按照学科和专业背景进行分类，通过广大师生的共同努力，把不同的学科知识按照不同的学科专业进行分类、整理、存储，并把知识系统化、专业化，形成一个功能强大、内容丰富的知识库。学科知识库能够成为师生们及科研人员进行研究的基础条件之一。知识库的建设是对知识长期积累的过程，它既能为当前用户提供知识参考源、用于指导目前的学术研究，又可作为后来者的一个参考点，用于指导后来者更明晰地解决问题，寻求问题的求解方向。

3. 科研知识的共享

科学研究的目的在于提高人们知识、技能，科学研究的成果是整个社会的财富。知识共享能够使团队绩效成指数地增长。[1] Arthur Andersen 顾问公司提出了一个在知识管理领域中普遍流行的公式：知识管理 = T $(P + K)^S$。其中，P = People，K = Knowledge，T = Technology，S = Share。上式的主要意义为，组织通过知识管理产生的效能取决于四个要素。

People：组织员工自身拥有的技能和知识。

Knowledge：整个组织内存储的知识信息的丰富程度。

Technology：组织内支持知识创造、存储、传递的信息技术结构品质的优良程度。

Share：员工之间的信息与知识是否利用信息技术达到共享的极大化程度。

从上面的公式可以得出这样的结论：组织内知识的共享会让知识的效能以惊人的指数增长。因此，组织必定采取各种手段促进个人知识的共享，为个人知识共享的发生营造和谐的组织文化、建立激发共享的激励机制、提供良好的技术环境。

---

[1] 岳国庆. 基于知识管理的高校科研工作管理研究 [D]. 合肥：合肥工业大学，2009.

6.3.3 高校科研知识创新

1. 知识创新

知识创新就是通过科学研究，包括应用型研究和基础型研究，获得新的基础科学和技术科学知识的过程。知识创新的目的是追求新发现、探索新规律、创立新学说、创造新方法、积累新知识。知识创新是技术创新的基础，是新技术和新发明的思维源泉，是促进科学进步和经济增长的决定性力量。知识创新提供了新方法和新理论去认识世界、改造世界，也为人类文明进步和社会发展提供了不竭动力。❶

2. 高校科研知识的创新

高校知识创新是高校通过长期的科学研究获得的知识创新。科研活动的目的就是尽快了解某项事物发展规律，争取在这个认识的过程中占据领先地位。一般来说，高校科研工作者为了让科学界广泛认可这个领先地位，采用的主要手段就是通过论文发表或者撰写著作来反映其最新科研发现，以此使得这一最新发现在全球中迅速传播。如果知识的创新者将他的知识创新藏起来，那么，他的创新就不能造福人类，也就不存在任何意义。因而科学创新的成果应当公开，这些成果提升了人类对客观世界的认识，甚至很多科学活动的成果创造了重大的经济应用价值。不过，经济价值并不是从事科学活动的最初目标和动机。因此，知识创新具有非营利性的特征。❷

知识创新的形成不是简单的价值链，而是一个创新的价值体系。价值链的思想是线性的、静态的，但在实际生产、工作和生活中，创新有许多不同的起因和知识来源，也可能发生在各个阶段。创新是参与者之间综合的、复杂的、相互联系和相互作用的共同结果，是一个复杂的系统。创新的价值体系是复杂的、综合的，展现了获取创新的成功所需要的各种内在联系。

知识创新消耗大、难度高、研究周期长。知识的生产过程不同于其他产品的生产过程。首先，知识的生产需要投入主观要素，这个主观要素就是高校科研人员的智力。其次，需要投入客观要素，即研究资源的投入。

知识创新和发展与先进的文化密切相关。要代表先进文化的前进方向，就必定要建立一个更加开放的知识环境，促使知识创新。基于此，在发展先进文

---

❶ 刘省权. 教育领域的知识管理：教师的知识管理研究 [D]. 南昌：江西师范大学，2004.
❷ 胡宪君. 适应创新要求的高校科研管理组织结构研究 [D]. 重庆：重庆大学，2006.

化的同时，又可以提供一个良好的文化环境，促使知识创新的发展，推动整个社会的进步。

6.3.4 高校科研知识管理环境问题及对策

1. 科研环境概述

科研环境是指在科学研究的过程中，在科研各个环节，各种能够影响科研过程的要素总和，可分为硬件环境和软环境，也可以分为宏观环境和微观环境等。科学研究的硬环境由经费支持、科研机制的体制、固定资产、有关的实验检测仪器设备等构成；而科学研究的软环境由运行机制、研究机构内的管理制度、文化氛围等构成。科学研究的宏观环境由国家的科学技术发展战略和规划、有关的科技政策、科技体制等构成；科学研究的微观环境则由课题组的结构、科技创新团队成员之间的关系、经费的分配和使用等构成。显然，硬环境和软环境、宏观环境和微观环境是互相影响、相互联系、相互制约的。

2. 高校科研体制存在的问题及对策

尽管和十年前相比，我国的科研环境有了很大进步，但从目前的宏观上看，仍没有形成真正与社会主义市场经济相适应的中国科技体制，国家的宏观科技管理体制没有形成，预算、执行和监督三个分立体系也都尚未建立起来；而从微观上看，科技人员所处的环境也仍没得到根本性的改善，有些问题仍然可以阻碍高校科研事业的发展，需要我们认真地研究分析并加以解决。

从目前的情况来看，科研运行机制中最为基本的竞争原则——公平、公开和公正的竞争环境仍然没有从根本上得到建立和完善，所以很多相关的政策和规定的实施结果也有可能与制定者的期望相悖。科研经费不充足、设备落后、科研环境太差仍然存在，资金经费不充足大大限制了高校科学研究领域的创新。我国作为一个正在向现代化迈进的大国，科研活动缺乏民间和组织的投入是造成我国高校科研投入总量不足的主要原因之一。现代社会中，高校科学研究机构已经成为一个重要的社会发展部门，其经费来源需要多元化，除了政府资助，还需要通过民间资本和组织的合作。

3. 高校科研运行机制的问题及对策

微观科研运行机制能够直接影响科研人员的积极性和创造性，是科研人员直接面对的小环境，我们可以分几个方面来探索其中的问题。

（1）科技创新团队——课题组组成方式。课题组是科研的基本活动单元，其组成的方式和结果能够直接影响微观科研环境的形成。目前，研究机构主要

采取三种方式：自由组合，双向选择；由课题申请人挑选组成；由行政领导决定。"三种方式并存"的研究机构最多。❶

（2）经费使用制度。科研机构都会制定有关科研经费的规章制度，按照预算和使用规定来使用经费是大多数科研机构的现状。但是，由"课题组组长主要支配经费使用权"的情况也不少。应该聘请独立公正的第三方，如会计事务所等来进行财务审计，以防止不正当的经费支出和使用。

（3）团队内部关系。"科技创新团队，团队是否融洽"是科技创新团队重要的小环境问题，大多数科研人员认为自己所处的科研环境是融洽的，只有少数觉得团队中存在问题。

（4）学术封闭现象严重。尽管大多数团队合作是融洽的，但是团队间仍存在学术封锁的现象。即使是最基础的研究课题的课题负责人也较少主动与其他课题组进行学术交流，很多课题组负责人还经常告诫自己的组员或学生不要将课题组内部的资料、数据等泄露给别人。需要说明的是，这些科研小组的规模构成很小，稍大的也只有十几名成员，这样的学术封闭情况，是不利于科研事业的高速发展的。❷

由于科研环境涉及的方面较多，为了避免"暗箱操作"、资金滥用等情况，需要通过一些技术手段来对科研资料进行规范管理，推动、促进高校科研工作管理的标准化，提高科研工作管理的效率。

6.4 科研经费管理制度设计

我们借鉴西方发达国家科研经费管理的先进经验，结合我国科研项目经费的实际情况，提出了完善经费管理体制、严格核算管理以及全成本管理模式的若干对策。

6.4.1 完善科研经费管理机制

1. 建立科研经费财务联络人制度

尽管很多研究团队会由来自不同学科背景的成员所构成，但绝大多数的研究团队仍然缺乏专门的财务人员，导致在项目预算、报销、决算、申报过程中

---

❶ 秦燕娟. 普通高等学校科研管理的问题与对策研究［D］. 长沙：湖南师范大学，2006.

❷ 陈健，何国祥. 中国科研环境调查报告［J］. 科学观察，2006（2）：1-7.

缺少有效执行，往往要留到最后项目结题的时候，通过财务部门调账才能通过验收。这为研究团队和财务部门及相关的科研部门带来了繁重的工作量以及一些不必要的麻烦。可通过在二级学院建立科研经费"财务联络人"制度来避免在经费使用过程中可能出现的诸多问题，帮助研究团队更加顺利地通过验收。

2. 深化科研经费管理的制度建设

推进与科研经费管理改革相关的制度建设，才能够形成政策合力和长效机制。

（1）完善信息公开制度。除法律法规和涉密另有规定外，主管部门应当按照规定将科研项目的立项信息、资金安排情况、项目和资金管理使用情况、验收结果等向社会公开，接受科技界和全社会的监督。项目承担单位应该制定相应的内部公开办法，接受内部的监督。

（2）改进专家遴选制度。建立专家数据库，实行专家轮换、调整和回避制度，同时要求参加视频或会议来评审专家，将专家名单公布，强化专家自律，接受同行质询和社会监督。

（3）要建立逐级考核问责和倒查机制。明确界定逐级考核问责机制需要覆盖的项目决策、实施和管理主体，谁立项谁负责，谁实施谁被问责。建立倒查制度，针对倒查主管部门相关人员在履职尽责和廉洁自律情况上出现的问题，查实后根据相关规章制度进行严肃处理。❶

3. 完善统筹协同分类引导工作体系

针对科研经费管理中条块分割、统筹不够协调、缺乏项目经费分类管理、项目负责人意识欠缺等问题，可以从以下几方面进行工作改善。

（1）健全统筹协调机制。科技行政主管部门应联合有关部门，切实建立起会商和沟通机制，形成年度科技计划（专项、基金等）重点工作安排和部门分工，分头落实，协同推进。

（2）建立科技信息管理统一系统。启动省级财政科研项目数据库，逐步实现省财政科研项目数据库与中央数据库的对接，在中央和地方之间做到信息共享，为宏观统筹和项目查重提供强大的技术支撑。

（3）实行科研项目分类管理。对于重大项目，通过定向择优方式筛选出优势单位进行项目承担，加强全过程管理和节点目标考核；对于基础前沿项

---

❶ 顾浙标. 高校科研经费管理研究——以G高校为例[D]. 杭州：浙江工业大学，2014.

目，采用同行评议、公开择优的方式遴选项目，营造良好、宽容、鼓舞性的科研环境；应强化公益性项目的重大需求和应用导向，充分发挥好行业主管部门的组织协同作用，保证项目成果能够服务社会公益事业的发展。

（4）加强对项目负责人的教育。进行项目负责人的财务知识培训和教育，编制项目负责人财务知识工作手册，帮助项目负责人解决基本的财务问题，增强其法律意识。

4. 优化科研经费管理和使用细则

在科研经费的管理和使用过程中时常会出现一些问题，对于这些问题，不能置之不理，应该对科研经费的管理和使用进行具有针对性的优化和完善，避免这些问题的再次出现，具体可以采取以下措施。

（1）规范项目预算编制。对于项目预算编制，要简化编制要求，完善预算表格，优化编制方法，制定科研项目预算编制的参考手册，将标准统一化，以此来为相关人员提供指导服务，按照实际科学研究规律，对预算额度不做限制。

（2）及时拨付项目资金。科研项目的经费往往需要能够及时地补充，以免影响科研项目的进度，所以应在相关部门批复预算经费前，建立年初预拨制度，避免科研单位年初经费不足的问题。同时，还可以实施节点拨款，提高使用效益。

（3）规范直接费用支出管理。应加强科学界定与项目研究的支出范围，让各类项目的支出科目和相关标准能够保持一致，减轻科研人员的学习成本；同时下放预算调整权限，以便于解决预算管理过细的问题。

（4）完善间接费用的管理。应直接下达到项目依托单位，项目依托单位应建立健全间接费用管理办法，合理使用间接费用，并将间接费用的核定与依托单位信用等级相挂钩；提高间接费用的比例，积极推进将科研项目的间接成本按一定比例分摊纳入科研成本核算中。

（5）改进结余资金的管理。应改变科研结余经费一律上缴的做法，将结余经费的安排与项目验收和信用评价相挂钩，年度剩余资金可以结转到下一年度继续使用。

5. 全面提升科研经费管理能力

（1）定期进行专项培训。对财务人员和部分科研人员加强科研经费管理制度和财务制度方面的专项培训；同时，进行法律知识的普及，提高他们遵守科研经费管理和财务制度等有关规定的自觉性，促使他们在科研经费方面廉洁自律。

（2）完善科技管理信息平台。使科研、财务、审计、项目负责人共享信息平台，实现科研项目从申报、评审、立项、执行到验收的全过程数字化管理与服务，提高管理水平，提升服务质量。

（3）设想创建科研财务联合办事大厅。建立一个多部门参与、资源共享、联动高效的科研经费服务机构，即通过建立科研经费管理服务中心或设置科研财务联合办事大厅提供一站式服务。❶

6.4.2 加强科研经费管理内控制度建设

1. 建立预算评审制度

学校应根据各科研项目的特点，建立健全政府决策、专家咨询的立项机制和预算的编制与评审制度，积极引入第三方评估，提高科研项目立项及预算的科学性和规范性。

（1）完善科研项目专家参与管理机制，完善评审专家的回避、遴选、信用和问责制度，建立评审专家库。

（2）充分利用网络信息平台，建立完整的科研项目数据库，包括每一项目从申报、评审、立项到执行、验收等环节的全部信息，以方便科研管理人员、评审专家和科研人员了解每一项目的全部信息，为预算评审提供完整资料。

（3）根据学校的实际情况，组织咨询专家、校内相关职能部门以及中介机构对财政资金支持的本校拟申报的科研项目进行预算评审，并提出预算审核的建议，课题负责人应根据预算审核建议对预算进行相应调整。

2. 健全经费使用的监督管理机制

（1）进一步完善科研经费支出的审核制度，制定详细的经费支出原则。

（2）健全科研经费的报账制度，明确规定科研经费的审批程序和审核权限。

（3）明确课题负责人、科研管理部门、财务管理部门等的职责与权限，科研经费应按项目单独建账，专款专用。

3. 建立科研固定资产台账

为有效配合科研资产全成本管理的要求，科研管理部门应按不同的科研项

---

❶ 李亚鲁. 高校科研经费管理：路径与持续改进框架［J］. 财会通讯：综合（中），2015（1）：87－89.

目对科研经费购置的固定资产进行台账登记，保证每次发生的费用都有详细的记录，从而对科研项目的经费使用进行有效的控制；财务管理部门应严格按照国有固定资产管理办法，对科研活动形成的资产进行管理与核算；科研项目课题组应配合财务管理部门做好资产的保管、维护、报废、清查等工作。❶

6.4.3 建立科研经费检查和奖惩制度

1. 加强科研经费的检查与监督

对科研经费的监督管理，主要核心在于实时监督和过程控制。学校应建立包括纪检、审计、科研管理等部门和社会中介机构在内的科研经费监督管理体系，其主要职责是对科研经费进行财务审计和效益审计，及时纠正检查中发现的问题，明确对违规违纪行为的处罚规定，克服从前科研经费使用过程不审计的弊端，对科研经费的监管规范化、制度化。建立对科研项目的财务审计与财务验收制度，主要内容如下：①实行事前、事中、事后的全过程审计；②科研经费效益审计；③科研经费投入产出审计。

2. 创新考核评价机制

强化科研成果意识，加强对成果的管理，充分利用政策导向和奖励制度来调动科研人员从事科技开发，促进科研成果转化的积极性。改革评价机制，推行分类评价和开发评价的新机制，建立以创新贡献和质量为标准的科研项目考核、评价和奖励制度，鼓励科研人员从国家的需要出发，做出更多的创新性贡献以利于国家科研事业发展。建立一种全新的科研绩效档案，评价科研成果的价值和取得的社会经济效益，并将其作为科研人员年度考核、职称职务评定及项目推荐的重要依据。

3. 建立有效的奖惩制度

对于科研经费管理规范、使用效益高、管理成效好的科技创新团队或个人应予以表彰和奖励，在项目申报方面或经费分配方面加大支持力度。对于项目执行不力、出现违规行为的团队或个人，应给予相应的惩罚，如追回财政拨款，取消其以后若干年的申报国家项目的资格，给予相应纪律处分等。对于发生学术造假、违纪违法行为的单位或个人，按规定予以严肃处理或移送司法机关追究其刑事责任。对于发现的问题，学校应组织相关部门进行调查，按规定做出相应处理，遇到重大问题应及时上报。建立科学的收入分配机制，突出对

---

❶ 张建江. 高校科研经费管理规范探析 [J]. 财会通讯：综合（中），2013（9）：55-56.

科研人员的激励作用，在兼顾学校、二级学院、科研课题组三者之间利益关系的基础上，以充分调动科研人员积极性为主，其评价标准应综合考虑各种因素，除经济指标外，还应包括对高校人力资源的积累作用、对学校知名度的提高作用、对学校科技创新素质的增加作用、对学校可持续发展能力的提高作用。❶

6.5 科技成果转化的路径设计

6.5.1 加速科技成果转化的战略选择

在国际经济和科技竞争日趋激烈及我国正在建设创新型国家的重要战略机遇期，我们面临着重大的机遇和严峻的挑战，不论是加强国际竞争力，还是解决国内经济社会的矛盾，科技创新是重要的战略抉择。当然，仅有科技创新成果是不够的，而只有将科技创新成果转化为现实的生产力，才能充分发挥科技创新的巨大作用，才能真正推动国家经济的大发展。因此，新时期我们应该更加重视科技创新，加速科技成果转化进程。根据前面科技成果转化绩效评价及影响因素的分析，我们在提高科技成果转化绩效方面，还面临着一些问题。为加速科技成果转化，应该深化科技体制改革，优化科技资源配置，着力构建以组织为主体、市场为导向、科经金紧密融合的技术创新体系。❷

1. 深化科技体制改革

从科技成果转化系统存在的问题来看，科技体制问题已成为阻碍科技成果转化的根本原因所在，如科研院所未能真正实现市场化转制、大学缺乏科技成果转化的积极性等导致技术成果未能从科研院所和大学顺利走到组织这一端，即科技与经济存在一定程度的脱节。科技成果转化本质上是科技经济一体化，因此，深化科技体制改革能从根本上加速科技成果转化，促进科技与经济的融合。

经过30多年的探索，我国的科技体制改革取得了一定成效，但脱节问题仍然没有太大的改观。因此，党的《十八大报告》也明确提出了实施创新驱

---

❶ 罗焰. 高校科研经费项目化管理研究 [D]. 南昌：南昌大学，2014.
❷ 黄伟. 我国科技成果转化绩效评价、影响因素分析及对策研究 [D]. 长春：吉林大学，2013.

动发展战略，深化科技体制改革❶。2012年中央6号文件提出了要深化科技体制改革，加强科技与经济的紧密结合，并出台了多项措施。特别强调在自主创新，引进消化吸收创新和集成创新的同时，更要加强协同创新。

2. 优化科技资源配置

科技成果转化绩效的影响因素分析表明：科技资源投入对科技成果转化绩效有显著正向影响，但科技资源又具有明显稀缺性❷，因此，在倡导节约型社会的情况下，优化科技资源配置就显得尤为重要。优化科技资源配置就是以最大限度地提高科技创新活动的产出效率及其所实现的经济效益为目标，而对现有与后期投入的科技资源的组合结构中的不合理成分从宏观与微观角度加以调整，并建立起与科技经济发展状况、科技体制相适应的科技资源配置机制。❸可见，首先，优化科技资源配置能够提高科技成果转化绩效。由科技成果转化绩效的影响因素分析可知：各因素对科技成果转化绩效的影响有大小之别，因此，我们可以根据其影响力的大小来选择优化科技资源配置的途径。

其次，科技资源配置的核心问题是科技资源配置结构，但是在科技成果转化的主体及阶段方面，科技资源的配置结构存在不合理。科技资源在研发主体的配置结构上存在一定的不合理性：作为对科技成果转化绩效影响最大的研发主体，研发机构的科技资源投入相对较少。科技资源在研究与试验发展的各阶段的投入结构上也存在一定的不合理性：作为对科技成果转化绩效影响最大的环节，应用研究阶段的科技资源投入相对较少，研发机构与应用研究阶段的投入不足成为阻碍科技成果转化绩效提升的短板。此外，科技资源在科技成果转化各阶段的配置结构上也存在不合理：科技成果的转移阶段，即中间试验和工业化试验阶段的投入相对不足。❹ 正是因为经费和试验条件所限，导致许多很有应用前景的产品和项目停留在小试或样机阶段，或者以未经中试的不成熟技术状态面市，而大多数组织又无力直接消化这些实验型成果或不具备系统配套条件的单项技术，严重影响了我国高校科技成果转化的成熟性与可行性❺。因此，政府资金应更加着重引导各类资金投入到试验发展阶段，解决中试瓶颈问

---

❶ 胡锦涛. 十八大报告 [EB/OL]. （2012-11-19）http：//www.xj.xinhuanet.com/2012-11/19/c_113722546.htm.

❷ 程振登，马锡冠，周寄中，等. 科技投入论 [M]. 北京：科学技术文献出版社，1992.

❸ 唐五湘，李石柱. 科技管理与科技资源配置 [M]. 北京：方志出版社，2009：224.

❹ 周寄中. 科技资源论 [M]. 西安：陕西人民教育出版社，1999.

❺ Giorgio Petroni, Chiara Verbano. The Development of a Technology Transfer Strategy in the Aerospace Industry: the Case of the Italian Space Agency [J]. Technovation. 2000 (20)：345-351.

题，将有力地促进科技成果的转化。

3. 组织为主体

作为研发主体和科技成果转化的核心主体，组织在科技成果转化过程中的核心作用没有充分发挥出来。因此，组织在科技成果转化中的主体地位仍然需要进一步加强。科技与经济的重要结合点在于组织，组织和社会的需求是科技成果转化的主要动力。❶ 如果不将组织作为科技成果转化的主体，科研机构和高效的科研科技很可能与市场需求脱节，使得科技成果不被需要，闲置在一旁；如果不将组织作为科技成果转化的主体，对于组织来说，会造成组织的创新不足，无法进步。总之，只有将组织作为科技转化的主题，才能促进科技成果转化，使得科技和经济有机结合。因此，我们应当采取适当的措施确认组织在科技成果转化中的主体地位，同时提升组织中的科研机构的数量，让组织在科研创新体系中发挥更加重要的作用，促进科技成果转化。

4. 市场为导向

市场作为科学技术成果的需求方，在科技成果转化过程中发挥着十分重要的作用。据调查，在未被推广应用的 72 个项目中，因市场原因造成的有 55 项，占 76.4%，其中因立项时没有考虑市场导向的就有 38 项，占 52.8%❷可见，科技成果转化的市场导向性在一定程度上决定着科技成果未来转化成功的可能性。因此，在科技成果转化过程中，应该以市场为导向，满足市场需求，这样才能使研究开发更贴近需求和市场，科技成果将能迅速转化，从而提升国家创新能力。

5. 科技、经济、金融紧密融合

我国资金投入已成为科技成果顺利转化的制约因素之一。研发经费的投入对科技成果的转化有着重要的影响。但是与一些发达国家相比，我国明显没有充足的科研经费投入。资金是保证科技成果转化的重要因素和前提，资金是否充足影响着科技成果的顺利转化。作为第一推动力，资金在科技创新及科技成果转化过程中有着不容忽视的作用。科技成果转化本质上是经济与科技的高度结合，而资金对科技成果转化不可或缺，国家应当尽快启动和发挥科技成果转化资金的作用，引导各类金融机构加大对科技成果转化的投入。因此，促进科技、经济、金融的紧密融合是加速科技成果转化、提高国家创新能力的重要战

---

❶ 徐辉. 科技成果转化机制及对经济增长的效应研究 [D]. 南京：河海大学，2006.
❷ 庞青山，徐科峰. 高校科技成果转化的阻滞因素及对策研究 [J]. 研究与发展管理，2003 (15)：89 – 93.

略选择和有效途径。

6.5.2 优化科技成果转化机制的有效途径

1. 有针对性地提升科技成果转化

(1) 加大和优化科技资源投入。科技资源投入对科技成果转化有显著的影响，而且不同行业、不同类别、不同研发主体、不同研究阶段、不同投入来源的科技资源投入对科技成果转化绩效的影响有大小之别。

(2) 优化科技资源投入结构。从不同行业的投入来看，应该加大对高技术产业和组织的政策扶持，鼓励其加大科技资源投入；从科技资源的不同类别来看，应该注重科技人才和科技经费的合理配置，在加大科技人才和科技经费投入的同时，要保证人均经费的加大，要加强科技人才培养；从研发主体的科技资源投入来看，不仅要保证组织的主体投入地位，还要加强研发机构的科技资源投入；从研究阶段的科技资源投入来看，不仅要保证试验发展阶段有充分的投入，还要增加应用发展阶段的投入；从投入来源的科技资源投入来看，不仅要保障组织是主要的投入来源，还要加强外资的引进，尤其带着高技术的外资。

(3) 增加科技成果数量。科技成果数量对科技成果转化绩效有显著的影响，国内有效发明专利数量越多越有利于提升科技成果转化的成果。因此，应当鼓励科技成果的获得，促使科研人员坚持不懈地进行科研活动，提升科技成果的数量，尤其是有效发明专利数量，从而有效地提升科学技术成果的转化。

2. 加强产学研合作

产学研合作是组织、高校、科研院所在社会范围内以技术合约为基础，依照各自的优势，分担技术创新不同阶段所需投入的资源，组织技术创新活动，实现不同主体的局部或整体结合，按分工的原则达到资源共同投入、风险共同分担、成果或创新收益共同分享，以实现优势互补，推动组织技术进步，促进科技成果转化为目的的合作形式，是基础研究或理论研究（学）、应用与开发研究（研）、生产利润（产）的一体化。从更广泛的意义上看，它是产业系统、教育系统和科研系统相互融合的有机整体。[1]

借鉴国际先进经验，产学研合作是国家创新体系建设的重要内容之一，是促进科技成果转化的有效途径，是推动经济社会发展和科技发展的有效形式。

---

[1] 有关推进产学研结合的政策调研 [R]. 上海：上海市人大，2008.

我国产学研合作已逐渐从人才培养的教育合作形式开始转变为科技成果转化的经济合作形式，并逐步转变为国家创新体系的产学研联盟形式，注重人才培养的教育合作形式，它是一种培养高素质且与组织相结合的人才的教育模式。促进这种合作形式，高校和科研机构在与国家创新体系的结合上才越来越有利。

3. 促进技术市场发展

在我国体制机制不顺的情况下，促进技术市场的发展能够使得科技成果转化的经济环境得到优化，促使科技成果顺利而自然地得到转化，是建立以市场为导向的技术创新体系、优化科技成果转化机制的有效途径。规范技术市场管理，制定科技市场法规，建立全国统一的、完备的、开放的、竞争的、有序的技术市场体系。

6.5.3 促进科技成果转化的政策措施

区域经济环境对科技成果转化绩效有显著影响，很大一部分原因在于科技成果转化政策环境的优劣：一方面东部沿海地区有着相对健全的法律法规体系，另一方面东部沿海地区对科技成果转化各方的支持扶持力度较大。因此，为加速科技成果转化，政府应该致力于健全法律法规体系和加大政策扶持力度，从而优化科技成果转化的政策环境，提高科技成果转化绩效。

1. 健全法律法规

（1）政府应加快对那些颁布时间较长、效果不理想、操作性不强的法律法规的更新与完善工作。建立法律法规的后续跟踪、评价体制。

（2）政府应该尽快完备知识产权保护方面法律法规。市场经济公平竞争的环境需要法律的保障，高度法制化的环境将使科技园区内的组织全力投入科技创新和新产品的研制开发中去。

（3）针对当前我国产学研合作缺乏专门法规支撑的情况，政府应尽快制定并颁布产学研合作促进条例，减少产、学、研三方彼此间因实力不对等而产生的利益博弈。

2. 加大政策扶持力度

（1）通过税收优惠政策，强化组织主体地位。在我国组织的科技成果转化主体地位没有真正实现的情况下，政府可以通过税收优惠政策，鼓励组织加大研发投入，激发组织的创新动力，推动组织主体地位的提升。

（2）通过专项资金支持和税收政策优惠，引导产学研合作。例如，2006年上海市出台了《〈上海中长期科学和技术发展规划纲要（2006—2020年）〉

若干配套政策》,并明确规定,设立产学研合作专项资金,对产学研公共服务平台建设、产学研联合建设实验室和工程中心、组织购买高校和科研院所的技术创新成果、科研机构从事行业共性技术研发和服务等给予资金支持。对技术转让、技术开发和与之相关的技术咨询、技术服务获得的收入,免征营业税。

(3)通过专项资金支持和税收政策优惠等,鼓励科技中介机构与金融机构发展。一方面,政府可以设立专项资金,对科技中介机构和金融机构在参与科技成果转化过程中所担的风险予以适当资助,对科技中介机构和金融机构的人才培养给予适当资助;另一方面,政府通过税收优惠政策大力扶持科技中介机构和金融机构的发展,并激励其在科技成果转化过程中发挥更大的作用。

3. 搭建科技成果转化服务平台

科技成果转化是一个复杂的社会系统,涉及各种信息的流动、不同形态的知识的流动还有资金的流动,只有相关的信息、知识、资金能够在科技成果转化过程中顺利地流动,才能保证科技成果转化的顺利进行。而作为科技成果转化的领导者、管理者和宏观调控者,政府应该积极搭建科技成果转化服务平台,以促进信息流、知识流、资金流的顺畅流动和有效结合,以加速科技成果转化。[1]

(1)搭建科技成果转化的信息平台。为了促进科技信息资源的公开与共享,政府相关部门应该主动建立全国科技信息数据库,及时发布与技术创新有关的技术发现。为促进科技信息与经济信息的有效对接,政府应该加强网络、信息化建设,并主动搭建成为集信息检索、申请、评估、审批、交易、投资、融资、招聘、评估于一体的科技成果转化信息服务平台,加强科技成果转化各方的信息共享。

(2)搭建科技成果转化的知识平台。科技人员和科技成果都是科技成果转化的重要资源和因素。作为科技成果转化过程中知识的载体,人才和科技成果的合理流动非常重要。因此,政府应该主动搭建科技成果转化的知识平台,促进人才和科技成果的合理流动。在人才方面,搭建科技成果转化知识平台,定期发布人才需求信息,促进人才在不同科技成果转化项目中的合理流动,充分利用和发挥人才优势。在科技成果方面,实现知识产权管理的信息化、网络化和流程化,保证知识产权信息有效传递和共享。

(3)搭建科技成果转化的资金平台。资金是科技成果转化的重要保证和

---

[1] 赵京波. 我国产学研合作的经济绩效研究与模式、机制分析[D]. 长春:吉林大学,2012.

前提，资金的可得性关乎科技成果能否顺利转化。政府应该加大科技成果转化的直接投入，设立专项资金重点扶持具有产业化前景的项目，设立专项贷款重点扶持研发活动的应用阶段和科技成果转化的中试阶段。借助资本市场的力量，发挥财政投入的杠杆作用，加快建立健全融资担保、贴息机制，促进尽快形成多元化资本市场。

6.6 科技创新团队有效性培育与提升对策

6.6.1 大力促进科技合作程度

随着现代科学技术社会建制的逐步完善，大学科研合作越来越普及，科研合作的类型更加丰富，划分的方式和角度也有不同，如果从科研合作的层次、过程、结果等方面进行分类，可以得出大学科研合作的各种类型，标准不同得出的分类结果也不同，比如，按大学科研合作主体的层次可分为国际性科研合作、国家层面组织的科研合作、校际科研合作和校内各种层次的科研合作；按合作对象的类型不同可分为高校与政府机构的科研合作、高校与组织的科研合作、高校与其他独立科研机构的合作等；按科学研究的过程划分还可以分为事前合作和事后合作，研发阶段的合作创新属于事前合作，将研发形成的技术或专利成果进行转让和许可使用（包括市场化、商业化等）则属于事后合作[1]；按科学研究的成果载体不同又可分为合著论文、项目合作、专利合作、联合报奖等合作类型。此外，有学者认为，科研合作不仅涉及科研工作者之间的合作，还应考察他们与其他人的学术论文、学术成果、设备之间的合作，以及他们间接与前人的科学遗产之间的合作。[2] 还可以根据科研合作双方的知识对等和科研能力对等情况分为"强合作类型"与"弱合作类型"，前者指合作主体双方或多方的对等性和均衡性比较强，两者具有比较高的相似性，研究的课题内容以及双方的知识水平和科研能力在一个层面上，两者具有无障碍沟通的能力，均为从事科研工作的学者、专家，他们之间的合作具有对等性和双向性。后者主要指专门进行科研的研究工作人员和非专门从事科研的工作人员之间的合作。

科学研究往往不是靠一个人的力量就能完成的，科研项目往往是一个团体

---

[1] ［德］柯武刚, 史漫飞. 制度经济学——社会秩序与公共政策 [M]. 韩朝华, 译. 北京: 商务印书馆, 2000.

[2] ［德］柯武刚, 史漫飞. 制度经济学 [M]. 北京: 商务印书馆, 2004.

的工作，它的学术水平、知识积累、专业对口等方面的要求都不是一个人所能够胜任的，这一切需要一个团队的成员来共同协作和努力，才能达到科研项目的要求，实现项目的顺利进行。只有通过团队的协作和配合，才能解决在科研项目的研究过程当中遇到的各方面不同的问题，依靠大家的力量，分享团队成员的经验和知识，互补互进，共同完成任务。所谓集团效应是指科技创新团队通过合作的方式在从事某一特定研究工作时带来的"附加效果"，它是一种积极、高效的协同效应，能使团队业绩大大超过各成员全部付出和投入的简单加和。❶

科研合作最终产生的成果不仅仅是团队成员能力的简单加和，而是能够达到一种"1+1>2"的效果，通过团队成员思想和能力的碰撞，往往可以产生一些意想不到的结论和收获，这些结论和收获是一个人的单独行动所无法实现的。

科技创新团队通过目标管理的方式，在团队的制度化管理、团队规模、领军人物资格、成员选拔、团队文化等方面进行全方位整合，这是一种制度化的凝练过程，所产生的整合效应主要体现在学术交流的创新环境、科技资源的优化配置、培养科学精英的摇篮等方面。首先，科学创新离不开学术交流的文化氛围和小环境；其次，科技创新团队产生的整合效应还体现在对科技资源的"战略集成"与高效优化配置上，形成"优势积累"效应，集中力量在某一学科或方向上形成自己的研究优势和标志性的学科高地，以此吸引政府和社会的广泛支持，实现科技创新链条上从资金投入、优化配置到成果产出的良性循环机制。❷

6.6.2 引导外延式的团队合作方向

团队的合作方向分为两类：内延式和外延式。内延式是指团队内部成员之间的合作，外延式为团队成员与外部成员或团队合作。在此，着重强调外延式合作方向的重要性。实证研究中发现，团队的总产出与团队的密度之间存在一定的负关系，与团队的平均产出能力无关。这说明当团队的合作达到一定程度之后，太过密集的网络密度不利于团队的产出绩效。引导外延式的团队合作方向具有重要的意义和作用。我们认为可以从以下几个方面引导外延式的科学合作：加强学科内和学科之间的知识交流；开展国内或国际学术会议为学者之间

---

❶ 王燕华. 大学科研合作制度及其效应研究 [D]. 武汉：华中科技大学，2011.
❷ 王燕华. 大学科研合作制度及其效应研究 [D]. 武汉：华中科技大学，2011.

的合作提供契机；建立各种合作平台如建立学术交流网站等；设立专项基金，鼓励跨专业、跨机构、跨区域的学术团队合作；对于已经成熟的科技创新团队，引导其学术带头人之间进行定期的学术交流，以激发新思想和新想法。

6.6.3 加强核心领导者的培养

培养合适的科技创新团队领导者，是科技创新团队取得高绩效成果的决定性因素。科技创新团队的领军人物，不仅应有深厚的业务基础，学术水平在国内同行中具有一定的优势，对相关科学领域有广博的知识，视野开阔，洞察力强，具有把握学术方向的能力，对国家发展的需求要有战略眼光，能凝练出重大课题并围绕其开展研究工作，进而取得重大创新科研成果；而且在管理方面要有坚强的领导能力，极强的亲和力和组织能力，良好的人际交往及沟通技巧和能力。

加强团队核心领导者的培养，充分发挥其领导核心的作用，可以提高团队的科研绩效。可以从以下几个方面来加强团队核心领导者的培养：对于学术能力较突出的研究者，鼓励其带领团队进行科研工作；为学术带头人提供丰富的可操控的学术资源，帮助其个人和团队进行科研研究；鼓励和资助学术带头人去国外学习，接收国外的新鲜理念。团队领导是一种上下互动的关系，通过发展一个良好的团队互动环境来促进成员间的合作与沟通，进而引发团队成员去追求和达成团队的共同目标。

6.6.4 提升团队资源整合能力

资源整合是指组织获取所需的资源后，将其进行绑聚以形成能力的过程，即组织对不同来源、不同层次、不同结构、不同内容的资源进行选择、汲取、配置、激活和有机融合，使之具有较强的柔性、条理性、系统性和价值性，并对原有的资源体系进行重构，以形成新的核心资源体系。对于学术团队而言，这种经过汲取、激活形成的新资源重要的表现形式就是团队在其学术实践活动中逐步形成的组织知识。

资源整合是组织通过对资源的配置与管理，实现资源利用价值的最理想化，合理地对资源进行使用和调度，充分发挥资源的最佳效用，实现资源的转换和再生，同时让现有资源能够演变出更具有利用价值的资源，形成组织独有的一种特殊资源。提升团队资源整合能力，对于一个团队的发展至关重要。以下是资源整合能够给团队带来的几个方面的效益。

1. 资源整合提升学术团队发现学术研究方向的能力

正确把握学术研究方向对一个团队的正常运行起到了关键性的作用，它可以让团队的力量集中于正确的研究领域上，将有限的资源合理地运用到研究上，避免资源的浪费和过度使用，使研究工作顺利开展。因此，学术研究方向的凝练能力是团队核心能力构建的关键要素。通过资源整合，学术团队不仅可以获得有关外部认知对象的构成元素知识，还能汲取有关系统与系统间、元素与元素间关系的构架知识，即资源整合有助于实现学术团队内部知识和外部认知对象的元素及构架知识的交流与融合。

2. 资源整合促进学术团队技术监测能力成长

技术监测能力是指学术团队了解并掌握技术发展动态与需求变化趋势的能力。对于学术团队，尤其是理工科背景团队，新技术的研究与开发往往是产生重大创新性成果的关键。对新技术的开发通常是基于旧有技术瓶颈的突破或技术空白的填补，因此，技术监测能力对团队产生创新性研究成果，构建核心竞争力至关重要。从资源整合的动态特征来看，资源整合本身是一个内部环境和外部环境尤其是技术市场环境间的互动过程。[1]

3. 资源整合增强学术团队的组织学习能力

组织学习是从组织外部知识环境搜索和获取对团队有用的技术知识，进行消化吸收，将其纳入团队的知识体系或重建知识体系，从而增强团队核心能力的过程。[2] 组织学习是形成和提升团队核心能力的必然途径，其有效性取决于学术团队的隐性知识吸收与转化能力。资源整合是学术团队根据技术和市场需求的变化不断地将从内外部获取的知识资源纳入团队自身的资源体系，并与团队自有的或已有的资源充分有效融合的过程。在学术团队集体攻关的过程中，知识在群体之间得到快速传播，通过集体智慧的思考，分散在个体中的知识得到有效整合，形成学术团队共有的知识，并且通过组织学习形成的知识是学术团队成员共同参与的结果，这些组织知识，尤其是学术团队拥有的组织隐性知识，如组织惯例、团队文化、经验等，具有"专用性"和"不可转移性"等特点，使得这种能力很难被其他学术团队所模仿，更难以通过交易获得，从而也就构成了学术团队独有的竞争优势源泉。

---

[1] 饶扬德. 企业技术能力成长过程与机理研究：资源整合视角 [J]. 科学管理研究, 2007 (5): 59-62.

[2] 赵晓庆. 技术学习的模式 [J]. 科研管理, 2004, 24 (3): 39-44.

4. 资源整合提高学术团队的学术创造能力

学术创造力是学术团队核心能力的最终体现，学术创新力的强弱在一定程度上决定着团队竞争力的高低。团队的学术创造力是指团队不断创造新知识、并不断把创造的新知识转化为人才的、成果的、社会服务的能力，具体表现有发表高水平的学术论文、解决重大工程实践中的关键问题、将科研成果转化为现实生产力、组织高层次的国际学术交流与合作等。通过资源整合，学术团队能够从复杂膨胀的技术体系中选择与市场匹配的技术知识，并使之与团队自创的或已有的技术知识相融合，实现团队成员之间的知识共享，形成团队所特有的组织默会知识，最终使关键技术的突破成为可能，促进团队研究与开发能力的提升，推动学术团队核心能力不断成长。❶

6.6.5 设计有效的激励机制

激励机制健全而充分，是保持团队生命力强盛和持久的重要方面，也是影响团队有效性的重要因素。没有充分而有效的激励条件和机制，团队的生命力也不会持久。在团队内部推行有效的激励机制，可以最大限度地调动团队成员的积极性，从而避免了各成员的道德风险。❷

1. 以系统观念为指导设计科研激励机制

科研激励需要有激励的目标和引导性。激励的方向是什么，激励的要求是什么，激励什么样的事情和人，需要有一套完整的系统观念来进行指导。科研激励也需要适合于不同层次需要的科研人员，针对不同的科研人员实行差别制的科研激励方式，不能在对一部分科研人员进行激励的同时，挫伤了另一部分科研人员的积极性。科研激励注重整体的激励效果，而不是仅仅停留在某一点上的作用，激励不仅要重视个人的全面发展和提高，还要考虑整个团体的发展。

2. 以人为本，按层次分类建立激励机制

激励机制要着重考虑人的发展，只有个人发展起来了，才能实现整个团体的发展和进步，对人的激励需要考虑到每个人的不同之处，针对每个人的特点来进行独立定制激励方式。目前，各高校也纷纷建立了自己的科研奖励为主的科研激励制度。若要使奖励更好地发挥激励作用，就要兼顾不同的层面，既要有高层次的奖励，也要有低层次的奖励。因此，科研机制应该是符合不同层次

---

❶ 马卫华，许治，肖丁丁. 基于资源整合视角的学术团队核心能力演化路径与机理 [J]. 科研管理，2011，32（3）：101-107.

❷ 吕立志. 论新资源在新经济中的地位和作用 [J]. 中国软科学，2001（9）：21-25.

人员情况的，其激励指标也是要与人员情况相对应的，只有这样，才能实现正确有力的激励。

3. 建立科学量化和代表性成果相结合的评价激励

激励要看重每一个人突出贡献的地方，对于其具有代表性的成果，应该进行相应的科学量化的激励。一些研究表明，造成科研人才流失最为重要的原因是缺乏有效的激励机制，论资排辈、有责无利等现象的发生严重打击了科研人员的工作积极性，使得人才的价值在组织中难以体现。激励需要标准，需要科学量化的指标，考核指标不能如果真实、准确地衡量科研人员的贡献，不能恰当地评价科研人员的贡献，会导致激励不公平现象的发生。

4. 妥善处理好各种激励中的"量"和"度"

正确处理激励机制中"量"和"度"的关系，对高校科研创新至关重要。激励机制中的"量"是指激励的范围、领域或内容，激励机制中的"度"是指激励的尺度、强度或标准。这里的"量"和"度"都不是一成不变的，它可以根据各种条件因素的改变来进行相适应的调整。高校在制定激励机制的时候，需要根据高校自身的特点来制定相适应的激励政策，从自身科研能力及科技创新团队组成的角度入手，来决定这里的"量"和"度"所应采取的标准。科研实力较弱的学校只有采取较大强度的激励，才能更大地激发科研人员的积极性，才能吸引人才，留住人才。❶

5. 建立高校科研公积金制度

所谓科研公积金是指科研人员每年完成的科研工作量通过一种计算方法转换成对应的公积金数额。科研公积金来源是学校作为科研经费的投入，具体额度由学校确定。学校为每个科研人员设立一个科研公积金账户，然后把科研人员每年获得的科研公积金存入账户，实行统一管理使用。科研公积金逐年存入，不断积累，长期有效，直至退休；超额完成科研任务所得的科研公积金，学校可给予加倍存入（具体倍数由学校根据本校情况制定）；科研公积金只能用于科研工作的需要，不能挪作他用。有了科研公积金制度，就能缓解教师尤其是青年教师的经济压力，助他们一臂之力。例如，个人出书碰到资金困难，根据科研公积金管理使用规则就可以动用自己的科研公积金或用公积金借贷方式来解决。❷ 科研公积金有利于建立科研工作的利益共同体。

---

❶ 杜贞贞. 地方高校青年教师科研激励机制研究 [D]. 西安：陕西师范大学，2014.
❷ 巴连良. 高校科研创新激励机制研究 [D]. 大连：东北师范大学，2006.

第7章 高校科研管理信息支撑平台建设

7.1 基于知识管理的团队领域本体构建

7.1.1 基于本体的团队知识管理框架

团队知识的顺利传递和流动包括团队知识的获取、加工、存储、传播、共享、使用、创新等团队知识流动环节。而且，团队知识管理体系的建立是系统的，组织机构变革、团队知识共享、组织文化培养、激励机制建立、技术支撑均是不可或缺的要素，只有要素间互相促进、协调发展，才能保证系统的合理建设和有效运行。进行团队知识管理时，以上环节缺一不可，基于此，我们构建出团队知识管理体系的总体结构模型，如图7-1所示。

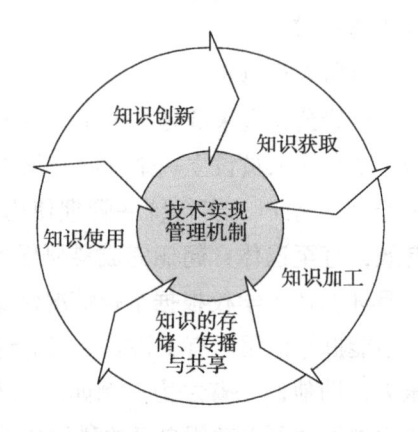

图7-1 团队知识管理体系的总体结构模型

有效运作团队知识管理体系，不仅需要系统使用人员的协调参与，而且需要合理的组织架构作为其运作的载体。如今，很多组织在这方面做了努力，拥有了基本的信息化技术基础和信息应用系统，如 Internet/Extranet/Intranet、

第7章　高校科研管理信息支撑平台建设

MIS、数据库、团队知识库等，以上技术和应用系统可在不同程度上对上述团队知识管理的五个过程提供技术支持。❶ 然而，仍然存在一部分技术距离成熟应用有一定差距，因而需将上述团队知识管理技术与组织现有的技术与应用系统进行分析比较，结合团队的现实状况，确定团队未来在知识管理技术方面的投入。❷ 基于本体的团队知识管理体系总体架构如图7-2所示。

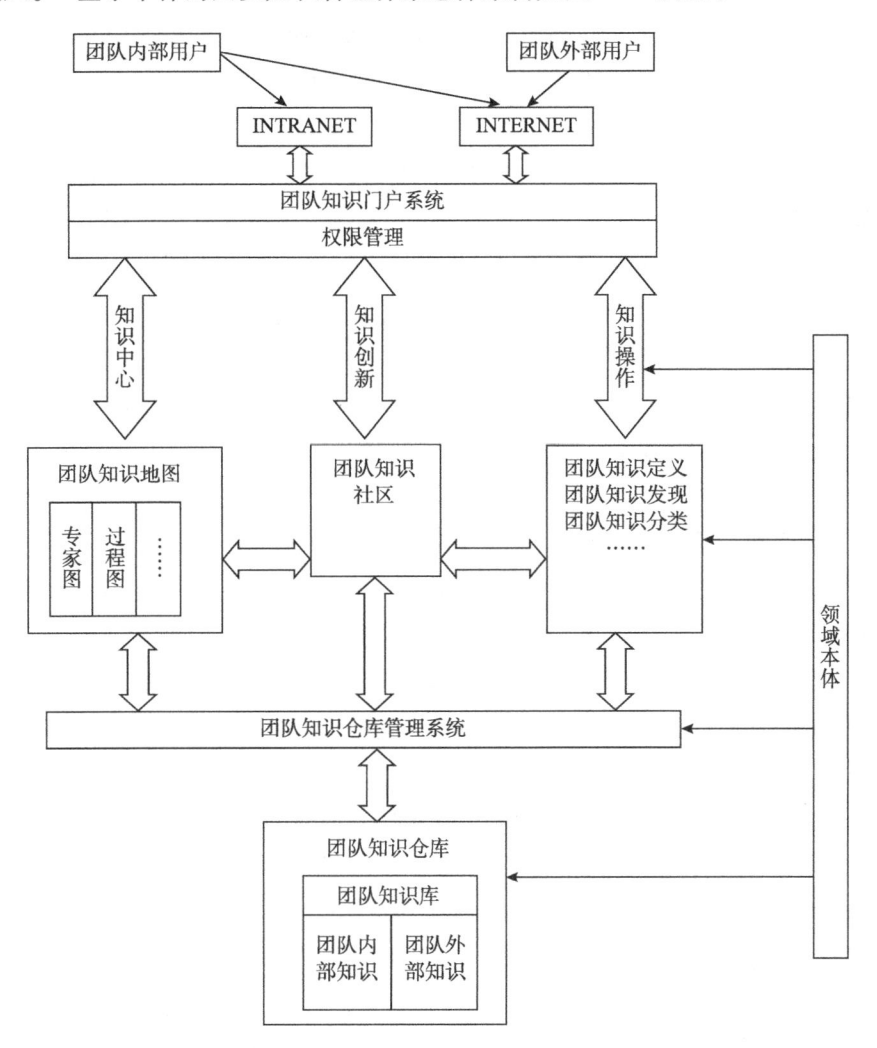

图7-2　基于本体的团队知识管理体系总体架构

---

❶ 陈志伟. 本体的构建及其在信息检索系统中的应用 [D]. 武汉：华中师范大学，2008.
❷ 沈凌. 基于本体的知识团队有效性形成机理及评价研究 [D]. 武汉：武汉理工大学，2009.

· 245 ·

1. 门户系统

团队知识门户系统在页面基础上发展起来，能够让用户获得其所需信息。一方面，使用者通过该单一门户，可查询、获取和分析系统所拥有的团队知识，而不必了解团队知识的存储方式和存储地点。另一方面，门户系统也可帮助使用者方便、快速地找到需要的团队知识或团队知识载体并与之交流。它集成了已有的应用和技术，帮助用户主动发现团队知识，或通过分析使用者的使用习惯和兴趣，向使用者推荐相关团队知识或团队知识载体。

2. 知识地图

团队知识库管理系统技术（DBMS）是一种与 Internet 技术相结合的新型团队知识管理技术。它首先提取团队知识仓库中信息的主题词或关键词，然后运用超文本技术，按照一定的规则，在节点之间建立相应的超文本链接，使用户能根据链接提供的线索，进一步访问与团队知识地图可能相关的其他知识。事实上，团队知识地图可视化地描述了组织团队知识资源及其载体，并展示了它们的相互联系，在组织内创造团队知识共享的环境，从而促进了团队知识管理，使团队成员在团队目标的指导下进行有效的学习。[1]

3. 使用权限

根据系统所给的不同权限，知识使用者进入系统以后可以进行不同等级的使用。其使用可以分为三种：团队知识查询、团队知识共享（包括交流、传播、创新）和团队知识操作。系统根据使用者使用方向的不同，运行不同的模块。例如：如果进行查询，则运行团队知识地图模块，给出使用者所需的团队知识和各种信息；如果进行团队知识交流等活动，则进入团队知识社区，可以和其他的系统使用者进行团队知识交流、讨论，以达到团队知识的共享、传播，进而可以进行团队知识的创新；如果进行团队知识操作，则进入团队知识操作模块，可以进行团队知识的定义、分类和发现等操作。在团队知识社区中，通过交流等活动使得某些团队知识得以创新，则需要进行团队知识定义、分类等活动，同时进入团队知识操作模块，进行团队知识仓库的更新，共同服务于使用者。

4. 知识仓库

团队知识仓库是团队知识管理体系的核心，它按照一定的团队知识表示方法，集中存放组织内部各团队专业领域及与组织有关的外部环境的相关知识。

---

[1] Brauner E, Becker A. Beyond Knowledges Sharing: the Management of Transitive Knowledge Systems [J]. Knowledge and Process Management, 2006, 13 (1): 62-71.

团队知识库是组织的各类显性团队知识的存储系统,不仅包括显性团队知识存储,还包括团队知识产生、应用的相关背景和经验参考。因此,团队知识仓库具备将团队知识与特定过程、未知情况进行动态匹配的能力,具备促进团队知识创新的能力。它是团队知识库的集合,与其联系靠团队知识仓库管理系统完成。从某种意义上而言,团队知识仓库管理系统是团队知识仓库与系统其他部分进行交互的主要媒介。❶

5. 知识系统

系统的团队知识来源于组织内外现有的数据和信息,需要利用各种技术来整合这些数据源,包括组织数据库、组织现有应用系统如 BPR、CRM 等提供的数据及网络资源、E-mail 资源、多媒体、文本、交易数据、业务信息等。系统不断地从外部环境中获取各种形式的知识,也不断地根据使用者的需求,提供恰当的团队知识和相应的各种问题的解决方案,使团队知识仓库中的结构化和非结构化的内容始终处于动态的变化过程之中。❷ 此外,在考虑系统所用技术时,也要考虑到运行速度快、容量大、通道能力强、具有较强的网络功能等方面。❸

7.1.2 团队知识领域本体的构建

1. 知识本体构建方法

(1) 确定构建的领域和范围。明确领域对本体的需求是开发本体的第一步,即需要了解本体构建的目的、包含的问题、信息类型、本体的使用和维护者,从而根据应用需求来确定本体构建的领域。关于本体将要覆盖知识领域的何种范围,可通过列举一系列基于本体的团队知识库能够回答的能力问题来明确。以上问题可随时进行调整,由于当本体范围大时,它们不能起到限制作用,因此,又需要保持相对稳定。

(2) 选择描述语言及编辑工具。本体构建需要选择合适的本体描述语言,使用有效的本体编辑工具。目前已有多种实际应用的本体描述语言,国外也已经开发出实用有效的本体编辑工具。针对实际情况,选择适用的描述语言和编辑工具,可以加速本体构建的过程,并且可以促进后期的本体复用、集成和各个系统之间团队知识共享。同时,认真研究所选用语言和工具的优缺点以及其

---

❶ Brauner E, Becker A. Beyond Knowledges Sharing: the Management of Transitive Knowledge Systems [J]. Knowledge and Process Management, 2006, 13 (1): 62-71.

❷ 汪方胜,侯立文,蒋馥. 领域本体建立的方法研究 [J]. 情报科学,2005,23 (2): 241-244.

❸ 杨秋芬,陈跃新. Ontology 方法学综述 [J]. 计算机应用研究,2002 (4): 5-7.

构建本体时所表现出来的特性也十分关键。

（3）获取领域信息。获取领域信息是本体建设的基础和前提。通过收集领域信息，可以充分了解团队领域知识的现状，为本体构建奠定基础。获取领域信息有两条途径：一是复用并改造现有本体；二是利用相关方法与途径获取。例如，可以组织领域专家承建，或者利用团队知识获取工具，从相关数据库中提取领域相关信息，还可通过专业书籍、网络资源来收集有关领域的分类信息与团队知识。结合上述两种方式，可以使获取的领域本体信息更为完整、精确。❶

（4）列举概念间关系。充分了解团队领域知识后，需提炼该领域内最重要的概念，将其罗列出来并进行声明或解释。在领域本体创建的初始阶段，尽可能列举出系统想要陈述的或要向用户解释的所有概念，发现最基本、最常见的概念，并用精准的术语表达出来。在这一步骤，应充分利用已有的叙词表以确定本领域的重点概念和关系。由于领域专家的参与程度、参与人员的团队领域知识背景参差不齐，这一过程并不要求得到能反映团队领域知识的最关键、最全面的概念及关系，但要确保重点概念及关系一定是与领域相关的，以及能够采用精准的术语表达上述重点概念及关系。❷

（5）建立本体的框架结构。对列举出的大量概念，需按照一定的逻辑规则进行分组，形成不同的工作领域，而同一工作领域的概念的相关性较强。另外，需对每一个概念的重要性进行评估，选出关键性术语，摒弃不必要或者超出领域范围的概念，尽可能准确而精简地表达出该领域的团队知识，从而形成一个团队领域知识的框架体系，得到领域本体的框架结构。

（6）定义类和类的层次结构。本体构建从定义类开始。本体中的类，应选择描述独立存在的对象的术语，也可直接参照上一步建立的本体框架结构，来建立类的层次结构。在这一过程中，可参照叙词表来对建立的类的层次结构进行修正。叙词表中虽然也有等级关系，但这种关系的定义并不严格，并不完全遵守同一逻辑来划分，由于本体是语义逻辑推理的基础，所以必须建立严格的逻辑，以证实计算机能进行推理并得到正确的语义。因此，并不能将叙词表中的等级关系简单转换为本体中类的层次结构。❸ 同时，建立类的层次结构也需考虑本体建设工具和本体建设语言对类和子类关系的约束。

---

❶ 谢娟娜. 本体技术在知识管理系统中的应用研究［D］. 南京：南京航空航天大学，2007.
❷ 杜文华. 本体的构建及其在数字图书馆中的应用研究［D］. 武汉：武汉大学，2005.
❸ 陈志伟. 本体的构建及其在信息检索系统中的应用［D］. 武汉：华中师范大学，2008.

第7章　高校科研管理信息支撑平台建设

(7) 定义类的属性和属性约束。在定义类和类的层次结构的基础上，需对概念间的内在结构进行描述。例如，确定哪条术语是描述哪个类的属性，而任意类的所有子类都继承该类属性。因此，属性应被定义在拥有该属性的最大的类上。除了定义类的属性，还要为某些属性添加约束条件。约束条件可以继承于父类，也可为子类重新添加新的属性约束。在这一过程中，参考领域的叙词表可以使定义属性或属性约束进行得更有效率，例如，可参照叙词间的关系和叙词的限义词、含义注释、词间关系等为领域中的类添加属性及属性约束。❶

(8) 为类添加实例。类的层次结构、属性及属性约束的建立，为团队领域知识体系搭建了框架，而为类添加实例，通过描述领域概念中的个体，为其属性赋值并加以约束，可逐步建立起该领域的团队知识库。概念是定义为类还是定义为类的实例取决于本体的应用、类和实例的起始及表达的最低水平，由于团队知识表达系统中并没有子实例等概念，因此定义类、类的实例与本体应用有直接关系。若实例可以定义成类，则要重新进入开始类和类的层次结构的建立，直到没有概念被定义成类，或是实例冲突出现，则进入下一步。❷

(9) 本体的确认与评价。经过上述步骤，我们已经构建了初步的核心本体原型。本体开发需要像软件开发那样，进行确认与评价。目前还没有本体确认和评价的标准方法或准测试集，因为本体的确认及评价，需结合本体构建的明确性、清晰性、一致性、可扩展性、编码偏好程度最小、约束最小等准则，还要考虑领域专家的意见。

(10) 本体的进化。经过确认和评价的核心本体，是本体初步构建的终点与本体进化的起点。团队知识领域间存在交叉，边界模糊不确定，且团队领域知识在不断扩充、修正与完善。因此，对于一般的研究机构和应用单位，一次性建成一个大而全面的本体，费时费力。利用循环团队知识工程法，可初步构建可用的核心本体，并在使用过程中不断扩展。本体进化的方式有多种，包括在计算机系统的辅助下集成新的本体，即由领域专家手工定义新的概念和关

---

❶ 马静，谢娟娜，侯俊杰. 基于OWL的国防工业机构与产品领域本体构建 [J]. 现代图书情报技术，2007 (7)：14-17.

❷ 陈志伟. 本体的构建及其在信息检索系统中的应用 [D]. 武汉：华中师范大学，2008.

系，或通过机器学习和团队知识发现等方法发现新的团队知识。❶❷

2. 团队知识本体术语

术语是用以定义本体构建中的概念。术语集合包括概念和实例，概念有助于将待描述的本体构成一个系统和层次化的分类。它通过定义领域内的基础词汇，依据领域知识扩展规则和定律，再对这些基础词汇进行扩展、延伸，使描述的对象逐渐丰富。实例就是具有某种属性或属于某种分类的具体的对象，在团队知识本体中的实例，既可以是某一个具体的团队知识，也可以是根据某种分类规则和属性划分出来的具有某些共同特征的团队知识群。通过对团队领域与团队知识相关的众多术语进行搜集、比较，得到团队知识本体中的部分概念，如图7-3所示。图中的概念包含团队知识类型、团队知识基本特征、团队知识价值特征等术语。

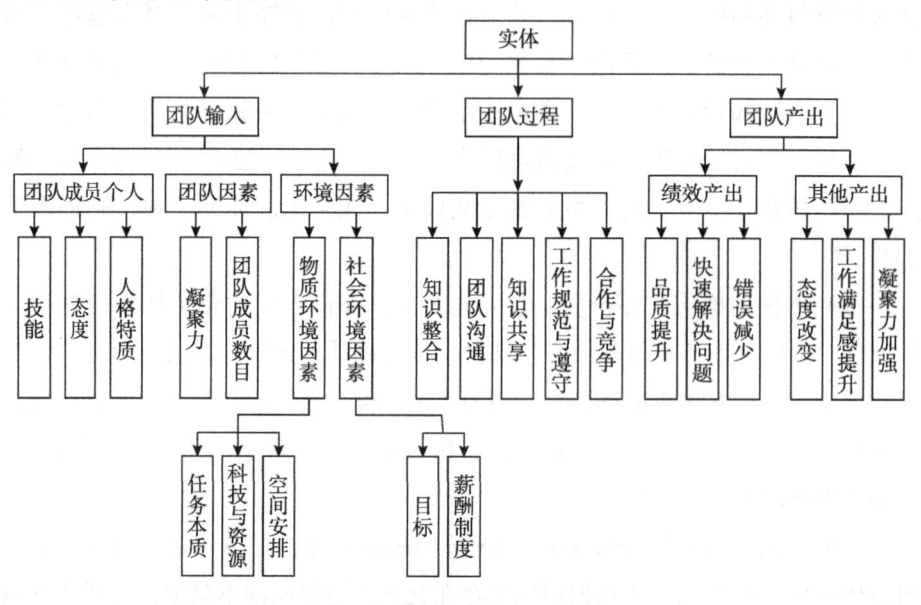

图7-3 团队知识本体的概念

3. 团队知识的类定义

（1）团队知识本体类获取方法。

① 在OWL中，所有类的父类是owl：thing，我们在owl：thing下先定义两

---

❶ 邓志鸿，唐世渭，张铭，等. Ontology 研究综述 [J]. 北京大学学报（自然科学版），2002，38（5）：730-738.

❷ 陈刚，陆汝钤，金芝. 基于领域知识重用的虚拟领域本体构造 [J]. 软件科学，2003，14（3）：350-355.

个子类，Domain Concept 和 Value Partition，如表 7-1 所示。价值分割（Value Partition）不是 OWL 语言的一部分，而是一种设计模式，一般用于精练各种类的描述。

表 7-1 团队知识本体的两个一级子类定义

词 类	C/P	定 义
Domain Concept	Class	领域概念，该类的子类一般都属于领域中的概念类
Value Partition	Class	价值分割

② 在 Domain Concept 中，我们先用一个子类 Team Validity 来表示团队有效性评价标准，再将团队有效性评价标准的词类抽取出来，作为 Team Validity 的子类。其中包括一级指标四个子类，下面又各自有几个二级指标子类，如表 7-2 所示。

表 7-2 团队知识本体的二级子类 Team Validity 定义

词 类	C/P	定 义
Team Validity	Class	团队有效性
Team Input	Class	团队输入
Team member factor	Class	团队成员个人因素
Skills	Class	技能
Attitude	Class	态度
Personality characteristics	Class	人格特质
Team factor	Class	团队因素
Team psychological contract	Class	团队心理契约
Number of team member	Class	团队成员数目
Environment factor	Class	环境因素
Physical environment factor	Class	物质环境因素
Task essence	Class	任务本质
Science and resource	Class	科技与资源
Space arrangement	Class	空间安排
Social environment factor	Class	社会环境因素
Target	Class	目标
Encouragement system	Class	激励制度
Team process	Class	团队过程
Knowledge integration	Class	知识整合

续表

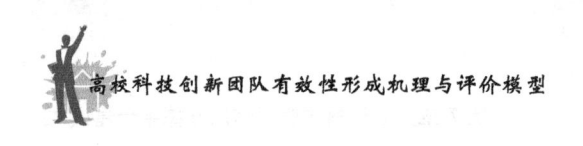

词 类	C/P	定义
Team communication	Class	团队沟通
Knowledge Share	Class	知识共享
Work form and respection	Class	工作规范与遵守
Cooperation and competition	Class	合作与竞争
Team outcome	Class	团队输出
Achievement outcome	Class	绩效产出
Quality improvement	Class	品质提升
Overcome question quickly	Class	快速解决问题
Mistakes reduce	Class	错误减少
Marginal outcome	Class	边缘产出
Attitude change	Class	态度改变
Work satisfaction promotion	Class	工作满足感提升

③ Domain Concept 下，包括一个子类 Team，即团队，如表 7-3 所示。由于团队有效性评价的主体是团队，为判断具体团队有效性程度，该子类是必不可少的。

表 7-3 团队知识本体的二级子类 Team 定义

词 类	C/P	定义
Team	Class	团队
High-efficiency Team	Class	高效团队
General Team	Class	一般团队
Low-efficiency Team	Class	低效团队

④ 在 Value Partition 父类下，基于对评价标准的性质及设计属性的考虑，分为两个子类 Level 和 Rank，如表 7-4 所示。

表 7-4 团队知识本体的一级子类 Value Partition 定义

词 类	C/P	定义
Level	Class	团队的有效性
Rank	Class	等级，分为 One, Two, Three, Four, Five 五子类

团队知识本体的树形类图是建立本体的基础，如图 7-4 所示（在

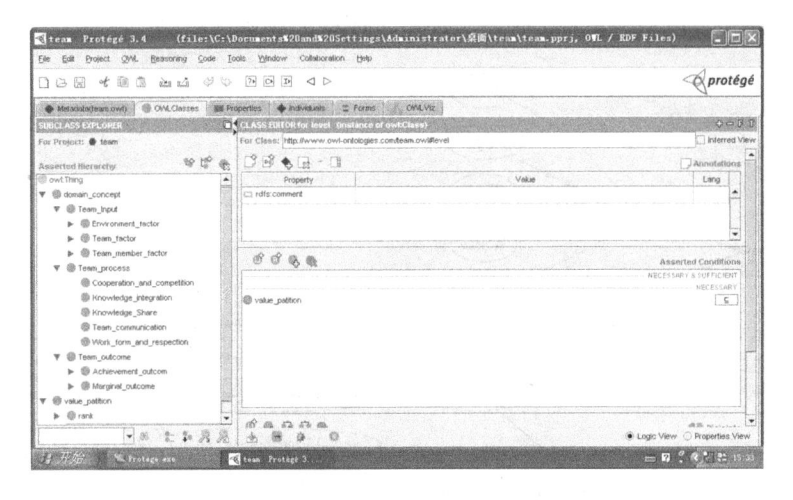

Protégé3.3 beta 的 OWL Class Tab 下构建)。

图 7-4 Protégé 中团队知识本体的树形类图

(2) 定义团队知识本体的类属性。团队知识资源概念包括两类属性：一类是对象属性，表示两个概念之间的联系；另一类是数据类型属性，描述概念的内在属性。团队知识的属性是区分团队知识类型的基本依据，因此我们强调团队知识的属性。

(3) 定义团队知识本体的类间关系。类间关系是其中一种属性，藐视跨越类层次的相互间约束及联系。团队知识本体中的关系集，指的是具体分类后团队知识集合实例之间的各种关系。两个类元素之间的关系被称为物件属性（Object Property），其属性有：函数属性（Function）、反函数属性（Inverse Functional）、对称属性（Symmetric）、传递属性（Transitive）。团队知识本体中类间关系主要归纳为：包含关系、不相交关系、交叉关系、并关系、空间关系、转变关系。

(4) 团队知识本体的表示。团队知识本体通过五种元素即概念、实例、关联、函数、公理，建立了认识团队知识的基本体系，表示的是丰富该框架的具体内容，两者共同完成对团队知识本体的认识，从而形成了足以信息化和形式化表示的知识资源。当前已有多种实际应用的本体描述语言，OWL 是由 W3C 最新规范的一种语义网的本体语言，以描述逻辑（Description Logic，DL）为基础理论，在语法和语义中融合了其建思想。

4. 团队知识本体模型

基于团队知识分类，获取了团队知识本体词汇、定义团队知识类及其属

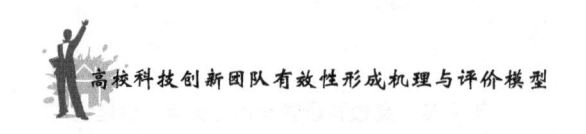

性、定义团队知识本体的类间关系、属性关系后，我们从构建方法、术语获取及团队知识分类等角度进行研究，构建了团队知识本体模型，如图7-5所示。

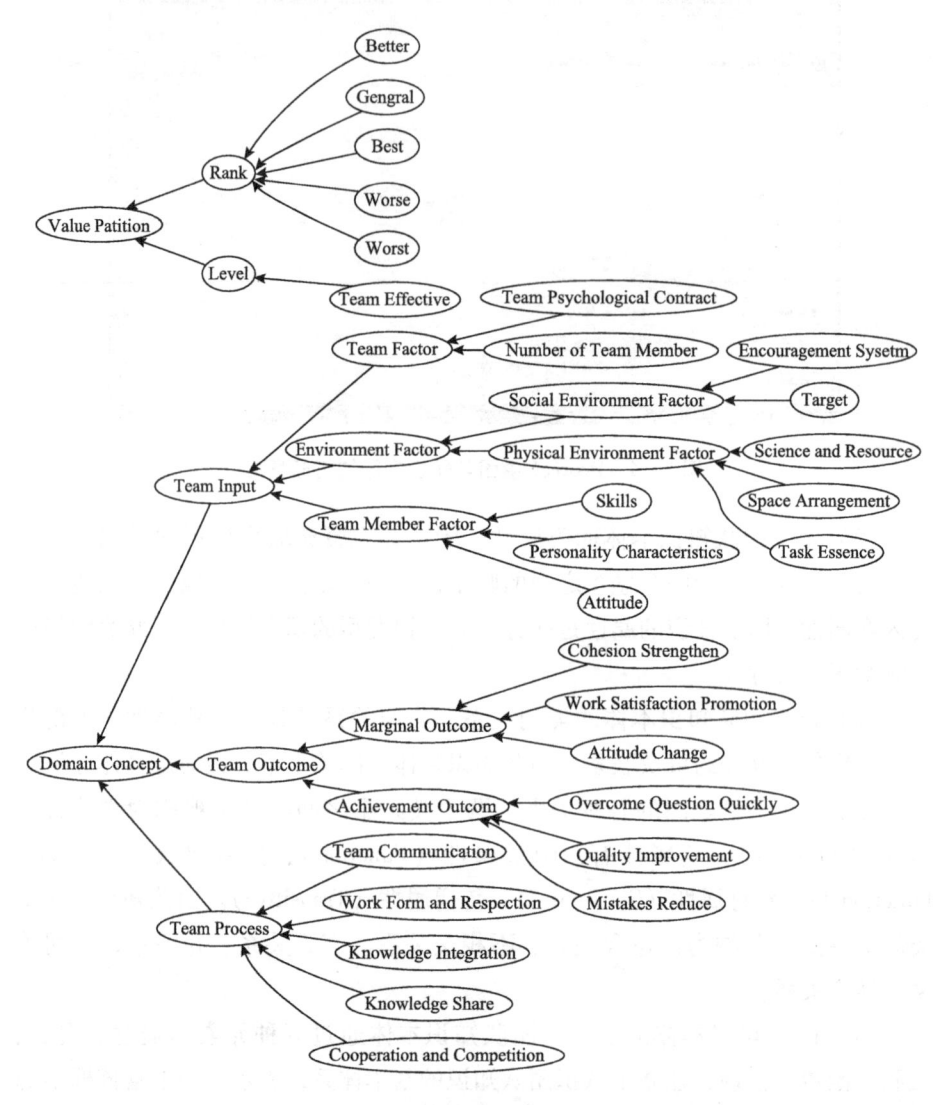

图7-5 Protégé中建立的团队知识本体模型树图

图7-5中，第一列为一级子类，Value Partition，Domain Concept；第二列为二级子类，Rank，Level，Team Input，Team Outcome，Team Process；第三列为二级子类定义，Team Member Factor，Skills，Attitude，Personality Characteristics等。

5. 团队知识管理系统

团队知识管理系统的主要功能有：团队知识获取、团队知识检索、团队知识维护和团队知识挖掘。我们在借鉴一般团队知识管理体系构架的基础上，构建出团队知识系统的总体结构，如图7-6所示。

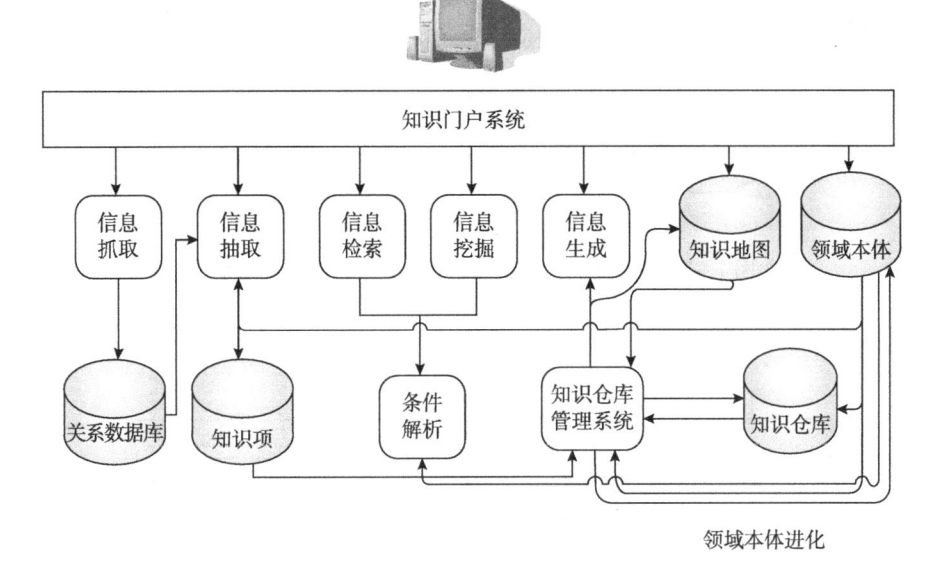

图7-6 基于本体的团队知识管理系统总体框架

本系统主要涉及的是团队知识领域，根据需要，锁定几个团队领域知识的相关站点和数据库来进行信息的抓取。对于获取的信息，以团队知识本体对词汇和关系的定义为基础，进行关联抽取以得到团队知识项，随后通过团队知识仓库管理系统存入团队知识仓库。系统在获取相关团队领域知识的处理过程如图7-7所示。

检索团队知识过程职能，为获得语义信息，利用领域本体，我们先对输入的检索条件进行解析，随后利用一定的查找规则、匹配规则以及挖掘算法、关联算法、相似性算法等，完成最终检索，按照领域本体的规则，将结果组织输出。与此同时，根据个人偏好库的匹配，也可在团队知识仓库中再次分析搜索结果，从而按照个人偏好进行个性化输出，帮助提高检索准确率和团队知识利用率。❶ 团队知识检索流程如图7-8所示。

---

❶ 王军. 基于本体的房地产营销案例推理研究[D]. 武汉：武汉理工大学，2008.

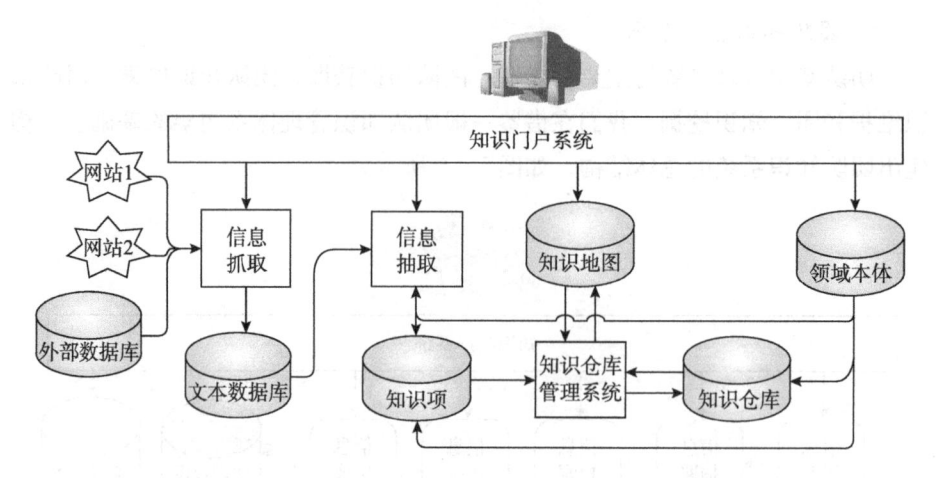

图7-7　基于本体的团队知识管理系统知识获取子系统

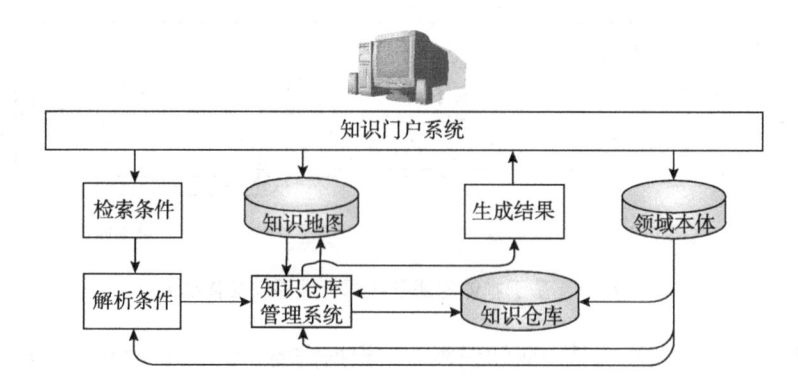

图7-8　基于本体的团队知识管理系统知识检索子系统

维护团队知识过程中，由于团队领域知识是动态更新的，因此在对系统进行团队知识维护的过程中，需领域本体做支撑。如果团队知识项是新团队知识，且在领域本体中未能得到有效描述，则需要完成领域本体的进化。如果删除团队知识，也需要通过领域本体的支撑完成删除，并且也要完成领域本体和团队知识地图的更新等后续工作。图7-9展示了这一系统的团队知识维护工作的流程。

在挖掘团队知识时，本体需要将挖掘要求表示成挖掘算法能够理解的形式，即挖掘要求进行本体解析后，通过团队知识管理仓库管理系统，形成的语义信息在团队知识仓库内部先进行相关团队知识的搜索，随后，通过定义的挖掘规则与用户偏好库的匹配之后进行挖掘工作，并通过团队知识仓库管理系统

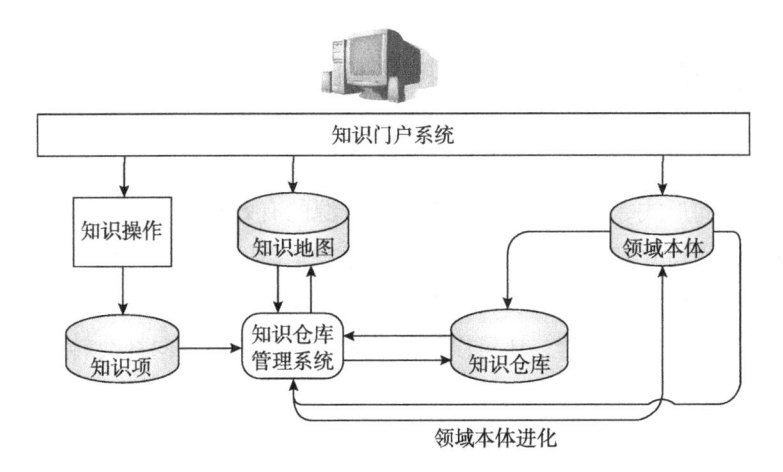

图 7-9　基于本体的团队知识管理系统知识维护子系统

将得到的挖掘结果输出给用户。其流程如图 7-10 所示。

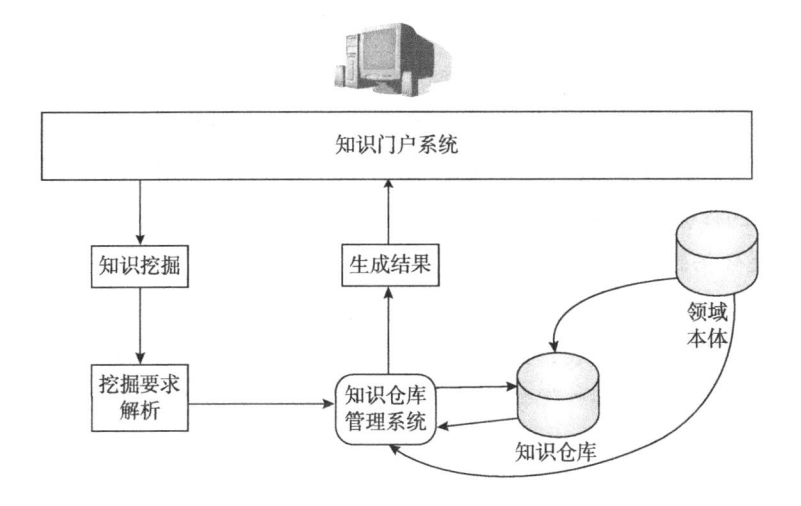

图 7-10　基于本体的团队知识管理系统知识挖掘子系统

从团队知识获取与储存、团队知识检索、团队知识维护到团队知识挖掘都是基于领域本体进行工作的。为提升团队知识处理时的准确性和效率，提高团队知识的共享度和创新效率，要将团队知识本体建设作为团队管理系统建设的前提条件和重中之重。

7.2　基于大数据的高校科技创新团队管理模式

大数据时代的兴起，将包括人力、物力、财力在内的所有科研资源重新调配，以数据的形式，通过深入分析以实现资源的有效整合。在我国高校科研项目管理中，构建并完善大数据处理系统，通过全新的知识服务模式，提供大数据科研服务平台，实现科研项目管理的全流程的科学服务，不仅可以实现对高校科研项目的全过程监管，还可以降低成本，将科研成果向社会转化。

7.2.1　大数据的内涵

1. 大数据的定义

大数据不仅包含数据的体量，而且强调数据的处理速度。大数据包括各种互联网信息，还包括各种交通工具、生产设备、工业器材上的传感器，随时随地进行测量，不间断传递着海量的信息数据。利用新处理模式，大数据具有更强的决策力和洞察力，能够优化流程，实现高增长率，处理海量的多样化信息资产。大数据技术可以快速处理不同种类的数据，从中获得有价值的信息。因此，大数据可以定义为在合理时间内采集大规模资料、处理成为帮助使用者更有效决策的社会过程。[1]

2. 大数据的分类

大数据一般分为互联网数据、科研数据、感知数据和组织数据。互联网数据以社交媒体为突出代表，是近年来大数据的主要来源，主要源于快速发展的国际互联网组织。组织外部数据主要包括社交媒体数据，而内部数据呈现越来越明显的非结构化趋势。

3. 大数据的特点

第一，体量大，种类多。社交网站的兴起，使得各种数据内容种类繁多，如视频、文字、图片、符号等各种信息，发掘形态各异的数据流，并且找出其间存在的潜在相关性，是大数据最大的优势所在。

第二，更加重视数据发现。大数据重视数据发现，强调依靠自下而上的顺序收集处理数据，而反对依赖理论假设。由于大数据是信息技术自动采集存储的海量数据库，因此可以通过快速分析及处理得到理想的结果。

---

[1] 张兰廷. 大数据的社会价值与战略选择 [D]. 北京：中共中央党校，2014.

第三，存在非结构化数据。数据挖掘重视未知的有效信息和实用知识，越来越多地关注非结构化数据。面对非结构化的大数据采集处理，各种 Hadoop 集群、NoSQL 以及 MapReduce 等非关系型数据库愈发流行，各类 IT 新技术也不断出现。

4. 大数据的技术

大数据技术包括大数据科学、大数据工程和大数据应用。大数据工程，是指通过规划建设大数据并进行运营管理的整个系统；大数据科学，是指在大数据网络的快速发展和运营过程中寻找规律，验证大数据与社会活动之间的复杂关系。大数据需要有效地处理大量数据，包括大规模并行处理（MPP）数据库、分布式文件系统、数据挖掘电网、云计算平台、分布式数据库、互联网和可扩展的存储系统。[1]

7.2.2 高校科技创新团队管理引入大数据的必要性

由于高校科研管理工作会接收并产生大量的数据，因此在应用大数据技术方面有着先天的优势和必要性。随着高校科技活动的迅猛发展，各部门对科研管理工作准确性、专业性的要求也越来越高，而现行的科研管理手段及理念存在着很多不足之处，需要借助大数据技术进行补充、完善。我们认为，在高校科技创新团队管理引入大数据技术是必要的，原因有以下几点。

首先，当前高校科研管理过程中存在着收集的数据种类繁杂、信息共享渠道不通畅等问题。由于各部门运行着不同种类的管理系统，造成了数据种类、格式上的差异，导致了校、院以及科研人员之间难以对数据进行标准化处理及信息共享，无法在更高的层次上进行信息处理，从而影响科研管理的科学决策，造成科研管理的盲目性和片面性。科研管理工作中的信息共享渠道不通畅也加大了科研管理人员对科研信息收集、统计的工作量，大大降低了工作效率，不利于科研人员了解国内外相关研究领域的发展，影响了科研活动的顺利开展。

其次，在信息化高速发展、各类数据爆炸式增长的情况下，以往管理系统的统计、分析功能过于简单，彼此之间的关联度也比较低，科研管理人员接触到的仅有项目数量、项目经费、成果录入、查询、报表等基本功能，所得到的信息是原始的、表层上的，而隐藏在这些大量数据中的深度的、对今后决策发

---

[1] 张兰廷. 大数据的社会价值与战略选择 [D]. 北京：中共中央党校. 2014.

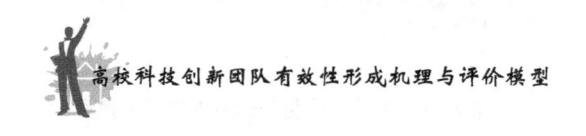

展起支持作用的高层次的信息则没有得到充分挖掘。

最后，大数据技术是网络技术、人工智能、数据库技术等现代信息技术的有效结合，具有无可比拟的先进性。从科研管理的角度来看，大数据技术通过针对科研管理系统、财务系统、人事系统以及基于互联网的大型科技文献数据库、专利库等数据资源的关联分析，找出数据的相关性，提取有价值的信息，可以为传统的专家定性决策管理提供广泛的、深入的数据支持。

因此，通过将大数据技术及概念引入传统的科研管理工作之中，利用大数据技术收集标准化数据，信息共享渠道通畅，对收集的原始数据进行加工，挖掘出可供利用的信息，以此提高科研管理水平和技术含量，为管理部门、科研人员进行决策提供更加客观、科学、高水平、高层次的支持就变得十分必要。

7.2.3 大数据环境下的网络协同创新管理机制

1. 协同创新概述

（1）协同创新的内涵。我们认为协同创新的内涵是为实现重大创新目标，通过政府、组织、研究机构、中介组织等创新主体发挥各自优势，而集成整合创新资源、开展创新活动的组织模式。

（2）协同创新的维度。如前文所述，系统里含有下一级系统，其中也包括了相当数量的要素。协同创新主要含有要素整合协同、系统内外协同、跨层次协同、全球协同四个维度。

① 要素整合协同。实现系统自组织，仅靠单一的要素是非常困难的，多种要素组织才能够更快地达成效果。因此，在协同创新过程当中，创新要素的单一对系统来说是不利的，为改善这一情况，需交换互补性创新要素，以提高创新能力。

② 系统内外协同。相对于外部，组织内部创新要素的获取成本更低，但是创新要素的产生耗费时间久、精力多，因此很多组织会选择同其他组织合作，用有代价的交换共享创新资源和成果，迅速享受合作带来的收益。

③ 跨层次协同。随着组织与其他组织交流合作的不断开展，组织的创新活动已不再满足于要素与要素之间、系统与系统之间的整合，个人、团队、组织、其他组织、组织构成的联盟分属于不同层面，这些层面的个体和系统通过优势资源的交换合作，充分发挥各个层面所拥有的区别于他人或组织的资源作用，能更进一步地提高协同效果，加速创新进程。

④ 全球跨时空协同。由于客观的时空限制，在很长一段时间内，协同创

新都受到地域影响。协同创新活动在一地展开,其他个体或系统想要进入便费时费力。受全球经济一体化的影响,全球制造得以逐渐实现,在网络信息技术飞跃发展的今天,系统和个人可以通过多媒体、移动设备等信息设备,打破时间和空间的束缚,组织开展协同创新活动。

(3) 协同创新模式。实现协同创新的方式按照创新资源优势、创新目标、创新手段的不同,分为产学研、产业技术联盟、虚拟网络组织三种方式,它们具有不同的优劣势。

① 产学研联盟。产学研联盟在我国较为普遍,指的是企业、高校、科研机构以技术合约等创新目的为基础,深入开展合作,政府常通过拨款、绿色通道等方式鼓励支持产学研联盟。产学研联盟分工明确,一般而言,企业是委托方,高校、科研机构提供相应的技术或其他创新成果,联合进行协同创新。

② 产业技术联盟。为实现技术研发、技术产业链深化、抢滩市场等目标,企业通过签约、进园区合作等方式,联结起来以形成具备某种战略意义的组织形式,这种产业组织可称为产业技术联盟。与产学研相比,产业技术联盟在技术创新上表现出战略、利益关系等方面的不同。

③ 虚拟网络组织。先进的信息设备和通信设施,为创新主体打破空间和时间的约束开展合作提供了现实条件。虚拟网络组织,是指围绕特定科研目标,将不同区域的机构、团队、个人组织起来,通过搭建信息共享平台实现创新资源和信息、设备等无障碍流动,没有固定办公地点,通过虚拟网络形成新的合作方式。这种全新的网络组织具有三大优势。

第一,柔性优势。虚拟网络组织受时间和空间的影响较小,在吸收组织或个人方面有更多弹性,有利于发挥优势资源作用,进一步提高创新效果。在既定的任务解决后,可根据新的目标情况吸纳所需成员。

第二,沟通优势。一方面,虚拟网络组织层级较少,主体通过信息设备传达至网络结构的另一边,速度快且便捷;另一方面,成员之间沟通方式更加丰富,信息交流渠道通畅,可进行双向沟通,减少误会和摩擦。

第三,结构优势。由于虚拟网络组织在一定范围内不受人数的影响,因此人员结构不会过多地影响协同创新效果;同时,主体可按照既定分工,通过网络信息技术,在各自区域并行开展创新活动。此外,虚拟网络组织也面临管理难度大、信任缺失、利益难协调、组织文化建设难等问题,在运行虚拟组织

时，要注意培养组织学习能力，提高知识转移效果。❶

2. 网络协同创新与社会资源整合

（1）网络信息资源的基本特征。

① 体量巨大且内容丰富。大数据时代下的信息资源内容丰富，覆盖地域范围广、涵盖学科体系全、语种丰富；有文本、图像、音频、视频等多种模态，包括软件、数据库，是多模态、多语种、多类型信息的混合体；信息组织上呈非线性化趋势，多模态信息逐渐成为主要的方式。除金融、医疗、互联网三大典型行业外，政府部门及电信、能源、公共事业、零售、仓储物流等行业也面临着大数据的挑战。❷

② 动态性与交互性并存。信息资源源源不断地产生，网页地址新增、变更、删除，用户发布的信息也在不断更新中，其动态性显而易见。交互性方面，网络信息传播极大地区别于传统的媒介，以往的信息流动是单向的，需要用户自己主动查询，微博的出现，给现有的媒体带来了巨大的影响。

③ 结构复杂且传播范围广泛。新环境下的信息资源未形成一个统一的标准和规范，不同服务器使用不同的操作系统，缺乏统一的数据结构、利用方式，使这些数据信息具有较大差异，导致信息资源难以实现合理利用。大数据环境下的网络信息资源数据有多样性、多元性、多维性以及异构性的特点，结构复杂，很难直接使用。❸

④ 潜力巨大与价值密度低并存。大数据是信息革命的里程碑，对社会、经济都有很大影响，主要表现在三个方面：一是促进信息技术的新发展；二是创造生产者和消费者盈余新浪潮；三是推动各行业各领域层出不穷的创新。目前，医疗业、金融业、通信业等行业纷纷从事大数据的开发与利用，产业发展前景广阔，对社会极具价值。❹

（2）网络协同创新内涵。

在大数据环境下，网络协同创新指的是为实现知识和科技创新而充分利用网络信息资源，企业、政府、高校及科研机构、中介机构和用户等创新主体开展的大跨度整合的创新组织模式。具体可从以下三个方面来理解其内涵：①知

---

❶ 黄南霞. 大数据环境下的网络协同创新体系研究 [D]. 武汉：华中师范大学，2014.
❷ 大数据时代已经到来 [N]. 人民邮电报，2012－03－08 (7).
❸ 王玉君. 大数据时代信息资源利用研究 [J]. 科技情报开发与经济. 2013 (22)：124－126.
❹ 乌家培. 大数据与商务模式——中国信息经济学会名誉理事长乌家培 [J]. 中国信息界，2013 (5)：16－19.

识范畴扩大；②网络协同创新是一种新型的知识创造方式；③网络协同创新对市场具有更强的敏感性❶。

（3）网络协同创新与社会资源。

网络信息资源的协同创新不但关系到某一组织及行业，还融入了社会资源，因此对社会有一定的外部效应。网络信息资源与协同创新中的整合，对实现协同创新活动社会化转变有重要意义，使得参与主体逐渐转变过去配置资源的方式，摆脱组织和层级的限制，在社会层面利用市场运行机制，充分发挥创新主体的优势，大幅度地整合社会资源服务创新目标。社会资源是一个非常广泛的概念，我们将所有能提供的且转化为具体服务内涵的客体称为社会资源。通过市场优胜劣汰的竞争机制及政府有目的的调控措施，使社会资源的提供者与经营者调配余缺，促进社会资源涌向优势组织，进而在更大范围内实现资源优化配置。网络协同创新会促使社会资源不断优化配置，社会资源也会促使网络协同创新水平的提高，实现知识、技术创新，形成良性循环。❷

（4）网络协同创新社会效益分析。

① 网络信息资源共建共享。网络信息协同创新范围的拓展，使信息资源开发建设成为一项社会性工程，越来越多的机构开始积极地进行信息资源合作，在不同领域开展一系列信息资源共建共享活动。

② 用户效用价值。网络信息资源协同创新后形成的信息产品，将极大地提高用户效用价值。

③ 外部效应溢出。网络协同创新不仅为参与主体带来经济收益、科研综合水平、公共信息服务质量的提升，也为社会带来正面外部效应。

3. 网络协同创新的平台架构

（1）信息需求。网络信息资源来源广泛，包含大量非结构化信息，开发利用难度大，具有价值巨大而价值密度低的经济特性，因此，协同创新主体需要重视网络信息资源并利用其为创新活动服务，有利于完善协同创新系统，充分发挥社会资源作用，提高创新积极性，溢出正的外部效应。创新主体对网络信息资源有不同的需求，因此网络信息资源应兼备通用性与专业性，既满足创新主体的一般性需求，也满足某一特定领域的专业需求。对网络信息资源的需

---

❶ 黄南霞，谢辉，王学东. 大数据环境下的网络协同创新平台及其应用研究 [J]. 现代情报，2013（10）：75-79.

❷ 赵杨. 国家创新系统中的信息资源协同配置研究 [D]. 武汉：武汉大学，2010.

求包括内容本身的需求、交流的需求、咨询的需求以及协同的需求。[1]

（2）网络协同创新关键技术。在相关技术中，Hadoop，HDFS，Map Reduce比较有代表性，具有适用于非结构处理、大规模并行处理、简单易用等优势，已在大数据环境下成为主流技术。

① Hadoop 平台。Hadoop 起源于 Apache Nutch，于 2006 年 2 月成为一个独立的子项目。[2] 它是 Apache 软件基金会旗下的一个开源分布式计算平台。Hadoop平台以 HDFS 分布式文件系统和 Map Reduce 并行编程模型为核心，提供相当透明的运算和分布式存储的环境。[3] HDFS 的高容错性、高伸缩性等优点允许用户将 Hadoop 部署在低廉的硬件上，形成分布式文件系统。Map Reduce分布式编程模型，允许用户在不了解分布式系统底层实现细节的情况下开发并行应用程序。用户可在 Hadoop 上组织计算机资源，制作和运行处理庞大数据的程序，具备高可靠性、高拓展性、高容错性、低成本的优点。[4]

2007 年，eBay 公司首先尝试搭建 Hadoop，当时所涉数据量不多，仅用一个较小的集群处理产生的问题。eBay 公司后来组建了较大的 Hadoop 集群，用来处理平常和一次性的作业。不仅 eBay 公司搭建了这一平台，在线旅游服务公司 Orbitz 旗下旅游品牌也利用 Hadoop 分析交易情况，Facebook 也建立了该集群，并且是目前最大的集群。

② HDFS 分布式文件系统。伴随用户数据量的不断增加，单个物理计算机实体的存储容量逐渐难以承载存储需求，催生了分布式存储技术。HDFS 全称为 Hadoop Distributed File System，适用于在商业机器上进行分布式存储，具有部署便捷、拓展自由的优点。[5] HDFS 的可配置性很高，一般无须改变配置参数，它是基于 Java 语言制作设计的，支持类 Shell 命令、文件系统升级和回滚，并在更新中不断完善。HDFS 设计的第一个目标是高效、批量处理数据，由于HDFS 处理的是流式的海量数据，因此，高效的批量处理数据和高吞吐率非常重要。为就近数据处理，避免数据传输到计算节点去处理而引致时间和网络开

---

[1] 贾君枝. 市场环境中的网络信息资源配置的影响因素 [J]. 中国图书馆学报. 2003（2）：48-51.

[2] Apache Hadoop [EB/OL]. http://hadoop.apache.org.

[3] 维基百科 [EB/OL]. http://zh.wikipedia.org/wiki/Apache 软件基金会.

[4] 张良将. 基于 Hadoop 云平台的海量数字图像数据挖掘的研究 [D]. 上海：上海交通大学，2013.

[5] Konstantin Shvachko, Hairong Kuang, Sanjay Radia, et al. The Hadoop Distributed File System [C]. Mass Storage Systems and Technologies (MSST), Incline Village, NV, May 2010.

销的浪费，HDFS 移动计算到数据节点。

HDFS 整体架构主要包含两个部分，即 Namenode 和 Datanode，高效、批量处理数据、简化文件的访问模型、就近处理数据共同组成 HDFS 数据均衡策略。

③ Map Reduce 并行编程模型。并行编程模型是 Google 在 2004 年提出的一种编程模型，主要用于大规模数据并行处理。基于 Map Reduce 编制的程序能平稳运行在大量信息设备组成的集群上，高容错的运行处理大数据集包括 Map 和 Reduce 步骤，其中，Map 阶段主要执行划分和分发工作，直至形成计算结果并传至上层主节点，Reduce 阶段把所有的 Map 输出结果按一定的方式组合化简归并，最终形成最初问题的答案并输出。[1] Map Reduce 核心功能是读取数据后，将分片后的数据作为 Mapper 的输入，然后执行 Map 过程，最后进入 Reduce 阶段。Hadoop 云平台中的节点在 Map Reduce 并行计算框架里划分为 Job Tracker 和 Task Tracker。在大数据环境下，以上技术有助于推动网络协同创新活动展开并为其提供技术支持。

（3）网络协同创新机制。与传统协同创新进行比较，网络协同创新通过汇集创新资源超越创新主体的现实边界，充分释放创新要素活力而形成高质量的合作，其典型的表现形式是"产学研"协同创新。"产学研"合作是指企业、高等院校、科研机构所组成的以战略联盟的方式，基于各自的战略目标，优势互补，围绕科技进步和生产力发展等主题，在功能与资源上进行整合和优化，其作用是实现科技的快速发展以及加快科技向现实生产力的转化。传统协同创新同样致力于将隐性知识显性化，而这一实现过程干扰因素多、反馈慢，创新主体间的合作关系是较为封闭的，一般依赖于政策支持或签订合同。[2] 因此，基于传统协同创新，发展出了一种新的模式，成为协同创新生态圈。协同创新生态圈通过管理各地、各行业建立的平台，将致力于创新的组织、个人连通起来，形成政、产、学、研、人在网上的映射。网络协同创新与传统协同创新相区别，表现在信息来源、创新路径、创新主体交互关系等方面。

（4）创新平台框架。网络协同创新平台是基于创新主体协同合作的网络信息资源价值创造平台，使创新主体与社会受益。平台可以是具体的，也可以是抽象的。在构建过程中，应把握公平和效率兼顾、学习共享、可持续发展原

---

[1] Slidecast：Platform Computing Announces Support for Map Reduce [EB/OL]. http：//www.platfortn.com/press-releases/2011/platform-computing-announces-support-for-mapreduce.

[2] 周浩. 产学研共同体信息供应链信息传递机制和效率研究 [D]. 长春：吉林大学，2013.

则,避免协同平台效率低下、利益分配不均、"搭便车"等不良现象。平台建设需要从资源到创新主体各个层面合理调配,是一项广泛而复杂的系统工程,平台的合理运作离不开统一的战略、有效的协调、良好的沟通方式和氛围、创新主体之间通力合作。创新主体应尽可能地保持战略协同,较好地维持创新活动的一致性,这有利于成本的降低。沟通是创新主体解决冲突的有效方式,要求沟通次数尽量多、双向交流程度深、交流态度良好。在沟通不足以解决矛盾时,应使用协调机制化解冲突,使合作继续下去,使协同创新平台得以良好运行。❶

4. 网络协同创新的管理机制

协同创新的作用不仅发生在组织内部,同组织外部环境也息息相关,对社会乃至国家来说,都会产生较大影响。为使网络协同创新在大数据环境下实现最优,需构建科学合理的管理机制。

(1) 传统协同创新管理的典型问题。

① 创新成果转化率不高。从我国的实际情况来看,授权的专利中约有一半为个人所拥有,但专利转化情况不容乐观,原因之一是专利的所有权和管理权分离,高校和科研院所对名下专利实际仅拥有管理权,其所有权却属于国家,现实中专利实施和转化的限制比较多。传统产学研协同创新平台的专利的管理职能不够明确,导致许多专利在转化、实施中历经多次审批,效率低下。尤其是重大课题成果,受多头资金来源、管理机构分工不明、产权归属具有争议等情况影响,限制了创新有效转化。这种情况导致了专利闲置现象,专利价值未得到市场认可,降低了创新主体参与的积极性。❷

② 模式创新动力不足。现行的创新体系和政策带有较深的计划经济色彩,研发项沿着"申请项目—筹措资金—形成成果—成果鉴定—参评奖项—获评职称—再立项目"的路径进行,对外部环境不够敏感。

由于需要对创新成果进行考核,因此政府、高校和科研机构为了政绩、科研考核水平而申请专利,反而忽略了创新模式的重要性。由于缺乏统一有效的管理体制、健全的利益保障机制、完善的科技中介服务体系,并且支持创新的社会环境尚不成熟,因而模式创新动力不足。具体表现在,创新政策的协调性和一致性有待加强,创新需求激励政策有待强化,知识产权相关的法律体系不

---

❶ 黄南霞. 大数据环境下的网络协同创新体系研究 [D]. 武汉:华中师范大学,2014.
❷ 我国2013年专利申请量和授权量统计 [EB/OL]. 校果网-江苏高校科技成果转化平台. 2014-01-13.

完善，以创新为主的价值观尚未真正形成，功利化创新观念较为严重。

③ 权力寻租。寻租理论产生于1970年，描绘了当局通过行政权力和手段对组织和个体的经济活动进行干涉、管束，以获取超额收入的活动。网络协同创新中也存在信息腐败问题，即掌握公共信息资源的组织或个人，利用信息产生、加工、传播等过程所具有的垄断权，进行的不按交易规则或行政权力规则配置、披露、传递和利用信息资源，为利益相关者谋取私利的违法行为。❶ 这些问题揭示了当前协同创新的不足，网络信息资源配置仍有优化空间，信息不对称现象依然存在，创新主体之间还需加强沟通协作，要求我们从网络信息资源、参与主体、社会三个层面加强网络信息资源管理。

(2) 信息资源层面的配置机制。

网络信息资源不能直接产生知识创新、技术创新，作为一种资源，它具有一定的经济特性，需要通过市场机制和政府调控来实现其合理配置。创新活动的潜在经济、社会效应，将吸引网络信息资源向其集中，服务于网络协同创新。

① 网络信息资源的经济特性。网络信息资源具有以下几个经济特性。第一，相对稀缺性。自然资源在使用中会逐步损耗，而网络信息资源在传播、使用过程中损耗极低，从某种角度来说是无限丰富的，并且在与使用者交互过程中产生新的网络信息与知识。网络信息资源的稀缺性表现在，对于特定的个体，在限定时间和空间范围内，受其所处的信息环境及处理信息能力的限制，并不能总是获取自己所希望获取的信息，而该差额又很难在短时间内弥补。网络信息资源的相对稀缺性，也显示在其急速增长的趋势和人们分析、提取信息能力有限的矛盾。人不可能充分注意并获取所有的可得信息，受到环境、生理等因素影响，实际信息处理能力或"注意力"达不到理想水平。❷

第二，不均衡性。网络信息资源的不均衡性也可称之为马太效应或数字鸿沟，换言之，不同地域所拥有的信息内容和信息技术发展差别巨大，而且这一差距继续扩张。网络信息资源的不均衡分布与一国或当地经济技术发展水平密切相关，一般来说，经济技术水平较高的地区与其他水平较低的地区相比，信息资源丰度的差距较大，经济技术水平差距会加大信息资源丰度的差距，而信

---

❶ 蒋军. 信息腐败研究 [D]. 合肥：安徽大学，2012.
❷ 王芳，赖茂生. 论信息资源的经济学研究 [J]. 中国图书馆学报，2003 (6)：78-81.

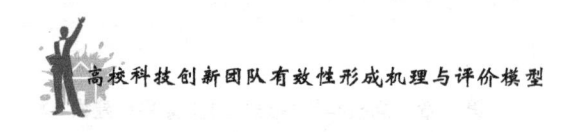

息资源丰度的差距又会反作用于经济水平。

第三，体验性消费。这种消费的特点在于，客户先感受商品，然后才对其做出价值判断，电子设备的体验店就是为适应体验性消费而诞生的。如果用户未消费过这项信息产品，满足的效果如何也就无从谈起。客户在消费后才能够做出真实的意见表达，体验过后却存在客户取消购买的决策，是信息产品提供商所面临的体验性消费的信息悖论。❶ 体验消费信息悖论的存在会引起以下两种效应。首先，对于普通信息商品，事实上许多人更希望通过消费或租赁的方式来拥有，而不愿意承担占有所需成本。其次，关于连续出版物和信息服务。对于连续出版的刊物，只有预订后才能获得下一期商品，因此用户需要基于自己或他人曾经购买的评价，来做出当前情况下最合理的决策，信息服务也是如此。❷

第四，非排他性和非竞争性。当网络信息资源大规模生产后，其获取的边际成本几乎为零，因此，可以说是非竞争性的。网络信息资源不具有排他性表现在，尽管只是产权法律的保护，但由于信息产品的边际成本很低，而法律执行成本高昂，因而在技术上很难做到排他性，在一定程度上呈现出公共产品的性质。因其具有公共产品的属性，要完全依赖于市场配置会导致运行效率低下，即市场失灵。在考虑网络信息资源的配置时，要充分考虑信息资源的产权问题、管理机制等问题。

第五，垄断性。网络信息资源经过开发利用后形成的信息商品具有极高的开发成本，为保护知识拥有者的利益，政府授予其知识产权，是产生垄断的原因之一。同时，由于信息产品极低的边际生产成本，受规模效应影响，容易形成自然垄断。网络信息资源受少数生产者控制，加剧了马太效应，信息赤贫者越贫，而信息富裕者掌握越多信息。因此，利用网络信息资源进行知识、技术创新，可带来庞大的经济效益。

② 网络信息资源的市场均衡。网络信息资源具有相对稀缺、不均衡性、垄断性、一定公共物品特性、柠檬效应的经济特性，市场机制对其同样具有突出优势。信息市场机制包括供求机制、学习机制、管理机制以及风险控制机制等多种机制，复杂多变。实际上，由于网络信息资源的经济特性，市场并非完全竞争市场，而是垄断竞争市场。垄断竞争市场发端于物质市场，但不同于一

---

❶ [美] 卡尔·夏皮罗, 哈尔·里安. 信息规则——网络经济的策略指导 [M]. 张帆, 译. 北京: 中国人民大学出版社, 2000.

❷ 吴淦峰, 潘淑春. 信息资源的经济特性分析 [J]. 图书情报工作. 2006 (3): 46-48.

般的市场结构。从物质市场到信息市场是一个从边际效用递减到边际效用增加，从边际成本递增到边际成本递减，从垄断受到限制到垄断是竞争的结果，从垄断减少社会福利到垄断增加社会福利的变化过程。❶

帕累托最优无疑是一个理想的状态，这也是服务行业、资源配置领域努力的方向。在福利经济学中，要形成帕累托最优，即某一人或某一组织通过决策不能使自己情况变化而其他人情况变化，即没有改进的空间；如果未达到最优状况，则情况相反。根据经济学理论，网络信息资源配置达到帕累托最优时，即不能通过其他策略使网络信息资源配置仍有改进空间，市场就在某一价格处于供需相等的均衡状态。信息资源配置的效率主要表现在投资的效率、信息需求的效率、信息资源效率。网络信息资源市场竞争激烈，信息商品生命周期变短，信息市场实现的均衡是一种竞争性的动态市场均衡。❷

③ 网络信息资源运行机制。网络信息资源有效配置需要充分的市场、完全的信息以及完全理性的生产者、消费者行为共同作用。要使网络信息资源充分参与到创新活动中，需要依靠市场机制，这也是一种促进信息资源配置达到"帕累托最优"的有效手段。市场对网络信息资源进行调节的内容有以下三方面。

第一，运用市场供需机制和价格机制调配网络信息资源。随着市场的供求变化，供给方会按照当前市场需求的变化来改变自己的生产方向、数量和流向，尽可能地使信息资源涌向最能产生效益的地方，避免闲置现象，促进信息交流。价格是市场变化最灵敏的信号，向外界及时传递市场供需矛盾的信号，将信息资源分配到各种不同的需求者和使用方法上，创新主体共同开发，实现网络信息资源效用最大化。❸

第二，运用风险机制提高配置的质量。由信息不对称而导致的逆向选择不胜枚举，将风险机制纳入其中，使网络信息资源提供者更加慎重地考虑交易、营销、投资等问题，有助于降低信息不对称的副作用。

第三，运用竞争机制来实现最合理的调配。网络信息资源的相对稀缺性，使参与主体投入多种生产要素竞争。为实现收益最大化，网络信息资源提供者最大限

---

❶ 陈明红，查先进. 信息资源配置的价格模型研究 [J]. 信息资源配置理论与模型研究——2009 信息化与信息资源管理学术研讨会专集，2009：3-27.

❷ 黄丽霞. 以效率为导向的我国网络信息资源配置宏观调控模式研究 [J]. 图书情报知识，2006（3）：16-20.

❸ 马费成，靖继鹏. 信息经济分析 [M]. 北京：科学技术文献出版社，2005.

度地降低投入成本而提高产出效益,有效消除了网络信息资源供给不足与生产能力闲置的矛盾,并且大力开展创新活动,有利于实现信息资源的最优配置。

(3) 参与主体层面的协同机制。

网络信息资源通过市场机制和政府调控流向各创新主体。由于自身的局限性,创新主体需要同其他参与主体共同开发,建立良好的合作关系。网络信息资源共享能带来更多价值,但价值分配一旦失去公平,将造成创新主体冲突,给网络协同创新带来阻碍。因此,要建立参与主体层面的协同机制,尽可能地预防和缓解冲突,实现资源最大效用。

① 网络信息资源共享价值。信息不对称分布是网络信息资源共享的土壤和发展动力。在交流环境良好的情况下,信息资源共享为参与者获得信息提供最大便利,以最大限度地消除"信息不对称"现象。客观地说,创新主体受到信息资源效用认识不足、处理分析水平不够等情况限制,很难充分利用具有较大不确定性的信息资源,因此,某一个人或组织很难一次性利用完信息资源的所有效用,通常会有一部分剩余,而这部分剩余也许需要借助他人的力量,才能转化为实实在在的经济效益,资源配置就是解决该问题的有效办法。市场上其他参与主体也可享受网络信息资源的外部效应,为创新主体之间共享信息资源奠定了基础。❶

网络信息资源共享,使得更多有价值的信息资源和社会资源投入,为知识创新和技术创新提供了基础,不仅有利于创新主体降低彼此的信息成本,同时也会加速创新过程,提高创新成果的产出。尽管网络信息资源共享能为创新主体带来价值,但由于创新主体拥有不同的目标,并且为了占据网络信息资源价值链上的主导地位,不愿共享信息资源或导致"搭便车"行为,阻碍了网络协同创新的实现,因此,需要对创新主体之间的利益关系进行协调。❷

② 创新主体间利益关系协调。

第一,利益合理分配机制。网络协同创新活动中,参与的创新主体多种多样,比较典型的有政府、企业、大学、研究机构、中介组织等。为实现利益分配合理,创新主体之间应规范合约,在合约中明确各自的权利和义务,并形成公平的利益分配方案。利益分配方案要考虑多种可能,防止在合作出现问题时没有相关的依据,导致推诿扯皮,影响创新活动。

---

❶ 查先进,陈明红. 信息资源配置的期权价格模型研究 [J]. 图书与情报. 2009 (3): 31-35.

❷ 吴建华,陈莉. 从不合作到合作——信息资源共享博弈分析 [J]. 图书情报工作. 2006 (12): 39-43.

第二，建立沟通协调机制。在利益分配过程中，如果客观评判标准不尽合理或在分配过程中产生误解，很容易导致矛盾，因此，现实中的意见分歧会随着创新过程的进行而不断增多。市场需求和产业结构发生变化、信息不公开等也可能带来矛盾。要解决这一问题，就需要在协同创新过程当中，建立一套行之有效的协调沟通机制，使各行为主体顺利交流。

第三，形成信任机制。参与网络协同创新的各个主体如能建立信息机制，将降低交易成本、抑制机会主义行为，提高合作质量。信任减少了合作当中的不确定性，既可作为主体本身的拓展，同时也能够减少参与主体之间的矛盾。创新主体拥有不同的资源优势，在不同情况下，可能与其他创新主体之间存在差距，导致不对等关系出现，影响彼此信任关系。为克服这种现象，应形成公平的合作规范，并保证各参与主体共同遵循。

③ 创新主体服务系统。在网络协同创新过程中，创新主体拥有的网络信息资源并不是平均的，对资源的开发能力和知识转化能力各有差别。创建创新主体服务系统，不仅有利于提高单个组织的创新能力，而且可以促进网络信息资源贡献效率，从而提高网络协同创新活动效率。服务系统既可以是由政府牵头组建的，也可以是主体之间协商形成或引入信息服务机构。❶

因此，信息服务应包括两方面：一是通用的信息服务，为系统内所有创新主体提供一般性的信息服务，如综合性科技、经济与市场信息服务等；二是专业性的信息服务，为创新主体提供纵向深度信息服务，如行业经济、产业发展信息服务等。两方面互相补充、互相促进，缺一不可。

（4）社会层面的管理机制。

基于同质需求或信息供应链上下游等关系，创新主体通过各种途径形成创新联盟，而随着协同创新活动的不断展开，联盟可能会扩张或紧缩。从社会层面来看，一个个分散的创新组织所具有的创新能力和效率会影响社会整体的水平，因此需要构建跨组织资源协同机制。

① 网络协同创新组织边界。为尽可能降低成本提高产出，参与主体不得不做出扩张、缩小或维持联盟的决定，吸纳或排除其他创新主体，改变组织的的边界。知识边界的扩展是融合不同知识领域，加快知识的共享和转移，实现知识创造。知识边界的扩展必然涉及组织边界的变化，随着组织边界的改变，知识的流动将影响到知识边界的改变，而知识边界变化也可能改变知识流向从

---

❶ 胡潜. 面向企业创新发展的行业信息服务重组研究 [D]. 武汉：武汉大学，2009.

而改变组织边界。

② 创新主体自组织。将协同创新联盟视作一个组织，它的边界的改变会影响其他组织边界的改变，多个这样的组织构成一个社会层面的系统。自组织的形成包括组织结构的开放性、组织结构未达到平衡状态、内部存在非线性作用机制三个前提条件。大数据时代，有的组织通过创建子公司、收购、转让、联合等手段打造独特的协同创新组织，这种自组织行为将促使整个创新系统走向优化。

③ 跨组织协调管理机制。事实上，协同创新能力的形成与增进并不是一个纯粹的自发过程，有必要对系统进行适当的协调管理，通过外部指令，建立跨组织协调管理机制。从环境中引入有利于系统运行的因素，使负熵流减少而系统内部的正熵增加，促进系统内部的子系统间形成并增强协同能力，推进创新系统走向有序化。协调机制以较低的协调费用维持创新主体协同高效运行为原则，制定协同规划，协调创新主体各方工作进度，明确参与方的权利义务及作业流程，寻找最佳契合点，促进网络协同创新主体高效运作。[1]

5. 应用与实施

（1）平台应用路径。为发挥网络协同创新作用和释放创新资源活力，构建基于行业、地域和需求视角下的创新平台，并据此设计相应的路径。创新主体应结合自身优劣势，选择最优路径，政府在协同创新平台建设中也应积极发挥作用，引导并采取推进策略助推平台发展。

开发网络信息资源，使创新主体最大化地享受到协同创新带来的好处，有效的方式之一就是构建平台。平台并不限于信息平台，还包括合作关系。在过去的"产学研"平台中，高等院校和研究所、企业、政府从自身优势出发，通过提供资金、技术力量、基础研究等，为其他主体实现创新奠定了很好的基础。搭建网络协同创新平台也需要从多方面考虑，如协同创新平台的使命、创新主体的合作影响因素、网络信息资源价值链等。

平台使命、信息需求、创新主体的关系、创新主体内部的资源能力条件、合作意愿对网络协同创新的应用路径有重大影响。随着网络信息资源开发利用水平不断上升，平台形态将在战略规划、协同发展、固化三个阶段后逐渐清晰明确。

网络信息资源经过不断积累，在主体之间合作过程中开始融合，完成从量变到质变的过程，走入创新阶段，并不断促进知识、技术创新，其价值也进一

---

[1] 马骥. 河南省促进协同创新政策问题研究［D］. 郑州：郑州大学，2013.

步得到开发。

①最优路径选择。网络协同创新活动的参与主体有政府、企业、高校和科研机构、信息中介服务机构等，创新主体对创新平台的路径选择有关键性作用。由于政府、企业掌握较多优势资源，投入了大量创新要素，与创新成果市场化价值直接相关，因此政府和企业也直接影响了平台应用路径的选择。在不同的创新平台路径模式下，政府、企业实现的收益也各不相同。在双方利益最大化的情况下，网络协同创新平台应用路径符合双方利益，达到了均衡，成为最终应用路径。网络协同创新不止涉及一两个主体，平台应用过程中会逐渐吸引更多的创新主体参与进来，而这项创新活动投入高、风险大，因此，政府和企业之间要不断进行博弈，直至形成均衡。在这一博弈过程中，企业和政府代表了不同的利益，选择的策略既可相同，又可不同。在选择相同路径时，创新主体要发挥各自优势，积极推动平台建设，促进网络信息资源深度开发，实现知识和技术的不断创新。在选择不同策略时，创新主体之间要加强沟通协调，形成最优均衡，从而高效地集成社会资源、网络信息资源，实现资源的最优配置。❶

（2）平台实施若干建议。为保障网络协同创新平台顺利运行，提高网络信息资源价值，实现网络信息资源配置与协同创新系统的协调运转，可从加强基础配套设施建设、主体资源联动、建立良好的制度环境和创新氛围、加强人才培养等多个方面加以推进。

①加强协同创新基础配套设施建设。当下，信息技术和管理水平发展迅猛，完备的基础设施建设为解决研究前沿提供了现实基础，也是推动技术创新的强劲动力。

②促进创新主体之间的资源联动。加快基础配套设施建设，有利于进一步加快创新主体之间的资源联动，使信息资源快速流动，这也是提高信息资源利用效率、实现信息资源动态均衡分布的前提。

③建立良好的制度环境和创新氛围。在平台搭建中，政府发挥着规划、组织、协调等多方面的重要作用，其管理绩效水平直接影响着创新主体间的协同创新水平。政府要建立正式的相关法律法规制度，以解决契约、产权归属和非法行为约束等问题，规范并监督创新主体行为。政府的经济、政策等方面的

---

❶ 左建安，陈雅. 基于大数据环境的科学数据共享模式研究［J］. 情报杂志，2013（12）：151－154.

举措有利于刺激创新的积极性，形成创新为先的氛围。

④ 人才联合培养。专业型、复合型、战略型人才是网络协同创新不可或缺的资源。因此，应进一步尊重知识和人才，加强人才培养与引进，形成人才梯队建设，为协同创新提供智力支持；尊重人才的劳动价值与产出，多样化人才激励政策，提升人才在协同创新中的积极性与创造性；鼓励高校、科研机构、企业等主体参与进来，共享技术和数据资源，发挥各自优势，加快人才培养速度；对个人进行一定的补贴，鼓励越来越多的人参与到创新人才培育过程中来。❶

7.2.4 大数据在科技创新团队管理中的应用

高校科研管理工作是一项复杂的、有挑战性的工作，它关系到高校科研工作能否顺利、有效地开展。自从计算机进入互联网时代以来，各类新兴技术不断地拓展，并推动着我们对信息与数据的创造及应用。大数据时代随着互联网、云计算、云储存的发展而产生，必将极大地影响科研管理的发展。当人类可以通过这些大数据的交换、整合和分析来发现新的知识、实现新的管理、创造新的价值的时候，科研管理作为信息化应用的前沿领域，应当且有可能依托大数据技术提升管理与决策的水平。

1. 科研管理过程建议

（1）科研规划。高校科学研究能力是衡量一个国家基础研究和高技术前沿领域原始性创新能力的重要标志，是国家发展创新科技的先锋，对各国未来能否在日趋激烈的全球科技竞争中占据有利地位具有举足轻重的影响。从高校自身发展来看，科学研究是学科建设的重要承载和巨大推动力，对高校发展具有深远的影响。在竞争加剧、快速多变、形势日趋复杂的背景下，机遇和挑战与日俱增，高校科研战略规划的重要性日益显著。通过对大型数据库进行有效的挖掘，可以对一个单位所关注的关键技术、重点领域和发展方向进行分类和预测。通过建立模型、数据可视化和生成文本报告等形式向管理者提供各种影响因素之间的内在关联，以指导科技发展规划的制订。❷

（2）科研评估。科研评估是现代科研管理的一种重要手段，科研资源的合理有效分配、利用和管理以及科研项目和科研机构全面客观的评价，对科学

---

❶ 王维懿. 高校科研发展战略规划研究［D］. 南京：南京理工大学，2008.

❷ 许哲军，付尧. 大数据环境下的高校科研管理信息化探索［J］. 技术与创新管理，2014（2）：112–115.

研究的绩效评估提出了新的要求。在科研评估体系中,数据的处理在其中起到非常重要的作用,随着高校信息化的推进,以及大型科技文献、论文、专利数据库系统等在科学研究中的普及,全球范围内的科技数据信息量急剧增大。面对庞大的科技信息数据库,需要快捷地从中提取出有用和有效的知识,因此有巨大的科技信息数据有待分析处理。用传统的统计分析手段已很难满足要求,若需要发现更深层次的规律,并保证系统运行的经济性、安全性和可靠性,还必须提供更快、更有效的决策支持。❶

(3) 项目立项决策。项目立项决策是在科技活动实施前对实施该项活动的必要性、可行性及其定位、目标、任务、投入、组织管理等所进行的评价,为项目立项决策提供依据。科技项目立项评价内容主要包括三个方面:一是项目的科学性,包括立项依据、科研内容创新性、项目的效益等;二是项目方案的合理性,包括经费安排是否合理、技术路线是否可行;三是项目的运行条件评价,包括项目申请人的研究能力、工作基础以及前期项目的完成情况。

项目立项评价的主要目标是对项目的优劣进行判断,是科研管理的重要内容之一。国内科研项目立项主要采取由科研人员申请,科技主管部门组织专家评审论证筛选,然后择优选择承担单位和负责人的管理模式。科研立项涉及大量的数据管理量,包括课题申请单位、申请人信息、课题信息、经费信息、评审专家信息等方面数据。

基于大数据技术,首先,我们可以对课题的科学性、创新性与外部文献库进行结合分析;其次,对申请者所涉及的各项因素进行多数据的联合查询和分析,发现和建立科学的指标体系和项目筛选方法,将不合理因素排除于项目立项之前,合理地选择项目予以资助。❷

(4) 项目全过程管理。科研项目的全过程管理,是指项目立项后到结题前的全过程的监管。管理内容包括科研项目计划的制订、人员管理、财务管理、中期检查等。全过程管理可从信息化工作入手,对分散的各类相关数据库的信息进行综合分析和提炼,跟踪财务系统的项目经费使用信息、科技文献数据库的项目相关成果信息及引用情况、课题组成员的教学工作量及仪器设备的使用情况等,对这些数据的联机和数据挖掘可以发现课题承担人、承担单位、经费分配、科研仪器使用等多种相关信息之间的内在关系,从而提高科研管理者及时发现问题、

---

❶ 张丽玮. 科研评估体系中数据预处理系统设计与实现 [D]. 济南:山东大学,2006.
❷ 张丽君. 贵州省属重点高校科技创新团队建设现状及困境研究 [D]. 贵阳:贵州大学,2009.

解决问题的能力。

2. 科研创新应用建议

（1）科研选题科学化。科研项目选题是科研工作开展的起点，选题的科学性直接影响到项目实施的可行性、创新性。应用大数据技术可以帮助高校科技创新团队或研究人员与外部企事业单位进行联合选题，协同开展科研工作，推动不同科研实体之间协同创新，实现优势互补、资源共享，降低科研工作成本，提高研究工作的效率和效益。大数据技术在企事业单位委托的横向科研工作中，发挥了极其重要的科研选题桥梁平台作用。当前，一些企业不了解高校的研究专长、实力和成果情况，找不到自己觉得信得过的研究团队或者研究工作者来接受委托，帮其攻克技术难题，往往都是通过熟人牵线介绍的方式，寻找受托单位和受托人，大数据技术对于解决这种信息不对称带来的低效问题，具有极为重要的价值和作用。

（2）避免重复研究。科学研究最核心的价值是创新，发现新问题、提出新方法、攻克新难题或者完成新发明等，创新是所有科学研究活动的立足之本，而科研过程中出现的重复立项不仅与创新精神背道而驰，更是造成人力、物力、财力等各种资源的极大浪费。基于大数据技术，可以整合挖掘不同层级、不同类别和不同区域之间科研选题申报和立项情况，结合科研选题、申报高校及其研究团队的研究特长与特色，监控科研项目重复立项风险，避免重复研究，节约科研经费，减少资源浪费；在不同高校之间也可培育不同的研究特色和研究专长，形成各自特色，实现差异化发展。

（3）监督学术道德和诚信。当前，在研究论文成果发表、研究成果出版等方面主要应用查重软件，实现对论文、著作等成果学术道德和诚信问题的监督。通过科技信息查重等技术，可以为科技立项、鉴定、报奖等任务开展查新服务，但是课题的申请书却被排除在科技查新范围以外。应用大数据技术，高校科研管理人员在课题申报阶段，就可以对申请书进行学术道德和诚信监督，避免学术不端行为发生。

（4）推动高校研究成果转化。当前，科研工作开展过程中，从科研课题选题开始，大多是从高校科研工作者的研究兴趣、研究团队已有研究基础为出发点，较少关注外部政府、企事业单位及个人对科技成果的需求，因此研究成果与外界实际需求脱节，成果转化比例很低，转化速度很慢。另外，高校科研工作者与外部潜在需求群体之间的交流互动较少，即使一些高校的科研成果对于解决政府、企事业单位或个人的科技成果需求问题具有极其重要的作用，往往也因为双方信息不对称，而不能及时实现成果转化。

针对这种情况，科技管理部门和高校科研管理部门可以推动建立外部实体科技需求数据库和高校科研成果数据库平台，应用大数据技术实现二者之间的匹配和对接，推动高校科研成果的快速及时转化，切实发挥高校科研成果的社会经济效益。

3. 科研数据平台与宣传建议

（1）整合更多互联网数据平台资源，为科研大数据形成提供基础。
（2）构建一体化科研管理信息数据平台，实现数据互通和共享。
（3）加强外部需求数据库和高校科研成果库建设、匹配和对接。
（4）高校科研管理部门要加强"大数据"宣传，推动科研人员转变观念。

7.2.5 构建基于大数据的科研项目过程动态管理模式

高校科学研究的成果不仅推动了大数据时代的加速到来，大数据更为高校科研活动提供了新的研究方向，催生了新的科研工具和科学研究的范式。将大数据视为生产力，以数据红利的形式，更大限度地推动将高校科研项目管理向动态化、多样化、科学化迈进成为可能。总体而言，建立我国高校科研项目过程管理动态跟踪模式的框架，还需要在以下几个方面进一步改进。

1. 推动科研管理人员的观念更新

建立科学规范的过程管理可以培养高校科研人员严谨、实事求是的工作作风，推动扁平化的服务变革，对实现我国高校科研项目过程管理的动态跟踪将大有裨益。应加强宣传教育，帮助高校科研项目管理人员摒弃传统的管理观念，将项目管理模式逐渐从以单位为核心转变到以项目为核心。

2. 切实建立项目动态过程评估机制

目前，为解决我国高校现有的学术评价手段单一这个问题，应逐步将高校科研项目的过程管理考核引入项目考核评价的过程中，进一步考虑充分利用大数据的搜集与分析，实现项目"中期"考核的动态评价机制，及时发布各个项目、课题组的研究进展与成果状况，形成更为注重项目过程评价的动态评估机制。

3. 注重项目管理人员的梯队储备

构建我国高校的科研管理的动态跟踪模式，离不开高校科研项目管理人员的全方位服务。目前，我国高校亟须吸收国外高校先进科研管理经验，逐渐从"管理"阶段过渡到"支撑与服务"阶段。只有注重高校科研项目管理人员的梯队建设，为高校提供和创造完备的科研氛围和研究环境，才能真正实现我国高校科研管理的成长和发展，推动高校科研实力的可持续增长。

针对高校科研的不同学科，运用科学方法，收集、整理、加工和分析相关的科技信息、科学知识和科研成果，分阶段、分对象地发掘高校科研项目过程中不同时期的管理需求，利用大数据分析，实现动态跟踪科研项目全程，这无疑是最为关键的。

在管理框架方面，基于我国高校科研管理的现实状况，利用科研项目管理平台，在大数据背景下，将科研项目由目标管理转为过程管理，依赖于科研项目管理人员的扁平化服务途径，实现项目管理的动态可追溯。我们将项目过程管理的内容进一步细化为计划管理、质量管理、资源管理、变更管理和基于数据分析的评价管理等方面（见图7－11）。其中，基于科研项目管理平台，通过数据搜集与分析，分别达成设定阶段预期目标、了解项目执行状况、推动过程动态控制、实现过程管理决策的动态可追溯过程管理模式。[1]

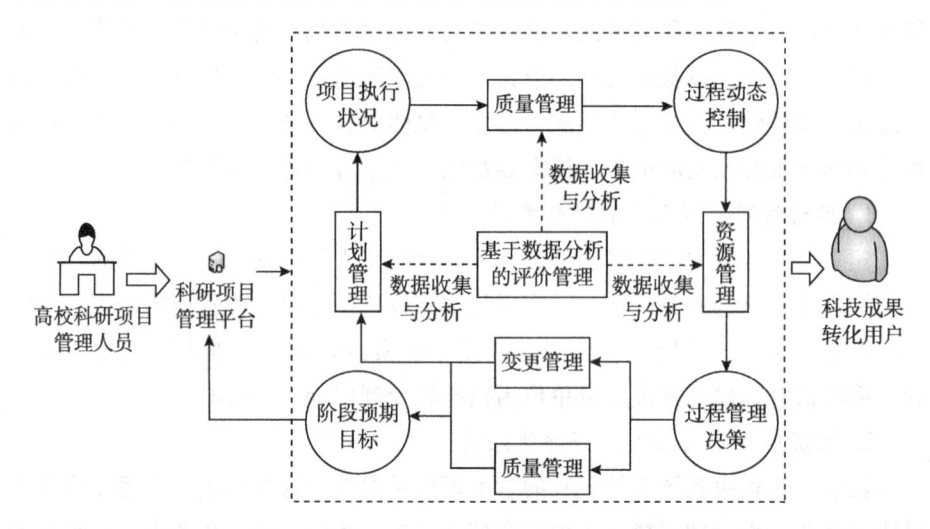

图7－11 基于大数据的高校科研过程管理框架

在科研项目管理平台的网状结构中，实现高校科研项目用户之间的互动，并将其嵌入科研项目管理的主要环节，无疑会形成固定的信息流和相应的知识使用习惯，初步构建高校科研项目过程管理的知识管理架构，实现对信息发

---

[1] 吴定会，翟艳杰，纪志成．论大数据背景下我国高校科研项目过程管理动态跟踪模式的构建[J]．中国社会科学院研究生院学报，2015（4）：125－132．

布、知识组织、资源共享、信息载载、同行交流、集成服务的一体化过程管理等方面基础性的作用。高校科研项目管理包括项目立项、项目实施、项目结题、项目成果转化等环节，只有实现项目过程管理的紧密联系，通过制定明确的进度计划，形成项目过程管理的有机整体，才能最大限度地消除目前项目各个阶段相互联系的障碍。只有充分利用对所有过程管理目标数据的收集和处理，并灵活运用大数据分析可能带来的科学研究更高的准确性，揭示更多的科研项目过程细节，方能实现过程管理的动态跟踪与评估体系的有机融合。基于大数据的科研项目管理平台为不断通过政策反馈，精确修正项目各个阶段的偏向，利用科学控制为项目的成功转化提供了坚实的基础。

7.3 基于云计算的高校科技创新团队管理平台

7.3.1 云计算及其关键技术

1. 云计算概述

在过去的十多年中，学术界与高校界为充分利用网络上的计算机存储资源，实现大规模的协同与资源共享以提高计算效率与降低计算成本，相继提出了如"网格计算"（Grid Computing）、"按需计算"、（On–Demand Computing）、"效用计算"、（Utility Computing）、"互联网计算"（Internet Computing）等概念和模式，"云计算"是在这些概念基础上发展起来的。[1] 云计算在提高资源利用率、灵活的可伸缩性以及可管理性方面表现出了巨大的优势，同时因其更清晰的商业模式而得到工业和学术界的普遍认可。云计算在商业领域正取得巨大的成功。

云计算是一种能够通过网络以便利的、按需的方式获取计算资源（网络、服务器、存储、应用和服务）的模式，这些资源来自一个共享的、可配置的资源池，并能够快速获取和释放。云计算的基本特征包括按需服务、广泛的网络接入、虚拟的资源池、快速弹性扩展、按使用计费等，其服务模式主要分为"软件即服务"（SaaS：Software as a Service）、"平台即服务"（PaaS：Platform as a Service）、"基础设施即服务"（IaaS：Infrastructure as a Service），还有"数据即服务"（DaaS：Data as a Service）等其他模式。[2]

---

[1] 任华. 基于云计算的高校教学信息系统应用 [J]. 电脑与电信, 2010 (2): 42–43.
[2] 冯大辉. 云计算中的存储 [J]. 程序员, 2008 (11): 62–64.

2. 云计算的特点

(1) 可扩展性。云计算的规模可以动态扩展和伸缩,可完全满足基于云计算的高校科研平台规模的需求和增长。首先,云计算本身就是对整个IT资源的优化整合,构成了极其庞大的资源池,可以对资源进行统一的灵活调配。其次,云计算在以往资源共享方面存在着巨大的局限性,一些对口的接口相同的数据资源上很多的数字资源不能共享,在这种相对独立的信息资源建设上,就势必会产生不同程度的重复建设,也就不可避免地会出现信息孤岛的现象。❶

在云计算模式下,过去各自为政的资源建设模式将会被彻底推翻,取而代之的将是全球的IT资源可以高度整合,以实现真正意义上的信息共享。云计算模式不仅没有浪费大量的人力和财力,而且使信息资源发挥了其最大的效益。不论是在物理意义上的计算机资源,还是数字信息资源,云计算都将使资源整合之后再重新配置,发挥出更大的经济效益和社会效益,对原有资源配置的优化使用,使得边际效益最大化。❷

(2) 通用性。云计算不针对特定的应用,在其支持下可以构造出各种功能的应用,并可以支撑各种应用的运行。尽管开放源代码是云实现的基础条件,但事实上并非如此。❸ 在云计算模式下,只有通过建立或者依靠专业性的软件团队,才能利用开源软件从而实现云应用,而绝非简单地、直接地、开放式地使用开源软件,就能构造出云环境所期望搭载的能够基于云计算的高校科研平台。云应用并不是仅仅靠开放社区支撑完善的,而是靠其专业的软件团队来完善的。

(3) 稳定性。通过虚拟化的技术,云计算将大量的数据资源统一、优化、整合、存储在虚拟的资源池中,专业人员保证了数据的安全性,使用云计算的各个高校科研平台都可以将自己的数字资源、科研成果放心地存储在云平台中。❹ 云计算还会提供良好的容错功能,一旦发生某个节点的故障问题,云管理系统将会迅速地找到错误,并迅速恢复保障云计算环境的稳定性。

(4) 虚拟化技术。云计算可以使用虚拟化技术将异构分布式的物理资源

---

❶ 万雪飞,朱有为. 模块化软件开发的标准化内涵和优势分析 [J]. 信息技术与标准化,2006 (3): 37-39.
❷ 王萍,张际平. 云计算与网络学习 [J]. 现代教育技术,2008 (11): 81-84.
❸ 杜燕鹏. 破解移动互联网三大谜题 [J]. 中国电信业,2008 (1): 31-33.
❹ 欧阳璟. 云计算趋势一览 [J]. 程序员,2008 (11): 36-41.

和数字资源进行虚拟化处理，统一地存储在数字中心。❶ 基于云计算的各个高校科研平台并不需要知道所需的科研资源的具体存放位置，只需要一个终端设备登录互联网中的云服务平台即可得到满意的服务。

（5）安全可靠性。云计算在工作过程中可增强资源的可靠性和安全性。计算机数据可能经常会受到黑客的攻击，但是由于云计算的专业服务商拥有专业团队来维护数据安全，基于云计算的高校科研平台可以避免黑客袭击、关键数据的丢失、计算机病毒的侵扰等问题。❷ 云计算的安全可靠性在于其使用了计算节点同构，以及多项数据多副本容错等安全措施，从而可以轻松地实现互换等措施来保障服务的高安全性，比使用本地的计算机更加具有安全可靠性。❸

（6）运行成本低。云计算的特殊容错措施使得使用极其廉价的节点来构成云体系成为可能。云计算特有的自动化管理，使计算机数据中心的管理成本大幅度降低；其基础设施可以建立在电力资源丰富的地区，从而降低能源的成本；云计算的公用性和通用性使物理资源的利用率将会得到大幅提升；由此可见，云计算具有前所未有的性价比。

3. 云计算的关键技术

（1）数据分布存储技术。为保证高可用、高可靠和经济性，云计算将会采用分布式存储的方式来存储数据和冗余，以此保证存储数据的可靠性，该系统由大量服务器构成，服务于大量的用户。❹ 为满足大量基于云计算的高校科研平台的需求，数据存储技术必须具有高吞吐率和高传输率的特点。❺ 云计算的数据存储系统主要有 Google GFS（Google File System）和 Hadoop 开发团队的开源系统 HDFS（Hadop Distributed File System）。大部分 IT 厂商，包括 Yahoo, Intel 的"云"计划采用的都是 HDFS 的数据存储技术，都是一个可扩展的分布式文件系统。其用于大型的、分布式的、对大量数据的访问，是针对 Goggle 应用特性和大规模数据处理而设计的，它运行于廉价的普通硬件上，却可以提供优质的容错功能，能够向用户提供更加优质的服务。

（2）数据管理技术。云计算系统对大数据集进行统一处理、分析，向基于云计算的高校科研平台提供了高效的服务。云计算的特点是对大量的信息数

---

❶ 张健. 云计算概念和影响力解析 [J]. 电信网技术, 2009 (1): 15-18.
❷ 朱近之. 对云计算的十大误解 [J]. 中国计算机用户, 2009 (4): 10-11.
❸ 赵粮, 裘晓峰. 云计算环境的安全威胁和保护 [J]. 中国计算机学会通讯, 2010 (5): 47-50.
❹ 刘琛颖. 以太网宽带接入管理技术 [J]. 现代电子技术, 2006 (4): 64-66.
❺ Charikar M, Chen K, Farach - Colton M. Finding Frequent Items in Data Streams [C]. International Colloquium on Automata, Languages, and Programming (ICALP '02), 2002: 893-980.

据进行存储、读取后，可以完成海量的分析工作，同时做到数据的读操作频率远大于数据的更新频率，快速实现云中的数据管理，这是一种读优化的数据管理。❶ 因此，云系统的数据管理往往会采用数据库领域中列存储的数据管理模式，将表按列划分后进行存储。云计算需要对海量的、分布式的数据进行分析和数据处理工作，所以信息数据的管理技术必须能够提供优质的、高效的、目的性强的管理数据信息。信息数据的管理技术目前主要是使用 Google 的提供的 BT（BigTable）数据管理技术，而另一个则是 Hadoop 团队开发的开源数据管理模块 HBase。❷ BT 是建立在 Scheduler，Lock Service，GFS 和 MapReduce 之上的大型分布式数据库，它将所有的信息数据都作为目标对象来进行数据处理并形成表格，用来分布存储大规模结构化数据。

（3）虚拟化技术软件应用。虚拟化技术是指计算的元件可以在虚拟的基础上，而不是在真实的基础上进行运行。虚拟化技术将是一个可以扩大计算机硬件容量，同时简化计算机软件重新配置的过程，能够支持更广泛的操作系统，减少软件虚拟机的相关开销。在云计算的实现过程中，计算系统虚拟化是一切建立在"云"上的服务与应用的基础。❸ 虚拟化技术目前主要应用在 CPU、操作系统、服务器等多个方面，是提高服务效率的最佳解决设计。通过虚拟化技术，可实现底层硬件与软件应用相隔离，包括单个资源划分成多个虚拟资源的裂分模式，将多个资源整合成一个虚拟资源的聚合模式。虚拟化技术将根据数据对象的不同分成信息计算的虚拟化、信息网络的虚拟化和存储信息的虚拟化等，计算虚拟化又分为信息应用级虚拟化、信息系统级虚拟化和信息桌面虚拟化。

（4）管理技术。云计算的资源数据极其庞大，使用的服务器数量众多，并且大多都会分布在各个不同的地方，各种应用能够同时正常运行。❹ 云计算系统的平台管理技术能够使服务器协同工作，快速地进行业务部署工作和开通，能够及时快速地发现和恢复系统故障，大规模系统的运营可以通过自动化、智能化的手段来实现。❺ 总之，以数据信息为中心，云计算是一种信息数据密集型的超级计算处理模式，它是信息数据的存储、海量数据的管理、开发

---

❶ Burch J R，Clarke E M，McMillan K L. Symbolic Mode Checking 10 States and Beyond [J]. Information and Computation，1992，9（2）：142－170.

❷ Karp R M，Shenker S. Papadimitrion C H. A Simple Algorithm for Finding Frequent Elements in Streams and Bags [J]. ACM Transactions on Database Systems，2003，28（1）：51－55.

❸ 汪洋. 云计算在院校教育中的应用初探 [J]. 科技经济市场，2009（4）：13.

❹ 万利平，陈燕. 云计算在教育信息化中的应用探究 [J]. 中国教育信息化·高职教育，2009（5）：74－77.

❺ 黎加厚. 走向教育技术"云"服务 [J]. 远程教育杂志，2008（3）：79.

编程模式、并发控制、数据信息系统。

7.3.2 云计算的服务类型

云计算包含下面几个层次的服务：基础设施即服务（IaaS），平台即服务（PaaS）和软件即服务（SaaS）。

1. IaaS

IaaS（Infrastructure as a Service），基础设施即服务。IaaS 提供硬件基础设施部署服务，将基于云计算的高校科研平台按需提供实体或虚拟的计算、存储和网络等资源。❶ 云计算在使用 IaaS 层的服务过程中，基于云计算中高校科研平台需要向 IaaS 层服务提供商提供基础设施的数据信息，将运行于基础设施的程序代码和相关的基于云计算的各高校科研平台数据。同时，由于数据中心是 IaaS 层的重点数据来源，所以数据中心的数据优化和数据信息管理问题在近年来逐渐成为研究的重点对象。同时，为了优化合理配置硬件资源，IaaS 层还引入了虚拟化技术，借助 KVM，VMware 和 Xen 等多种虚拟化工具，可以提供可定制性强、可靠性能高、规模可以扩展的 IaaS 层服务。❷

2. PaaS

PaaS（Platform as a Service），平台即服务。PaaS 可以提供数据信息管理服务与应用程序的部署，是云计算应用程序运行环境。如果通过 PaaS 层的开发语言和软件工具，应用程序的开发者仅需要上传程序代码和数据即可使用服务，而不必再花费精力关注底层的操作系统、网络资源、数据存储的大量的管理问题。❸ 目前，互联网应用平台数据量的日趋庞大，PaaS 层应充分考虑对于海量数据的数据存储能力和信息处理能力，并利用有效的调度策略与资源管理方式来提高数据处理的效率。

3. SaaS

SaaS（Software as a Service），软件即服务。SaaS 是基于云计算基础平台的所开发的高级应用程序。❹ 对于解决高校的信息化问题的方式，高校将通过租用 SaaS 层服务来解决该问题，如高校通过 GMail 建立属于本高校的电子邮件服务功能，该服务将托管于 Google 的数据中心，高校不必独自考虑承受服务器的管理、

---

❶ 蒋建兵，梁家荣，江伟，等. 基于云理论的学习评价模型研究［J］. 计算机与现代化，2008（3）：17－19.
❷ 唐箭. 云存储系统的分析与应用研究［J］. 电脑知识与技术，2009（7X）：5337－5338.
❸ 郭齐江. SaaS 模式的高校信息化公共服务平台［J］. 天津科技，2007（3）：5－6.
❹ 张为民. 云计算与教学平台建设［J］. 深刻改变未来. 2004（4）：66－70.

维护问题。对于普通基于云计算的高校科研的平台来讲，SaaS 层服务会将桌面应用的程序迁移到互联网，即可以解决应用程序的泛在访问问题。

7.3.3 高校科研云的优势

1. 快速响应与节省成本

现今云计算技术的出现，为高校在科研管理快速响应和节省成本之间找到一个合理的平衡点。高校教学服务器虚拟化，使得操作系统不再直接安装在硬件上，而形成逻辑层和物理层分离的横向结构，不仅可以方便地复用硬件资源，而且可以使教学科研工作的管理效率得到大幅度提高。同时，结合服务器虚拟化、应用虚拟化和流技术，云计算提出了新一代动态数据中心的建设模式，能够根据不同业务模块的资源消耗，自动地分配硬件资源，从而最大程度地满足数据中心的高效率、高性价比和自动化管理等。

2. 共享计算资源

高校科研云具备超强计算能力，能够高效率地利用资源，在计算方面，能把大量计算资源集中到一个公共资源池中，通过多主租用的方式共享计算资源。由于高校科研大部分是局域网，所以单个用户在云计算平台获得的服务水平几乎不会受到网络带宽等各因素影响。与此同时，就整个高校科研资源的角度而言，整体的资源调控降低了部分学校计算机峰值负荷，提高了部分空闲主机的运行率，从而能够提高资源利用率。分布式数据中心保证系统容灾能力，可将高校科研云端的用户信息备份到地理上相互隔离的数据库主机中，甚至连用户自己也无法判断信息的确切备份地点。[1] 这一特点不仅提供了数据恢复的依据，也使得网络病毒和网络黑客的攻击失去目的性而变成徒劳，大大提高了局域网系统的安全性和备份恢复能力。

3. 灵活配置调整

灵活的配置调整方式也是明显的优势，通过中央调控，可对用户之间的资源配置进行分享，达到灵活分配。如需整体升级，也只需对中心大型主机进行升级，做到省时、省力、省投资。在高校科研云中，按需分配网络资源，有利于降低成本。由于云计算下的硬件配置是虚拟分配的，可以自由分配，对于一个用户而言，对方需要什么配置的服务，我们就虚拟开通什么服务，例如不用到现场打开机箱给用户的计算机换 CPU、换硬盘。[2] 这种方法节省了计算机硬

---

[1] 赵立威. 让云触手可及：微软云计算实践指南 [M]. 北京：电子工业出版社，2010.
[2] 陈莹，罗杰 "云" 在学校计算机公共服务平台的应用探讨 [J]. 硅谷，2009 (19)：94.

件的购买、运送、维护费用，而且能根据需要不断扩展开通的服务，不断更换更加适合的配置，提高了资源的利用率。

7.4 基于云计算的高校跨学科科研平台的构建

7.4.1 基于云计算的高校资源整合

1. 国外高校研究应用现状

国外云计算的思想可以追溯到 20 世纪 60 年代，麦卡锡预言云计算有一天可能成为公共事业。20 世纪 90 年代初，ATM 商业网络开始使用"云"的术语。21 世纪初，"云计算服务"开始出现，当时主要指软件作为一种服务，Software as a Service，SaaS。云计算概念最初由 IBM 提出，概念提出后不久，许多的组织公司予以跟进，展示出"云计算"的美好前景，不久之后，Google，Amazon，Microsoft 等公司也都开始各自的云计算项目，如 IBM 的 BlueCloud，GoogleApps，Amazon AWS，Microsoft Azure 等。

2007 年 10 月，Google 与 IBM 在美国的几所大学校园的合作逐渐开始，其中包括卡内基梅隆大学、斯坦福大学、麻省理工学院、加州大学柏克莱分校及马里兰大学等，他们开始了广泛的、正式的推广云计算的前期计划。[1] 这一计划希望能够降低分布式的计算技术在学术研究方面的科研支出，大大降低原有科研成本，同时取得更好的教学效果，并且在这一计划的实施过程中，能够为这些大学提供相关的软硬件设备及专业的后续技术支援。

2008 年 10 月 24 日，IBM 又联合北卡罗来纳州立大学对外宣布，他们已经获得向整个州的学生提供免费数据信息服务和数据信息分析计算的能力。2009 年 4 月 16 日，"雅虎"宣布与美国加利福尼亚大学伯克莱分校、马萨诸塞大学阿姆赫斯特分校以及康奈尔大学三所高校建立长期的合作关系，和以上三所大学一起共同开发推进云计算的应用性研究。同时，以上三所高校又将与卡内基梅隆大学一起共同使用雅虎提供的云计算群，以进行大规模的系统软件研究开发工作，以此开发新的应用程序用以掌握分析互联网上的各种数据，例如在线新闻源的获取和自动投票记录结果的产生等。

---

[1] Huan-yun Wei, Ying-dar Lin. A Survey and Evaluation of Bandwidth Enforcement Techniques over Edge Gateways [J]. IEEE Communications Surveys and Tutorials, 2005, 53-65.

2009年，Horizon Report对未来云计算进行分析预测，并称云计算一定会在未来的几年时间里逐渐成为各个学校的主流技术和主要教育手段，成为影响教师的教育方式、教学手段，以及对现在学生的学习方式产生巨大的影响，甚至改变现有的教育模式。❶

云计算在教育教学中的应用中，提出了"云计算辅助教学方式"的新概念。"云计算辅助教学方式"（Cloud Computing Assisted Instructions，CCAI）指学校与教师在教育教学的过程中，能够充分利用"云计算"提供的服务，提出新的教育方式，构建共享的个性化的信息化教学环境，同时支持提高高校教师的教学模式和学生的学习方式，提高整个高校乃至社会的整体教学质量。

2. 国内高校研究应用现状

我国的云计算与国外云计算的发展相比，起步相对较晚，且更多地停留在云计算的概念和理念中，缺乏现实的产品和合理的方案设计作为支撑。另外，我国的现有IT基础和高校需求与国外的情况依然存在着不小的差异，一些供应商非常盲目地将国外的云计算经验全套照搬，反而忽视了中国的具体情况，这样一来，基于云计算的高校科研平台的需求与供应商的产品脱节，云依然飘浮在半空，难以落地。

中国国际电子商务中心的进一步合作，推动了云计算在电子商务、电子政务领域的云应用领域奠定基础。调查显示，云计算的整体使用状态，基本呈现5:3:2的正三角状。处于顶端的有8%的高校已经使用云计算；10.6%的高校正在使用，二者相加近两成。32.4%处在徘徊犹豫中，现今仍暂无计划的高校达到49%。要实现中国云计算的落地，必须加快高校向云端迈进的脚步，使云计算更加真实可信。

3. 高校科研云的架构

采用Web方式，使得目前高校教学管理平台支持服务系统与高校教育教学成为一个以能够基于云计算的高校科研平台为中心的开放的、高性能、分布式的应用平台。这种架构具有以下特点。

第一，已可在跨平台的客户端上共同使用；

第二，平台的客户端很小，可以非常容易地在运行时自动升级；

第三，可以更有效地在Intranet和Internet上运行；

---

❶ Shrikrishna Karandikar, Shivkumar Kalyanaraman, Prasad Bagal, et al. TCP Rate Control [J]. ACM Sigcomm Computer Communication Review, 2000, 30 (1)：45-48.

第7章 高校科研管理信息支撑平台建设

第四，统一和抽象的作为基于云计算的教学科研平台界面，可以使云计算的高校科研平台能够更加有效地从同一数据源中有效的存取数据；

第五，适当采用 Applet 技术，减轻了服务器的压力，同时提高了基于云计算的高校科研平台界面的响应速度。

业务逻辑层包括存储数据和输入计算，可以及时快速验证表示层的数据。目前，高校教育教学与教学管理平台支持服务系统的业务逻辑层采用了 Java Beans 组件技术。一方面，它降低了系统的耦合度，同时与表现层进行分离，能大幅度减少维护的工作量和难度系数，也可实现多代码的重用；另一方面，它与表现层的 JSP 和 Server let 技术实现紧密结合，具有高度的兼容性和良好的性能。基础架构层逻辑包括处理系统的通信，代表系统执行任务的功能，例如数据库系统和其他应用的系统交互等。❶ 目前，我国高校教育教学与教学信息管理平台所使用的基础架构层的主要逻辑是存储持久数据。网络教学支撑环境软件系统的基础架构层以数据源（Data Source）的方式，通过 JDBC 驱动来访问数据库，同时支持存储过程以及事务（Transaction）等特性。一方面，可以使系统可以更加方便地移植到 Oracle My SQL DB2 等多种数据库上；另一方面，又可以充分发挥数据库自身的优异性能。其架构如图 7 – 12 所示。

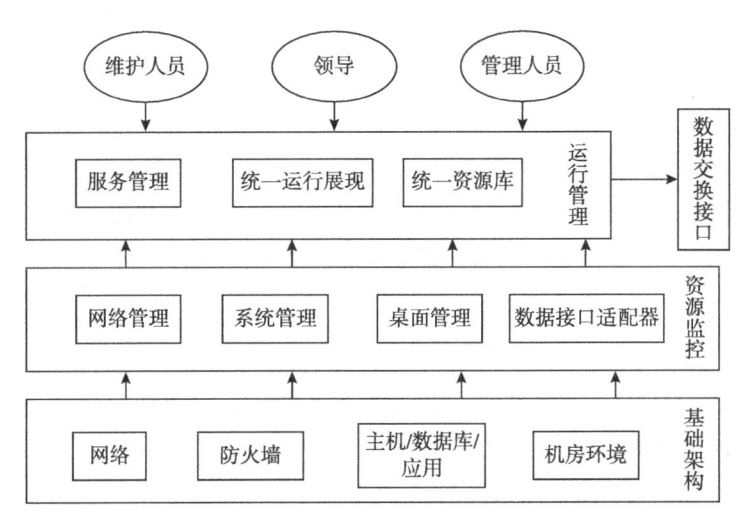

图 7 – 12 高校科研平台体系架构图

---

❶ 张莹. "云计算"技术在高校资源建设中的应用初探［J］. 科技咨讯, 2009（9）: 219 – 220.

4. 基于云计算的高校科研平台构建

基于云计算，构建高校教学平台，需要达到以下目标。

（1）减少重复投资，优化资源分配需要比原有系统更灵活的系统环境，根据不同的应用，基于云计算的高校科研平台需要有跨平台环境，需要不同系统环境支持，如 Windows 或 Linux 等多样化环境。为提高服务质量和加快数字化节约型校园的发展，高校系统建设要达到国内高校先进水平，为未来发展奠定基础。同时，也需要按需动态分配的系统资源，以实现资源聚集和共享的数字化利用，避免重复建设。高校应用有着受众范围广、使用时间规律化的特点，为防止服务中断，往往都是按照峰值进行配置以防止突发情况可能对系统带来的影响，导致平均利用率较低（10%～30%）。然而，集中配置和分配系统资源可以提高系统的利用率，通过动态调整系统资源，把空闲资源或新采购的资源迅速补充到不同的应用中。❶

硬件资源不需要一次采购，而是按照使用量进行动态调整，还可以集中监控和运维管理，通过对数据中心的统一监控和运维管理来提高整个系统的可靠性和服务质量，降低对维护技术人员的要求。此外，还需要方便易行的安全管理手段，减少安全管理复杂度，例如，系统安全软件需在大量的服务器中安装，不仅费时费力，而且版本和补丁管理也烦琐低效，数据中心可以通过更加便捷高效的手段进行安全管理。

（2）加强统一管理，提高系统标准化。对应用环境进行统一管理，可以减少管理和维护的投入，通过标准化提高管理能力，从而保障充足的、可动态分配的系统资源。统一的数据中心可以避免系统的多样性和管理维护的高成本，从而基于统一映像来提高系统部署的能力。

（3）降低能源开销，迈向绿色 IT。共享计算资源，可以降低能源开销。统一的数据中心平台基于需求来动态分配计算资源，同时监控能源开销，可帮助高校管理者了解数据中心的能源使用，从而向绿色 IT 迈进。

结合上述需求，我们认为，基于"云计算"的数据中心服务平台是满足高校实现节约发展、科学发展、可持续发展的最佳途径。在高校科研平台建设中，合理有效地使用"云"技术，不但为高校科研提供了全新的机遇，并且

---

❶ 欧鸥. 基于 struts、Spring 和 Hibernate 整合开发技术的研究与实现 [D]. 成都：电子科技大学，2007.

第7章　高校科研管理信息支撑平台建设

催生了新的科研观念的转变。通过"云",可以使高校优质科研资源实现有效共享,利用高校之间的优势互补,提升高校的整体科研质量。[1] 云计算服务模式如图7－13所示。

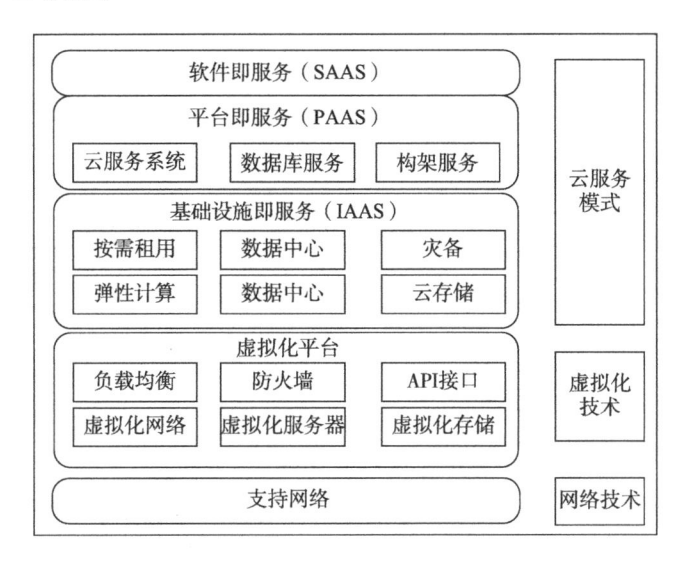

图7－13　云计算服务模式

7.4.2　部署方案

根据某高校信息资源综合服务平台的实际需求,我们采用如图7－14所示的部署结构进行部署。除共享数据库、操作数据库、数据仓库服务之外,平台共由两台服务器组成。

在一台服务器上部署 Windows Server 2003,Active Directory,Microsoft Identity Integration Server,Sharepoint Portal Server,实现统一身份认证及权限管理、用户账户与 jAccount 同步,统一信息门户。在另外一台服务器上部署 Windows Server 2003、Biz Talk、资源综合服务目录,实现数据采集和交换中心,全局服务和资源综合服务目录系统。[2] 由于信息资源综合服务平台是一个逐步建设的过程,在一定时期内,上述部署方案完全可以满足平台的数据处理需求。随着全局元数据和全局服务的逐渐完善,接入平台的应用系统逐渐增多,可以在此

---

[1] 欧鸥. 基于 struts、Spring 和 Hibernate 整合开发技术的研究与实现 [D]. 成都:电子科技大学,2007.

[2] Vito Amato. Cisco Systems Networking Academy [M]. 北京:人民邮电出版社,2002:96－120.

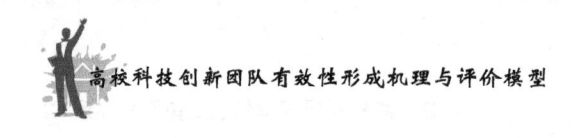

基础上把服务分离到不同的服务器上，并且采用负载均衡、故障转移等技术，以提高平台的处理能力。

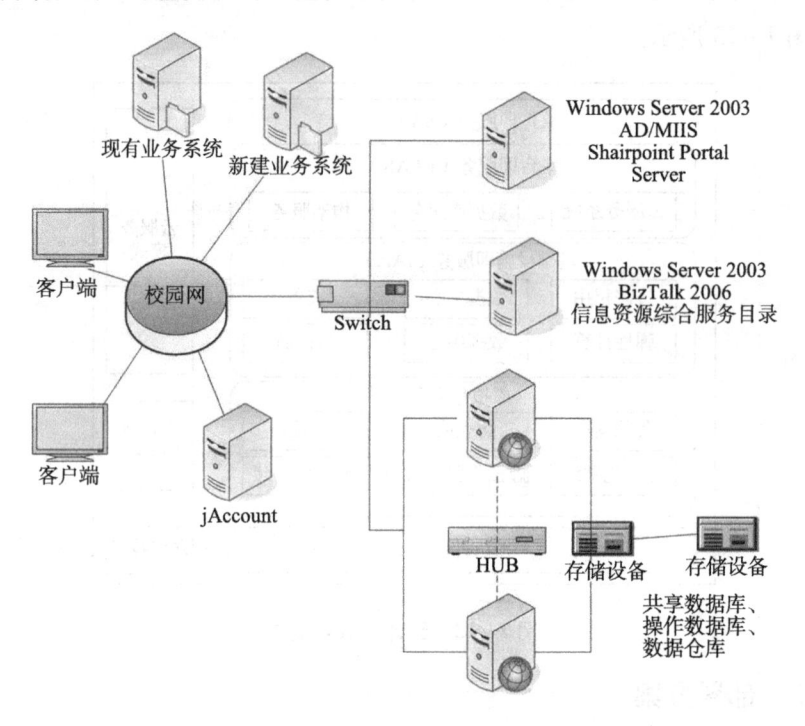

图 7-14 系统部署方案

参考文献

1. 学位论文

[1] 吕诗曼. 高校人力资源管理与教师科研绩效关系研究［D］. 南昌：南昌大学，2014.

[2] 黄南霞. 大数据环境下的网络协同创新体系研究［D］. 武汉：华中师范大学，2014.

[3] 杜贞贞. 地方高校青年教师科研激励机制研究［D］. 西安：陕西师范大学，2014.

[4] 顾浙标. 高校科研经费管理研究——以 G 高校为例［D］. 杭州：浙江工业大学，2014.

[5] 罗焰. 高校科研经费项目化管理研究［D］. 南昌：南昌大学，2014.

[6] 张兰廷. 大数据的社会价值与战略选择［D］. 北京：中共中央党校，2014.

[7] 魏臻. 我国高校科研团队建设与对策研究［D］. 西安：西北大学，2014.

[8] 黄伟. 我国科技成果转化绩效评价、影响因素分析及对策研究［D］. 长春：吉林大学，2013.

[9] 董大壮. 江苏产学研合作创新绩效的影响因素与促进对策研究［D］. 南京：南京航空航天大学，2013.

[10] 张良将. 基于 Hadoop 云平台的海量数字图像数据挖掘的研究［D］. 上海：上海交通大学，2013.

[11] 周浩. 产学研共同体信息供应链信息传递机制和效率研究［D］. 长春：吉林大学，2013.

[12] 赵丽梅. 面向知识创新的高校科研团队内部知识整合研究［D］. 哈尔滨：哈尔滨工业大学，2013.

[13] 马骥. 河南省促进协同创新政策问题研究［D］. 郑州：郑州大学，2013.

[14] 钱志强. 体育科研团队有效性研究［D］. 苏州：苏州大学，2012.

[15] 王军. 跨学科高校科研创新团队建设与管理研究［D］. 武汉：华中师范大学，2012.

[16] 赵丹丽. 我国高校交叉学科研究团队发展路径研究［D］. 杭州：浙江大学，2012.

[17] 蒋军. 信息腐败研究［D］. 合肥：安徽大学，2012.

[18] 赵京波. 我国产学研合作的经济绩效研究与模式、机制分析［D］. 长春：吉林大学，2012.

[19] 郭海娜. 教育部直属高校科研效率评价研究［D］. 镇江：江苏科技大学. 2012.

[20] 马莹莹. 高校科研团队产学研合作绩效的影响因素研究［D］. 广州：华南理工大学，2011.

[21] 张茂林. 创新背景下的高校科研团队建设研究［D］. 武汉：华中师范大学，2011.

[22] 王燕华. 大学科研合作制度及其效应研究［D］. 武汉：华中科技大学，2011.

[23] 赵杨. 国家创新系统中的信息资源协同配置研究［D］. 武汉：武汉大学，2010.

[24] 吴国斌. A高校科研经费管理研究［D］. 成都：西南财经大学，2010.

[25] 汪之明. 产学研联盟利益分配机制研究［D］. 大连：大连理工大学，2010.

[26] 闻海燕. 高等学校科研经费管理模式研究［D］. 西安：西北农林科技大学，2009.

[27] 何晶晶. 高校科技创新团队的建构与管理［D］. 南京：南京航空航天大学，2009.

[28] 杜洋. 高校科研创新团队建设和管理研究［D］. 北京：电子科技大学，2009.

[29] 吴安. 基于MVC设计模式的系统框架研究与设计［D］. 镇江：江苏大学，2009.

[30] 胡潜. 面向企业创新发展的行业信息服务重组研究［D］. 武汉：武汉大学，2009.

[31] 张丽君. 贵州省属重点高校科技创新团队建设现状及困境研究［D］. 贵阳：贵州大学，2009.

[32] 沈凌. 基于本体的知识团队有效性形成机理及评价研究［D］. 武汉：武汉理工大学，2009.

[33] 岳国庆. 基于知识管理的高校科研工作管理研究［D］. 合肥：合肥工业大学，2009.

[34] 徐冰. 高科技企业风险投资项目效率评价研究［D］. 南京：南京航空航天大学，2009.

[35] 彭增光. 知识价值链研究［D］. 天津：天津师范大学，2008.

[36] 闫阿伟. 大学科研团队建设的规律研究［D］. 西安：西安理工大学，2008.

[37] 王磊. 大学创新学术团队研究［D］. 上海：华东师范大学，2008.

[38] 柳洲. 高校跨学科科研组织成长机制研究［D］. 天津：天津大学，2008.

[39] 王维懿. 高校科研发展战略规划研究［D］. 南京：南京理工大学，2008.

[40] 王军. 基于本体的房地产营销案例推理研究［D］. 武汉：武汉理工大学，2008.

[41] 陈志伟. 本体的构建及其在信息检索系统中的应用［D］. 武汉：华中师范大学，2008.

[42] 曾卫明. 高校科技创新团队自组织演化研究［D］. 哈尔滨：哈尔滨工程大学，2008.

[43] 陈鸿雁. 我国高校产学研合作的影响因素研究——以厦门大学为例［D］. 厦门：厦门大学，2008.

[44] 王怡然. 高校创新团队信任构建及其影响绩效的机制研究［D］. 天津：天津大学，2007.

[45] 欧鸥. 基于struts、Spring和Hibernate整合开发技术的研究与实现［D］. 成都：电子科技大学，2007.

[46] 谢娟娜. 本体技术在知识管理系统中的应用研究［D］. 南京：南京航空航天大

学, 2007.
[47] 虞鹏. 基于 DEA 效率评价分析的飞机选型研究 [D]. 成都: 西南交通大学, 2007.
[48] 朱超. 港口经济预警系统研究 [D]. 南京: 河海大学, 2007.
[49] 武建龙. 企业核心能力形成机理与管理策略研究 [D]. 哈尔滨: 哈尔滨理工大学, 2007.
[50] 孙立新. 基于 DEA 的技术创新效率评价研究 [D]. 大连: 大连理工大学, 2007.
[51] 王婷. 业务流程再造支撑体系及绩效评价研究 [D]. 重庆: 重庆大学, 2007.
[52] 于秋景. 企业产融结合模式选择研究 [D]. 大连: 大连理工大学, 2006.
[53] 袁鹏程. 基于业务流程的企业知识价值链研究 [D]. 武汉: 武汉理工大学, 2006.
[54] 金福. 知识型组织智力资源管理研究 [D]. 大连: 大连理工大学, 2006.
[55] 秦燕娟. 普通高等学校科研管理的问题与对策研究 [D]. 长沙: 湖南师范大学, 2006.
[56] 刘培莉. 我国大学科研团队建设的制约因素及对策研究 [D]. 大连: 大连理工大学, 2006.
[57] 王攀. 高校教师科研评价研究 [D]. 武汉: 武汉理工大学, 2006.
[58] 唐慧君. 大学科研评价体系及应用研究 [D]. 长沙: 湖南大学, 2006.
[59] 薛凤英. 软件项目基于角色组建项目团队问题研究 [D]. 济南: 山东大学, 2006.
[60] 张海燕. 高校科技创新团队成长性评价研究 [D]. 天津: 天津大学, 2006.
[61] 张丽玮. 科研评估体系中数据预处理系统设计与实现 [D]. 济南: 山东大学, 2006.
[62] 巴连良. 高校科研创新激励机制研究 [D]. 大连: 东北师范大学, 2006.
[63] 徐辉. 科技成果转化机制及对经济增长的效应研究 [D]. 南京: 河海大学, 2006.
[64] 胡宪君. 适应创新要求的高校科研管理组织结构研究 [D]. 重庆: 重庆大学, 2006.
[65] 杜文华. 本体的构建及其在数字图书馆中的应用研究 [D]. 武汉: 武汉大学, 2005.
[66] 李丽. 基于 DEA 的高等教育投入产出效率研究 [D]. 大连: 大连理工大学, 2005.
[67] 苏娜. 高校科研团队的构建与管理 [D]. 天津: 天津大学, 2005.
[68] 宋英华. 企业知识价值链及其管理研究 [D]. 武汉: 武汉理工大学, 2005.
[69] 王东. 基于业务流程重组的客户知识管理 [D]. 武汉: 武汉理工大学, 2005.
[70] 汪怿. 大学知识管理研究 [D]. 上海: 华东师范大学, 2004.
[71] 刘省权. 教育领域的知识管理: 教师的知识管理研究 [D]. 南昌: 江西师范大学, 2004.
[72] 郭艳红. 面向知识管理的高校科研管理信息系统的构建研究 [D]. 大连: 大连理工大学, 2003.
[73] 余雅风. U/I 合作创新中学习的过程和机制研究 [D]. 北京: 北京航空航天大学, 2002.
[74] Cummings J L. Knowledge Transfer across R&D Units: an Empirical Investigation of the

Factors Affecting Successful Knowledge Transfer across Infra and Interorganizational Units [D]. Doctoral Dissertation. George Washington University. 2001.

[75] Walter Kit. The effectiveness of Software Technology Transfer and Commercialization at NASA Ananalysisan Devaluation [D]. Dissertation of The George Washington University. 2003.

[76] Sally J Fellenzer. Department of Defense transformation: Organizational Barrier Stocommercial Product Use in Aerospace Projects [D]. Dissertation of Stanford University. 2002.

[77] Sheron Lawson. Examining the Relationship Between Organizational Cultureand Knowledge Management [D]. Dissertation of Nova Southeastern University. 2003.

[78] Debra S. Haney. Knowledge Managementina Professional Service Firm [D]. Dissertation of Indiana University. 2003.

[79] Weizheng. The Impact of Organizational Culture, Structure, and Strategy on Knowledge Management Effectiveness and Organizational Effectiveness [D]. Dissertation of the University of Minnesota. 2005.

2. 学术论文

[1] 沈凌，冯旻舒. 高校科研团队有效性评价研究综述 [J]. 武汉理工大学大学学报（社会科学版），2015（5）：989－994.

[2] 李亚鲁. 高校科研经费管理：路径与持续改进框架 [J]. 财会通讯：综合（中），2015（1）：87－89.

[3] 吴定会，翟艳杰，纪志成. 论大数据背景下我国高校科研项目过程管理动态跟踪模式的构建 [J]. 中国社会科学院研究生院学报，2015（4）：125－132.

[4] 许哲军，付尧. 大数据环境下的高校科研管理信息化探索 [J]. 技术与创新管理. 2014（2）：112－115.

[5] 张建江. 高校科研经费管理规范探析 [J]. 财会通讯：综合（中），2013（9）：55－56.

[6] 王玉君. 大数据时代信息资源利用研究 [J]. 科技情报开发与经济. 2013（22）：124－126.

[7] 乌家培. 大数据与商务模式——中国信息经济学会名誉理事长乌家培 [J]. 中国信息界，2013（15）：16－19.

[8] 黄南霞，谢辉，王学东. 大数据环境下的网络协同创新平台及其应用研究 [J]. 现代情报，2013（10）：75－79.

[9] 左建安，陈雅. 基于大数据环境的科学数据共享模式研究 [J]. 情报杂志，2013（12）：151－154.

[10] 储节旺，闫士涛，谈甄. 知识管理学产生、存在与发展的关键因素研究 [J]. 情报杂志，2012，31（2）：108－113.

[11] 李霞. 信念、态度、行为: 教师文化建构的三个维度 [J]. 教师教育研究, 2012 (3): 17–21.

[12] 马卫华, 许治, 肖丁丁. 基于资源整合视角的学术团队核心能力演化路径与机理 [J]. 科研管理, 2011, 32 (3): 101–107.

[13] 田丰. 我国民营企业官产学研合作创新模式研究 [J]. 价值工程. 2011 (7): 1–2.

[14] 吴勇, 陈通. 产学研合作创新中的政策激励机制研究 [J], 科技进步与对策, 2011 (5): 109–111.

[15] 万钢. 加快推进科技成果向现实生产力转化 [J]. 经济, 2011 (13): 18–21.

[16] 张可军. 基于知识离散性的团队知识整合阶段及其影响因素分析 [J]. 图书情报工作, 2011, 55 (6): 124–128.

[17] 高宏伟. 产学研合作利益分配的博弈分析——基于创新过程的视角 [J]. 技术经济与管理研究, 2011 (3): 30–34.

[18] 薛亚玲. 课题制下科研项目经费管理的制度分析、国外经验借鉴及对策建议 [J]. 社会科学管理与评论, 2011 (4): 58–63.

[19] 李兵, 李正风, 崔永华. 课题制科研经费管理存在的问题与对策 [J]. 科技导报, 2011 (32): 15–17.

[20] 卿文洁. 加强高校科研经费管理的对策探讨 [J]. 湖南科技大学学报 (社会科学版), 2011 (1): 67–70.

[21] 刘娟娟. 地方性综合大学科研经费管理现状及对策研究 [J]. 技术与创新管理, 2011 (4): 328–331.

[22] 张晓军, 席酉民. 我国高校科研管理的问题与改革建议——基于资源配置的视角 [J]. 科学学与科学技术管理, 2011 (7): 58–63.

[23] 王彦博, 和金生. 知识有机整合的过程模型及案例分析——以世界第一款混合动力车普锐斯的开发为例 [J]. 中国地质大学学报 (社会科学版), 2010, 10 (1): 115–119.

[24] 蒋满秀. 科研创新团队的基本构造要素研究 [J]. 科技信息, 2010 (22): 19–20.

[25] 郑登攀, 党兴华. 基于社会网络分析的技术创新网络中创新主体中心性测量研究——对波纳西茨中心度的改进 [J]. 系统管理学报, 2010, 19 (4): 415–419.

[26] 臧得顺. 格兰诺维特的"嵌入理论"与新经济社会学的最新进展 [J]. 中国社会科学院研究生院学报, 2010 (1): 108–115.

[27] 姜大鹏, 赵江明, 顾新. 知识链成员之间的知识整合 [J]. 中国科技论坛, 2010 (8): 121–125.

[28] 蔡翔, 舒勇. 基于团队氛围的知识共享与服务创新互动关系研究 [J]. 技术经济与管理研究, 2010 (2): 56–59.

[29] 金潇明, 何建雄. 论螺旋型知识共享创新模式的构建 [J]. 价值工程, 2010 (35):

11 – 13.

[30] 卢仁山. 基于组织视角的产学研合作问题研究 [J]. 技术经济与管理研究, 2010 (6): 40 – 43.

[31] 车维汉, 张琳. 上海市产学研合作效率评价: 基于分行业数据的 DEA 分析 [J]. 科技进步与对策, 2010, 27 (3): 20 – 25.

[32] 刘小真, 梁越, 刘校惠, 等. 江西省组织产学研合作的模式及影响因素分析 [J]. 科技管理研究. 2010 (6): 91 – 93.

[33] 曹静, 范德成, 唐小旭. 产学研结合技术创新绩效评价研究 [J], 科技进步与对策. 2010 (7): 114 – 118.

[34] 傅建球, 张瑜. 产学研合作创新平台建设研究 [J]. 工业技术经济, 2010 (5): 35 – 38.

[35] 鲍新中, 王道平. 产学研合作创新成本分摊和收益分配的博弈分析 [J]. 研究与发展管理, 2010 (5): 75 – 81.

[36] 和阳. 科研经费分配不改不行——专访中科院院士王志新 [J]. 商务周刊, 2010 (20): 58 – 61.

[37] 原长弘, 姚缘谊. 科研团队内部知识共享氛围对成员知识创造影响的跨层次分析 [J]. 科学学与科学技术管理, 2010 (7): 192 – 199.

[38] 吴家喜, 彭洁. 中国科技资源配置的制度变迁分析 [J]. 中国科技资源导刊, 2010, 04: 49 – 54.

[39] 席酉民, 张晓军, 李怀祖. 通过大学结构调整来促进高等教育公平 [J]. 科学学与科学技术管理, 2010 (2): 105 – 109.

[40] 周强, 杨淑珍, 刘琛钊. 基于知识价值链的研究型大学核心竞争力研究 [J]. 苏州大学学报 (哲学社会科学版), 2010 (5): 176 – 178.

[41] 任华. 基于云计算的高校教学信息系统应用 [J]. 电脑与电信, 2010 (2): 42 – 43.

[42] 赵粮, 裘晓峰. 云计算环境的安全威胁和保护 [J]. 中国计算机学会通讯, 2010 (5): 47 – 50.

[43] 岳俊芬. 关于 BPR 绩效评价方法研究 [J]. 知识经济, 2009 (4): 8 – 9.

[44] 胡利玲, 冯楚建. 产学研合作模式的法律形态研究 [J]. 科技与法律, 2009 (5): 3 – 7.

[45] 林向义, 张庆普, 罗洪云. 集成创新中的知识整合机理研究 [J]. 哈尔滨工业大学学报 (社会科学版), 2009, 11 (6): 121 – 126.

[46] 詹勇飞, 和金生. 基于知识整合的知识网络研究 [J]. 研究与发展管理, 2009, 21 (3): 28 – 32.

[47] 金芙蓉, 罗守贵. 产学研合作绩效评价指标体系研究 [J]. 科学管理研究, 2009 (3): 46 – 68.

[48] 王秀丽, 王利剑. 产学研合作创新效率的 DEA 评价 [J]. 统计与决策, 2009 (3): 54-56.

[49] 邓颖翔, 朱桂龙. 产学研合作绩效的测量研究 [J]. 科技管理研究, 2009 (11): 468-470.

[50] 李冬梅, 刘进, 唐殊, 等. 产学研合作与实现自主创新的相关性及影响因素研究 [J]. 统计与决策, 2009 (21): 87-90.

[51] 吴玉鸣. 官产学 R&D 合作、知识溢出与区域专利创新产出 [J]. 科学学研究, 2009 (10): 1486-1494.

[52] 叶飞, 周蓉, 张红. 产学研合作过程中知识转移绩效的关键影响因素研究 [J]. 工业技术经济, 2009 (6): 116-120.

[53] 张可军, 廖建桥, 张鹏程. 团队环境、组合能力与团队知识整合关系研究 [J]. 图书情报工作, 2009 (14): 32-35.

[54] 刘和东. 产学研合作中的机会主义行为及其治理 [J]. 科技管理研究, 2009 (4): 23-25.

[55] 吴想, 杨洪涛. 产学研合作创新知识转移影响因素分析与对策研究 [J]. 科技管理研究, 2009 (9): 360-362.

[56] 高玮, 傅荣. 政府科研经费管理与效益研究 [J]. 江西社会科学, 2009 (5): 214-217.

[57] 杜海娥, 董晓东. 科研单位科研经费管理改革的思考 [J]. 中国国土资源经济, 2009 (10): 41-43, 47-48.

[58] 蒋满秀. 探析高校科研创新团队组建的理论基础 [J]. 科技广场, 2009 (2): 166-167.

[59] 徐青, 张云, 应飚. 试论研究型大学创新性科研团队的建设 [J]. 中国高教研究, 2009 (3): 49-50.

[60] 陈莹, 罗杰. "云"在学校计算机公共服务平台的应用探讨 [J]. 硅谷, 2009 (19): 94.

[61] 张莹. "云计算"技术在高校资源建设中的应用初探 [J]. 科技咨询, 2009 (9): 219-220.

[62] 汪洋. 云计算在院校教育中的应用初探 [J]. 科技经济市场, 2009 (4): 13.

[63] 万利平, 陈燕. 云计算在教育信息化中的应用探究 [J]. 中国教育信息化-高职教育, 2009 (5): 74-77.

[64] 张健. 云计算概念和影响力解析 [J]. 电信网技术, 2009 (1): 15-18.

[65] 朱近之. 对云计算的十大误解 [J]. 中国计算机用户, 2009 (4): 10-11.

[66] 唐箭. 云存储系统的分析与应用研究 [J]. 电脑知识与技术, 2009 (7X): 5337-5338.

[67] 陈明红，查先进．信息资源配置的价格模型研究［J］．信息资源配置理论与模型研究——2009 信息化与信息资源管理学术研讨会专集，2009：3－27．

[68] 查先进，陈明红．信息资源配置的期权价格模型研究［J］．图书与情报．2009（3）：31－35．

[69] 魏江，王铜安．知识整合的分析框架：评价、途径与要素［J］．西安电子科技大学学报（社会科学版），2008，18（2）：8－14．

[70] 单伟，张庆普．组织自主创新中知识整合机理与模式研究［J］．预测，2008，27（1）：23－28．

[71] 胡婉丽．知识整合的流程与机制［J］．价值工程，2008（5）：41－44．

[72] 魏江，王铜安，喻子达．知识整合的实现途径研究——以海尔为例［J］．西安电子科技大学学报（社会科学版），2008，29（3）：22－27，42．

[73] 姚福喜，徐尚昆．国外社会资本理论研究进展［J］．理论月刊，2008（5）：143－148．

[74] 张体勤，杨明海．项目团队效能的系统运行机制及其特征研究［J］．理论导刊，2008（4）：37－40．

[75] 何妍．知识团队绩效影响因素研究［J］．文史资料，2008（8）：90－92．

[76] 邹波，张庆普，田金信．组织知识团队的生成及知识创新的模型与机制［J］．科研管理，2008（2）：81－88．

[77] 陈树文，李海舰．基于顾客价值的人力资源价值链管理模型研究［J］．科学学研究，2008，26（5）：61－66．

[78] 杨琳，吴磊．高校科研团队文化建设研究［J］．赣南师范学院学报，2008，29（2）：106－107．

[79] 董静，苟燕楠．我国产学研合作创新中的知识产权障碍——基于组织视角的实证研究［J］．科学学与科学技术管理，2008（7）：20－25．

[80] 张万宽．高新技术领域的产学研技术联盟绩效研究——基于资源依附和交易成本的分析视角［J］．科技进步与对策，2008（6）：12－16．

[81] 王丽丽，韩喜梅．知识共享型高校科研团队结构分析［J］．科技管理研究，2008（6）：402－404．

[82] 宋永杰．科研项目全过程管理的思考［J］．中国科技论坛，2008（7）：16－20．

[83] 王萍，张际平．云计算与网络学习［J］．现代教育技术，2008（11）：81－84．

[84] 冯大辉．云计算中的存储［J］．程序员，2008（11）：62－64．

[85] 杜燕鹏．破解移动互联网三大谜题［J］．中国电信业，2008（1）：31－33．

[86] 欧阳璟．云计算趋势一览［J］．程序员，2008（11）：36－41．

[87] 黎加厚．走向教育技术"云"服务［J］．远程教育杂志，2008（3）：79．

[88] 蒋建兵，梁家荣，江伟，等．基于云理论的学习评价模型研究［J］．计算机与现代化，2008（3）：17－19．

[89] 郭齐江. SaaS 模式的高校信息化公共服务平台 [J]. 天津科技, 2007 (3): 5-6.

[90] 张海燕, 王江, 李鑫, 等. 人才学视角下的高校科研团队成长机制研究 [J]. 西南交通大学学报 (社会科学版), 2007 (1): 20-26.

[91] 胡厚宝, 彭灿. 知识联盟中的知识转移障碍与对策 [J]. 科技进步与对策, 2007 (3): 136-138.

[92] 柳洲, 陈士俊. 从学科会聚机制看跨学科科技创新团队建设 [J]. 科技进步与对策, 2007 (3): 165-168.

[93] 包云. 高校科研创新团队建设探微 [J]. 前沿, 2007 (9): 95-97.

[94] 顾华祥. 我国产学研实现科学发面临的问题及对策 [J]. 国家教育行政学院学报, 2007 (10), 60-65.

[95] 章梅. 科技中介机构应充分发挥产学研合作"黏合剂"作用 [J]. 中国科技信息, 2007 (23): 53.

[96] 刘璐华. 产学研合作中组织间学习效果的影响因素及对策分析 [J]. 研究与发展管理. 2007 (4): 112-118.

[97] 章琰. 大学技术转移影响因素模型研究 [J]. 科学学与科学技术管理, 2007 (11): 43-47.

[98] 李霞, 毛雪莲, 盛怡, 等, 产学研成功合作创新研究述评 [J]. 价值工程, 2007 (8): 45-47.

[99] 张伟, 齐德华, 金玉国. 区域创新能力的评价与对策 [J]. 生产力研究, 2007 (11): 77-79.

[100] 杨振华, 施琴芬. 高校科研团队沟通网络的媒体适应性与隐性知识传播 [J]. 科技进步与对策, 2007 (11): 115-117.

[101] 陈建有, 焦平. 高校科技创新团队特性研究 [J]. 宁夏大学学报 (人文社会科学版), 2007 (2): 184-187.

[102] 康小明. 政府对大学科研间接成本补偿机制的国际比较研究 [J]. 北京大学教育评论, 2007 (4): 156-166.

[103] 柳洲, 陈士俊. 当前高校科技创新团队建设的主要问题与对策 [J]. 软科学, 2007 (3): 112-116.

[104] 杨丽霞, 简毓峰. 国内外高校科研绩效评价研究综述 [J]. 甘肃高师学报, 2007 (5): 122-124.

[105] 刘仁义, 陈士俊. 高校教师科技绩效评价指标体系与权重 [J]. 统计与决策, 2007 (3): 135-137.

[106] 饶扬德. 企业技术能力成长过程与机理研究: 资源整合视角 [J]. 科学管理研究, 2007 (5): 59-62.

[107] 马静, 谢娟娜, 侯俊杰. 基于 OWL 的国防工业机构与产品领域本体构建 [J]. 现代

图书情报技术, 2007 (7): 14 - 17.

[108] 谢洪明, 吴隆增, 王成. 组织学习、知识整合与核心能力的关系研究 [J]. 科学学研究, 2007, 25 (2): 312 - 318.

[109] 赵海信. 高校科研团队建设的研究 [J]. 科技进步与对策. 2007 (8): 188 - 189.

[110] 刘培莉等. 大学科研创新团队建设的制约因素及对策 [J]. 武汉理工大学学报 (社会科学版), 2006 (6): 910 - 915.

[111] 杨明华, 钱乐秋, 赵文耘, 等. 特定领域本体的构造方法 [J]. 计算机工程, 2006, 32 (11): 80 - 82.

[112] 于长锐, 王洪伟. 基于逆向工程的领域本体开发方法 [J]. 计算机应用, 2006 (11): 22 - 24.

[113] 刘柏嵩, 高济, 李飞. 知识管理中基于本体的扩展检索方法 [J]. 计算机辅助设计与图形学学报, 2006, 18 (4): 556 - 562.

[114] 孙和义. 出人才与出成果并重打造优秀创新团队 [J]. 中国高等教育, 2006 (2): 28 - 29.

[115] 刘惠琴, 张德. 团队层面的高校学科团队创新绩效模型研究 [J]. 科学学研究, 2006 (3): 421 - 427.

[116] 张经强. 高校产学研合作中的若干问题及思考 [J]. 技术与创新管理, 2006 (1): 92 - 94.

[117] 张海燕, 陈士俊, 王怡然, 等. 基于生命周期理论的高校科研团队影响因素探析 [J]. 科技管理研究, 2006 (12): 149 - 152.

[118] 高洁. 从知识管理到知识价值链管理 [J]. 图书情报工作, 2006 (4): 11 - 14.

[119] 吴淦峰, 潘淑春. 信息资源的经济特性分析 [J]. 图书情报工作, 2006 (3): 46 - 48.

[120] 张生章. 我国民办高校和公立高校的组织特征比较 [J]. 陕西教育·理论, 2006 (8): 22 - 23.

[121] 李伟, Xiao - yu Li. 美国高等学校科研软环境探析 [J]. 沈阳建筑大学学报 (社会科学版), 2006 (1): 93 - 95.

[122] 陈健, 何国祥. 中国科研环境调查报告 [J]. 科学观察, 2006 (2): 1 - 7.

[123] 黄丽霞. 以效率为导向的我国网络信息资源配置宏观调控模式研究 [J]. 图书情报知识, 2006 (3): 16 - 20.

[124] 吴建华, 陈莉. 从不合作到合作——信息资源共享博弈分析 [J]. 图书情报工作. 2006 (12): 39 - 43.

[125] 万雪飞, 朱有为. 模块化软件开发的标准化内涵和优势分析 [J]. 信息技术与标准化, 2006 (3): 37 - 39.

[126] 刘琛颖. 以太网宽带接入管理技术 [J]. 现代电子技术, 2006 (4): 64 - 66.

[127] 柳卸林. 2004—2005 年中国区域创新能力分析报告 [J]. 科学学与科学技术管理. 2005 (6)：33-39.

[128] 张俊，李忠云. 论我国高校产学研结合运行机制的分类与评价 [J]. 中国科技信息，2005 (19)：5-6.

[129] 王从辉. 知识共享及其环境建设 [J]. 安徽商贸职业技术学院学报（社会科学版），2005 (4)：39-42.

[130] 陈凯，何克清. 面向对象的本体建模研究 [J]. 计算机工程与应用，2005 (2)：40-43.

[131] 张晓丰，崔伟奇，吕营，等. 创建中国高校科技创新体系的对策研究 [J]. 研究与发展管理，2005 (4)：103-109.

[132] 康旭东. 科研团队建设的若干理论问题 [J]. 科学学研究，2005 (2)：232-236.

[133] 王铜安，赵嵩正，罗英. 知识转化灰箱模型与企业知识管理策略的研究 [J]. 科研管理，2005，26 (5)：86-89.

[134] 何友，关欣，王国宏. 多传感器信息融合研究进展与展望 [J]. 宇航学报，2005，26 (4)：524-530.

[135] 鲍金. "休闲"的比较词源学考察——"休闲"在先秦汉语和占希腊语中的文字表达及其反映的社会观念评析 [J]. 自然辩证法研究，2005 (11)：88-92.

[136] 田华，郑晓齐，聂静涛，等. 基础研究评估中的同行评议和专家评议 [J]. 中国基础科学，2005 (5)：47-50.

[137] 汪方胜，侯立文，蒋馥. 领域本体建立的方法研究 [J]. 情报科学，2005，23 (2)：241-244.

[138] 赵晓庆. 技术学习的模式 [J]. 科研管理，2004，24 (3)：39-44.

[139] 付贤超. 试论团队精神与企业文化 [J]. 经济师，2004 (6)：163

[140] 吕立志. 论新资源在新经济中的地位和作用 [J]. 中国软科学，2004 (9)：21-25.

[141] 蒋跃进，梁樑，余雁. 基于团队的知识共享和知识形成机理研究 [J]. 运筹与管理，2004 (5)：151-154.

[142] 魏江，王艳. 组织内部知识共享模式研究 [J]. 技术经济与管理研究，2004 (1)：68-69.

[143] 高巍，田也壮，姜振寰. 组织知识整合研究现状与分析 [J]. 研究与发展管理，2004 (5)：33-39.

[144] 张庆普，单伟. 组织知识转化过程中的知识整合 [J]. 经济理论与经济管理，2004 (6)：47-51.

[145] 管靖. 浅议高校科研团队的建设与管理 [J]. 武汉科技大学学报（社会科学版），2004 (1)：22-24.

[146] 杜小勇，李曼，王大治. 语义 Web 与本体研究综述 [J]. 计算机应用，2004，24

(10): 14-16, 20.

[147] 郑莉. 比较社会交换理论与理性选择理论的异同——以布劳、科尔曼为例 [J]. 学术交流, 2004 (1): 108-113.

[148] 王英俊, 丁堃. "官产学研"型虚拟研发组织的结构模式及管理对策 [J]. 科学学与科学技术管理, 2004 (2): 40-43.

[149] 徐烨彪, 徐凤菊. 浅谈知识创新与"产学研"合作 [J]. 中外资业家, 2004 (8): 11-12.

[150] 鲁若愚, 傅家骥, 王念星. 企业大学合作创新混合属性及其影响 [J]. 科学管理研究, 2004 (3): 13-16.

[151] 张其瑶. 没有科学评价就没有科学管理 [J]. 评价与管理, 2004 (12): 62-63.

[152] 张为民. 云计算与教学平台建设 [J]. 深刻改变未来, 2004 (4): 66-70.

[153] 科学技术部、教育部、中国科学院、中国工程院、国家自然科学基金委员会. 关于改进科学技术评价工作的决定 [J]. 评价与管理, 2003 (7): 39-43.

[154] 陈贵民, 段军. 团队制胜之道 [J]. 经济论坛, 2003 (24): 26-27.

[155] 孙玉甫. 人力资源价值计量的灰色模型 [J]. 中国经济评论. 2003 (8): 348-351.

[156] 朱桂龙, 彭有福. 产学研合作创新网络组织模式及其运作机制研究 [J]. 软科学, 2003 (4): 49-52.

[157] 谢旭人, 赵心平, 杨伯龄, 等. 中国产学研联合的现状与经验 [J]. 中国科技论坛, 2003 (2): 1-4.

[158] 周红云. 社会资本: 布迪厄、科尔曼和帕特南的比较 [J]. 经济社会体制比较, 2003 (4): 46-53.

[159] 刘敏, 奂平清. 论社会资本理论研究的拓展及问题 [J]. 甘肃社会科学, 2003 (5): 96-99.

[160] 耿新. 知识创造的 IDE-SECI 模型——对野中郁次郎"自我超越"模型的一个扩展 [J]. 南开管理评论, 2003 (5): 11-15.

[161] 闫芬, 陈国权. 实施大规模定制中组织知识共享研究 [J]. 管理工程学报, 2002 (3): 39-44.

[162] 刘凤华, 朱欣娟. 信息系统领域的本体模型研究 [J]. 西安工程科技学院学报, 2003 (5): 53-57.

[163] 陈力, 鲁若愚. 组织知识整合研究 [J]. 科研管理, 2003, 24 (3): 31-38.

[164] 杨溢. 企业内知识共享与知识创新的实现 [J]. 情报科学. 2003 (10): 1107-1109.

[165] 单雪韩. 改善知识共享的组织因素分析 [J]. 组织经济, 2003 (1): 45-46.

[166] 赵静. 共享知识与知识共享 [J]. 图书与情报, 2003 (5): 18-20.

[167] 戚振江, 王端旭. 研发团队效能管理 [J]. 科研管理, 2003 (2): 127-132.

[168] 郭斌, 谢志宇, 吴惠芳. 产学合作绩效的影响因素及其实证分析 [J]. 科学学研

究. 2003 (Z1): 140-147.

[169] 陈刚, 陆汝钤. 金芝. 基于领域知识重用的虚拟领域本体构造 [J]. 软件科学, 2003, 14 (3): 350-355.

[170] 王芳, 赖茂生. 论信息资源的经济学研究 [J]. 中国图书馆学报, 2003 (06): 78-81.

[171] 庞青山, 徐科峰. 高校科技成果转化的阻滞因素及对策研究 [J]. 研究与发展管理, 2003 (15): 89-93.

[172] 胡金秀, 周国强, 张炳烛, 等. 高校教师科研工作量化考核体系的建立与实践 [J]. 经济师, 2003 (10): 100-102.

[173] 贾君枝. 市场环境中的网络信息资源配置的影响因素 [J]. 中国图书馆学报. 2003 (2): 48-51.

[174] 陈劲, 常立农. 我国科技成果转化主要模式分析和探讨 [J]. 湖南轻工业高等专科学校学报. 2002, 14 (2): 40-42.

[175] 胡恩华. 产学研合作创新中问题及对策研究 [J]. 研究与发展管理, 2002 (1): 54-57.

[176] 李世聪. 人力资源当期价值理论与方法 [J]. 企业管理, 2002 (3): 82-85.

[177] 张昌松, 鲁若愚, 闫虹, 等. 大学-企业合作创新选择因素分析 [J]. 软科学, 2002, 16 (1): 85-88.

[178] 魏斌, 汪应洛. 知识创新团队激励机制设计研究 [J]. 管理工程学报, 2002 (3): 113-115.

[179] 李明斐, 杨卫泽. 项目团队有效性的影响因素界定与实现 [J]. 管理工程学报, 2002.

[180] 王颖, 秦江萍. 决策权的下沉与知共识享 [J]. 经济论坛, 2002 (15): 32-34.

[181] 任皓, 邓三鸿. 知识管理的重要步骤——知识整合 [J]. 情报科学, 2002 (6): 650-653.

[182] 陈春花, 杨映珊. 基于团队运作模式的科研管理研究 [J]. 科技进步与对策. 2002 (4): 79-81.

[183] 汪应洛, 李勖. 知识的转移特性研究 [J]. 系统工程理论与实践, 2002 (10): 8-11.

[184] 沈群红, 封凯栋. 组织能力、制度环境与知识整合模式的选择——中国电力自动化行业技术集成的案例分析 [J]. 中国软科学, 2002 (12): 81-87.

[185] 黄晓瑞, 崔平远, 崔祜涛. 多传感器信息融合技术及其在组合导航系统中的应用 [J]. 高技术通讯, 2002 (2): 107-110.

[186] 陶应发, 张锦高. 加强科学研究中的多学科交叉联合 [J]. 理论月刊, 2002 (8): 57-58.

[187] 杨秋芬, 陈跃新. Ontology 方法学综述 [J]. 计算机应用研究, 2002 (4): 5-7.

[188] 邓志鸿, 唐世渭, 张铭, 等. Ontology 研究综述 [J]. 北京大学学报 (自然科学

版),2002,38 (5):730-738.

[189] 许小东. 关于R&D团队建设与管理的思考 [J]. 科学学研究,2001 (2):76-81.

[190] 张体勤,丁容贵. 动态知识团队心理契约的建立 [J]. 德州学院学报. 2001 (3):15-19.

[191] 应力,钱省三. 企业内部知识市场的知识交易方式与机制研究 [J]. 上海理工大学学报,2001 (2):167-170.

[192] 张志学,Hempel P S,韩玉兰,等. 高技术工作团队的交互记忆系统及其效果 [J]. 心理学报,2006,38 (2):271-280.

[193] 汪雪峰,周才堂. 如何构建企业团队 [J]. 中外管理,2000 (6):51-53.

[194] 王多莉,苗玉军,刘庆军. 从会计目标看资产计量与收益计量 [J]. 财经问题研究,2000 (11):75-78.

[195] 杨燕. 从高校科研成果转化难看解决产学研结合的重要性 [J]. 西北工业大学学报 (社会科学版),2000 (3):60-62.

[196] 王方华,王虹,柳军,等. 知识经理即将登场 [J]. 上海经济. 1999 (1):33-34.

[197] 彭剑峰,张望军. 如何激励知识型员工 [J]. 中外管理,1999 (8):17-20.

[198] 刘文达,邰忠智,李光泽. 浅谈高校科研评估体系的构建 [J]. 科技管理研究,1999 (1):16-18.

[199] 穆荣平,赵兰香. 产学研合作中若干问题思考 [J]. 科技管理研究,1998 (2):31-34.

[200] 张仓荣等. 组织内项目团队效能模式之研究 [J]. 中华管理评论,1998 (1):39-46.

3. 著作

[1] 斯蒂芬·P. 罗宾斯. 组织行为学 (第10版) [M]. 孙健敏,李原,译. 北京:中国人民大学出版社,2005.

[2] 彼得·德鲁克. 大变革时代的管理 [M]. 赵干城,译. 上海:上海译文出版社,1995.

[3] 林东清. 知识管理理论与实务 [M]. 北京:电子工业出版社,2005.

[4] 乔恩·R. 卡曾巴赫,道格拉斯·K. 史密斯. 团队的智慧 [M]. 侯玲,译. 北京:经济科学出版社,1999.

[5] 姚裕群. 团队建设与管理 [M],北京:首都经济贸易大学出版社,2009.

[6] D. 赫尔雷格尔. 组织行为学 (第9版) [M]. 俞文钊,等译. 上海:华东师范大学出版社,2001.

[7] 亚瑟·W. 小舍曼,乔治·W. 博兰德,斯科特·A. 斯耐尔. 人力资源管理 [M]. 张文贤,译. 大连:东北财经大学出版社,2001.

[8] 彭冬亮，文成林，薛安克. 多传感器多源信息融合理论及应用 [M]. 北京：科学出版社，2010：1-32.

[9] 何友，王国宏，陆大金，等. 多传感器信息融合及应用 [M]. 北京：电子工业出版社，2007.

[10] 张维迎. 博弈论与信息经济学 [M]. 上海：上海人民出版社，1996：398-440.

[11] 李嘉图. 政治经济学及赋税原理 [M]. 郭大力，王亚南，译. 南京：译林出版社，2011.

[12] 查尔斯·R. 格里尔·战略人力资源管理 [M]. 孙非，译. 北京：机械工业出版社，2004. 22-26.

[13] 徐国君. 劳动者权益会计 [M]. 北京：中国财政经济出版社，1997.

[14] 西奥多·W. 舒尔茨. 论人力资本投资（中文版）[M]. 吴珠华，等，译. 北京：北京经济学院出版社，1992.

[15] 迈克尔·波特. 竞争优势 [M]. 陈小悦，译. 北京：华夏出版社，1997. 36-44.

[16] Michael E Porter, Garv Hamel, Pranhlad C K 著，刘首英主编. 未来的战略 [M]. 成都：四川人民出版社，2004.

[17] Adrian, Slywotzky. 发现利润区 [M]. 吴春雷，刘宁，译. 北京：中信出版社，1998.

[18] 弗里曼，等，工业创新经济学 [M]. 华宏勋，等译. 北京：北京大学出版社，2004.

[19] 傅家骥. 技术创新学 [M]，北京：清华大学出版社，1998.

[20] 巴伯. 科学与社会秩序 [M]. 顾昕，等译. 北京：生活·读书·新知三联书店，1991：120.

[21] 金耀基. 大学之理念 [M] 北京：生活·读书·新知三联书店，2008.

[22] 段国旭. 财政资源配置学论纲 [M]. 北京：中国财政经济出版社，2006.

[23] 陈庆德. 资源配置与制度变迁 [M]. 昆明：云南大学出版社，2001.

[24] 盛昭瀚，朱乔，吴广谋. DEA 理论、方法和应用 [M]. 北京：科学出版社，1996.

[25] M. 艾森克. 心理学：一条整合的途径 [M]. 阎巩固，译. 上海：华东师范大学出版社，2000.

[26] 陈一星. 团队建设研究——以大学生为例 [M]. 北京：中央编译出版社，2007.

[27] 赵春明. 团队管理基于团队的组织构造 [M]. 上海：上海人民出版社，2002.

[28] 桑玉成. 管理思想史 [M]. 上海：上海教育出版社，2002.

[29] 张存兴. 现代心理学 [M]. 上海：上海人民出版社，2000.

[30] 梅雷迪思·贝尔宾. 团队的工作作用 [M]. 北京：中信出版社，2000.

[31] 安尼玛丽·卡拉西路. 团队建设 [M]. 李欣彤，译. 北京：北京大学出版社，2000.

[32] 王重鸣. 管理心理学 [M]. 北京：人民教育出版社，2000.

[33] R. A. 韦伯. 组织理论与管理 [M]. 台湾：台湾桂冠图书出版社，1985.

[34] 程振登，马锡冠，周寄中，等. 科技投入论 [M]. 北京：科学技术文献出版

社，1992.

[35] 唐五湘，李石柱. 科技管理与科技资源配置［M］. 北京：方志出版社，2009.

[36] 周寄中. 科技资源论［M］. 西安：陕西人民教育出版社，1999.

[37] 柯武刚. 史漫飞. 制度经济学——经济秩序与公共政策［M］. 韩朝华，译. 北京：商务印书馆，2000.

[38] 卡尔·夏皮罗，哈尔·里安. 信息规则——网络经济的策略指导［M］. 张帆，译. 北京：中国人民大学出版社，2000.

[39] 马费成，靖继鹏. 信息经济分析［M］. 北京：科学技术文献出版社，2005.

[40] 赵立威. 让云触手可及：微软云计算实践指南［M］. 北京：电子工业出版社，2010.

[41] 郭晓川. 合作技术创新——大学与组织合作的理论和实证［M］. 北京：经济管理出版社，2001.

[42] McGrath J B. Social Psychology：A Brief Introduction［M］. New York：Holt, Rinehart & Winston, 1964.

[43] Jewell L N, Reitz H J. Group Effectiveness in Organizations［M］. Illinois：Foresman and Company, 1981.

[44] Salas E, Dickinson T L, Converse S A, et al. Toward an Understanding of Team Performance and Training. In Swezey R W, Salas E（Eds.）, Teams：Their Training and Performance［M］. Norwood, NJ：ABLEX, 1992：3-29.

[45] Sundstrom E, McIntyre M. Measuring Work-Group Effectiveness：Practices, Issues, and Prospects, Working Paper, Knoxville［M］. TN：University of Tennessee, Department of Psychology, 1994.

[46] Davenport T H, Prusak L. Working Knowledge：How Organizations Manage What They Know［M］. Boston：Harvard Business School Press, 1998.

[47] Margerrison Chaeles, Diek McCann. Team Management：Practice New Approaches［M］. Management Books 2000 Ltd.

[48] Nonaka, Takeuchi H. The Know ledge-Creating Company［M］. New York：Oxford University Press, 1995：273.

[49] Michael Polanyi. The Study of Man［M］. Chicago：The University of Chicago Press, 1958.

[50] Sveiby K E. The New Organizational Wealth-Managing and Measuring Knowledge-Based Assets［M］. Berrett-Koehler, San Francisco, CA, 1997.

[51] Davenport T H, Prusak L. Working Knowledge：How Organizations Manage What They Know［M］. Boston：Harvard Business School Press, 1998：51-56.

[52] Hank Williams. The Essense of Managing group and Team［M］. London：Prentice Hall Europe, 1996.

[53] Steier D, Huffman S, Kadlish D. Beyond Full Text Search：AI-Based Technology to Sup-

port the Knowledge Cycle [M]. AAAI Spring Symp. Knowledge Management, AAAI Press, 1999: 161 – 167.

[54] Y L Chen, IDEFS Ontology Description Capture Method Overview [M]. Beijing: Tsinghua University Press, 1999.

4. 英文

[1] Katzenbach Jon R, Smith Douglas K. The Wisdom of Teams [R]. Small Business Reports; Jul 1993.

[2] Gladstein D L. Group in Context: A Model of Task Group Effectiveness [J]. Administrative Science Quarterly, 1984 (29): 499 – 577.

[3] Jehn K. A Multimethod Examination of the Benefits and Detriments of Intragroup Conflict [J]. Administrative Science Quarterly, 1995. 40 (2): 245 – 282.

[4] Wageman R, Baker G. Incentives and Cooperation: The Joint Effects of Task and Reward Interdependence on Group Performance [J]. Journal of Organizational Behavior, 1997 (18): 139 – 158.

[5] Simons T, Peterson R. Task Conflict and Relationship Conflict in Top Management Teams: The Pivotal Role of Intragroup Trust [J]. Journal of Applied Psychology, 2000 (85): 102 – 111.

[6] DeDreu C K W, Weingart L R. Task Versus Relationship Conflict, Team Performance, and Team Member Satisfaction: A Meta – Analysis [J]. Journal of Applied Psychology, 2003, 88 (4): 741 – 749.

[7] Lovelace K, Shapiro D L, Weingart L R. Maximizing Cross – Functional New Product Teams, Innovativeness and Constraint Adherence: A Confliet Communications Perspective [J]. Academy of Management Journal, 2001, 44 (4): 779 – 793.

[8] Pelled L H, Eisenhardt K M, Xin K R. Exploring the Black Box: Analyses of Work Group Diversity Conflict, and Performanee [J]. Administrative Seience quarterly, 1999, 44 (1): 1 – 28.

[9] Jehn K A, Mannix E A. The Dynamic Nature of Conflict: A Longitudinal Study of Intragroup Conflict and Group Performance [J]. Academy of Management Journal, 2001, 44 (2): 238 – 251.

[10] Gully S M, Incalcaterra K A, Joshi A, et al. A Meta – Analysis of Team – Efficacy, Potency, and Performance: Interdependence and Level of Analysis as Moderators of Observed Relationships [J], Journal of Applied Psychology, 2002. 87: 819 – 32.

[11] Seers A, Petty M M, Cashman J F. Team – Member Exchange under Team and Traditional Management: A Naturally Occurring – Experiment [J]. Group & Organization Management, 1995, 20 (1): 18 – 38.

[12] Cohen S G, Ledford G. E, Spreitzer G M. A Predictive Model of Self – Managing Work Team Effectiveness [J]. Human Relations, 1996, 49 (5): 643 – 676.

[13] Kim Y, Lee B. R&D Project Team Climate and Team Performance in Korea: A Multidimensional Approach [J]. R&D Management, 1995, 25 (2): 179 – 196.

[14] Manz C C, Stewart G L. Attaining Flexible Stability by Integrating Total Quality Management and Sociotechnical Systems Gheory [J]. Organization Science, 1997 (8): 59 – 70.

[15] Stewart G L. A Meta – Analytic Review of Relationships between Team Design Features and Team Performance [J]. Journal of Management, 2006, 32 (1): 29 – 55.

[16] Langfred C W. Autonomy and Performance in Teams: The Multilevel Moderating Effect of Task Interdependence [J]. Journal of Management, 2005, 31 (4): 513 – 529.

[17] Mathieu J E, Heffner T S, Goodwin G F, et al. The Influence of Shared Mental Models on Team Process and Performance [J]. Journal of Applied Psychology, 2000 (85): 273 – 283.

[18] Senge P M. Sharing Knowledge [J]. Executive Excellence, 1997, 14 (11): 17 – 20.

[19] Wijnhoven F. Knowledge Logistics in Business Contexts: Analyzing and Diagnosing Knowledge Sharing by Logistics Concepts [J]. Knowledge and Process Management, 1998, 5 (3): 143 – 157.

[20] Hendriks P. Why Share Knowledge The Influence of ICT on the Motivation for Knowledge Sharing [J]. Knowledge and Process Management 1999, 6 (2): 91 – 100.

[21] Eriksson I V, Dickson G W. Knowledge Sharing in High Technology Companies [C]. Proceedings of Americans Conference on Information Systems (AMCIS), 2000: 1330 – 1335.

[22] Hippel E. Sticky Information and the Locus of Problem Solving: Implications for Innovation [J]. Management Science, 1994 (4): 429 – 439.

[23] Iansiti M, Clark K B. Integration and Dynamic Capability: Evidence from Product Development in Automobiles and Mainframe Computers [J]. Industrial and Corporate Change, 1994, 3 (3): 557 – 605.

[24] Kogut B, Zander U. Knowledge of the Firm, Combinative Capabilities, and the Replication of Technology [J]. Organization Science, 1992, 3 (3): 383 – 397.

[25] Inkpen C. Creating Knowledge Through Collaboration [J]. California Management Review, 1996, 39 (1): 123 – 140.

[26] Teece D J, Pisano G, Shuen A. Dynamic Capabilities and Strategic Management [J]. Strategic Management Journal, 1997, 18 (7): 209 – 533.

[27] Chen Y J. Knowledge Integration and Sharing for Collaborative Molding Product Design and Process Development [J]. Computers in Industry, 2010, 61 (7): 659 – 675.

[28] Xu J, Houssin R, Caillaud E, et al. Fostering Continuous Innovation in Design with an

Integrated Knowledge Management Approach [J]. Computers in Industry, 2011, 62 (4): 423 - 436.

[29] Alzarooni S A, Campbell R W, Wang Y, et al. Exploring the Strategic Value of Interdisciplinary Collaboration: COINs in the Creation of Business [C]. Procedia - Social and Behavioral Sciences, 2011 (26): 130 - 135.

[30] Beaudry C, Schiffauerova A. Impacts of Collaboration and Network Indicators on Patent quality: The Case of Canadian Nanotechnology Innovation [J]. European Management Journal, 2011, 29 (5): 362 - 376.

[31] Krista Chester, Theresa L K Chan, et al. Analytic Collaboration in Virtual Innovation Projects [J]. Journal of Business Research, 2011, 64 (12): 1327 - 1334.

[32] Huang N, Diao S. Ontology - Based Enterprise Knowledge Integration [J]. Robotics and Computer - Integrated Manufacturing, 2008, 24 (4): 562 - 571.

[33] Breslin J G, O'Sullivan D, Passant A, et al. Semantic Web Computing in Industry [J]. Computers in Industry, 2010, 61 (8): 729 - 741.

[34] Matsokis A, Kiritsis D. An Ontology - Based Approach for Product Lifecycle Management [J]. Computers in Industry, 2010, 61 (8): 787 - 797.

[35] Papageorgiou E I, Roo J D, Huszka C, et al. Formalization of Treatment Guidelines Using Fuzzy Cognitive Maps and Semantic Web Tools [J]. Journal of Biomedical Informatics, 2012, 45 (1): 45 - 60.

[36] Coulet A. Using Text to Build Semantic Networks for Pharmacogenomics [J]. Journal of Biomedical Informatics, 2010, 43 (6): 1009 - 1019.

[37] Sundstrom E, De Meuse K P. Futrell D. Work Teams: Applications and Effectiveness [J]. American Journal of Psychology, 1990, (45): 120 - 153.

[38] Cohen S G, Bailey D E. What Makes Teams Work: Group Effectiveness Research from the Shop Floor to the Executive Suite [J]. Journal of Management, 1997, 23 (3): 239 - 290.

[39] Mike Uschold, Martin Stuart. The Enterprise Ontology, Http: //www. aiai. ed. ac. uk, 1996.

[40] David G, Dov Te'eni. Tying Knowledge to Action with kMail [J]. IEEE Intelligent Systems, May, 2000, 15 (3): 33 - 39.

[41] Teece D. J., Pisano G., Shuen A. Dynamic Capabilities and Strategic Management [J]. Strategic Management Journal, 1997, 18 (7): 209 - 533.

[42] Esteban J, Starr A, Willetts R, et al. A review of data fusion models and architectures: towards engineering guidelines [J]. Neural Computing & Applications, 2005, 14 (4): 273 - 281.

[43] Lin N. Building a Network Theory of Social Capital [J]. Connections, 1999, 22 (1):

28-51.

[44] Silvers R. The value of information in a principal-agent model with moral hazard: The ex-post contracting case [J]. Games and Economic Behavior, 2012, 74 (1): 352-365.

[45] Radner R. Monitoring Cooperatirve Agreements in a Repeated Principal-Agent Relationship [J]. Econometrica, 1998, 49 (49): 1127-1148.

[46] Rubinstein. Strong Perfect Equilibrium in Super Games [J]. International Journal of Game Theory, 1980 (9): 1-12.

[47] Eugene F. Agency Problems and the Theory of the Firm [J]. Journal of Political Economy, 2014, 88 (2): 288-307.

[48] O'Dell C., Grayson C. J. If Only We Knew What We Know: Identification and Transfer of Internal Best Practices [J]. California Management Review. 1998, 40 (3): 27-38.

[49] Bartol K M, Srivastava. Encouraging Knowledge Sharing: The Role of Organizational Reward Systems [J]. Journal of Leadership and Organization Studies, 2002, 9 (1): 64-761.

[50] IpeM. Knowledge Sharing in Organizations: A Conceptual Framework [J]. Human Resource Development Review, 2003, 2 (4): 337-359.

[51] HooffBVD, RidderJAD. Knowledge sharing in context: the influence of organizational commitment, communication climate and CMC use on knowledge sharing [J]. Journal of Knowledge Management, 2008 (6): 117-130.

[52] Sveiby K E. A Knowledge-based Theory of the Firm to Guide Strategy Formulation [J]. Journal of Intellectual Capital, 2001, 2 (4): 344-358.

[53] Andrews K M, Delahaye B L. Influences on Knowledge Processes in Organizational Learning: The Psychological Filter [J]. Journal of Management Studies, 2000, 37 (6), 2322-2380.

[54] Hoffman M L. Altruistic Behavior and the Parent-Child Relationship [J]. Journal of Personality and Social Psychology, 1975, 31 (5): 765-778.

[55] Storey J, Quintas P. Knowledge Management and HRM, in Storey, J. (Ed), Human Resource Management: A Critical Text, Thomson Learning [M], London, 2001.

[56] Eric J. Managers' perceptions of organizational effectiveness [J]. Journal of Management Studies, 2001. 38: 7-8.

[57] Jeffrey L Cummings, Bing-Sheng Teng. Transferring R&D Knowledge: the Key Factors Affecting Knowledge Transfer Success [J]. Journal of Engineering and Technology Management. 2003 (20): 39-68.

[58] Szulanski G. The Process of Knowledge Transfer: A Diachronic Analysis of Stickiness [J]. Organizational Behavior and Human Decision Processes, 2000, 82 (1): 9-27.

[59] R. E. Carison, R. B. Shaw: Iron Steel Eng., 1972, vol. 49, 53-65.

[60] Jeong – Seek Kang, Soo – Seok Yang. Modeling and Experimental Evaluation of Torque Loss in Turbine Test Rig for Accurate Turbine Performance Evaluation [J]. Journal of Mechanical Science and Technology. 2012, 26 (2): 473 – 479.

[61] Aoun Salah G, Bendok Bernard R, Rahme Rudy J, et al. Standardizing the Evaluation of Scientific and Academic Performance in Neurosurgery – Critical Review of the "H" Index and its Variants [J]. World neurosurgery. 2012 (1): E85 – E90.

[62] Rong Xiaohui, Chen Feng, Deng Pan, et al. A Large – Scale Device Collaboration Performance Evaluation Approach Based – On Dynamics [J]. Journal of Computers. 2010, 5 (8) 1177 – 1184.

[63] Li Yuan, Ru XiaoRui, Huang Gang, et al. Prediction of Calcium Level in Melamine – Related Urinary Calculi with Helical Ct: Diagnostic Performance Evaluation and Clinical Significance [J]. Urological Research. 2012, 40 (3): 231 – 235.

[64] Aigner D, Lovell C, Schmidt P. Formulation and Estimation of Stochastic Frontier Production Function Models [J]. Journal of Econometrics, 1977, 6 (1): 21 – 37.

[65] Meeusen W J, Broeck V D. Efficiency Estimation from Cobb – Douglas Production Functions with Composed Error [J]. International Economic Review, 1977, 18 (2): 435 – 444.

[66] Battese G E, Coelli T J. Frontier Production Functions, Technical Efficiency and Panel Data: with Application to Paddy Farmers in India [J]. Journal of Productivity Analysis, 1992, 3 (1 – 2): 153 – 169.

[67] Jondrow J, Lovell C, Materov I S, et al. On the Estimation of Technical Inefficiency in the Stochastic Frontier Production Function Model [J]. Journal of Econometrics, 1982, 19 (2 – 3): 233 – 238.

[68] Feng Q, Antony J. Integrating Dea Into Six Sigma Methodology for Measuring Health Service Efficiency [J]. The Journal of the Operational Research Society. 2010, 61 (7): 1112 – 1121.

[69] Jin – Xiao Chen. A Comment On Dea Efficiency Assessment Using Ideal and Anti – Ideal Decision Making Units [J]. Applied Mathematics and Computation. 2012, 219 (2): 583 – 591.

[70] Chiu Yung – Ho, Wu Ming – Feng. Performance Evaluation of International Tourism Hotels in Taiwan – Application of Context – Dependent Dea [J]. INFOR. 2010, 48 (3): 14 – 24.

[71] Cohen M, Nelson R R, Walsh J P. Links and Impacts: The influence of Public Research on doctrinal R&D [J]. Management Science, 2002, 48 (1): 1 – 23.

[72] Alexander Kaufmann. The Institutionalization of Knowledge Transfer Activities within Industry – University Collaborative Ventures [J]. Journal of Engineering and Technology Management, 2013 (3): 299 – 319.

[73] K Toyohashi. Firm Level Analysis of Information Network Use and Productivity in Japan [J]. Journal of the Japanese and International economies, 2005, 21 (1): 121 – 137.

[74] Allen Kathleen, Taylor Cyrus. Bringing Engineering Research to Market: How Universities, Industry and Government Are Attempting to Solve the Problem [J]. Engineering Management, 2003 (2) 101 – 122.

[75] OECD. National Innovation System [R]. 1997.

[76] Bolton, Robert. A Broader View of University – Industry Relationships. SRA Journal [J]. Research Policy, 1995, (26): 45 – 48.

[77] Henry Etzkowitz. The Triple Helix of University – Industry – Government Relations: A laboratory for Knowledge – Based Economic Development [J]. EASST Review, 1995, 14 (1): 14 – 19.

[78] Adams J D, Chiang E P, Starkey K. Industry – University Cooperative Research Centers [J]. The Journal of Technology Transfer, 2001, 12 (3): 98 – 116.

[79] Bonaccorsi, Piccaluga. A Theoretical Framework for the Evaluation of University – Industry Relationships [J]. R&D Management, 1994, 24 (3): 229 – 247.

[80] Lime. Stimulation of Technology – Based Small Firms—A Case Study of University – Industry Cooperation [J]. Technovation. 2000, 19 (33): 78 – 94.

[81] Tomas. From Sponsorship to Partnership in Academy – Industry Relations [J]. R&D Management, 1999, 42 (10): 134 – 153.

[82] Zahra S A, George G. Absorptive Capacity: A Review, Reconceptualization, and Extension [J]. Academy of Management Review. 2002, 27 (2): 185 – 203.

[83] Cohen S G, Ledford G E. A Predictive Model of Self – Managing Work Team Effectiveness [J]. Human Relations. 1996, 49 (49): 643 – 674.

[84] Offer L R mann, Bailey J R, Vassilopoulos N L, et al. The Relative Contribution of Emotional Competence and Cognitive Ability to Individual and Team Performance [J]. Human Relations, 2004 (2): 219 – 243.

[85] Mora Valentine. Determining Factors in the Success of R&D Cooperative Agreements between Firms and Research Organizations [J]. Research Policy, 2004, 33 (1): 17 – 40.

[86] Tanriverdi, Venkatraman. Information Technology Relatedness, Knowledge Management Capability, and Performance of Multi Business Firms [J]. Management Information Systems Research Center, 2005 (29): 311 – 334.

[87] Parkhe. Orchestrating Innovation Networks [J]. Academy of Management, 2006 (3): 659 – 669.

[88] Michael Fritsch, Franke G. Innovation, Regional Knowledge Spillovers and R & D Cooperation [J]. Research Policy, 2004 (2): 245 – 255.

[89] Campion M A. Relations between Work Group Characteristics and Effectiveness: Implications for Designing Effective Work Groups [J]. Personnel Psychology, 1993, 10 (1):

230-247

[90] Vito Amma to. Cisco Systems Networking Academy [M]. 北京：人民邮电出版社，2002，96-120.

[91] Carayannis E G, Rogers E M, Kurihara K, et al. High-Technology Spin-offs from government R&D laboratories and research universities [J]. Technovation, 1998 (13): 101-113.

[92] Geisler. Industry-University Technology Cooperation: A Theory of Inter-Organizational relationships [J], Technology Analysis Strategic Management, 1995, 7 (2): 217-229.

[93] Sally Davenport, John Davies, Charlotte Grimes. Collaborative Research Programmes: Building Trust from Difference [J]. Technovation, 1999 (5): 25-33.

[94] Michael D Santoro. Success Breeds Success: The Linkage between Relationship Intensity and Tangible Outcomes in Industry-University Collaborative Ventures [J]. The Journal of High Technology Management Research, 2000, 11 (2): 255-273.

[95] Shapero Albert. Managing Technical and Intellectual Resources-Our New Problems Require New Solutions [J]. Business Horizons, 1969 (12): 22-30.

[96] Jeffrey Pfeffer. Fighting the War for Talents is Hazardous to Your Organization's Health [J]. Organizational dynamics, 2001, 29 (4): 248-259.

[97] Freeman C. The Economics of Technical Change [J]. Cambridge Journal of Economics, 1994, 18 (3): 463-514.

[98] Giorgio Petroni, Chiara Verbano. The Development of a Technology Transfer Strategy in the Aerospace Industry: The Case of the Italian Space Agency [J]. Technovation. 2000 (20): 345-351.

[99] Rhonda G Philips. Technology Business in Cubators: How Effective Astechnology Transfer Mechanisms [J]. Technology in Society, 2002 (24): 299-316.

[100] Brauner E, Becker A. Beyond Knowledges sharing the Management of Transitive Knowledge Systems [J]. Knowledge and Process Management, 2006. 13 (1): 62-71.

[101] Burch J R, Clarke E M, McMillan K L. Symbolic Mode Checking: 10 States and Beyond [J]. Information and Computation, 1992, 9 (2): 142-170.

[102] Karp R M, Shenker S, Papadimitriou C H. A Simple Algorithm for Finding Frequent Elements in Streams and Bags [J]. ACM Transactions on Database Systems, 2003, 28 (1) 51-55.

[103] Huan-yun Wei, Ying-dar Lin. A Survey and Performance Evaluation of Bandwidth Enforcement Techniques over Edge Devices [J]. IEEE Communications Surveys and Tutorials, 2005, 53-65.

[104] Shrikrishna Karandikar, Shivkumarka lyanaraman, Prasad Bagal Bob Packe r. TCP Rate Control [J]. ACM 1999, 557-654.

5. 其他资料

[1] 我国2013年专利申请量和授权量统计 [EB/OL]. 校果网-江苏高校科技成果转化平台, 2014-01-13.

[2] http://money.163.com/15/1123/11/B93Q7J9U00252G50.html.

[3] 张少春. 发挥财政职能支持科技创新 [N]. 科技日报, 2011-08-23.

[4] 李忠峰. 科研经费分配要警惕"马太效应" [N]. 中国财经报, 2010-03-09.

[5] 国家科技评估中心. 国际评估概述 [DB/OL]. (2002-10-13) http://www.ncste.org.

[6] 维基百科 [EB/OL], http://www.wikipedia.org.

[7] 胡锦涛. 十八大报告 [EB/OL]. http://www.xj.xinhuanet.com/2012-11/19/c_113722546.htm

[8] 有关推进产学研结合的政策调研 [R]. 上海: 上海市人大, 2008.

[9] 大数据时代已经到来 [N]. 人民邮电报, 2012-03-08 (7).

[10] Apache Hadoop [EB]. http://hadoop.apache.org.

[11] 维基百科 [EB]. http://zh.wikipedia.org/wiki/Apache软件基金会.

[12] 国家自然科学基金委规划"十三五"战略目标 [N]. 人民日报, 2014-03-26 (12).

[13] Konstantin Shvachko, Hairong Kuang, Sanjay Radia, et al. The Hadoop Distributed File System [C]. Mass Storage Systems and Technologies (MSST), Incline Village, NV, May 2010.

[14] Slidecast: Platform Computing Announces Support for MapReduce [EB/OL]. http://www.platformn.com/press-releases/2011/platform-computing-announces-support-for-mapreduce.

[15] Charikar M, Chen K, Farach-Colton M. Finding Frequent Items in Data Streams [C]. International Colloquium on Automata, Languages, and Programming (ICALP '02), 2002: 893-980.